# FOUNDATIONS OF ART THERAPY SUPERVISION

CREATING COMMON GROUND FOR SUPERVISEES AND SUPERVISORS

# 미술치료 슈퍼비전의 기초

## 슈퍼바이지와 슈퍼바이저를 위한 공동작업 기반 다지기

Yasmine J. Awais · Daniel Blausey 저

김갑숙 · 서명옥 · 고영실 · 김민정 공역

학지사

Foundations of Art Therapy Supervision:
Creating Common Ground for Supervisees and Supervisors
by Yasmine J. Awais and Daniel Blausey


Authorized translation from the English language edition published
by Routledge, a member of the Taylor & Francis Group, LLC.

# 역자 서문

미술치료는 단순한 예술 활동을 넘어 심리적 치유와 개인의 성장에 기여하는 강력한 도구이다. 특히 치료적 맥락에서 미술의 역할을 깊이 이해하고 이를 효과적으로 활용하기 위해서는 체계적인 슈퍼비전이 필수적이다. 그러나 국내에는 미술치료 슈퍼비전에 대한 전문적인 교재가 부족하다는 현실적 한계가 있었다. 이 책의 번역은 바로 이러한 질문에서 출발했다. "한국에는 미술치료 슈퍼비전 교재가 없는가?"라는 의문이 우리의 출발점이었으며, 이에 대한 해답을 찾는 과정에서 Yasmine J. Awais와 Daniel Blausey가 저술한 『Foundations of Art Therapy Supervision』을 접하게 되었다. 이 책은 미술치료 슈퍼비전의 기본 원칙과 실천적 접근법을 체계적으로 제시하고 있어, 번역을 통해 국내 미술치료사들에게 의미 있는 지침서가 될 것이라 기대한다.

특히, 국내에서도 미술치료를 전공하지 않은 다양한 분야의 전문가들이 미술치료를 현장에서 활용하거나 슈퍼비전하는 사례가 점차 증가하고 있다. 우리도 서로 다른 전공을 가진 미술치료 슈퍼바이저와 슈퍼바이지로 처음 만나 지금까지 협력하며 성장해 왔다. 이는 다른 학문적 배경을 가진 Yasmine과 Daniel의 이야기와도 유사하다. 타 전공자가 미술치료 슈퍼바이저로 성장하는 과정에서 전문적인 훈련을 체계적으로 제공받기는 쉽지 않다. 미술치료 슈퍼바이저로 성장해 가는 과정에서 우리는 서로의 경험과 지식을 공유하며 함께 배워왔다. 슈퍼바이지로서 많은 고민과 도전에 직면했고, 슈퍼바이저의 돌봄과 지지를 받으며 전문적 자질을 키워 나갔다. 슈퍼비전 과정에서는 단순한 기술 습득을 넘어 정서적 반응을 탐색하고, 슈퍼바이저의 효과적인 슈퍼비전 준비와 계획을 모델링하고 습득했다. 이를 통해 실용적인 지식뿐만 아니라 슈퍼바이저로서 갖추어야 할 태도와 마음가짐도 배울 수 있었다.

슈퍼바이지였다가 슈퍼바이저가 된 우리는 이 책을 번역하며 슈퍼비전 받았던 그 시기를 회상하고 전문가로서 부족한 점들을 돌아보았다. 우리에게 슈퍼비전을 받는 수련생이라면 어떤 기대와 요구를 가질지, 그들이 느끼는 어려움과 부족함은 무엇인지 생각하였다. 이 책에서 강조하는 가이드라인을 우리의 실천과 비교해 보며, 우리는 과연 저자들만큼 열정과 신념을 가지고 있는지, 조직적인 매뉴얼을 바탕으로 체계적인 슈퍼비전을 제공하고 있는지 되물었다. 더불어 미국의 슈퍼비전 체계와 우리나라 슈퍼비전 체계가 다름을 확인하고 이상적인 슈퍼비전을 위해 우리나라의 문화적 맥락에 맞게 해야 할 일은 무엇인지 고민하게 되었다.

미술치료는 일반 상담과 달리 이원적 구조가 아닌 삼원적 구조를 이루고 있으며, 예술성과 창조성을 기반으로 한 고유한 특성을 갖는다. 따라서 미술치료 슈퍼비전에서도 이러한 특수성을 반영할 필요가 있다. 이 책 미술치료 슈퍼비전의 기초는 미술치료 슈퍼바이저 역할을 맡게 된 이들에게 중요한 참고서가 될 것이다.

1부에서는 이전에 슈퍼비전 훈련을 받지 않았던 치료사들이나 슈퍼비전 관계에서 무엇을 기대할 수 있는지를 배우고자 하는 이들에게 유용한 정보를 제공한다. 임상 미술치료 슈퍼비전을 제공하고 받는 방법을 효과적으로 설명하며, 학제간 미술치료 슈퍼비전과 다양한 미술치료 슈퍼비전 모델도 다룬다. 또한, 슈퍼비전 관계에서 전문적 정체성(미술치료사, 심리치료사, 상담사 등)과 개인적 정체성(성별, 인종, 성적 지향 등)이 어떻게 영향을 미치는지도 설명한다.

2부에서는 미술치료 슈퍼비전에서의 윤리적 문제와 행정적 관리에 대한 내용을 깊이 있게 다룬다. 슈퍼비전 과정에서 발생할 수 있는 법적 문제, 비밀 유지, 이

중 관계 등은 미술치료사들이 반드시 고려해야 할 중요한 요소들이다. 특히 미술치료에서는 내담자가 창작한 작품이 치료 과정의 핵심 요소이므로, 작품의 공유와 보관, 법적 책임 등에 대한 이해가 필수적이다. 이 책은 이러한 주제에 대한 실용적인 조언을 제공하며, 슈퍼비전 과정에서 윤리적 기준을 어떻게 적용할 수 있는지를 상세히 설명한다.

3부에서는 슈퍼비전 관계에서의 다양성과 차이점을 존중하는 방법을 강조한다. 슈퍼바이저와 슈퍼바이지가 각자의 사회적 정체성과 배경을 어떻게 인식하고 조율할 수 있는지에 대한 논의를 포함하며, 인종, 성별, 성적 지향, 사회경제적 지위 등 다양한 요인이 슈퍼비전 과정에 미치는 영향을 탐구한다. 이를 통해 슈퍼비전이 단순한 지도나 피드백 과정이 아니라, 상호 존중과 이해를 바탕으로 한 성장의 기회가 될 수 있도록 돕는다.

4부에서는 35년 이상의 슈퍼비전 경험을 지닌 두 저자가 학교와 임상 현장에서 효과적인 슈퍼비전을 제공하기 위한 실용적인 틀을 제시한다. 사례 연구와 예술을 기반으로 한 슈퍼비전 연습이 포함되어 있어, 초급 전문가뿐만 아니라 미술치료 및 상담 관련 자격을 원하는 이들에게도 유용한 가이드를 제공한다. 더불어 독자의 이해를 돕기 위해 역자 주는 각주 1, 2, …으로 표시하고 원서의 각주는 *으로 표시하여 구분하였다.

번역 과정에서 우리는 단순히 원문의 의미를 전달하는 것을 넘어, 저자들이 전하고자 하는 깊은 메시지와 철학을 효과적으로 전달하고자 노력했다. 특히, 문화적 차이와 언어적 뉘앙스를 고려하여 한국의 독자들이 보다 쉽게 이해할 수 있도록 여러 번의 수정 과정을 거쳤다. 미술치료 슈퍼비전의 개념과 실천이 보다 널리 이해되고 활용되기를 바라며, 이 책이 국내 미술치료사들의 슈퍼비전 경험을 더욱 풍부하게 만드는 데 기여할 수 있기를 희망한다.

끝으로, 이 책이 독자 여러분의 실천과 연구에 유용한 통찰을 제공하기를 바라며, 출간을 위해 애써 주신 모든 분께 감사의 말씀을 전한다. 특히, 학지사 김진환

대표님을 비롯한 편집부 여러분, 우리 가족과 동료들이 이 책의 가치와 의미를 더욱 빛나게 해 주었다. 국내 미술치료 현장에서 슈퍼비전을 중요하게 생각하고 정성을 다해 임해 주시는 모든 슈퍼바이저에게도 깊이 감사드린다.

2025년 4월

역자 일동

# 추천사

"슈퍼비전은 임상 수련의 초석입니다. Yasmine J. Awais와 Daniel Blausey는 슈퍼바이저와 슈퍼바이저로 시작된 20년 간의 관계를 바탕으로 슈퍼바이저와 슈퍼바이지 모두를 위한 미술치료 슈퍼비전의 역동적이고 복잡하며 맥락적인 특성을 보여 주는 특별한 책을 출간했습니다. 미술치료 슈퍼비전의 기초는 이론, 윤리, 법률 및 실무 지침을 강력하게 종합한 책입니다. 미술치료 슈퍼바이저와 슈퍼바이지를 위한 임상 자료입니다. 그러나 이 책의 핵심은 슈퍼바이저와 슈퍼바이지의 교차하는 개인적 및 전문적 정체성이 슈퍼비전 공간에서 존재하며, 권력과 특권, 논의할 수 있는 주제(혹은 그렇지 않은 주제), 그리고 궁극적으로 치료사와 내담자 간의 치료적 관계와 관련된 역동성에 어떻게 영향을 미치는지 탐구하기 위해 지속적이며 문학적 겸손을 필요로 하는 상호학습의 중요성에 있습니다.

**Tamara R. Buckley**

Hunter College, City University of New York 교육대학원 상담교육학과 부교수

『직장에서 인종에 대해 말하기(그리고 침묵하기) 컬러 바인드: 이야기』 공동 저자

"Yasmine J. Awais와 Daniel Blausey는 미술치료에 꼭 필요한 미술치료 슈퍼비전 보고서를 집필했습니다. 이 책은 슈퍼바이지와 슈퍼바이저가 슈퍼비전을 문화적 맥락 안에서 사회 및 문화적 차이에 관한 이론을 탐구하고, 의식적으로 사려깊은 경험으로 체계화할 수 있도록 지침을 제공합니다. 멘토링, 리더십, 문화적 겸손, 상호 학습에 초점을 맞춘 이 책은 인종, 계급, 성별, 섹슈얼리티, 장애 문제가 교차할 때 슈퍼비전이 어떻게 복잡한 과정을 겪는지 다양한 사례를 들어 설명합니다. 특히 미술치료사는 이중 관계, 비밀유지, 그리고 미술치료적 맥락에서 만들어진 미술 작품의 윤리적, 법적 책임에 대한 비판적 이해가 중요하다고 강조합니다. 이 책은 시의적절한 책입니다."

**Savneet Talwar**

School of the Art Institute of Chicago 미술치료 및 상담학 석사, 교수

『사회 정의를 위한 미술치료: 급진적 교차로』 저자

"Yasmine J. Awais와 Daniel Blausey는 '상호 지원하는 슈퍼비전 동맹'을 바탕으로 귀중한 역사적, 이론적 관점, 생각을 자극하는 개인적인 성찰과 서사를 통해 슈퍼바이저와 슈퍼바이지 간의 정체성을 강화하는 복잡한 상호 관계에 대한 통찰력을 제공하며, 이를 능숙하고 존중하는 태도로 서술하고 있습니다. 모든 전문가에게 필요한 이 독창적이고 다양한 협업에 대해 저자들에게 감사를 표합니다."

**Dave Gussak**

Florida State University 미술치료 프로그램 대학원 교수

Florida State University/Florida 교정국, 교도소 내 미술치료 프로그램 프로젝트 코디네이터

「와일리 미술치료 핸드북」 공동 편집자

"이 저자들의 파트너십, 협력적인 전문적 성장 관계로서의 슈퍼비전에 대한 공통된 비전, 슈퍼바이저와 슈퍼바이지의 관점을 강조하는 장의 구성으로 이 책은 미술치료 전문가에게 선물이 될 것입니다. 가장 중요한 기여는 미술치료사와 수련 중인 미술치료사의 발달에 있어 문화적 정체성과 삶의 경험을 인정하지 않는 것을 거부하는 이론적 구성에 관한 장들입니다. 실제로, 미술치료에 내재된 이질적인 작업과 의미 있는 기회를 다루는 것은 다음과 같습니다.

차이에 대해 작업하는 것은 이 책의 초석이며, 그 이상도 이하도 아닙니다. 현대 정신건강 서비스 및 치료 관계 구축의 맥락에서 필수적입니다."

**Gaelynn P. Wolf Bordonaro**

Emporia State University 상담교육학과 미술치료 프로그램 디렉터 겸 교수

# 저자 서문

치료사-내담자 관계가 치료의 초석인 것처럼 슈퍼바이저와 슈퍼바이지 사이의 관계는 슈퍼비전의 핵심이다. 우리는 함께 책을 쓰고, 관계를 논의하고, 차이를 존중하고, 경험을 공유함으로써 슈퍼비전에 대한 다층적 관점을 제공한다. 여기서는 슈퍼비전에 내재된 권력의 차이를 다룬다. 이는 한 가지 관점에서만 바라볼 때는 효과적이지 않을 수 있지만 슈퍼바이지와 슈퍼바이저가 같은 시점에서 바라볼 때는 잘 드러난다고 느낄 수도 있다. 아래에 언급된 저자들의 입장처럼 미술치료와 슈퍼비전에 대한 우리의 삶의 경험과 여정은 크게 달랐다. 그러나 서로의 의도와 기대에 대한 공통의 유사성을 인정하고 진가를 알아내는 능력에 관해서는 상당히 공통점이 많다.

우리는 4년간 이 책을 작업하며 많이 성장하였다. 슈퍼비전에 관한 책을 쓰는 것이 어려운 점은 슈퍼비전을 더 많이 경험할수록(슈퍼바이저와 슈퍼바이지로서) 지속적으로 배울 것이 더 많아진다는 것이다. 진정한 의미로서 이 책은 어쩌면 완성되지 않을지도 모른다. 우리 중 한 사람은 미술치료사로서 정식교육을 받고 있고, 다른 한 사람은 전문가로, 캠퍼스 안팎에서 현장 및 현장 외 슈퍼비전을 하고 있다. 우리는 슈퍼바이저와 슈퍼바이지 양측의 관점에서 슈퍼비전을 학습 기회로 개념화하기 위해 이 책을 독자들에게 제공한다. 또한 우리 자신과 현직 슈퍼바이저와 슈퍼바이지, 수련 과정에서 고민하는 사람들에게 슈퍼비전의 틀을 제공하기 위해 이 책을 집필하였다.

## Yasmine이 말하는 슈퍼비전 관계에 대하여

내가 합류한 임상 팀은 미술, 춤/동작, 드라마 및 음악 치료; 사회사업; 정신건강 상담; 다양한 전공의 석사급 인턴; 그리고 시간제 정신과 의사 한 명 등 다양한 심리치료 전문가로 구성되었다. 이 팀은 인종 및 민족적 배경, 언어, 성별, 성적 지향, 시민권 등 다양한 배경을 가진 사람들로 이루어졌으며, 뉴욕시의 본 협회 직원 및 우리와 함께 일한 젊은이들이 포함되었다.

많은 비영리 단체의 조직 생활과 마찬가지로 내가 채용된 지 얼마 되지 않아 Daniel의 직책도 변경되었다. 새로 부임한 상담 슈퍼바이저는 중서부에서 활동하는 동성애자 백인 남성 치료사였다. 3년 후, 슈퍼바이저는 떠났고 나는 임상슈퍼바이저로 승진하였다. Daniel은 상담 프로그램의 이사로 승진하였다. Daniel의 새로운 직무는 두 부서를 슈퍼비전하는 것이다. 하나는 접수, 위기 및 방문 서비스를 담당하는 부서이고 다른 하나는 내가 임상 슈퍼바이저로 있는 부서를 슈퍼비전하는 것이다.

Daniel과 나는 이 조직에서 약 6년 동안 함께 일했으며, 우리의 관계는 임상 슈퍼비전에서 슈퍼비전의 슈퍼비전으로 전환되었다. 우리는 미술치료 석사과정에서 강의를 하고 개인실습과 상담을 하면서 서로 다른 비영리기관에서 일할 기회를 찾기 위해 결국 각자의 길로 갔다. Daniel은 콜로라도로, 나는 사우디아라비아로 옮겨 새로운 지역에서 일을 하다가 뉴욕으로 다시 돌아왔다. 그동안 우리는 이사회와 전문적인 업무를 위한 연락을 지속하였다.

그로부터 몇 년이 지난 2014년, 미국미술치료협회(AATA) 콘퍼런스에서 우리의 전문성을 바탕으로 책을 편찬하는 것에 관심이 있는지 개인적인 문의를 받았다. 같은 편집자가 우리 둘에게 의뢰했다는 사실을 알게 된 순간에 우리는 즉시 미술치료 슈퍼비전 책의 공동작업에 대해 생각하였다. 우리는 슈퍼바이저와 슈퍼바이지를 위해 전직 슈퍼바이저와 슈퍼바이지가 공동으로 집필한 슈퍼비전에 관한 책이라는 아이디어를 공유하였다.

### Yasmine의 자기 소개

나의 정체성은 이성애자, 시스젠더[1], 신체 건강한 다민족 아시아계(남아시아 및 동남아시아계) 여성으로, 미국 동부 해안 지역에 살고 있다. 피부색이 어둡기 때문에 유년 시절에는 중상류층 백인 이웃들과 어울릴 수 없다는 사실과 그 차이를 꾸준히 인식하였고, 이후에는 다른 개인적이거나 전문적인 영역에서 속하지 못하였다. 대부분의 치료적 영역에서는 다양한 문화권 출신의 사람들과 일했지만 학업 과정에서는(의무교육부터 고등교육까지) 공립학교의 백인 여성 선생님으로부터 교육을 받았다. 내가 초보 임상가에서 교수로 성장했을 때, 내가 속한 영역에 점점 더 백인들이 많아졌다. 이 글을 쓰고 있는 현재, 나는 교수이자 학생이고, 국제결혼을 했으며 다양한 민족성과 종교를 가진 이민자의 딸이다. 나는 정규직 직장인이고, 건강 보험이 있으며, 내 소유의 집을 가진 중산층이다.

내가 슈퍼비전에 관심을 갖게 된 것은 두 번의 부정적인 경험을 한 후였다. 이러한 경험들은 나의 직위가 슈퍼비전 관계에 미치는 영향, 특히 조직의 구조, 성별, 의사소통 방식에 대한 나의 관점을 형성하였다. 첫 번째 사건은 미술치료 인턴십 중에 일어났다. 여성 치료사로서 나는 나의 집단에서 남자 내담자가 자위행위를 했을 때 스트레스를 많이 받았다. 슈퍼바이저에게 그 일에 대하여 이야기하자, 내가 어떻게 느꼈는지보다 "그 내담자가 행위를 끝냈는지"에 대해서만 초점을 맞춰 나는 무시당하는 기분을 느꼈다. 무시당한 나의 감정은 상처와 화로 변하였고, 나는 언어적 공격성이 심해졌다. 그 결과 개인 슈퍼비전에서 세 명의 미술치료 슈퍼바이저가 나를 슈퍼비전하는 집단 슈퍼비전으로 바뀌었다. 이 사건을 학교에 알렸을 때 나는 아무런 지원을 받지 못하였다. David Henley와 콜라주 워크숍을 하는 동안 나는 그 사건에 대한 미술작품을 만들었다(부록 G: 컬러 작품 1 참조) 완벽을 기하기 위해 나는 손이 아플 정도로 힘을 주며 조심스럽게 자르던 것을 기억한다. 작품의 조직적이고 견고함을 살리기 위해 컬러 액자형 보드 위에 제

1 자신이 타고난 '지정 성별'과 본인이 정체화하고 있는 성별 정체성(gender identity)이 '동일하다' 혹은 '일치한다고 느끼는 사람을 뜻한다.

작하였다. 20년이 지난 지금도, 왜 내가 여전히 슈퍼비전을 위해 투자하고 슈퍼바이지들의 경험을 공유하는지 상기시켜 주는 사건이다. 두 번째 사건은 내가 전문 미술치료사로 일하고 있을 때 일어났다(7장 참조). 내게 어려웠던 점은 단순히 사건 자체가 아니라 내가 높이 평가했던 슈퍼바이저들이 내가 원하거나 필요로 하는 사람이 아니라는 것을 깨닫는 것이었다.

그 결과, 나는 가능한 한 많은 슈퍼비전 훈련과 교육 경험을 하기 위해 노력했다. 이러한 훈련은 아동 복지 전문 사회복지사들을 위한 고급 훈련과 비영리 단체에서 일하는 중간 관리자들을 위한 훈련인 미술치료 분야 외의 교육이었다. 동시에 비영리 지역사회 기반의 청소년 단체의 직원 미술치료사로서 대학원 수준의 미술치료사 인턴을 슈퍼비전하고 있었으며, 그 후 다양한 분야의 직원 치료사(즉, 음악, 무용/동작 및 연극치료사, 사회복지사, 정신건강상담사, 정신과 의사)를 슈퍼비전하도록 승진하였다.

결국, 나는 비영리 단체를 위한 상담을 제공했고, 소외 계층과 함께 일하는 석사 수준의 상담사와 치료사를 통해 학사 출신들을 슈퍼비전하였다. 나의 슈퍼비전 전문성이 성장함에 따라, 면허증은 여러 주에서 표준 자격이 되었고, 결과적으로 임상가에게도 슈퍼비전 시간이 요구되었다. 나는 임상 현장의 다양성 문제에 관심이 있는 임상가들에게 집중적으로 슈퍼비전을 제공하였다. 이러한 경험은 나의 슈퍼바이지들 덕분에 다양한 환경과 사람들에 대해 배울 수 있는 기회를 가지는 놀라운 결과로 이어졌다. 아동기, 조기 개입, 영유아의 외상(0~3세), 그리고 노인은 내가 슈퍼바이저로서 배운 몇 가지 집단의 예에 불과하다. 나는 상담 실습의 대부분을 치료실 밖에서 했다. 또한 나는 치료사를 개인, 집단별, 그리고 일부 치료사들과는 개인과 집단 두 가지를 동시에 슈퍼비전할 수 있는 기회를 가졌다.

서문을 쓰는 지금, 나는 석사 과정의 미술치료 및 상담 전공 학생에게 강의 중 집단 슈퍼비전을 제공하고 있다. 나는 학생들이 미술치료사가 되는 과정 동안, 힘겹고 지치지만 동료들과 함께 일하고, 시스템을 이해하고, 문제를 해결하며 나아가는 모습을 지켜보는 것이 매우 기쁘다. 나는 또한 자격증을 포함하여 자격과정을 수련 중인 치료사와 상담사를 슈퍼비전한다. 대학원생들처럼, 내가 슈퍼비전하는 전문가들은 꾸준히 배우고 있다. 하지만 중요한 차이점은 전문가 슈퍼바이지들이 내 과정에 등록하기보다 나를 그들의 개별 슈퍼바이저로 찾고 있다는 것이다.

### Daniel의 자기 소개

현재 나는 퀴어/게이면서 시스젠더인 신체 건강한 동부 백인 남성으로 유럽계(서부와 중부) 혈통이다. 내가 중서부의 작은 가족 농장에서 자랐을 때, 내 또래 대부분은 하얀 피부색이었고, 가족 농장/노동자 계급/루터교라는 공통점을 가졌으며 대가족이 많았다. 미술치료 분야는 중서부의 광고 대행사에서 일러스트레이터와 아트디렉터로 7년을 보낸 후 두 번째로 택한 직업이다. 현재 나는 개인사업자 미술치료사이고, 미술치료 교육자, 주택소유자, 중산층 가정, 동성 파트너와 오랫동안 결혼 생활을 유지하고 있다.

내가 슈퍼비전에 관심을 가지기 시작한 것은 대학원에서 두 번째 인턴십을 할 때 현장 청소년 개발 인턴십 슈퍼비전을 보조하기 위해 계약직 미술치료 슈퍼바이저로부터 미술치료 슈퍼비전을 받으면서이다. 이 환경에서 나는 전형적이며 전문적인 슈퍼비전 모델에서 배우는 것 외에도, 학습자로서 미술치료 슈퍼비전을 관찰하고 참여함으로써 많은 것을 얻을 수 있었다. 현장 슈퍼바이저들은 자신 있게 대중을 위한 전문성을 유지하면서도 미술치료 과정이 내담자의 정신건강을 어떻게 뒷받침하는지 파악할 수 있는 기회를 충분히 제공하였다. 한편, 계약된 슈퍼바이저는 자신의 임상 숙련도와 슈퍼비전 역량을 높이고, 함께 슈퍼비전 했던 사람들을 더 잘 이해할 수 있는 적절한 호기심을 불러일으키는 동시에 자신의 미술치료 능력을 확고히 유지하였다. 슈퍼비전에 대한 중요성을 인식하고 슈퍼바이저가 되려는 나의 열정은 처음으로 미술치료 대학원생을 슈퍼비전하면서 급속도로 강해졌다.

나는 미술치료를 시작한 지 약 5년 정도되던, 1999년 올랜도에서 열린 미국미술치료협회(AATA) 회의에서 Yasmine을 처음 만났다. 당시 나는 뉴욕의 종합 청소년 기관에서 슈퍼바이저로 일했고, 몇 년 후 상담 프로그램의 관리자가 되었다. 인턴십 훈련 프로그램뿐만 아니라, 전통적인 정신건강 전문가와 창의적 미술치료사로 구성된 역동적이고 다양한 팀을 개발하고 이끌 수 있는 특권을 가졌다. 나는 그 기관에서 처음으로 미술치료사 자격을 취득한 관리자였다. 나의 길은 항상 순탄하지만은 않았고, 필요한 슈퍼비전 훈련도 잘 지원되지는 않았다.

나의 다음 경력은 실제 임상 업무와 내 능력 간에 많은 차이가 있는, 더 큰 기관과 더 큰 팀(50~60명)을 맡는 것이었다. 이 역할은 부책임자, 보조책임자, 조정자 및 선별된 현장 관리 직원을 슈퍼비전하는 일이었다. 슈퍼비전은 프로그램 관리, 중간 관리자 수준의 개발, 고객 경험의 질을 높이기 위한 직원 전문성 증대와 같은 업무에서 균형이 필요했다. 내 직책은 임상 슈퍼바이저와 직원 치료사(즉, 창의적 미술치료사, 사회복지사, 심리학자, 간호사 및 정신과 의사)에게 슈퍼비전을 제공하는 것이었으며 프로그램 개발 및 관리 책임도 맡았다. 개인 실습에서 미술치료 내담자를 만나는 것 외에도 석사급 미술치료 학생과 해당 분야의 전문가들에게 교내 집단 슈퍼비전을 지속적으로 제공하고 있다.

나의 슈퍼비전 취지는 이론과 임상 현장의 관계 안에서 생기는 다소 복잡하고 혼란스러운 경계를 발견하기 위해 안전한 공간을 제공하는 것이다. 나는 훌륭한 슈퍼바이저는 이 관계 속에 내재된 편견에도 불구하고 쉽게 흐트러지지 않고 전문성을 유지하는 것이라고 본다. 슈퍼바이저가 지식의 틀에 머무르며 최소한의 견해만을 제공한다면 슈퍼바이지는 얻을 것이 거의 없다. 역동적인 슈퍼비전 관계는 슈퍼바이지뿐만 아니라 슈퍼바이저에게도 도전이 된다.

# 감사의 글

## 슈퍼바이저에게

공식적이든 비공식적이든 슈퍼바이저가 없었다면 이 책을 쓸 수 없었을 것이다. 우리는 우리가 본받고 싶은 분들과 좀더 유능하다고 생각되는 분들로부터 많은 것을 배웠다. 이러한 경험이 없었다면 우리는 이 책을 집필할 영감을 얻지 못했을 것이다. 대학원생 시절의 Daniel과 첫 미술치료사 시절의 Yasmine 등 우리 각자의 미술치료 여정을 초기에 지도해 준 AniBuk에게 특별한 감사와 고마움을 표한다.

## 슈퍼바이지에게

슈퍼바이지가 없다면 슈퍼비전은 아무것도 아니다. 여러분 덕분에 우리는 더 강해지고, 더 유능해지고, 더 겸손해졌다. 물론 슈퍼비전은 환자, 내담자, 가족, 개인, 지역사회 등 슈퍼바이지와 함께 하는 사람들 없이는 아무것도 아니다. 이 글에 작품을 실을 수 있도록 허락해 준 슈퍼바이지와 워크숍 참가자, 즉 Julia Anderson, Jessica Benston, Julie Gotthold, Erica Bucci, ToniAnn Eisman, Katie Gentile, Arianna Kendra, Kristy Leone, Lauren Messina, Adele Minton, Erica Ochsenreither, Christiana Son, Kristyn Stickley, Danielle Szulanski, Christina Taylor, Therese Zakrzwski에게 감사의 인사를 전한다. 특히 다음과 같이 사례를 제공해 준 슈퍼바이지에게도 감사의 인사를 전한다. - Blair Chase, Cindy Gordon(우리 둘 다 운 좋게도 그녀의 경력에서 다른

지점을 슈퍼비전할 수 있었다) 슈퍼비전을 통해 Julie Gotthold, Emily Reim Ifrach, Anna Jackson이 함께 일했던 분과 간접적으로 작업할 수 있는 기회를 얻게 되어 감사하게 생각한다.

### 글쓰기 팀에게

우리의 프로젝트와 비전을 믿어준 Routledge에 감사드린다. 당초 계획보다 몇 년이 더 걸릴 수도 있는 이 여정을 지원해 준 Routledge의 편집자 Amanda Devine에게 감사드린다. 이 책은 Grace를 비롯한 수많은 관계자의 숨은 공로와 추가 지원 없이는 실현될 수 없었을 것이다. Routledge의 편집 어시스턴트인 Grace McDonnell과 매우 세밀한 작업을 해 준 Andrew Melvin에게 감사드린다. 또한 이 책을 완성하는 데 필요한 외부의 관점과 원동력을 제공한 사려 깊고 훌륭한 편집자 Emily Austin에게도 깊은 감사를 표한다. 특히 추가 해설을 제공해 준 Becky Asch, Trina Dow, K.C. Wuebbling에게도 감사드린다. 또한 다른 분야의 전문가인 공동 저자 Karen Myers와 Stephanie Brooks의 추가적인 관점과 전문 지식도 소중하게 생각한다. 이 책을 집필하는 동안 무지개다리를 건너간 우리의 가장 든든한 지원자이자 가장 사랑스러운 방해꾼인 Hamilton과 Spike에게도 경의를 표하고 싶다.

### Yasmine의 감사 인사

모든 감사와 더불어, Daniel에게 감사 인사를 전한다. 이보다 더 좋은 슈퍼바이저, 동료, 집필 파트너를 찾을 수 없었을 것이다. 나의 글쓰기 스타일과 모순에 대해 인내심을 가져주어 감사하다! 글쓰기 수업과 이 프로젝트에서 함께 일하면서 우리의 관계가 더욱 돈독해진 것에 감사한다. 또한, 슈퍼비전은 관계라는 것을 알려 주고 나의 첫 슈퍼비전 교육을 제공해 준 Frank Delano에게 특별히 감사드린다. 내가 초보 슈퍼바이저이면서 훈련자였을 때 멘토가 되어 주었다. 나는 지금도 『내가 슈퍼바이저를 슈퍼비전할 수 있다면』(I still share If I Could Supervise

My Supervisor to this day)을 공유하고 있다. 마지막으로, 이 책은 5년이 넘는 기간 동안 언제쯤 완성될지 애정 어린 마음으로 물어봐 준 David Geiger의 지원 없이는 불가능했을 것이다. 이제 완성되었다.

### Daniel의 감사 인사

내가 슈퍼바이저로서 기반을 다지는 동안 슈퍼바이지로 참여와 영감을 준 Yasmine에게 큰 감사를 표한다. 특히나 지난 20년 동안 생각을 자극하는 동료이자 친구, 글쓰기 파트너가 되어 준 것에 대해 감사한다. 우리가 작가로서 더 강해지고 우정이 깊어질 수 있었던 이 프로젝트 한가운데서 격려하고 도전하고 성찰할 수 있게 해 준 당신의 능력에 깊이 감사드린다. 마지막으로, 이 책과 우리의 여정에 변함없는 지지와 사랑, 헌신을 보내주신 Gerry Valentine에게 진심으로 감사드린다.

# 도움을 주신 분들

**Stephanie Brooks(PhD, LCSW, LMFT)**, Drexel University 간호 및 보건 전문대학의 임상 교수이다. 그녀는 보건 전문직 및 교무 담당 선임 부학장이자 부부 및 가족 치료 박사 프로그램 관리자이다. Brooks 박사는 미국 결혼 및 가족 치료 협회(AAMFT)의 승인 슈퍼바이저이자 임상 전문의이며 AAMFT 소수자 수련 과정 프로그램의 수석 프로그램 기획자이다. Brooks 박사의 임상 및 학술적 관심 분야는 슈퍼비전과 훈련, 문화 다양성, 사회 정의, 치료사 교육, 중독, 행동 건강 등이다. Brooks 박사는 필라델피아에서 소규모 개인 상담실을 운영하고 있다.

**Karen Myers(MSW, JD)** James Madison University(JMU)의 사회사업학과 부교수이다. 공익법과 사회사업학을 전공한 그녀는 15년 이상의 실무 경험을 바탕으로 현재의 직책을 맡게 되었다. 현재 JMU의 사회복지학 학사 프로그램에서 일반 사회복지실습 및 Mezzo[2] 실습을 위한 기술을 포함한 실습 수업을 가르치고 있다. 그녀는 가르치는 모든 과목에 다양성 인식 활동과 비판적 자기 성찰을 통합한다. 그녀는 다양성 문제, 특히 LGBTQIAP+[3] 커뮤니티와 관련된 다양성 문제

2 Mezzo: 사회복지 분야에서 중간 수준의 개입을 의미함. 개인과 집단, 공동체를 연결하며 지역사회 자원 발굴 혹은 연계 활동, 자조집단 및 치료집단의 조직 및 운영 등을 통한 사회복지 실천 활동을 일컬음.

3 LGBTQIAP+: 성적 지향과 성별 정체성이 이성애자, 이성애적 로맨스, 시스젠더 또는 엔도섹스가 아닌 사람들을 모두 포괄하는 성소수자를 가리키는 약어. Lesbian, Gay, Bisexual, Transgender, Queer, Intersex, Asexual.

를 조사하기 위해 질적 연구 방법을 사용하는 것을 즐긴다. 그녀는 권력 불균형에 도전하고 제도적 책임을 촉구함으로써 사회 정의를 강화하기 위해 자신의 교육, 연구 및 봉사에서 지속적으로 방법을 모색하는 데 전념하고 있다. 또한 자기 관리의 중요성을 깊이 인식하고 있으며 요가 및 Bodyflow 공인강사이기도 하다.

# 이 책에 대하여

『미술치료 슈퍼비전의 기초: 슈퍼바이지와 슈퍼바이저를 위한 공동작업 기반 다지기』에서는 슈퍼바이지와 슈퍼바이저가 임상 미술치료 슈퍼비전을 주고받는 방법을 설명한다. 다른 많은 정신건강 전문가와 마찬가지로, 미술치료사도 슈퍼바이저가 되는 방법에 대해 공식적인 교육이나 지침이 아니라 임상가로서의 경험을 바탕으로 슈퍼바이저 역할을 맡게 될 수 있다. 마찬가지로, 슈퍼바이저나 슈퍼바이지가 슈퍼비전을 하는 방법을 정규교육에서 충분히 받지 않았다면 슈퍼비전 과정에서 전문성이 떨어질 수 있다. 이 책을 처음 구상했을 때, 특별히 미술치료사를 위한 책은 거의 없었다. 우리는 절판된 책(Malchiodi & Riley, 1996)과 영국의 미술치료사가 집필한 책(Schaverien & Case, 2007) 정도를 찾을 수 있었다. 슈퍼비전에 대한 지식을 넓히는 데 관심 있는 미술치료사들은 슈퍼비전을 위해 활용할 만한 자료의 부족으로 다른 분야의 책을 활용하고(Sweitzer & King, 2018 참조) 미술치료 관련 저작물로 보완하였다. 다행히도 이 공동 집필 여정을 시작한 이후 Routledge 출판사에서 우리가 애정을 가지는 슈퍼비전에 관한 두 권의 책을 출판하였다. 하나는 다양성에 특화된 책(Hardy & Bobes, 2016)과 다른 하나는 미술 기반 슈퍼비전(Fish, 2016)에 관한 것이다.

그렇다면 미술치료 슈퍼비전에 관한 책은 고사하고 슈퍼비전에 관한 책이 필요한 이유는 무엇일까? 이는 어떤 색다른 관점을 제공하는가?

우리는 합쳐서 35년 이상의 공동 슈퍼비전 경험이 있다. 우리가 슈퍼비전 관계와 경험을 통해 많은 것을 얻었기에 다른 슈퍼바이저와 슈퍼바이지가 슈퍼비전을 통해 풍부한 경험을 얻는데 도움이 되고자 이 책을 썼다. 여기에는 우리의 전문적인 정체성(예: 미술치료사, 심리치료사, 상담사, 슈퍼바이저, 슈퍼바이지, 관리자, 교육자)과 개인적인 정체성(예: 남성, 여성, 백인, 다민족 아시아인, 이성애자, 동성애자, 시스젠더, 비장애인)이 슈퍼비전 및 치료 관계에 어떤 영향을 미치고 어떻게 인식하는지도 포함된다. 우리는 2000년에 슈퍼바이저와 슈퍼바이지로서의 전문적인 관계로 시작해서 동료이자 친구로서 서로를 존중하며 성장하였다. 그 이후 우리는 함께 하거나 각자 슈퍼비전에 대해 발표하였고, 서로의 수업에 초청 연사로 참여했으며, 다양한 문제에 대해 동료 슈퍼비전하며 의지하였다. 우리의 임상 및 슈퍼비전은 때때로 상반되거나 교차하는 접근방식이지만 상호 이해와 존중을 통해 우리가 공유할 수 있는 지식을 제공한다고 믿는다. 이러한 지식은 서로 다른 사회적 위치와 정체성에 대한 권리, 그리고 미술치료사의 슈퍼비전 경험을 바꾸고자 하는 명확한 요구를 인정함으로써 확장될 수 있다.

## 책의 구성

### 1부: 슈퍼비전을 최대한 활용하는 방법

이 책은 네 가지 내용으로 구성되어 있다. 첫째, 슈퍼비전을 최대한 활용하는 방법은 미술치료 슈퍼비전의 기대와 근거, 슈퍼바이저와 슈퍼바이지 모두를 위한 모범 사례를 포함하여 이 책의 토대를 마련한다. 슈퍼바이저-슈퍼바이지 관계에는 내재된 권력의 차이가 존재하지만, 한 명은 슈퍼바이저 역할을, 다른 한 명은 슈퍼바이지 역할을 수행하므로(동료 슈퍼비전과 집단 슈퍼비전은 예외), 우리는 슈퍼바이저와 슈퍼바이지 모두 슈퍼비전의 관계에 헌신할 때 슈퍼비전의 효과가 극대화될 것으로 믿는다.

### 2부: 슈퍼비전을 위한 관리 및 행정

2부에서는 윤리 및 법적 문제를 다룬다. 사회복지와 법률 분야 전문가 Karen

Myers의 도움으로 업무 범위, 자격증 및 면허증, 이중관계, 계약된 슈퍼비전, 비밀유지를 포함한 미술치료사의 고유한 문제를 살펴본다. 또한, 미술치료사는 작품 공유의 의미를 포함하여 내담자가 만든 작품과 관련된 윤리적, 법적 문제에 대한 추가적인 책임이 있다.

### 3부: 차이의 수용과 연구

공동 저자인 우리가 생각하는 슈퍼비전의 핵심 구성 요소는 3부의 제목이기도 한 〈차이의 수용과 연구〉이다. 내담자와의 작업과 마찬가지로, 우리는 슈퍼바이저와 슈퍼바이지의 사회적 위치와 정체성이 슈퍼비전 관계에 영향을 미친다는 것을 이해한다. 슈퍼바이저와 슈퍼바이지의 차이를 이해하는 것만 아니라 두 사람 간의 차이점을 명명하고 해결해야 하는 중요성도 다루어진다. 우리는 인종, 민족, 성별, 성적 지향, 종교, 연령, 사회경제적 지위, 권력이나 그에 준하는 지위, 현재의 지위나 목표 지위를 유지하려는 이들의 정체성에 주의를 기울인다. 이는 비판적인 인종 이론을 차용하고 우리 연구의 독보적인 영향을 이해하며 페미니즘 인식론에 주의를 기울이면서 이루어진다. 슈퍼바이저-슈퍼바이지, 미술치료사-내담자, 슈퍼바이저-내담자 관계를 포함하는 슈퍼바이저, 슈퍼바이지 및 내담자 사이의 삼자관계 안에서 우리는 개인적 차이와 구조적인 차이(예: 지역사회-기관, 행정기관-직원)에 더하여 학문적 정체성을 고민해 볼 필요가 있다. 미술치료사가 아닌 사람이 미술치료사를 슈퍼비전하는 경우, 어떻게 조율하는가? 마찬가지로, 미술치료사는 미술치료 영역의 범위를 벗어나지 않으면서 다른 분야의 슈퍼바이지를 어떻게 슈퍼비전해야 하는가?

### 4부 : 지역, 장소 및 공간: 슈퍼비전의 구성 양식

마지막으로 4부는 개인, 집단, 원격 슈퍼비전이라는 다양한 형태의 슈퍼비전을 자세히 설명한다. 지역, 장소 및 공간에서 우리는 슈퍼비전 양식, 방법이 전반적인 목표(예: 객관적인 피드백, 교육 목표)에서는 유사할 수 있지만 고유한 차이점을 인정할 수 있어야 한다. 우리는 슈퍼바이저와 슈퍼바이지가 현장(예: 미술치료가 진행되는 공간)에서 슈퍼비전을 제공하거나 또는 외부에서 슈퍼비전을 받는지의 여부에 관계없이 슈퍼바이저와 슈퍼바이지가 전반적인 목표의 기대치를 더 잘 관리할 수 있도록 이러한 차이점이 무엇인지 명확하게 설명해야 한다.

### 기타 구조적 요소

이 책은 임상치료사, 슈퍼바이저, 슈퍼바이지, 교육자로서의 우리의 다양한 경험으로부터 다른 사람들이 배우기를 바라는 우리의 염원에 기반을 두고 있는 반면, 이 책은 미술치료, 심리학, 상담, 사회사업 및 관련된 지원의 현대적 슈퍼비전 모델을 바탕으로, 선행연구에 기반을 둔 이론과 지식으로 구성되어 있다. 우리의 목표는 광범위하고 기초적이다. 우리는 슈퍼바이저가 슈퍼비전을 관리하고 최대한 활용하는 방법을 배우는 데 도움이 되고자 한다. 또한 강의실에서 학생들에게 효과적인 슈퍼비전을 제공하는 방법에 대한 틀을 얻고자 하는 슈퍼바이저와 현장의 학생, 자격증 또는 면허를 취득하려는 새로운 전문가, 숙련된 전문가, 그리고, 여러 학문 분야의 슈퍼바이저를 지원하고자 한다. 또한 슈퍼비전 개념을 설명하기 위해 실제 슈퍼비전 경험의 삽화와 미술작품을 제공한다.

각 장의 마지막에는 각 장의 요약 및 슈퍼비전에서 활용하거나 독자가 주제를 더 자세히 탐구하는 데 도움이 될 수 있는 미술 실습 자료를 포함하는 실습 형태로 마무리한다. 이 책의 마지막에는 주요 용어를 정의하는 용어집이 포함되어 있다. 기초적이지만 미술치료 집단 슈퍼비전 과정에서, 슈퍼비전을 받는 사람들과 치료사들을 슈퍼비전하는 사람들(미술치료사 여부를 불문함)을 위해 활용되기를 기대한다. 요약하자면 우리는 우리 자신의 슈퍼바이지 및 슈퍼바이저와 공유하고 싶어 책을 썼다. 이 책이 슈퍼비전을 통해 자신만의 여정을 떠나는 이들을 위한 지도로 활용되기를 기대한다.

## 참고문헌


- Fish, B. J. (2016). *Art-based supervision: Cultivating therapeutic insight through imagery*. New York, NY: Routledge.
- Hardy, K. V., & Bobes, T. (Eds.). (2016). *Culturally sensitive supervision and training: Diverse perspectives and practical applications*. New York, NY: Routledge.
- Malchiodi, C. A., & Riley, S. (1996). *Supervision and related issues: A handbook for professionals*. Chicago, IL: Magnolia Street Publishers.
- Schaverien, J., & Case, C. (Eds.). (2007). *Supervision of art psychotherapy: A theoretical and practical handbook*. New York, NY: Routledge.
- Sweitzer, H. F., & King, M. A. (2018). *The successful internship: Personal, professional, and civic development in experiential learning* (5 ed). Boston, MA: Cengage.

# 차례

## 3부 차이의 수용과 연구



## 4부 지역, 장소 및 공간: 슈퍼비전의 구성 양식

# 1부

# 슈퍼비전을 최대한 활용하는 방법

미술치료 슈퍼비전은 단순하지 않다. 1부는 슈퍼바이저와 슈퍼바이지 모두에게 슈퍼비전이 함의하는 것이 무엇인지에 대한 공유된 언어와 기본적인 이해를 제공함으로써 독자에게 방향성을 제시하는 것을 목표로 한다. 우리의 목적은 인종과 성 혹은 기타 차이점에 대한 의도적인 인식과 관심을 강조하는 미술치료 슈퍼비전에 대한 의미 있고 역동적인 관계를 형성하고 유지하도록 장려하는 것이다. 1부는 슈퍼비전을 최대한 활용하는 방법에 대해 다음과 같이 세 개의 장으로 구성하였다.

- 미술치료 슈퍼비전은 무엇인가? 필요성과 기대
- 슈퍼비전에 대해 슈퍼바이저가 알아야 할 사항
- 슈퍼비전에 대해 슈퍼바이지가 알아야 할 사항

**〈1장 미술치료 슈퍼비전은 무엇인가? 필요성과 기대〉**에서는 이 주제에 대한 실제적인 정의를 제공하고, 슈퍼비전의 역사를 고찰하며, 슈퍼비전 체제를 고려하고, 슈퍼비전의 세 가지 핵심 영역을 개략적으로 설명하며, 슈퍼바이저와 슈퍼바이지의 역할과 책임을 명확히 설명한다. 다른 유형의 슈퍼비전은 미술의 암묵적인 역할을 중요하게 생각하지 않지만 우리는 미술 작업의 결정적인 역할을 중요하게 생각한다. **〈2장 슈퍼비전에 대해 슈퍼바이저가 알아야 할 사항〉**에서는 슈퍼바이저의 모범 사례를 살펴본다. 여기에는 이상적인 슈퍼바이저의 자질을 이해하고 슈퍼비전 회기에 미술을 통합하는 방법, 즉 내담자, 슈퍼바이지, 슈퍼바이저 각각의 작품이 포함된다. 마지막으로, **〈3장 슈퍼비전에 대해 슈퍼바이지가 알아야 할 사항〉**에서는 이상적인 슈퍼바이지의 자질에 대한 탐색을 포함하여 슈퍼비전을 최대한 활용할 수 있는 방법을 중점적으로 다룬다. 슈퍼바이저와의 관계에서 구조적으로 권한이 적은 슈퍼바이지를 위해 미술 작업을 어떻게 슈퍼비전에 적용할 것인가에 대한 전략을 알아본다. 슈퍼비전을 최대한 활용하는 방법에 대해 각 장에는 슈퍼바이저 또는 슈퍼바이지인 독자를 위한 실습 프롬프트가 포함되어 있다. 본 안내가 슈퍼비전을 최대한 활용할 수 있는 충분한 역할을 하길 바란다.

# 1장 미술치료 슈퍼비전은 무엇인가? 필요성과 기대

## 소개

넓은 의미에서 임상실습은 공공기관과 사설기관이라는 두 가지 환경에서 실시된다. 사설기관 실습은 이미 임상 준비가 된 석사 및 박사 수준의 임상가가 모여 있어 동질적인 경향이 있다. 공공기관의 실습환경은 서로 다른 자격을 갖춘 다양한 임상가들로 이뤄지지만, 각 기관에서 상담자들의 책임과 역할은 유사하다고 볼 수 있다. 두 가지 임상실습 환경에서 관리자와 슈퍼바이지는 때때로 슈퍼바이저를 단편적인 시각으로 조직의 정책 및 절차의 관리자로 본다. 다시 말해서, 공공기관의 관리자들은 현장 슈퍼바이저의 일차적인 슈퍼비전 책임을 행정적인 것으로 보는 경우가 많으며, 수련 중인 임상가와 그들의 업무에 대한 교육적 또는 지원적 슈퍼비전 측면보다 정책과 절차를 통해 조직의 업무를 우선시하는 경우가 많다. 이러한 환경의 문화적 맥락이 균형을 이룬다면 내담자, 치료사 및 슈퍼바이저에게 놀라운 효과를 제공할 수 있다고 믿는다. 특히, 슈퍼바이저와 슈퍼바이지의 수평적 관계의 특성은 창의성과 전문적인 성장을 촉진하여 양질의 내담자 관리를 용이하게 할 수 있다.

이 장의 목적은 독자들에게 슈퍼비전에 대한 실무적인 정의를 제공하는 것이다. 임상 슈퍼비전의 역사와 기원을 포함하여 슈퍼비전이 무엇인지 설명하고자 한다. 또한, 슈퍼바이저와 슈퍼바이지의 역할과 책임에 대해서도 강조한다. 궁극적으로, 이 장의 목표는 본 저서의 나머지 부분과 함께, 슈퍼비전 실제를 위한 틀과 기초를 제공하는 것이다.

그와 마찬가지로 슈퍼비전의 더 깊고 역동적인 관계를 형성하기 위한 열정을 불러일으키자 한다. 지지적이고 사려 깊은 슈퍼비전 관계는 슈퍼비전의 효용성을 더욱 증가시킨다. 유능한 슈퍼바이저는 미술치료사의 현장 경험을 위해 안정적이고 지지적인 환경을 조성한다. 신뢰할 수 있고 책임감 있는 슈퍼비전은 미술치료사를 지원할 뿐만 아니라 미술치료에 참여하는 사람들의 경험에도 직접적인 영향을 미친다. 슈퍼비전은 멘토링, 리더십, 겸손함, 상호학습 그리고 가장 도전적이고 의미 있는 방식으로 '함께 알아가는' 중요한 경험이 될 수 있다. 슈퍼비전은 상호학습적이다. 좋은 슈퍼바이저는 열린 마음으로 슈퍼바이지에게 배우기를 기대하며, 더 나은 슈퍼바이저가 되는 방법을 끊임없이 탐구한다. 이러한 개방성은 슈퍼

### 사례 1.1 Daniel의 첫 번째 슈퍼바이지

나의 첫 미술치료 슈퍼바이저 역할은 대학원생을 위한 현장 인턴십 슈퍼바이저로서였다. 그 당시 나는 4년차 미술치료사였다. 직원 중 유일한 미술치료사로서 나는 근무하던 기관과 대학원 과정에서 미술치료 인턴을 모집하도록 격려와 지원을 받았다. 이러한 지원에도 내가 이 일을 수행할 준비가 되었는지 경험이 충분한지 고민하였다. 미술치료 인턴을 받아들이는 것은 많은 이점이 있었다. 기관은 미술치료 서비스를 제공할 가능성이 높았고, 나는 미술치료 슈퍼바이저의 역할을 하고 새로운 미술치료 인턴십 과정을 개설할 수 있었다.

그 인턴은 백인 여성이며 놀랍게도 나보다 몇 살 더 많은 중견 예술가였다. 처음에는 나보다 연상인 점이 다소 부담스러웠다. 그럼에도 불구하고 인턴의 타고난 호기심, 자신의 취약성에 대한 수용, 배우려는 열의가 우리 사이의 동맹 관계를 빠르게 구축하는 데 자산이 되었다. 특히 '잘 모르겠습니다.'라고 말할 수 있는 나의 솔직함이 중요하게 작용하였다. 이 작업 동맹은 상대가 제공한 것에 대한 상호 존중과 이해를 바탕으로 이루어졌으며 '함께 이 문제를 해결하자'는 자세를 가지게 하였다.

이 인턴십의 성공은 향후 10년 동안 미술, 연극, 음악, 동작 치료 인턴을 포함하는 탄탄하고 창조적인 미술치료 인턴십 프로그램을 시행할 수 있는 토대를 마련하였다.

바이저의 기술을 향상시킨다. 슈퍼바이지는 슈퍼비전 과정에 적극적으로 참여할 때 슈퍼바이저와 마찬가지로 유능한 슈퍼바이저가 될 가능성이 더 크다.

Daniel의 사례(예시 1.1 참조)에서 보듯이 임상가들은 슈퍼비전 실습 훈련 여부와 관계없이 통상 임상현장에서 근무한 시간으로 인해 슈퍼바이저가 된다. 이는 미술치료에서만 국한되는 것이 아니라 다른 행동치료 분야에서도 마찬가지이다(Hoge, Migdole, Farkas, Ponce, & Hunnicutt, 2011). 우리는 현재와 미래의 슈퍼바이저들에게 최고의 실습을 하기 위한 틀을 제공함으로써 이러한 관습을 깨뜨리는 것을 목표로 한다. 슈퍼바이저가 되는 것은 통찰력 있고, 사려 깊고, 교육적인 경험이어야 한다.

## 슈퍼비전의 전망

옥스퍼드 영어 사전에서는 슈퍼비전을 "사람, 조직, 활동 등을 감독, 지시 또는 책임지는 행위 또는 기능; 감독 책임"("Supervision", 2019)으로 정의한다. 단어를 더 세분화하면 슈퍼와 비전이라는 두 부분으로 나누어진다. Super는 "위, 위에, 그 너머, 게다가, 뿐만 아니라"를 의미하며("Super", 2019), vision은 "일반적인 시각과 다르게 보이는 것"("Vision", 2019)을 의미한다. 이는 특히 배우는 과정에서는 모든 측면을 파악할 수 없기 때문에 더 많은 경험과 외부의 관점을 가진 사람과 함께 하면 간과할 수 있는 것들을 알아차리는 데 도움이 될 수 있다. 관찰과 실천을 통한 학습은 임상 훈련의 핵심이며, 수련생과 새로운 신입 전문가에게 필요한 슈퍼비전은 이 과정의 핵심 구성요소이다.

슈퍼비전은 시간이 지남에 따라 두 명의 임상가가 사례(및 내담자의 심리)를 논의하는 모델에서 벗어나 슈퍼바이저, 슈퍼바이지, 내담자 간의 삼자적 관계로 발전해 왔다(Watkins, 2011).

이는 세 사람이 모두 한 공간에 있다는 것이 아니라 세 사람 모두의 관계를 고

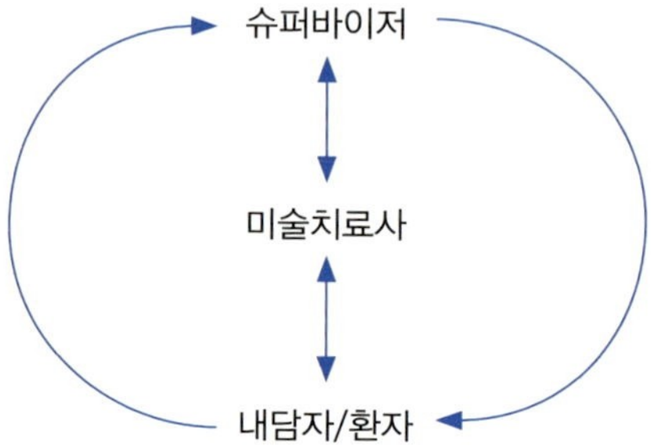


**[그림 1-1] 슈퍼비전의 영향**

려한다는 것을 의미한다. 삼자 관계의 시각적 묘사는 [그림 1-1]을 참조하라. 간단히 표현된 이 그림에서 볼 수 있듯이, 관계는 단지 삼자적 관계를 넘어 공동체로 확장된다. 더 나아가 심리치료는 사회사업과 마찬가지로 심리치료가 이루어지는 곳의 행정적인 측면을 의미하는 치료의 장소가 슈퍼비전 실제에 영향을 미친다는 것을 인정하였다(Watkins, 2011).

슈퍼바이저와 슈퍼바이지가 슈퍼비전에 참여하는 이유는 다양하다.

- 회기에서 실제로 발생하는 일을 처리하여 치료사가 더 나은 임상 작업을 수행할 수 있도록 하기 위하여
- 교육 또는 취업 요건을 충족하기 위하여
- 전문성을 '회복하기' 위하여
- 국가자격증 및 국가 수준의 면허를 취득하기 위하여
- 이직이나 개인 개업 시 또는 특정 사례 상담 시 지원을 받기 위하여
- 더 나은 슈퍼바이저가 되기 위하여(즉, 슈퍼비전의 슈퍼비전)

치료사들이 슈퍼비전에 참여하는 이유와 상관없이, 효과적인 슈퍼비전을 위해서는 슈퍼비전의 복잡성과 실행에 대한 근본적인 이해가 필요하며, 이는 슈퍼비전의 정의를 잘 알고 있는 것 이상의 의미를 갖는다.

## 슈퍼비전의 실제

슈퍼비전 실제는 복잡하며, 다양한 방식으로 정의되고 설명되어 왔다. 임상 업무의 감독은 "관리, 지시, 통제, 지도, 검사 또는 감독을 제공하는 행위"로 설명되어 왔다(Hoge et al., 2011, p. 187). 이러한 감독은 종종 행정(또는 업무 보조)과 정서적 지원의 두 가지 범주로 나뉜다(Hoge et al., 2011). Watkins(2011)는 문헌을 검토를 통해 심리치료 슈퍼비전의 다섯 가지 공통적인 측면을 확인했다.

1. 교육적이다.
2. 치료와는 구별된다.
3. 자문과 구별된다.
4. 교육, 심리치료, 자문 측면은 구성요소가 중복되는 반면, 슈퍼비전은 별도의 노력이다.
5. "슈퍼비전은 별개의 개입이다"(Watkins, 2011, p. 59).

Kadushin과 Harkness(2014)는 슈퍼비전의 구성요소를 행정, 교육 및 지원이라는 두 가지가 아니라 세 가지로 구분하였다. 이러한 개념에 중복되는 부분이 있다는 것은 이해하지만, 슈퍼비전의 요소를 명확하게 구분하기 위해 이 세 가지 핵심 영역을 교재 전체에 걸쳐 사용한다. 행정, 교육 및 지원은 슈퍼비전의 이론적 지향성이나 슈퍼비전을 받는 대상에 관계없이 모든 슈퍼비전 과정에 중요하다. 슈퍼비전의 세 가지 구성요소를 슈퍼바이저, 슈퍼바이지 및 내담자의 삼자 관계에 중첩해서 살펴본 Delano(2001)의 시각적 도표는 [그림 1-2]를 참조하라.

### 핵심 분야 1: 행정

슈퍼비전의 행정적 측면은 미술치료사들이 파악하기 가장 어려운 측면일 수 있는데, 이는 미술치료사들이 내담자와 그들의 환경(즉, 가족제도, 지역사회 등), 또

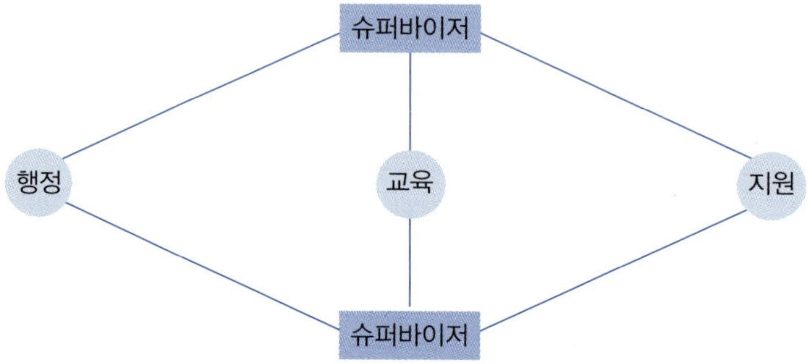


**[그림 1-2] 슈퍼바이저와 슈퍼바이지의 관계에서 슈퍼비전의 세 가지 국면**
(Frank Delano, 2002에서 발췌)

는 미술치료사와 작업환경이 아닌 미술치료사와 내담자의 관계에 초점을 맞추는 경향이 있기 때문이다. 이는 환자/내담자의 개인 심리역동에 대한 관심 외에도 치료사의 임상 작업의 일부가 내담자에게 영향을 미치고 형성하는 시스템에 주의를 기울이는 것이라는 이해가 커지고 있다. 이는 지역사회와 다른 환경에서 활동하고 있는 미술치료사들에게 잘 드러난다(Allen, 2007; Hocoy, 2007; Timm Bottos, 2011 참조). 게다가, 미술치료사들이 상담가로도 활동할 수 있도록 점점 더 많은 훈련을 받으면서, 많은 미술치료사는 상담이나 심지어 사례 관리에 특화된 자격증과 직업을 찾는다. 미술치료가 얼마나 시행되고 있는지에 관계없이, 항상 고려해야 할 행정적인 요소로는 기록, 일정관리 및 규정준수가 있다.

### 기록

미술치료 회기에서 행해졌던 작업을 기록하는 것은 미술치료 자체보다 더 많은 시간을 소모한다. 문서작업에는 일지(종이 및 전자 문서 형식 모두), 치료 계획 작성 및 업데이트, 회기에서 만들어진 미술작품에 대한 시각적 기록 등이 포함된다. 미술작품 기록은 미술치료에서 고유한 작업이지만 윤리적 문제로 인해 어려운 작업이다. 가장 까다로운 문제 중 일부는 기관이나 국가가 결정한 대로 적절한 기간 동안 비밀을 유지하고 기록을 유지하는 것이다. 보관 문제 때문에 내담자가 만든 원본 작품을 수년간 보관하는 것이 항상 현실적으로 가능하지 않으므로 미술치료사들은 작품을 사진으로 보관할 수도 있다. 디지털 사진을 통해, 미술작품을 쉽게 문서화하고 파일로 저장하거나 인쇄할 수 있다. 일부 기관에서는 사진 촬영이 허용되지 않거나 미술치료사가 카메라를 사용할 수 없다. 이 경우 미술치료사는 내담자의 이미지를 재현하거나 작품을 설명 글로 일지에 기록한다.

### 일정관리

개인 상담, 집단 상담, 슈퍼비전, 서류작업, 치료팀 회의, 개인적인 휴식 시간을 포함하는 일상 업무 일정은 행정 업무의 일부이다. 치료팀에서 일할 때, 특히 다양한 집단이 동시에 운영될 때는 일정 조율이 복잡해질 수 있다. 환경 자체가 시간을 관리하는 방법에도 영향을 미친다. 예를 들어, 학교 환경에서 미술치료사들은 종종 언제 학생 내담자들을 수업에서 '빼내야' 하는지 혹은 집단 운영을 위해 그들을 '참여시켜야' 하는지를 결정해야 한다. 미술치료사는 작업 일정을 잡을 때 이상적인 시간이 언제인지 어떻게 결정하는가? 혹은 미술치료사에게 선택권이 있는가?

### 규정 준수

행정 업무의 세 번째 측면은 규정 준수이다. 여기에는 전문 자격증, 실무 및 면허 관련 법률, 기관 방침 및 절차 준수 등이 포함된다. 미술치료 전문가는 국가 인증(예: 미술치료 자격 관리 위원회 또는 ATCB)을 준수하고 현재(그리고 변화하는) 주 소유권 보호 및 면허(자격)법에 맞춰 최신상태를 유지해야 한다. 주(State) 수준의 소유권 보호는 '미술치료사' 타이틀을 사용할 수 있는 사람을 결정하기 위한 특정 기준을 명시하여 소비자를 사기로부터 보호하기 위해 존재한다. 주별로, 미술치료 면허증에 따라 기준이 다르다.

예를 들어 기관은 임상가에게 미술치료 학위나 자격증을 요구하지 않을 수 있지만 주법은 개인이 미술치료사라고 부를 수 있는 특정 면허, 적절한 자격 또는 인증을 보유하도록 요구할 수 있다. ATCB가 관리하는 자격 증명에 대한 자세한 내용은 〈4장 전문직 정체성 탐색: 자격, 대표성 및 관계〉을 참조하라. 미술치료사가 지켜야 하는 규정 준수의 다른 측면은 근무처의 강령과 기관이나 병원이 준수해야 하는 근무처의 인증 표준이다[예: 재활 시설 인증 위원회(CARF), 공동 위원회]. 연례 평가는 준수사항에 해당되지만, 슈퍼바이지의 경력 목표를 고려하여 수행할 경우 교육(아래 참조)에도 해당될 수 있다. 또한 전문성 개발은 훈련과 콘퍼런스를 위한 시간을 계획할 때 행정적이거나 교육적 범주로 간주될 수 있다. 필요한 과정을 수강하는 경우는 행정적이고, 치료사가 진정으로 관심을 가지는 주제에 대한 학습을 추구하는 경우는 교육적 범주이다(필수 과정 포함).

### 핵심 분야 2: 교육

일반적으로 임상 슈퍼비전이라고 불리는 교육은 슈퍼비전의 두 번째 구성 요소이다. "교육 슈퍼비전은 내담자와 상호작용하는 데 필요한 지식, 기술 및 태도를 가르치는 것과 관련이 있다"(Kadushin & Harkness, 2014, p. 117). 미술치료 문헌에서 슈퍼비전에 관해 쓰여 있는 거의 모든 내용은 교육적 또는 임상적 요소에 초점을 맞추고 있다. 슈퍼비전의 교육적 측면은 예술 표현이 미술치료를 이용하는 개인, 집단, 가족 또는 지역사회의 정신 역동을 어떻게 나타내는가를 연구하는 경향이 있다. 미술치료 슈퍼비전이 어떻게 설명되어 있는지에 대한 몇 가지 예는 다음과 같다.

- 슈퍼비전에 있어서 미술 작업과 미술의 활용(Deaver & Shiflett, 2011; Fish, 2012, 2017; McNamee & McWey, 2004; Miller, 2012)
- 글쓰기(Deaver & McAuliffe, 2009)
- 집단 슈퍼비전의 장점(Linesch, Holmes, Morton, & Shields, 1989)
- 미술치료 슈퍼비전의 다른 단계들(Wilson, Riley, & Wadeson, 1984)

미술치료 슈퍼바이지 교육에 포함되는 구성요소는 내담자에 대해 배우는 기술, 치료의 보다 일반적인 교육적 측면, 임상 작업 자체, 그리고 자기 인식과 자기 성찰을 위한 기술을 포함한다. 내담자에 대해 배우는 기술은 슈퍼바이지가 내담자(즉, 특정 의료 또는 정신건강 진단을 받은 사람, 특정 사회적 문제, 다루기 힘든 문제점이나 관심사에 대한 서비스를 찾는 개인 등)의 기능을 평가하고 지식을 얻는 것이 포함된다. 또한 임상 작업 자체(즉, 사정, 진단, 치료의 지속적인 평가)뿐만 아니라 사례개념화, 역전이의 이해, 의사소통의 구축, 전반적인 슈퍼비전 관계와 같은 슈퍼바이지가 지원을 원하는 치료의 더욱 보편적인 교육적 측면도 있다. 이론과 임상 관찰의 통합, 그리고 그에 따른 이론적 지식의 변화와 치료에 대한 정서적 반응도 슈퍼비전의 교육적 구성요소의 한 측면이다. 마지막으로, 자기 인식(Kadushin & Harkness, 2014; Sanders, 2016)과 자기 성찰(Daver & Shiplett, 2011)은 슈퍼바이저와 슈퍼바이지 관계의 교육적 요소에서 다루어지는 능력이다. 또한 교육 슈퍼비전은 임상가가 내담자의 언어 및 비언어적 반응에 집중할 수 있도록 도와 준다. 정서적 반응, 자기 인식 및 자기 성찰은 슈퍼비전의 지원적 측면과 중복된다.

### 핵심 분야 3: 지원

슈퍼비전의 지원적 측면은 업무 관련 스트레스와 슈퍼바이지의 정서적 반응에 초점을 맞춘다. 소진, 공감 피로, 대리 외상은 모두 임상 작업의 잠재적(또는 불가피한) 위험요소이다(Newell & MacNeil, 2010 참조). 탄탄한 행정·교육적 슈퍼비전을 제공하는 것이 도움이 될 수도 있지만, 슈퍼비전의 별도 기능으로 스트레스 감소에 각별히 주의를 기울이는 것은 가치가 있다. 실제로, 사회사업 분야는 이러한 슈퍼비전 측면을 전국사회복지사협회(NASW)의 아동보호 사회복지 실습(1981, Kadushin & Harkness, 2014) 기준에 명시하고 있다.

미술치료사는 간호사(Repar & Patton, 2007)와 간병인(Camic, Tischler, & Pearman, 2014; Murrant, Rykov, Amonite, & Loynd, 2000; Potash, Chan, Ho, Wang, & Cheng, 2015; Reid & Hartzell, 2013; Salzano, Lindemann, & Tronsky, 2013)의 소진을 예방하거나 개선하기 위해 미술 작업, 미술치료 및 미술개입을 활

용해 왔다. 미술 작업은 돌봄 역할을 하는 사람들의 직무 관련 스트레스를 줄이는 데 사용되어 왔기 때문에 미술치료사 자신이 슈퍼비전 안팎에서 미술 작업을 하기를 강력히 권장한다. 슈퍼비전 경력 초기에 Daniel은 자신의 내담자뿐만 아니라 슈퍼바이지들로부터도 압도당하고 소진될 가능성을 해결하는 방법으로 미술 작업을 우선시하였다. 그 미술 작업은 시간이 지남에 따라 크게 변형된 긴 작품에 대한 30초 동안의 반응으로 이루어졌다. 「반기를 들고(Up in Arms)」(컬러 작품 2 참조)는 거의 10년 동안 판화 용지에 물감, 파스텔 및 혼합 매체를 사용한 작품이다. 다층미술(multilayered art)[4]은 지혜의 역사, 투쟁, 그리고 진화를 담고 있다. 슈퍼바이저가 미술 작업을 활용하는 것은 교육적인 기능뿐만 아니라 지원적 기능도 할 수 있다. 예술 기반 슈퍼비전을 집중적으로 소개하는 원문은 Barbara Fish(2017)의 저서를 참조하라.

### 슈퍼비전과 치료의 차이

종종 치료사에게 타인과의 관계에서 내재된 정서적 경험에 관심을 기울이고 존중하는 방법과 이 정보를 치료적으로 사용하는 방법을 가르치는 병행 과정이 있다. 슈퍼비전과 치료에는 전이와 역전이가 있을 수 있다. 슈퍼비전과 치료 모두 신뢰와 이해에 기반한 관계를 포함하지만, 차이가 있으며, Dixon(2004)은 이를 명확하게 설명한다. 우리는 임상 미술치료, 교육 또는 임상 슈퍼비전, 지원 및 행정 슈퍼비전의 유사점과 차이점을 설명하기 위해 미국 미술치료 협회(AATA)의 미술치료 정의와 Dixon의 개요를 정리하기 위해 표를 만들었다(〈표 1-1〉 참조).

슈퍼비전과 치료의 주요한 차이점은 목표와 의도된 결과에 있다. 미술치료의 목표는 전체적으로 내담자에게 초점을 맞추는 반면, 슈퍼비전의 목표는 궁극적으로 슈퍼바이지의 자세, 기술 및 범위를 향상시킴으로써 내담자의 경험과 긍정적인 결과에 도달할 수 있는 잠재력을 향상시키도록 설계된다. 구체적으로 미술치

4 밑그림 위에 물감을 여러 층 발라 쌓아가는 기법의 미술 활동

〈표 1-1〉 미술치료 실제와 임상슈퍼비전의 차이점(Dixon, 2004에서 발췌)

| | 치료 | 슈퍼비전 | | |
|---|---|---|---|---|
| | 임상미술치료 | 교육적(임상적) 슈퍼비전 | 지원적 슈퍼비전 | 행정적 슈퍼비전 |
| 목표와 목적 | 내담자의 기능 및 개인적 행복감 향상 또는 회복 | 3단계 과정(즉, 슈퍼바이저, 슈퍼바이지/치료사, 내담자)를 통해 슈퍼바이지의 임상 기술을 향상시켜 내담자의 상담 결과를 강화 | 업무와 관련된 스트레스를 줄이고 임상 작업에 대한 슈퍼바이지의 감정적 반응(즉, 소진, 공감 피로 및 대리 외상)에 대한 압박 감소 | 기록, 일정관리, 전문 자격증, 실무 및 면허 법률, 업무현장 정책 및 절차 |
| 결과 | 내담자의 욕구에 기반하여 다음을 포함한다. 감정의 탐구, 정서적 갈등 조정, 자아 인식 촉진, 행동 및 추가 관리, 사회적 기술 개발, 현실 지향성 향상, 불안 감소, 자존감 증가 | "자기인식 및 자기 성찰을 위한 기술을 포함하여 효과적인 직무 수행을 위한 필수적인 지식, 기술 및 태도에 대한 숙련도 향상"(Dixon, p. 2) | 임상 업무에 대응하여 자기관리를 촉진하는 업무 관련 전략을 인식하고 실행할 수 있는 능력 | 승인된 방침 및 절차를 일관성 있게 사용 |
| 기간 틀 | 자기조절: 장기간 또는 조절 가능한 경향이 있음 | "단기간 및 지속적"(Dixon, p. 2) | | |
| 안건 | 내담자의 욕구에 기반 | "서비스 임무 및 설계에 기반" (Dixon, p. 2) | | "행정적 요구"에 기반 (Dixon, p. 2) |
| 형식 | • 개인<br>• 3인<br>• 집단<br>• 가족 | • 개인<br>• 2인<br>• 집단<br>• 동료 | | • 개인<br>• 팀 회의 |
| 장소 | • 입원 환자(병원,교도소, 주거치료시설을 포함)<br>• 학교와 사회서비스 기관<br>• 지역사회(지역보험) 기반<br>• 개인 상담실 | • 거리<br>• 교육 및 지원 중심의 훈련<br>• 현장<br>• 외부(예: 대학 내, 개인 상담실, 전화상담/원거리상담) | | • 현장 |

료의 목적은 "개인의 안녕감과 기능을 향상시키거나 회복시키는 것"(ATCB, 2020, para 4)*인 반면 임상 슈퍼비전의 목적은 치료사의 전문적 수행을 향상시켜 내담자에게 최상의 서비스를 제공하는 것이다. 슈퍼비전은 삼자 관계(즉, 슈퍼바이저, 슈퍼바이지/치료사 및 내담자)를 포함하며, 여기에는 특정 지역의 정책 및 절차를 준수하기 위한 관리와 규정 준수 구성요소가 포함된다. 슈퍼비전은 준수 외에도 더 나은 미술치료사가 되기 위해 슈퍼바이지에게 교훈적인 경험을 제공하고, 관련 업무 스트레스를 공감적이고 전략적인 방식으로 해결한다.

## 역사

최근 실무에서, 슈퍼비전은 보다 경험이 풍부한 전문가와의 상담을 통해 임상 실무를 모니터링하고 성찰하는 방법이다(Schaverien & Case, 2007). 슈퍼비전은 의도적으로 미술치료 교육 훈련과 지속되는 실습을 포함하며, 자격증 취득 및 경우에 따라서는 자격증의 유지까지도 포함시킨다.

그러나 슈퍼비전의 기원을 추적하는 것은 어렵다. 미술치료는 정식 학문으로서의 역사가 짧은 편이다. 많은 특정한 교육 훈련 프로그램과 협회가 1970년대에 처음 설립되었다. 미술치료 슈퍼비전에 관한 문헌은 저자들 자신이 슈퍼비전을 받았던 경험 때문에 슈퍼비전의 실제를 일반적인 것으로 가정하는 경우가 많다. Case(2007)는 두 가지 주요한 이유로 미술치료 슈퍼비전이 사회사업, 심리학과 같은 기존 분야에서 차용하였다고 언급했다. 두 가지 이유는 모델이 이미 확립되어 있고, 미술치료사의 슈퍼바이저가 이러한 기존의 전문직 출신이라는 점이다. 미술치료 슈퍼비전의 역사가 잘 기록되어 있지 않아서, 우리는 관련 분야에서 기

* ATCB(Art Therapy Credentials Board, 2000)는 미술치료 분야에서 자격인증과 표준화를 담당하는 조직으로 ATCB에서 발간한 《미술치료란 무엇인가》(2020)에서 발췌함.

원을 찾고 있다. 슈퍼비전의 역사를 인정하고 슈퍼비전의 중요성을 맹목적으로 받아들이지 않는 것이 중요하다고 느낀다. 우리가 슈퍼비전이 중요하다고 믿는 것은 말할 필요도 없지만(이 책을 쓰는 것이 바로 증거이다!), 역사적 맥락을 갖는 것은 슈퍼비전을 계속 사용하는 이유와 슈퍼비전의 중요한 측면을 어떻게 명명하는지를 이해하는 데 도움이 된다.

슈퍼비전은 사회사업 분야에서 시작된 것으로 보인다. 1878년에 자선 단체 협회(COS)가 설립되었다. 그 사명 중 하나는 '기관 방문객'인 자원봉사자들의 업무 스트레스 관리를 돕는 것이었다(Tsui, 1997). 예를 들어, 1788년 위스콘신주 매디슨의 교회 봉사자들의 사례에서 초기 형태의 슈퍼비전에 대한 증거를 볼 수 있다. 공식화된 슈퍼비전의 정확한 날짜와 상관없이, 슈퍼비전은 자원봉사자들을 감독하는 목적에서 비롯되었다는 데 의견이 일치한다. 행정, 교육 및 지원 기능이 COS의 슈퍼비전에 필수적으로 고려되었지만, Tui(1997)는 초창기에는 행정 기능이 슈퍼비전의 주요 기능일 가능성이 가장 높다고 주장하였다. 슈퍼비전 기능의 일부는 자원봉사자들의 높은 이직률을 해소하기 위해 정서적인 지원을 하는 것이었고, 자원봉사자들은 공식적인 훈련이 부족했기 때문에 교육적인 측면도 있었다. 그러나 Tui(1997)는 기관 방문객들이 원래 특권층 출신의 상류층 개인이었고, 중산층과 노동자 계층에서 자원봉사자들이 모집된 후에야 슈퍼비전이 시작되었다고 지적한다. 슈퍼비전은 이러한 계급적 격차에 대응하여 발전한 것으로 보이며, 자원봉사자들을 감독하고 계급적 위계를 유지하기 위한 행정 기능의 일부였다. 슈퍼비전은 이제 임상 교육의 필수 요소로 여겨지지만, 슈퍼바이저가 관계에 내재된 자신의 권력을 이해하지 못하거나 인정하지 않을 때 이러한 원래의 계층 구조는 오늘날에도 여전히 지속되고 있다.

1896년 뉴욕의 COS 학생들에게 제공된 6주간의 여름 훈련이 기관 외부에서 공식화된 최초의 슈퍼비전 훈련이었다. 1904년에는 최초의 1년짜리 사회복지사업 프로그램이 시작되었다. Tsui(1997)는 1920년대에 사회사업을 기관에서 대학으로 옮겨간 궁극적인 과정을 기록하였다. 대학에서는 실천의 가치, 지식 및 기술을 배우기 위한 교육 과정이 개발되었다. 이는 프로이트의 정신분석학 운동과 그에 따른 조직인 수요심리학회(Wednesday Psychological Society)가 사례에 대한 상담을 진행하던 시기와 일치한다(White & Winstanley, 2014). "[1920년대] Max Eitingon은 베를린 정신분석 연구소에서 수련 중인 정신분석가가 슈퍼비전 받는 정신분석 회기에 참여해야 한다고 제안하였다(White & Winstanley, 2014, p. 10, 강조). 그러나 Freud는 1902년부터 분석가를 양성하는 동안 매주 모임에서 정기적인 슈퍼비전과 사례 상담을 포함시킨 것으로 주목할 만하다(Watkins, 2011).

정신분석학 이론의 영향은 슈퍼비전의 실제에 포함되었다. 슈퍼비전은 교훈적 관계의 중요성과 비밀유지와 같은 치료 과정의 여러 측면을 반영하기 시작하였다(Tsui, 1997). 마찬가지로, 슈퍼비전에서 슈퍼바이지와 슈퍼바이저의 관계는 심리치료에서 치료사와 내담자의 관계만큼이나 중요한 것으로 인식되어 왔다(Watkins, 2011).

교육이 더욱 공식화되면서 전문화도 뒤따랐다. 1956년에 NASW(미국사회복지사협회)가 설립되었다. 저널의 발간은 전문직종을 합법화하는 또 다른 형태이며, 1961년에 상담자 교육 및 슈퍼비전이 설립되었다. 1983년 슈퍼비전에 초점을 맞춘 두 번째 저널인 『The Clinical Supervisor』가 발간되었다.

미술치료의 역사에서 중요한 역사적 시점을 슈퍼비전의 역사와 함께 시간에 맞추어 기록하면서 작업을 더욱 맥락화하였다([그림 1-3] 참조). 연대표는 새로운 분야(예: 사회사업, 심리치료, 미술치료)의 확립에 있어 슈퍼비전이 중요한 역할을 한 시점을 강조하고 있다. 이후 전문직이 발전함에 따라 슈퍼비전의 중요성은 저널, 서적, 연구, 면허 및 인증에 걸맞은 더 적절한 주제로 다시 등장한다. 급성장하는 미술치료라는 분야가 언제부터 공식화되기 시작했는지 정확하게 파악하기 위해서, 대학에서 최초의 미술치료 과정이 개설된 시기를 고려할 수 있다. 이러한 현상은 최초의 사회복지 교육 프로그램 이후 60여 년만인 1959년 루이빌 대학교(Gussak & Rosal, 2016)에서 시작되었다. 그러나 '미술치료'라는 용어는 1940년대 영국의 Adrian Hill에 의해 만들어졌다(Hogan, 2001). 비슷한 시기에

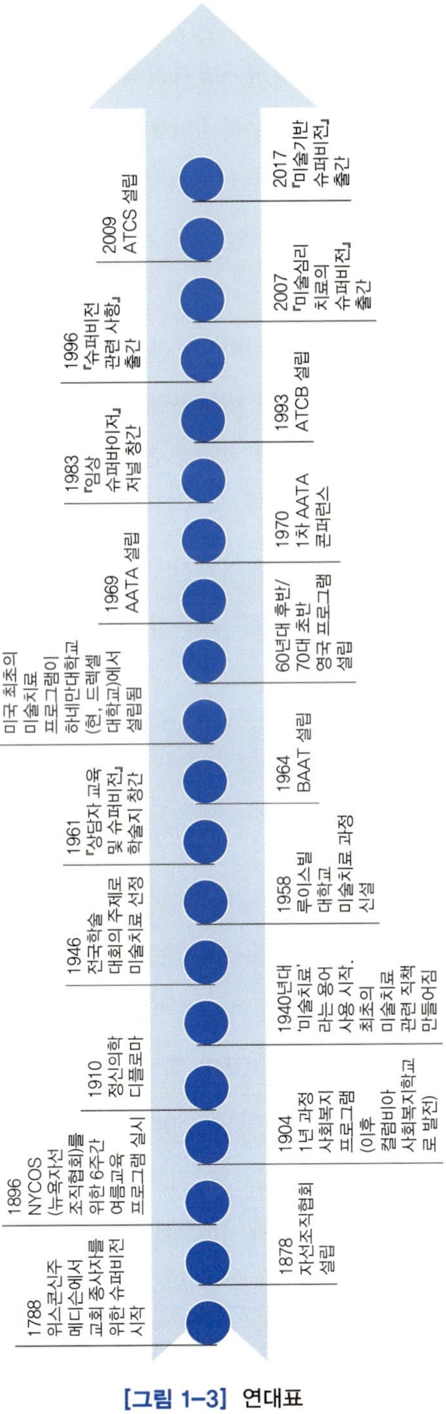

1788 위스콘신주 메디슨에서 교회 종사자를 위한 슈퍼비전 시작
1878 자선조직협회 설립
1896 NYCOS (뉴욕자선 조직협회)를 위한 6주간 여름교육 프로그램 실시
1904 1년 과정 사회복지 프로그램 (이후 컬럼비아 사회복지학교로 발전)
1910 정신의학 디플로마
1940년대 '미술치료' 라는 용어 사용 시작. 최초의 미술치료 관련 직책 만들어짐
1946 전국학술 대회의 주제로 미술치료 선정
1958 루이스빌 대학교 미술치료 과정 신설
1961 『상담자 교육 및 슈퍼비전』 학술지 창간
1964 BAAT 설립
1967 미국 최초의 미술치료 프로그램이 하네만대학교 (현, 드렉셀 대학교)에서 설립됨
60년대 후반/ 70대 초반 영국 프로그램 설립
1969 AATA 설립
1970 1차 AATA 콘퍼런스
1983 『임상 슈퍼바이저』 저널 창간
1993 ATCB 설립
1996 『슈퍼비전 관련 사항』 출간
2007 『미술심리 치료의 슈퍼비전』 출간
2009 ATCS 설립
2017 『미술기반 슈퍼비전』 출간


**[그림 1-3] 연대표**

Naumberg는 1941년 뉴욕 주립 정신의학 연구소에 고용되었다(Jungge, 2010). 미술치료의 주제는 1946년 전국결핵예방협회 회의에서 논의되었다. 과정이 개설된 후 1961년 학술지 창간, 1967년 하네만(Hahnemann, 현재의 Drexel Uni.)의 첫 학위 과정 개설, 1969년 협회가 설립되고 1970년에 학회가 개최되면서 전문화가 빠르게 이루어졌다. 이 전문화 동안, 실무자에 대한 교육 요건을 포함한 지침이 제정되었다. 이러한 요구사항에서 이론적, 임상적 교육 기초의 대부분은 연대표에 명시된 것처럼 사회사업, 정신의학 및 정신분석 같이 확립된 분야에 기반을 두고 있다. 2009년, ATCB(2009)는 미술치료 공인 슈퍼바이저(ATCS)를 신설함으로써 슈퍼바이저를 위한 차별화된 자격을 부여하였다. 특히 미술치료 슈퍼비전에 관한 책들이 출판되었다. 『미술 기반 슈퍼비전: 이미지를 통한 치료적 통찰력 수련(Fish, 2017)』, 『미술심리치료 슈퍼비전: 이론과 실제 핸드북(Schaverien & Case, 2007)』, 『슈퍼비전 및 관련 이슈: 전문가를 위한 핸드북(Malchiodi & Riley, 1996)』.

## 이론적 접근법 고려

슈퍼비전을 위한 이론적 접근법을 선택하고 실행하는 것은 매우 개별적이다. 여기서는 다양한 옵션 중 몇 가지만 간략하게 강조하는 것으로 시작한다. 슈퍼비전 상호작용은 무턱대고 진행하는 것보다 확인된 이론과 접근 방식에 기반할 때 더 가치가 있다고 믿기 때문에 이러한 접근방식을 연구하는 것은 매우 중요하다. 일부 모델은 보편적인 반면, 유색인종 퀴어의 회복탄력성 기반 슈퍼비전 모델(The Queer People of Color Resilience-Based Model of Supervision, Singh & Chun, 2010), 홍콩의 임종 돌봄 종사자를 위한 미술치료 기반 슈퍼비전 모델(Potash et al., 2015), 그리고 사회구성주의 슈퍼비전(Chang, Hays, & Milliken, 2,009)과 같은 특정 집단에 매우 초점이 맞춰진 모델도 있다. 모집단 특정 모델

(The population-specific models, Chang et al., 2009)은 슈퍼비전에 관한 초기 연구(Chang et al., 2009; Falender, 2018; Leddick, 1994; Stoltenberg, 1981; Watkins & Wang, 2014)를 기반으로 하며, 여기서 "발달적, 특정한 방향 및 통합"(Leddick, 1994, p. 1), 이 세 가지 광범위한 이론적 접근법으로 나타났다. 이러한 접근법 및 기타 접근법에 대해서는 아래에서 설명한다.

선택된 모델, 접근방식 또는 이론과 관계없이 Kadushin과 Harkness의 세 가지 핵심 영역(행정, 교육, 지원)을 통합하는 것은 매우 중요하다.

### 발달 모델(Developmental Models)

발달 모델에서 슈퍼바이저는 슈퍼바이지의 미술치료 전문성 발달을 보완하기 위해 일련의 명시된 개입 단계(Bambling, 2014, p. 451)의 순서를 고려한다. 일반적으로 초급, 중급, 숙련, 고급 치료사의 네 가지 발달 단계가 있다(Stoltenberg, 1981; Stoltenberg & McNeil, 2010). 발달 단계에 대한 더 자세한 내용은 〈7장 학문 분야의 차이: 슈퍼바이저가 미술치료사가 아닌 경우〉를 참조하라.

슈퍼바이지의 최적의 성장을 촉진하기 위해, Purswell과 Stulmaker(2015)는 슈퍼바이저가 슈퍼바이저의 전반적인 특성을 평가할 뿐만 아니라 슈퍼바이지의 발달을 이해하고 이에 민감하게 반응함으로써 가치 있는 미술 기반 개입을 인식하고 실행하는 능력이 향상된다고 주장한다. Barrett와 Barber(2005)는 발달 접근법을 다음과 같이 설명한다.

> 수련생에게 어떤 기술이 더 어렵거나 불안을 유발할 수 있는지, 그러한 불안감이 왜 발생할 수 있는지, 그리고 직면, 지시, 안내, 과제 할당 또는 다른 슈퍼비전 접근법 등 개입을 다양화하는 방법을 결정하는 체계적인 방법은 치료사의 학습에 더 나은 영향을 미치고 슈퍼비전 관계를 강화한다(p. 181).

## 역량기반 슈퍼비전(Competency-Based Supervision)

Holloway는 슈퍼바이저 역량과 준비 상태를 강조하는 접근 방식인 현대 슈퍼비전의 시대정신으로 역량기반 슈퍼비전을 설명하였다(Falender, 2018, p. 1243). 메타 이론적 접근방식인 역량 기반 슈퍼비전은 지식, 기술 및 태도에 대한 단계별 역량 표준에 따라 진행되며, "정서적 반응 및 개인적 요인을 포함한 슈퍼비전 기술"에 대한 고유한 관심을 통해 구분된다(Falender, 2018, p. 1243). 명확성을 위해 Falender(2018)는 역량 기반 슈퍼비전의 맥락에서 개인적 요인, 정서적 반응성 및 자기(self)의 활용을 확장한다. 전문적인 학습과 세계관에 의해 형성된 개인적인 요소들은 타인, 윤리적인 가치, 그리고 자신에 관한 우리의 본질적인 신념의 균형을 유지한다. 치료사의 역할과 업무에서 비롯되는 감정을 경험하고 처리하고 조직하는 행위인 정서적 반응성에는 슈퍼비전에서 개발된 사려 깊은 관리계획이 필요하다. 이 계획은 "자기 통찰력과 차별화, 공감능력 향상, 불안관리, 그리고 사례개념화"의 유발요인을 인식하는 것이 필요하다(Falender, 2018, p. 1243). Falender는 이를 "자기의 활용(use of self)"으로 정의한다. 정서적 반응성을 다루는 것은 치료사가 내담자에게 집중하고, 정서적으로 현재에 충실하며, 참여도를 유지하는 데 도움이 된다.

추가 학습을 위해 Falender와 Shafranscke(2007)는 역량 기반 임상 슈퍼비전을 정확하게 정의하고, 역량에 대한 관점을 구성 요소로 고려하며, 이 모델에서 발생하는 다양한 윤리적, 법적, 맥락적 실제 문제를 다룬다. Fouad 등(2009)은 전문적 성장의 3단계 내에 핵심 기반 및 기능적 역량을 소개한다(p. S5). Falender, Burnes와 Ellis 등은 역량 기준의 맥락에서 다문화주의와 비교문화 간 슈퍼비전을 연구한다(Falender, Ellis, & Burnes, 2013; Foo Kune, & Rodolfa, 2013; Ladany, Mori, & Mehr, 2013; Westefeld & Rasmussen, 2013; Wong, Wong, & Ishiyama, 2013).

### 지향성 특화 모델(Orientation-Specific Models)

슈퍼바이저로서 미술치료사들은 자신들이 선택한 심리치료 이론에 따라 명확하게 정의하고 적용할 수 있는 지향성 특화 슈퍼비전 접근법을 활용할 수 있다. 이러한 관점에서 슈퍼비전 과정은 정확한 심리치료 이론과 모델(예: 마음챙김 및 인간중심)을 가장 잘 연구하고 실천할 수 있도록 특정심리치료 모델을 통해 구현된다(Watkins & Scaturo, 2013, p. 76). 일반적으로 어떤 이론이 개인에게 가장 큰 공감을 불러일으키는가보다 슈퍼비전 방식으로 이론을 신중하게 적용하는 의도와 과정이 더 중요하다는 것이 인정되고 있다. 그러나 슈퍼바이지가 실제 상담에서 쓰는 이론과 다른 이론적 접근방식으로 슈퍼바이저가 슈퍼비전을 수행할 때 부조화가 발생할 수 있다. 이러한 차이에는 서로 다른 용어 사용, 미술 작업 과정 및 관련 대화의 통합, 슈퍼비전 회기와 임상 작업 사이의 실습 등이 포함될 수 있다. 이러한 차이는 지향성 특화 접근법(orientation-specific approach)의 의도를 다소 저해시킬 수 있다. 이론적 차이가 존재한다면 이를 어떻게 다룰 것인지 사전에 논의하는 것이 중요하다.

### 통합 모델(Integrated Models)

통합 접근방식은 종종 목표지향적 이론과 발달요소 및 추가요소를 결합하여 보다 절충적이면서 목표에 부합하는 접근방식을 취한다. Watkins와 Scaturo(2013)는 여러 이론에 걸쳐 실행할 수 있는 방식으로 동맹 구축과 유지, 교육적 개입, 그리고 학습/재학습을 혼합하는 세 부분으로 구성된 학습 기반 모델을 제시한다. 제안된 통합 모델은 이러한 기초적인 기본 사항을 포함하는 "교육적 근거가 있는 공통의 심리치료 슈퍼비전 모델"(p. 89)의 부재에 의해 촉발되었다. 발달 관계 이론(Developmental Relational Theory; DRT)은 관계적 문화 슈퍼비전, 인지 및 내러티브 이론, 에니어그램 성격유형학을 결합한 통합적 모델의 또 다른 예이다. 공감, 명확한 인식 그리고 관계적 연결은 DRT의 교차적인 특징으로, 이는 개인의 권력 사용 방식과 피드백 전달 및 수용이 연민에 기반한 권한 부여, 고립된 단절 혹은 조작적인 관계적 학대로 이어질 수 있음을 강조한다(Duffey, Haberh, Ciepcelinski, & Gonzales, 2016, pp. 406-407).

## 정신분석/정신역동모델(Psychoanalytical/Psychodynamic Models)

Freud는 슈퍼비전에 대해 거의 글을 쓰지 않았지만, 그가 말하고자 하는 슈퍼비전에 대한 간결한 메시지의 근원은 정신역동 모델(Eagle & Long, 2014, p. 472)에서 분명하게 드러난다. Max Eitingon은 1920년대에 Karen Horney의 주장에 따라 Berlin, Eitingon 또는 Eitingon-Freud 모델이라고도 알려진 이 패러다임을 공식화하였다. Eitingon의 모델은 정신분석 실무자를 준비하기 위해 필요한 세 가지 상호 관련된 부분을 규정하였다. (1) 정신분석적 이론 교육과 개념, (2) 내담자에 대한 슈퍼비전을 받은 실제 치료/분석, (3) 정신분석에 대한 개인적 경험(Eagle & Long, 2014; Watkins, 2013). Eitingon에 따르면 슈퍼바이저와 치료사를 각각 구별함으로써 슈퍼바이저는 슈퍼바이지의 내담자에게, 치료사는 슈퍼바이지의 개인적인 문제에 초점을 맞추도록 한다. Eagle과 Long(2014)은 정신역동적/정신분석적 심리치료 슈퍼비전의 주요 영역을 다음과 같이 설명한다.

1. 슈퍼비전의 평가적 요소와 자기애적 손상에 대한 슈퍼바이지의 취약성
2. 수련생의 역전이에 관여하는 슈퍼바이저의 역할과 수련 및 치료 역할의 차별화
3. 슈퍼비전 관계의 삼자 특성과 병렬과정[5] 역동의 이해(p. 479)

이 모델에 대한 몇 가지 우려 사항은 고유한 위계질서, 훈련에서 발달하지 못한 치료사에 대한 초점, 그리고 정신분석학 연구소와의 연관성이다(Eagle & Long, 2014; Watkins, 2013). 그러나 정신분석적 슈퍼비전의 새로운 발전은 문화,

5 병렬과정: 슈퍼비전 과정에서의 슈퍼바이저와 상담 수련생 간의 상호작용이 실제상담에서의 상담자와 내담자간의 상호작용과 어느 정도 유사한 특성을 가지고 있다는 개념(출처: 상담학 사전)

교차성, 문화적 겸손과 같은 요소들을 탐구함으로써 이 모델을 계속 확장시키고 있다(Eagle & Long, 2014; Rodriguez, Cabaniss, Arbuckle, & Oquendo, 2008; Tummala-Narra, 2004; Watkins & Hook, 2016).

## 인지행동 슈퍼비전(Cognitive Behavioral Supervision)

인지행동 슈퍼비전(CBS)에서 유능한 슈퍼바이저는 "내담자의 진행 상황과 결과가 측정되는 좋은 돌봄을 내담자에게 제공하는 것을 목표로"(Iwamasa, Regan, & Sorocco, 2019, p. 321) 인지행동치료(CBT)를 반영하는 구조화된 준거틀을 적용한다(Pilling & Roth, 2014; Reiser, 2014). Reiser(2014)는 Derek L. Milne과 협력하여 인지적 사례개념화, 능동적 참여를 통한 협업, CBT 특정 준거틀, 임상 관찰 및 경험적으로 지원되는 방법의 활용을 포함하는 문제 중심 접근 방식으로 구조화된 의제를 강조하는 CBT 슈퍼비전의 정의를 만들었다(p. 495). 우리는 미술치료사들을 위한 고려 사항으로 아래의 준거틀을 확장하였다.

- 체계적이고 협력적인 인지치료 슈퍼비전 의제를 활용함(Pilling & Roth, 2014; Reiser, 2014). 미술치료사로서 미술 개입을 통합하고 미술작품을 검토하며 미술을 의제로 만드는 것은 필수적이다.
- 문제 중심 접근법: 역동적이고 실용적이며 "학습 과정을 향상시키기 위한 문제 지향 접근법"을 가정한다(Reiser, 2014, p. 495).
- 인지적 사례개념화: "사례 토론(즉, 상징적 학습) 및 도식적 CBT 공식(즉, 상징적 학습)"이라는 미술 과정을 통해 탐구되었다(Reiser, 2014, p. 495).
- 적극적인 참여와 협력: 슈퍼바이지는 소크라테스식 질문, 간결한 요약, 안내적 발견, 역할극, 행동 시연과 같은 인지 치료 기법에 협력적으로 참여하는 "능동적 참여자"(Pilling & Roth, 2014, p. 30)이다(Iwamasa et al., 2019; Pilling & Roth, 2014; Reiser, 2014).
- 자기 성찰: 슈퍼바이저는 "치료와 슈퍼비전에 영향을 미치는 개인 및 대인관

계 역동에 관심을 기울이기 전에"(Iwamasa et al., 2019, p. 328) 성찰, 미술 활동, 사각지대 점검을 통해 "자신의 가치, 신념, 태도, 세계관을 기꺼이 검토할 수 있어야 한다"(Reiser, 2014, p. 495).

- 좋은 슈퍼바이저:
  - "인종차별이나 차별대우로 고통받는 사람들을 포함하여 다양한 내담자에게 도움이 되는" 내담자의 문화적 특성에 기반하여 문화적으로 적절한 내용을 수정하기 위해 오랜 기간 확립된 CBT 모델을 다양화함으로써 전문지식과 기술을 가르치고 시연하며 자원을 제공한다(Iwamasa et al., 2019, p. 318).
  - 증거기반 절차에 대해 교육한다.
  - 슈퍼바이지의 임상 작업에 대한 오디오, 비디오 또는 실시간 관찰을 통합하여 평가하고, 추후 발전을 위해 공식적인 피드백 및 지침을 제공한다(Iwamasa et al., 2019; Pilling & Roth, 2014; Reiser, 2014).
  - 경험적으로 지원되는 방법을 활용하고, 심리 측정도구를 사용하여 슈퍼바이지의 임상 효과성을 측정하고, 교정적 피드백을 위해 내담자의 반응 등을 활용한다(예: Back의 우울척도).

## 페미니스트 다문화 슈퍼비전(Feminist Multicultural Supervision)

페미니스트 다문화 슈퍼비전(FMS)의 출발점은 슈퍼비전 과정의 맥락적, 사회문화적 과정에 대한 의식과 고려로 정의할 수 있다(Arczynski & Morrow, 2017; Porter & Vasquez, 1997). 이러한 접근법은 진정성 있고 진실하며 투명하고 솔직한 참여를 통해 확립된 존중하는 의사소통을 통해 형성된 "상호적이고 반성적인"(Port & Vasquez, 1997, p. 161) 시너지 동맹에 의해 강화된다. 본질적으로 FMS는 "경계, 계층, 성, 인종 및 모든 종류의 다양성"에 대한 인식을 존중한다

(Arczynski & Morrow, 2017 p. 192). 임상 슈퍼비전에서 권력과 다양성에 관심을 기울이는 Green과 Dekkers(2010)의 연구에서는 Porter와 Vasquez(1997)의 저술과 Szymanski(2003)를 연결하여 FMS를 명확히 설명하고, 페미니스트 슈퍼비전 실제에 대한 네 가지 범주, 즉 (1) 협력관계, (2) 권력 분석, (3) 다양성 및 사회적 맥락, (4) 페미니스트 옹호와 행동주의로 분류한다. 아래에서는 이러한 범주를 미술치료의 관점에서 살펴본다.

### 협력관계

Porter와 Vasquez(1997)는 협력관계가 슈퍼비전 관계 내에서 평등성을 유추하지 않으며, "슈퍼비전 관계를 평등주의로 묘사하는 것은 존재하는 권력을 부정하고 슈퍼비전 관계의 본질과 목적을 모호하게 만든다는 것"(p. 164)을 명확히 하였다. 미술치료 슈퍼비전에서는 언어적 상호작용뿐만 아니라 미술 작업 과정을 통하여 협력적 관계를 구축할 수 있다. 협력적 관계는 억압적인 것이 아니다. 오히려 그것은 지나치게 지시적이지 않고 슈퍼바이저와 슈퍼바이지 사이의 고유한 위계관계를 인정하면서 "상호 존중과 상호 피드백"을 위한 공간을 의도적으로 확립하고 권장한다(Green & Dekers, 2010, p. 305).

### 권력 분석

슈퍼비전의 환경과 역할에 관계없이, 슈퍼바이저는 "권력의 우위에 있으며 슈퍼바이지의 임상적, 사회적, 전문적 발달에 영향을 미칠 수 있는 위치에 있으므로 권력을 가지고 있다"(Green & Deckers, 2010, p. 294). 대화와 미술 작업 과정을 통한 권력의 적용은 동맹을 형성하고 유지하게 하는 좋은 기회를 제공한다. 슈퍼바이저는 슈퍼비전에서 그들의 권력을 평가하고, 인식하고, 의도적으로 적용할 필요가 있다. 지속적 성장을 위해 슈퍼바이저는 "성실한 자기 성찰"과 권력 사용을 점검하기 위해 동료와 논의하여 도움을 받을 수 있다(Green & Dekers, 2010; Porter & Vasquez, 1997).

### 다양성 및 사회적 맥락

Leah Gipson(2015)은 학생들이 개인의 특권을 인식하도록 지원함으로써 비판 의식을 높이지만, 이는 단순한 하나의 행동에 불과하다. Gipson은 미술치료 교육, 특히 미술치료 강의실은 "반흑인 인종차별과 다른 형태의 조직적 폭력에 맞서 싸우는 장소가 될 수 있으며, 자유와 사회정의의 실천이 우리 직업에 필수적인 것이 되어야 한다"고 강조한다(p. 144). 마찬가지로, 집단슈퍼비전이든 개별슈퍼비전이든 이것은 수용되어야 할 중요한 요소이다. Green과 Dekers(2010)의 연구에 의하면 슈퍼바이저가 기대하는 학습 결과를 달성하기 위해 슈퍼바이지의 최선의 방법은 "페미니스트 사례를 사용하여 권력과 다양성에 주의를 기울이는 것"임을 제안한다(p. 307).

### 페미니스트 옹호와 행동주의

슈퍼비전 역할을 통해 인식을 높이고 지지와 활동을 장려하는 것은 여러 가지 방법으로 이루어질 수 있다. 이는 "사회적 행동주의, 윤리, 평생에 걸친/자기 성찰 및 전문성 개발을 촉진"(Port & Vasquez, 1997, p. 161)하거나, 입법 변경을 시도하거나, 관련 독서를 지정하거나, 사회교차성의 사회적 맥락과 내담자와 슈퍼바이지의 사회적 위치를 탐색하는 것을 통해 할 수 있다(Arczynski & Morrow, 2017; Green & Deckers, 2010; Nelson et al., 2006; Porter & Vasquez, 1997). 슈퍼바이지와 슈퍼바이저가 현재 행동과 사건을 인식하도록 하는 한 가지 방법은 슈퍼비전 회기 중에 자원을 공유할 수 있는 여지를 만드는 것이다.

### 핵심 요약

- 다른 사람들을 적극적으로 슈퍼비전하거나 슈퍼바이지로서 슈퍼비전에 참여하도록 요구할 수 있는 개인적이고 전문적인 동기 및/또는 자격요건을 부여하고 인정하는 것은 중요하다.
- 슈퍼비전의 세 가지 구성 요소(교육, 지원 및 행정)에서 반응, 성과, 안정감의

수준을 살펴보면 현재 기능에 대한 포괄적인 이해를 통해 슈퍼비전의 모든 구성요소에서 성공을 위해 전략을 수립할 수 있다.

- 임상 작업을 수행하는 슈퍼바이지에게 정서적 지원을 제공하는 슈퍼비전과 그들의 개별 치료 사이의 명확한 경계를 구별하고 유지한다.
- 슈퍼비전은 발달적이든 이론에 기반하든 혹은 통합적 접근법을 포함하든 하나의 명확하게 정의된 모델을 연구하고, 평가하고 구현함으로써 가장 효과적으로 잘 받아들여진다. 일부 모델은 광범위하게 적용 가능한 반면, 다른 모델은 슈퍼바이저 또는 종사자에게 초점을 맞추어 특별히 설계될 수 있다.

## 실습 프롬프트

### 슈퍼비전의 세 가지 핵심 영역을 고려하기 위한 벤 다이어그램

벤 다이어그램은 개념 간의 관계를 확인하기 위해 원을 활용하는 시각적 표현이다. 원들이 어떻게 겹치고 교차하는가가 핵심이다. 아래의 제안에 따라 행정, 교육 및 지원의 세 가지 주요 영역을 고려하여 직접 벤 다이어그램을 작성한다. 세 가지 슈퍼비전 영역 각각에 대해 원을 만든다. 원이 어떻게 겹치는지, 슈퍼비전에 미칠 수 있는 잠재적 영향에 특히 주의를 기울인다. 다음 회기에서 슈퍼바이저 또는 슈퍼바이지와 공유할 수 있다. 대안적으로, 수련생은 학교에 기반을 둔 집단 슈퍼바이저와 도표를 공유할 수 있다.

- 슈퍼바이지의 경우: 슈퍼비전의 행정, 교육 및 지원 측면에서 당신의 욕구(필요한 사항)를 보여 주는 벤 다이어그램을 작성한다. 각 원에서 필요한 것, 원하는 것 및/또는 현재 제공받은 것을 글로 쓰고, 그리고, 콜라주로 표현하거나 다른 방법으로 시각적으로 묘사한다. 어떤 측면이 누락되었나? 다른 분

야보다 더 주의를 기울인 분야가 있는가? 이것을 슈퍼바이저와 공유할 의향이 있는가? 그렇게 함으로써 무엇을 얻길 바라는가? 현장 슈퍼바이저와 공유하기를 원하지 않는다면, 캠퍼스 내 집단 슈퍼바이저(학생인 경우) 또는 외부 슈퍼바이저(외부 슈퍼바이저를 찾고 있는 경우)와 공유할 것인가? 당신의 벤 다이어그램을 동료들과 공유할 수 있는가?

- 슈퍼바이지의 경우: 두 개의 겹치는 원이 포함된 벤 다이어그램을 만든다. 하나는 현재 충족되고 있는 슈퍼비전 요구사항을 포함하고, 다른 하나는 충족되지 않은 요구사항을 포함한다. 원이 교차하는 위치에서 어떤 영역이 부분적으로 충족되고 있는지 파악한다. 슈퍼비전에서 부분적으로 또는 현재까지 충족되지 않은 요구사항을 언제 어떻게 다룰 수 있는지를 슈퍼바이저와 함께 고려한다.
- 슈퍼바이저의 경우: 당신이 제공하는 행정, 교육 및 지원 역할이 포함된 벤 다이어그램을 작성한다. 당신은 어떤 분야를 피하거나 슈퍼바이지가 언급하기를 기다리는가? 모든 슈퍼비전 회기에서 어떤 분야에 대해 언급하는 경향이 있는가? 벤 다이어그램은 세 개의 원이 균일하게 교차하는 것으로 그려지지 않을 수 있으며 현재의 슈퍼비전 스타일을 반영해야 한다(당신이 더 많은 주의를 기울이는 영역은 적은 시간을 보내는 영역보다 커야 한다). 이것을 당신의 슈퍼바이지와 공유할 것인가? 왜 그런가? 혹은 왜 그렇지 않은가? 어떤 분야에 더 중점을 두고 싶은가? 이러한 기술을 습득하는 데 있어 지원을 받을 수 있는 곳은 어디인가?

### 이 장에 대한 반응으로 반응미술 작업하기

잠시 시간을 내어 조용히 앉아 이 장을 읽으면서 떠오르는 반응을 인식하고, 준비가 되면 10분 동안 반응미술 작업을 한다. 최대한 의도를 가지지 않고 떠오르는 대로 작업한다. 10분 후 완성되면, 1분 정도 작품을 보면서 의식의 흐름을 글로 쓰며 반응한다. 잠깐 동안 반응미술과 반응 글쓰기 과정을 진행한다.

- 이 작품 및/또는 반응 글쓰기를 당신의 슈퍼바이저 또는 슈퍼바이지와 공유한다면 어떤 느낌이 들까? 당신의 작품을 검토하는 것이 당신의 임상 작업과 어떤 관련이 있는가?

## 참고문헌


- Allen, P. B. (2007). Wielding the shield: The art therapist as conscious witness in the realm of social action. In F. Kaplan (Ed.), *Art therapy and social action* (pp. 72-85). Philadelphia, PA: Jessica Kingsley Publishers.
- Arczynski, A. V., & Morrow, S. L. (2017). The complexities of power in feminist multicultural psychotherapy supervision. *Journal of Counseling Psychology, 64*(2), 192-205. doi:10.1037/cou0000179
- ATCB. (Fall, 2009). ATCB *Review*. Retrieved from www.atcb.org/resource/pdf/Newsletter/Fall2009.pdf
- ATCB. (2020). What is Art Therapy? Retrieved from www.atcb.org/Public/WhatIsArtTherapy
- Bambling, M. (2014). Creating positive outcomes in clinical supervision. In C. E. Watkins & D. L. Milne (Eds.), *Wiley international handbook of clinical supervision* (pp. 445-457). Chichester, UK: John Wiley & Sons.
- Barrett, M. S., & Barber, J. P. (2005). A developmental approach to the supervision of therapists in training. *Journal of Contemporary Psychotherapy, 35*(2), 169-183. doi:10.1007/s10879-005-2698-8
- Camic, P. M., Tischler, V., & Pearman, C. H. (2014). Viewing and making art together: A multi-session art-gallery-based intervention for people with dementia and their carers. Aging & Mental Health, 18(2), 161-168. doi:10.1080/13607863.2013.818101
- Case, C. (2007). Review of literature on art therapy supervision. In J. Schaverien & C. Case (Eds.), *Supervision of art therapy: A theoretical and practical handbook* (pp. 11-27). London, UK: Routledge.

- Chang, C. Y., Hays, D. G., & Milliken, T. F. (2009). Addressing social justice issues in supervision: A call for client and professional advocacy. *The Clinical Supervisor, 28*(1), 20-35.
- Deaver, S. P., & McAuliffe, G. (2009). Reflective visual journaling during art therapy and counselling internships: A qualitative study. *Reflective Practice, 10*(5), 615-632. doi:10.1080/14623940903290687
- Deaver, S. P., & Shiflett, C. (2011). Art-based supervision techniques. *The Clinical Supervisor, 30*(2), 257-276. doi:10.1080/07325223.2011.619456
- Delano, F. (2001). If I could supervise my supervisor: A model for child and youth care workers to own their own supervision. *Journal of Child and Youth Care, 15*(2), 51-64.
- Dixon, G. D. (2004). Clinical supervision: A key to treatment success. Retrieved from www.attcnetwork.org/explore/priorityareas/wfd/getready/docs/Beacon004.pdf
- Duffey, T., Haberstroh, S., Ciepcielinski, E., & Gonzales, C. (2016). Relational cultural theory and supervision: Evaluating developmental relational counseling. *Journal of Counseling & Development, 94*(4), 405-414.
- Eagle, G., & Long, C. (2014). Supervision of psychoanalytic/psychodynamic psychotherapy. In C. E. Watkins & D. L. Milne (Eds.), *Wiley international handbook of clinical supervision* (pp. 471-492). Chichester, UK: John Wiley & Sons.
- Falender, C. A. (2018). Clinical supervision - the missing ingredient. *American Psychologist, 73*(9), 1240-1250. doi:10.1037/amp0000385
- Falender, C. A., Burnes, T. R., & Ellis, M. V. (2013). Multicultural clinical supervision and benchmarks: Empirical support informing practice and supervisor training. *The Counseling Psychologist, 41*(1), 8-27.
- Falender, C. A., Ellis, M. V., & Burnes, T. R. (2013). Response to reactions to major contribution: Multicultural clinical supervision and Benchmarks. *The Counseling Psychologist, 41*(1), 140-151.
- Falender, C. A., & Shafranske, E. P. (2007). Competence in competency-based supervision practice: Construct and application. *Professional Psychology:*

*Research and Practice, 38*(3), 232-240.

- Fish, B. J. (2012). Response art: The art of the art therapist. *Art Therapy: Journal of the American Art Therapy Association, 29*(3), 138-143. doi:10.1080/07421656.2012.701594
- Fish, B. J. (2017). *Art-based supervision: Cultivating therapeutic insight through imagery*. New York, NY: Routledge.
- Foo Kune, N. M., & Rodolfa, E. R. (2013). Putting the benchmarks into practice: Multiculturally competent supervisors-effective supervision. *The Counseling Psychologist, 41*(1), 121-130.
- Fouad, N. A., Grus, C. L., Hatcher, R. L., Kaslow, N. J., Hutchings, P. S., Madson, M. B., … Crossman, R. E. (2009). Competency benchmarks: A model for understanding and measuring competence in professional psychology across training levels. *Training and Education in Professional Psychology, 3*(4S), S5-S26. doi:10.1037/a0015832
- Gipson, L. R. (2015). Is cultural competence enough? Deepening social justice pedagogy in art therapy. *Art therapy, 32*(3), 142-145.
- Green, M. S., & Dekkers, T. D. (2010). Attending to power and diversity in supervision: An exploration of supervisee learning outcomes and satisfaction with supervision. *Journal of Feminist Family Therapy, 22*(4), 293-312.
- Gussak, D., & Rosal, M. L. (2016). *The Wiley handbook of art therapy*. Chichester, UK: Wiley-Blackwell.
- Hocoy, D. (2007). Art therapy as a tool for social change: A conceptual model. In F. Kaplan (Ed.), *Art therapy and social action* (pp. 21-39). Philadelphia, PA: Jessica Kingsley Publishers.
- Hogan, S. (2001). *Healing arts: The history of art therapy*. London, UK: Jessica Kingsley Publishers.
- Hoge, M. A., Migdole, S., Farkas, M. S., Ponce, A. N., & Hunnicutt, C. (2011). Supervision in public sector behavioral health: A review. *The Clinical Supervisor, 30*(2), 183-203. doi:10.1080/07325223.2011.604276
- Iwamasa, G. Y., Regan, S. P., & Sorocco, K. H. (2019). Culturally responsive cognitive behavior therapy clinical supervision. In G. Y. Iwamasa & P. A. Hays

(Eds.), *Culturally responsive cognitive-behavioral therapy: Practice and supervision* (pp. 317-332). Washington, DC: American Psychological Association. doi:10.1037/0000119-013

- Junge, M. B. (2010). *The modern history of art therapy in the United States*. Springfield, IL: Charles C. Thomas Publisher.
- Kadushin, A., & Harkness, D. (2014). *Supervision in social work*. New York, NY: Columbia University Press.
- Ladany, N., Mori, Y., & Mehr, K. E. (2013). Effective and ineffective supervision. *The Counseling Psychologist, 41*(1), 28-47.
- Leddick, G. R. (1994). Models of Clinical Supervision. ERIC Digest. Retrieved from https://files.eric.ed.gov/fulltext/ED372340.pdf
- Linesch, D. G., Holmes, J., Morton, M., & Shields, S. S. (1989). Post-graduate group supervision for art therapists. *Art Therapy: Journal of the American Art Therapy Association, 6*(2), 71-75. doi:10.1080/07421656.1989.10758869
- Malchiodi, C. A., & Riley, S. (1996). *Supervision and related issues: A handbook for professionals*. Chicago, IL: Magnolia Street Publishers.
- McNamee, C. M., & McWey, L. M. (2004). Using bilateral art to facilitate clinical supervision. *The Arts in Psychotherapy, 31*(4), 229-243. doi:10.1016/j.aip.2004.06.007
- Miller, A. (2012). Inspired by El Duende: One-canvas process painting in art therapy supervision. *Art Therapy: Journal of the American Art Therapy Association, 29*(4), 166-173. doi:10.1080/07421656.2013.730024
- Murrant, G., Rykov, M., Amonite, D., & Loynd, M. (2000). Creativity and self-care forcaregivers. *Journal of Palliative Care, 16*(2), 44-49.
- Nelson, M. L., Gizara, S., Hope, A. C., Phelps, R., Steward, R., & Weitzman, L. (2006). A feminist multicultural perspective on supervision. *Journal of Multicultural Counseling and Development, 34*(2), 105-115.
- Newell, J. M., & MacNeil, G. A. (2010). Professional burnout, vicarious trauma, secondary traumatic stress, and compassion fatigue: A review of theoretical terms, risk factors, and preventative methods for clinicians and researchers. *Best Practices in Mental Health, 6*(2), 57-68.

- Pilling, S., & Roth, A. D. (2014). The competent clinical supervisor. In C. E. Watkins, Jr. & D. L. Milne (Eds.), *Wiley international handbook of clinical supervision* (pp. 20-37). Chichester, UK: Wiley.
- Porter, N., & Vasquez, M. (1997). Covision: Feminist supervision, process, and collaboration. In J. Worell & N. G. Johnson (Eds.), *Psychology of women book series. Shaping the future of feminist psychology: Education, research, and practice* (pp. 155-171). Washington, DC: American Psychological Association. doi:10.1037/10245-007
- Potash, J. S., Chan, F., Ho, A. H., Wang, X. L., & Cheng, C. (2015). A model for art therapy-based supervision for end-of-life care workers in Hong Kong. *Death Studies, 39*(1), 44-51. doi:10.1080/07481187.2013.859187
- Purswell, K. E., & Stulmaker, H. L. (2015). Expressive arts in supervision: Choosing developmentally appropriate interventions. *International Journal of Play Therapy, 24*(2), 103-117. doi:10.1037/a0039134
- Reid, S., & Hartzell, E. (2013). Art therapy with a group of dementia caregivers: Exploring wellbeing through social support and creative expression. *Alzheimer's & Dementia, 9*(4), P485. doi:10.1016/j.jalz.2013.05.991
- Reiser, R. P. (2014). Supervising cognitive and behavioral therapies. In C. E. Watkins & D. L. Milne (Eds.), *Wiley international handbook of clinical supervision* (pp. 493-517). Chichester, UK: Wiley.
- Repar, P. A., & Patton, D. (2007). Stress reduction for nurses through arts-inmedicine at the University of New Mexico Hospitals. *Holistic Nursing Practice, 21*(4), 182-186. doi:10.1097/01.HNP. 0000280929.68259.5c
- Rodriguez, C. I., Cabaniss, D. L., Arbuckle, M. R., & Oquendo, M. A. (2008). The role of culture in psychodynamic psychotherapy: Parallel process resulting from cultural similarities between patient and therapist. *American Journal of Psychiatry, 165*(11), 1402-1406.
- Salzano, A. T., Lindemann, E., & Tronsky, L. N. (2013). The effectiveness of a collaborative art-making task on reducing stress in hospice caregivers. *The Arts in Psychotherapy, 40*(1), 45-52. doi:10.1016/j.aip. 2012.09.008
- Sanders, G. J. (2016). *Art Response to Confusion, Uncertainty, and Curiosity*

*During Group Art Therapy Supervision* (Doctoral dissertation, Notre Dame de Namur University).

- Schaverien, J., & Case, C. (Eds.). (2007). Supervision of art psychotherapy: A theoretical and practical handbook. New York, NY: Routledge.
- Singh, A., & Chun, K. Y. S. (2010). "From the margins to the center": Moving towards a resilience-based model of supervision for queer people of color supervisors. *Training and Education in Professional Psychology, 4*(1), 36-46. doi:10.1037/a0017373
- Stoltenberg, C. D. (1981). Approaching supervision from a developmental perspective: The counselor-complexity model. *Journal of Counseling Psychology, 28*(1), 59-65.
- Stoltenberg, C. D., & McNeil, B. W. (2010). IDM supervision: *An integrative developmental model for supervision counselors and therapists* (3rd ed.). New York, NY: Routledge.
- Super. (2019). In Oxford English Dictionary. Retrieved from https://www-oed-com. ezproxy2.library.drexel.edu/view/Entry/194186?rskey=SaJ15G&result=20# eid Supervision. (2019). In Oxford English Dictionary. Retrieved from www. oedcom. ezproxy2.library.drexel.edu/view/Entry/194558?redirectedFrom=super vision& Szymanski, D. M. (2003). The feminist supervision scale: A rational/ theoretical approach. *Psychology of Women Quarterly, 27*(3), 221-232.
- Timm-Bottos, J. (2011). Endangered threads: Socially committed community art action. *Art Therapy: Journal of the American Art Therapy Association, 28*(2), 57-63. doi:10.1080/07421656.2011.578234
- Tsui, M. S. (1997). The roots of social work supervision: An historical review. *The Clinical Supervisor, 15*(2), 191-198. doi:10.1300/J001v15n02_14
- Tummala-Narra, P. (2004). Dynamics of race and culture in the supervisory encounter. *Psychoanalytic Psychology, 21*(2), 300-311.
- Vision. (2019). *In Oxford English Dictionary.* Retrieved from https://www-oed-com. ezproxy2.library.drexel.edu/view/Entry/223943?rskey=CHDBhZ&result=1 #eid
- Watkins, C. E., Jr. (2011). Psychotherapy supervision since 1909: Some friendly

observations about its first century. *Journal of Contemporary Psychotherapy, 41*(2), 57–67. doi:10.1007/s10879-010-9152-2

- Watkins, C. E., Jr. (2013). The beginnings of psychoanalytic supervision: The crucial role of Max Eitingon. *The American Journal of Psychoanalysis, 73*(3), 254–270.
- Watkins, C. E., Jr., & Hook, J. N. (2016). On a culturally humble psychoanalytic supervision perspective: Creating the cultural third. *Psychoanalytic Psychology, 33*(3), 487–517.
- Watkins, C. E., Jr., & Scaturo, D. J. (2013). Toward an integrative, learning-based model of psychotherapy supervision: Supervisory alliance, educational interventions, and supervisee learning/relearning. *Journal of Psychotherapy Integration, 23*(1), 75–95.
- Watkins, C. E., & Wang, D. C. (2014). On the education of clinical supervisors. In C. Edward Watkins, Jr. & D. L. Milne, *The Wiley international handbook of clinical supervision* (pp. 177–203). Chichester, UK: John Wiley & Sons.
- Westefeld, J. S., & Rasmussen, W. (2013). Supervision: The importance and interaction of competency benchmarks and mulvbc ticulturalism. *The Counseling Psychologist, 41*(1), 110–120.
- White, E., & Winstanley, J. (2014). Clinical supervision and the helping professions: An interpretation of history. *The Clinical Supervisor, 33*(1), 3–25. doi:10.1080/07325223.2014.905226
- Wilson, L., Riley, S., & Wadeson, H. (1984). Art therapy supervision. *Art Therapy: Journal of the American Art Therapy Association, 1*(3), 100–105. doi:10.1080/07421656 1984.10758761
- Wong, L. C. J., Wong, P. T. P., & Ishiyama, I. F. (2013). What helps and what hinders in cross-cultural clinical supervision: A critical incident study. *The Counseling Psychologist, 41*(1), 66–85. doi:10.1177/0011000012442652

# 2장 슈퍼비전에 대해 슈퍼바이저가 알아야 할 사항

## 소개

이 장에서는 슈퍼바이저가 되는 방법을 살펴본다. 이 장에서 제공하는 내용은 신입 슈퍼바이저에게 특히 중요하다. 슈퍼바이저의 필수 역량과 자질을 이해하는 것부터 시작하여 중요한 업무, 목표, 역할 및 개입을 인식하고, 갈등을 탐색하고, 슈퍼비전에서 역전이를 인정하며, 또한 슈퍼바이지와 모두의 현실적인 기대를 향상시키는 방법에 대해 논의한다(Barrett & Barber, 2005; Sweitzer & King, 2018).

이 장의 중요한 준거틀은 Kadushin과 Harkness의 슈퍼비전의 세 가지 구성요소(2014)인 행정, 교육, 지원과 페미니스트 다문화 슈퍼비전(FMS)을 활용한다.

## 조건: 슈퍼바이저의 역량과 자질

슈퍼바이지의 평가, 개발, 슈퍼비전 등 다층적인 기능을 달성하기 위해 필요한 슈퍼비전 동맹을 구축하고 지원하기 위해서 슈퍼바이저는 다음과 같은 역량과 자질이 필수적이다. 슈퍼비전 모범 사례(best practices)를 뒷받침하는 기본적인 수준의 역량과 이상적인 슈퍼바이저의 자질을 이해하는 것이 도움이 된다. 다음 부분에서는 기본 수준의 역량과 설명에 대해 자세히 설명하고 이상적인 슈퍼바이저의 자질을 나열한다. 이 목록들은 효과적인 슈퍼바이저가 되기 위한 '조건'을 설명한다.

### 기본 수준의 역량

필수적인 기본 수준 역량은 직접 서비스를 제공하는 데 필요한 지식, 태도, 기술 및 가치관이다(Milne & Watkins, 2014; Watkins & Wang, 2014).

- 슈퍼바이저 정체성을 통해 협력적 관계를 형성하고 유지
- 다양성, 형평성 및 포용성에 대한 인식
- 현대 슈퍼비전 실제에 대한 지식과 기술의 기반
- 전문적이고 윤리적인 행동 모델링
- 성과를 평가하고, 역량 문제를 파악하여, 피드백을 제시

#### 슈퍼바이저 정체성을 통한 협력관계

심리치료에서와 마찬가지로, 슈퍼비전 연구에서는 슈퍼바이저와 슈퍼바이지 사이의 관계적 측면이 성공에 매우 중요하다(American Psychological Association [APA], 2014; Gaete & Ness, 2015; O'Donovan, Halford, & Walters, 2011). 이는 명확하게 정의된 역할과 기대(Inman et al., 2014)를 통해 이루어지며, 강력한 슈퍼바이저의 정체성을 통해 가장 잘 지원된다. 따라서 강력하고 협력적인 슈퍼비전 동맹을 육성, 확립 및 유지하는 능력은 더 만족스러운 결과를 가져올 확률이 높다. 2017년 연구에서 Arczynski와 Morrow는 "참가자들이 자신의 생각을 억제하고 슈퍼바이저의 견해를 끌어냄으로써 슈퍼바이저와 자신의 임상 접근 방식을 존중했다"는 사실을 발견했다(2017, p. 198).

슈퍼바이지의 관점을 존중하는 것은 슈퍼비전 동맹을 구축하는 데 도움이 된다. 특히 슈퍼비전 계획은 협력적으로 체결되는 슈퍼비전(《4장 전문직 정체성 탐색》에서 더 자세히 설명) 관계를 강화하기 위하여 구속력과 정의된 기대를 통해 동맹

을 촉진하는 하나의 도구이다(Falender, 2014; Watkins, 2017). 일이 잘못되었을 때, 슈퍼바이저는 잠재적인 긴장과 단절을 인식하여 해결하고 복구하기 위하여 종종 슈퍼비전 계약이나 관계의 강점에 의존한다.

## 다양성, 형평성 및 포용성

간단히 말해서, 슈퍼바이저는 다양성이 필수적임을 인정하는 동시에 그것이 슈퍼바이저와 불가분의 관계가 있음을 받아들인다(APA, 2014). 이 주제의 중요성과 결과를 고려하여 〈3부 차이의 수용과 연구〉에서는 슈퍼바이저, 슈퍼바이지 및 내담자 간의 차이에 대한 자세한 정보와 전략을 통해 이에 대해 훨씬 더 자세히 논의한다. 그러나 이 장에서 우리는 "슈퍼바이저가 지배적인 문화에서 내면화된 가치와 신념을 받아들이거나 거부하는 정도에 따라 슈퍼비전 권력이 사회적 위치에 의해 조정"되는 방식의 중요성을 제기한다(Arczynski & Morrow, 2017, p. 196).

이를 위해서는 미술치료 슈퍼바이저가 특권과 권력에 비추어 자신의 사회적 위치를 이해해야 한다. 예를 들어, 미술치료사 Owen Karcher(2017)는 자신의 개인적인 권력 위치(예: 인종, 학력, 시민권 여부, 신체 크기)와 소외된 정체성(예: 퀴어, 남성으로 성전환한 사람; p. 126)에 대한 권력 경험을 대조적으로 고찰하였다. 이러한 체계적인 고찰을 통해 개인이 치료 및 슈퍼비전 관계에 어떤 영향을 미치는지에 대한 포괄적인 관점을 가질 수 있다. Karcher(2017)는 보다 사회적으로 공정한 접근법으로 미술치료를 실천하기 위한 여덟 가지 실행 가능한 의도를 제시하였다. 이러한 의도의 대부분은 1장에서 설명한 바와 같이 FMS 범주와 유사하다. 〈표 2-1〉에서, 미술치료 슈퍼바이저가 임상가를 위한 Karcher의 의도를 FMS 실습에 대응시킴으로써 미술치료 슈퍼바이저들만의 활동을 만들 수 있는 방법을 제안한다.

〈표 2-1〉 사회정의 중심 미술치료, FMS 실천 및 미술치료 슈퍼바이저 활동 사이의 관련성

| Karcher의 여덟 가지 실행 가능 항목 | FMS 실습(Arczynski & Morrow, 2017의 연구결과 기반) | 미술치료 슈퍼바이저의 행동 |
|---|---|---|
| 자신의 "정체성과 특권"에 대한 비판적 자기 성찰 | 권력 분석: 슈퍼비전 관계에 의도적이고 내재된 계층 구조가 있음을 인정한다. 상호 존중 및 피드백의 공간을 만들기 위한 작업 | 성찰 |
| 모든 고객에게 존엄성과 존중심을 가지고 서비스하라. 언어 및 경험에 대한 억압적 치료 시스템(예: 의료, 정신건강)을 탐색하는 데 명시적인 주의 기울이기 | 협력 관계 | 참여, 헌신 및 투자. 긍정적인 존중과 수용. 미술치료 슈퍼비전에서는 언어적 상호작용뿐만 아니라 미술작품을 만드는 과정을 통해 협력관계를 구축할 수 있다. |
| "정책, 양식 및 개인적 상호작용" 과 같은, 고통을 유발하는 장벽을 조정한다(p. 127). | | 공감과 감수성 |
| "다양한 신념, 정체성, 경험"을 가진 다른 사람들에게 미치는 영향을 이해하라(p. 127). | 다양성과 사회적 맥락 | 따뜻함, 지지, 진정성 및 경계선 |
| "모든 폭력과 억압은 상호 연결되어 있으며, 해방과 건강은 모든 사람의 해방과 건강에 달려 있다" 는 것을 인정하라(p. 127). | | 공감과 감수성 |
| 입법 활동을 포함한 현재 시사, 체계적 변화에 참여하라. | 페미니스트 옹호와 행동주의 | 참여, 헌신 및 투자 |
| 공식(교육과 독서) 및 비공식 학습 활동(동료와의 대화)에 참여하라. | 페미니스트 옹호와 행동주의 | 존중, 개방성 및 구체성 |
| 예술을 활용하여 "사회적 억압, 트라우마, 피해로부터 자유로운 세상을 상상"하라. 이 상상을 각 단계에 적용하라. | | 긍정적인 기대와 희망을 키워라. |

## 지식과 기술

면허 및 인증을 위한 평생교육 의무는 종종 슈퍼비전과 관련된 최신 교육 및 기술을 습득할 수 있는 기회를 만들어 준다. 그러나 이러한 요건이 슈퍼바이저의

지속적인 전문성 개발을 위한 자기 동기 부여를 촉진할 필요성이나 슈퍼바이저가 편견을 갖고 있지 않고, "열린 마음을 갖고 지속적인 성찰에 참여해야 할 필요성"을 우선시할 수는 없다(Cummings, Ballantyn, & Scarion, 2015, p. 158). Wilson, Riley와 Wadeson(1984)은 슈퍼바이저가 "성찰적이고 사려 깊은 미술치료사의 모델"이 되어 접근법, 개입 및 결과를 검토하기 위한 지속적인 자기 평가 주기를 장려해야 한다고 강조한다. 전문적 역량은 "개인과 지역사회의 이익을 위해 일상적인 실무에서 의사소통, 지식, 기술, 임상적 추론, 감정, 가치, 성찰을 습관적이고 신중하게 사용하는 것"으로 설명되어 왔다(Epstein & Hundert, 2002, p. 226). 따라서 슈퍼바이저는 최신 지식을 통합하고 더이상 유효하지 않은 정보를 폐기하면서 전문성과 역량을 유지하기 위해(Mann & Merced, 2018, p. 100), 슈퍼비전이 이루어지는 분야의 최신 지식을 추구하고 획득하는 것이 중요하다(APA, 2014; Borders et al., 2014).

### 전문적이고 윤리적인 행동

슈퍼바이저는 전문적 행동을 수용하고 윤리적 가치와 행동, 적절한 경계 설정, 자기 돌봄을 모범적으로 보여야 하며(Mann & Merced, 2018), 관련 관할 법률 및 규정을 준수해야 한다(APA, 2014). 또한 미술치료사는 면허 및 위치 기반 책임 외에도 미국미술치료협회(AATA)의 **미술치료사를 위한 윤리 원칙**(2013) 및 미술치료자격관리위원회(ATCB)의 **윤리, 행동 및 징계 절차 강령**(2018)의 지침을 따른다. 반대로, 슈퍼바이저는 소진을 예방하고 슈퍼바이지의 개인적 건강을 증진시키기 위해 종종 간과되는 슈퍼바이지의 자기 돌봄을 장려하고 육성하는 동시에 개인적인 자기 돌봄 요법(self-care regimen)을 실행해야 할 필요성을 지속적으로 인식해야 한다(O'Donovan et al., 2011).

미술치료사의 직업윤리는 5장과 7장에서 더 자세히 다루지만, 여기서는 AATA 및 ATCB의 윤리적 기대를 간략하게 소개한다.

AATA(2013)의 **미술치료사를 위한 윤리 원칙**은 두 가지 목표를 가지고 기본 인권을 강조하는 핵심 이념에 기반한 지향적 가치와 원칙을 인정한다. 이러한 "법적 구속력이 없는 지침" 내에서 미술치료 학생 및 슈퍼바이지에 대한 책임 부문은 슈퍼바이저의 윤리적 책임에 대해 구체적으로 다룬다(AATA, 2013).

ATCB의 윤리, 행동 및 징계 절차 강령(2018)은 지향적 원칙을 넘어서 위반시 그 결과를 초래하는 사항을 개략적으로 설명한다. ATCB는 "윤리 및 행동 기준을 준수하지 않는 회원의 자격을 부여하는 것을 거부, 보류, 정지 또는 취소"할 수 있는 권한을 갖고 있다(1부 3장). 그 강령은 2부 5절로 구성되어 있다. 미술치료사 슈퍼바이저는 강령 전체를 숙지해야 하지만, 학생과 슈퍼바이지에 대한 책임 부문에는 슈퍼비전에서 요구되는 윤리적 책임이 자세히 설명되어 있다. 이 장에서는 전문성 향상 촉진, 높은 수준의 학문 유지, 정확하고 최신 학술 정보로 교육, 감독 관계 내 권한과 특권 인정 등의 주제를 다룬다(ATCB, 2018).

### 성과, 역량 및 피드백

슈퍼바이저는 명확하게 정의된 형식과 정기적인 계획을 통해 슈퍼바이지에 대한 정확하고, 신뢰할 수 있으며 전문적인 피드백을 제공해야 한다. 평가 및 신중한 피드백을 제공하는 능력은 슈퍼바이저가 슈퍼바이지의 강점을 파악하고 이를 바탕으로 역량 문제를 해결할 수 있는 길을 열어 준다(APA, 2014; Borders et al., 2014). 직접적인 피드백이 필요한 많은 문제 중 몇 가지만 예를 들면 특정 치료 상황, 직무별 기대치를 충족하는 방법(예: 내담자의 상담 시간), 직장 내 전문성(예: 복장 규정, 내담자 경계) 등이 있다. 말 그대로 슈퍼바이저는 슈퍼바이지의 성과에 대한 평가를 통해 "형성적이고 총괄적인 피드백"을 제공함으로써 전문직의 평가자 역할을 한다(Mann & Merced, 2018, p. 102).

피드백의 모범 사례에는 일관된 방식으로, 일정한 간격으로, 비밀이 보장된 공간에서 의미 있는 피드백을 전달하는 것이 포함된다. 긍정적인 피드백과 부정적인 피드백으로 이분법적인 접근방식을 사용하는 대신, 슈퍼바이저가 피드백의 연속성을 수용하도록 권장한다. 연속적 접근법은 피드백 실행을 훨씬 덜 어렵게 만들고, 부정적인 피드백을 도전적이고, 진지하게 생각하게 하며, 흥미를 유발하는 대화로 재구성한다. 종종 피상적인 긍정적인 피드백의 경우도 연속성을 통해 더 깊은 성찰과 이해의 순간을 가질 수 있다. Cook, McKibben과 Wind(2018)에 의하면 슈퍼바이지들이 "내담자에게 적용할 개입을 확인하고, 슈퍼비전의 목표를 설정하며, 슈퍼비전의 임상 기술에 대한 피드백을 제공하는 데 있어 슈퍼바이저가 가장 큰 권한을 가지고 있다(p. 188)." 이러한 권한 차이를 완화하고 피드백 경험을 정상화하기 위해서는 슈퍼바이지에게 피드백의 전달과 가치에 대해 미리 알려 주는 것이 중요하다. 또한 객관적이고 시의적절한 피드백이 핵심이다.

### 객관적인 피드백

일반적으로 구체적이고 행동적으로 정의된 기준에 기반한 객관적인 피드백은 편견과 왜곡, 주관적인 의견을 줄여 준다. 따라서 슈퍼바이지의 혼란을 줄여 주고, 조정 또는 새로운 행동의 개발을 위한 적절한 영역으로 안내한다.

### 시의적절한 피드백

시의적절한 피드백을 제공하면 체계적인 접근방식의 이점을 누릴 수 있을 뿐만 아니라, 슈퍼바이지가 문제를 쉽게 이해할 수 있도록 좀더 즉각적이고 적절한 대화를 할 수 있고, 슈퍼바이저가 변화를 위한 노력을 신속하게 지원하고 동기를 부여할 수 있다. 피드백이 지연되면 상황에 대한 더 깊은 성찰과 인식을 할 수 있는 인식의 기회를 놓치게 된다. 이러한 즉각성은 또한 "실패한 결과에도 불구하고 변화에 대한 동기와 희망을 유지"하는 데 도움이 된다"(Freeman, 1985, p. 8). 행동을 바꾸려고 시도할 때, 초기 성공 후에 더 큰 성장에 대한 관심과 강도의 기복이 뒤따르는 것은 매우 일반적인 현상이다. 따라서 희망의 고취, 기대치의 증가, 정기적인 검토와 토론, 그리고 새로운 기술을 연습할 기회 사이의 균형은 변화를 지원하는 데 매우 중요하다.

### 명확한 이해

긍정적인 피드백을 공유하든 부정적인 피드백을 공유하든, 메시지는 균형 있고 명확하며 구체적이고 신뢰할 수 있어야 한다(Freeman, 1985).

- 균형 잡힌 피드백은 한쪽으로 치우친 비판을 선호하지 않는다. 예를 들어, 긍정적이고 모호한 피드백(예: 잘했어, 최고야)만 제공한다면, 슈퍼바이지가 작업에 대해 어떤 부분이 긍정적인지 성찰하거나 이해하는 데 도움이 되지 않는다.
- 명확하고 적절한 시기에 피드백을 제공하면 효과적인 치료적 개입(예: 미술 재료 선택, 이론 통합)을 파악하고, 개선이 필요한 부분을 위한 영역(예: 발달 수준 및 미술치료 개입)을 더 잘 인식할 수 있다. 모호한 피드백은 메시지가 잘못 해석되거나 무시되거나 단순히 간과될 수 있는 여지를 제공한다.
- 피드백의 전달과 이해를 향상시키기 위해 특정 미술 기반 방법이나 역할극, 빈 의자 기법 또는 더 나은 피드백을 위한 반응 글쓰기를 고려한다.
- 슈퍼바이저가 자격증을 보유하고 관련 분야에 대한 전문성을 입증할 때 피드백을 더 신뢰할 수 있다고 인식하는 경우가 많으며, 정보를 효과적으로 통합할 수 있도록 슈퍼바이지가 좀 더 수용적인 시점에 피드백을 제공해야 한다.

> 또한, 슈퍼바이지의 자기 보고나 슈퍼바이저의 직접 관찰을 통해 촉발된 우려 사항에 대해 부정적 피드백을 전달하는 슈퍼바이저의 공감적인 접근방식은 종종 신뢰를 구축하지만, 슈퍼바이지가 더 많은 위험을 감수할 수 있다.
>
> (Freeman, 1985, pp. 9-10)

### 상호 피드백

효과적인 피드백은 초기 의사소통으로 끝나는 것이 아니라 보다 미묘한 상호 간의 대화를 만들어낸다. 이러한 상호적 접근방식은 슈퍼바이지에게 명확한 설명을 요구하고, 다른 관점을 공유하며, 피드백에서 공유된 주제를 반성할 수 있는 기회를 제공한다(Freeman, 1985). 슈퍼바이저가 적극적으로 지도하고 슈퍼바이지로부터 피드백을 받을 때, 그들은 피드백을 명확히 하고 통합하는 적절한 방법을 모델링할 수 있다. 이렇게 하면 의사소통을 저해하는 통제적이고 경직된 권위주의적 스타일을 피할 수 있다.

평가 및 피드백에 사용되는 정확한 도구 및 방법은 설정, 목적 및 슈퍼비전 스타일에 따라 결정된다. 슈퍼바이저는 슈퍼바이지의 업무를 평가하기 위해 여러 가지 방법을 사용할 수 있다. 어떤 방법을 사용하든 간에, 목표는 가능한 한 도움이 되고 구체적인 기회를 극대화하고 정상화하는 것이다. 그러기 위해서는 모니터링이 투명하고, 예상치 못한 내용을 포함하지 않으면서, 목표 및 숙련도와 관련된 개선 사항과 성취 영역을 모두 포함해야 한다(Falender, 2014). 요약하면, "요약 평가(예: 현장실습 종료 시 공식적인 최종 평가) 외에도 형성적(즉, 정기적이고 지속적인) 피드백을 자주 제공하는 것이 중요하며, 각 슈퍼비전 회의에서 이를 시도하는 것이 좋다"(Cummings et al., 2015, p. 160). 성과와 역량을 평가하는 데 자주 사용되는 몇 가지 방법과 도구에는 직접 관찰, 비디오 및 오디오 기록(과정 기록이라고도 함), 사례보고서, 임상보고서, 비주얼저널 및 연간 평가 등이 있다.

### 직접 관찰

슈퍼바이지의 작업을 가장 가까이에서 볼 수 있는 방법은 상담실에 직접 들어가서 슈퍼바이지가 진행하는 개인 또는 집단 회기를 관찰하는 것이다. 슈퍼바이저는 오로지 관찰자 역할만 수행하여 방해를 최소화한다. 관찰자에 대한 참여자들의 인식은 집단 환경의 참가자에게는 종종 줄어들지만, 개별 회기에서는 높아질 수 있다. 잠재적으로 방해가 될 수 있지만 회기에 대한 이러한 관찰자 관점은 소중한 자료를 제공하고 회기 전반에 걸쳐 일어나는 의미를 포착할 수 있다. 유익한 회기 이후 토론은 슈퍼바이저와 슈퍼바이지의 정확한 기억에 의존한다. 실시간 관찰을 위한 다른 옵션으로는 양방향 거울 또는 실시간 비디오가 있다. 일부 환경에서는 슈퍼바이저가 오디오 장치를 통해 '실시간' 피드백을 제공하여 방해 요소를 최소화할 수 있다.

### 비디오 및 오디오 녹화

일부 교육 및 전문 환경에서는 비디오 녹화를 위한 편의 시설을 갖추고 있어 회기 이후 검토가 가능하다. 이러한 정확성의 이점은 말 그대로 단어 선택, 시기, 중재 실행, 신체 언어 및 비디오에 묘사된 중요한 데이터를 다시 떠올릴 필요가 없으므로 회기에서 발생한 일에 집중할 수 있다. 회기 내의 특정 부분을 일시 중지, 되감기, 검토 및 반영할 수 있는 기능이 있다. 미술작품과 마찬가지로, 녹화물은 회의실에서 또 다른 자료가 되어 잠재적으로 불안을 유발할지라도, 거리를 두고 회기의 평가를 제공한다. 교도소와 같이 회기의 비디오 녹화를 허용하지 않는 장소도 있다.

### 과정 노트

과정 노트는 치료사들이 회기 중과 회기 후에 객관적이고 주관적으로 경험한 것을 슈퍼바이저와 공유할 수 있는 구조를 제공하기 위해 고안된 일종의 깊이 있는 성찰 방식이다. 일반적인 정보 및 이력 제시, 미술치료 과정의 관찰과 설명, 미술치료사의 내적 과정에 대한 성찰, 회기의 해석과 평가, 요약/목표 등이 포함된다. 과정 노트 구조 양식은 〈부록 A〉를 참조하라.

### 임상 노트

임상 노트는 일반적으로 개인 및 집단치료를 기록하기 위한 목적으로 작성되지만, 슈퍼바이지에게 피드백을 제공하는 데도 사용될 수 있다. 현장 슈퍼바이저는 규정 준수를 목적으로 임상 노트를 검토하는 경우가 많으며, 학생이나 면허가 없는 임상가의 경우 슈퍼바이저가 노트에 '서명'할 수도 있다. 슈퍼바이지가 노트를 작성하는 특정 형식이 없는 곳에서 근무하는 경우, SOAP나 DAP와 같은 형식을 제공하는 것이 도움이 될 수 있다. SOAP는 주관적(subjective: 치료사가 느끼는 것), 객관적(objective: 치료사가 관찰하는 것), 평가(assessment: 치료사의 회기 평가), 계획(plan: 다음 회기, 치료 목표 등을 포함)의 약자이다. DAP는 데이터(data: 회기에서 발생한 것, 주관적/객관적 정보를 포함), 평가(assessment: 치료사의 회기에 대한 생각), 계획(plan: 치료를 위한 다음 단계)을 의미한다. 또한 이러한 형식은 미술치료사가 회기에서 일어난 모든 일을 단순히 기록하는 것이 아니라 어떤 정보를 공유할지 매우 의도적으로 해야 하므로 문서화되는 정보의 양과 목적을 명확히 하여 비밀을 더 잘 보장하도록 돕는다.

### 비주얼저널

글쓰기와 이미지를 모두 활용하는 비주얼저널은 관찰, 전이, 역전이 및 정서적 반응을 처리하는 친숙한 방법이다. 또한 이것은 학생들에게 수업 담론과 더 큰 인턴십 경험을 탐구할 수 있는 기회가 된다. 저널 기입은 수업 토론이나 개인적인 위험을 감수하고 노출하기 위한 강력한 출발점이 될 수 있다. 낙서, 드로잉, 잡지 스크랩, 사진, 그리고 그림은 시, 자유로운 글쓰기, 자유로운 연상, 관찰자 글쓰기로 저널 페이지를 공유할 수 있는 시각적 이미지의 몇 가지 형태에 불과하다. 이러한 창의적인 요소들은 미술치료에 대한 이해와 이해의 폭을 넓히는 동시에 치료의 명확성을 높이고 슈퍼바이지의 치료사 정체성을 강화하는 데 도움이 된다.

### 연간 평가

이 방법은 전문가뿐만 아니라 교육생에게도 사용된다. 리뷰나 평가는 판단으로 간주되어 성적, 급여, 심지어는 직업적 지위에 영향을 미칠 수 있기 때문에 받는 사람에게 스트레스가 될 수 있다. 최악의 경우, 피드백을 최소화하거나 전혀 제공하지 않은 채 의무적으로 수행될 수도 있다. 연간 평가는 미술치료 수련의 모든 단계에서 슈퍼바이지를 효과적으로 지원하고 안내하는 데 사용할 수 있다. 슈퍼바이저와 슈퍼바이지가 함께 검토를 진행하면서 강점, 개선할 점, 이견이 있는 부분, 향후 목표에 대해 논의하면 가장 효과적이다.

## 이상적인 슈퍼바이저의 자질

이상적인 슈퍼바이저는 가치 있는 자질을 많이 갖추고 있다. 여기서는 여러 사이트와 관련 종사자에 걸쳐 관련된 몇 가지 중요한 자질을 공유한다. 몇 가지 자질에 대해 더 자세히 설명한다.

- 참여, 헌신, 투자
- 긍정적인 존중과 수용
- 따뜻함, 지지, 진정성, 경계
- 공감과 민감성
- 성찰
- 존중, 개방성, 구체성
- 긍정적인 기대와 희망 키우기

### 참여, 헌신 및 투자

슈퍼바이저는 슈퍼바이지를 소중히 여기고 문화, 관점, 추구하는 일과 학습 스타일을 포함하여 다양한 교차성을 가진 독특한 개인으로서 인정해야 한다. 슈퍼바이저는 일상적으로 접근할 수 있어야 하고, 부재 시에는 요구에 맞는 대안을 제공함으로써 슈퍼비전 시간과 공간, 일관된 형식을 통해 슈퍼바이지의 가치를 입증할 수 있다. 정서적 투자, 관심 구축과 열정 표현은 슈퍼바이저의 접근성, 세심함, 건설적인 피드백, 슈퍼바이지에 대한 이해, 그리고 동맹 관계의 균열을 회복하려는 의지를 통해 더욱 실현된다(Beinart, 2014, p. 264). 슈퍼바이저는 다음과 같은 개념을 이해하고 통합함으로써 투자를 더욱 입증할 수 있다.

> 교차성, 권력 및 안전한 관계는 중요한 식민지 이후의 슈퍼비전 준거틀을 위해 기초를 제공한다⋯ 중략 ⋯ 권력, 특권, 억압에 관련된 유사점과 차이점에 대한 구조화된 대화, 성찰, 행동은 슈퍼비전과 임상 업무에서 형평성과 정의를 향한 발판이 된다. 이는 슈퍼비전 및 임상 작업 모두에 적용된다.
>
> (Hernandez-Wolfe & McDowell, 2014, p. 34)

## 긍정적인 존중과 수용

심리치료사가 긍정적인 존중을 전달하는 능력은 긍정적인 치료 결과의 성공과 유의미하게 관련되어(Farber & Doolin, 2011; Kirschenbaum & Jourdan, 2005; Rogers, 1977). 긍정적이라는 것은 다른 사람이 경험하는 방식으로 지지하고, 수용하고, 긍정하는 능력과 일관성을 적극적으로 보여 주는 것이다. Farber와 Doolin(2011)은 임상실습에 대한 권장 사항을 제시하고 있으며, 이를 슈퍼비전 관계에 맞게 조정하였다.

- 슈퍼바이저의 긍정적인 존중의 표현은 슈퍼바이지의 긍정적인 변화에 큰 영향을 미친다.
- 긍정적인 존중이 권장된다.
- 배려와 긍정적 존중의 표현은 슈퍼바이지가 개인적 역량을 키우고 성취하는 데 도움이 될 수 있다.
- 긍정적인 태도는 슈퍼비전 관계의 차이를 해소할 수 있다.
- 슈퍼바이저는 긍정적인 감정을 표현하여 슈퍼바이지의 가치를 확인한다.
- 슈퍼바이저는 긍정적인 존중을 모니터링하고 필요에 따라 변화시켜야 한다.

## 따뜻함, 지지, 진정성 및 경계

슈퍼바이저는 따뜻하고, 진정성을 보여 주고, 슈퍼비전 환경을 개선하기 위해 안정적인 지원을 제공하는 것이 이상적이다. 긍정적인 존중과 마찬가지로 따뜻함,

지원, 진정성이 사탕발림, 막말, 갈등 회피를 의미하는 것으로 오해되어서는 안 된다. 우리의 의도는 슈퍼바이저가 근본적인 애정, 존엄성, 열정, 그리고 인식 가능한 한계를 가지고 슈퍼비전 공간을 유지하는 것이다. Lanyado는 이 역할에 대해 "슈퍼바이저는 치료사가 어렵고 불안한 경험을 '보류'하도록 돕고, 이를 통해 치료자는 환자가 표현하는 어렵고 불안한 경험을 보류할 수 있다"고 설명한다(2016, p. 109). 이러한 생각의 결합은 강력하면서도 조정 가능한 경계를 기반으로 공개의 가능성을 식별하고, 관련 질문들을 제기하고 의미 있는 논의를 지속할 수 있는 기회를 촉진한다. 이것은 권력의 역동을 인정하지 않고서는 달성될 수 없다.

> 슈퍼비전 관계는 정의상 평가적 요소를 포함하며, 안전감이 형성되기도 전에 슈퍼바이지의 개인적인 문제에 초점을 맞추면 공유된 신뢰감과 견고한 슈퍼비전의 동맹 발달을 저해할 수 있다.
>
> (Angus & Kagan, 2007, p. 375)

경계는 슈퍼바이지의 실수, 실책, 취약한 생각에 대한 공유와 슈퍼바이지가 자기 공개를 할 수 있는 틀을 형성하는 데 중요하며, 이를 통해 슈퍼바이저는 부드럽게 대면하고 직접적인 피드백을 제공할 수 있다. Cook 등(2018)은 슈퍼바이지들은 "슈퍼바이저와 건강한 경계를 유지하는데 가장 큰 권한을 가지고 있고, 슈퍼비전에서 취약함을 느끼려는 의지가 있으며, 또 힘을 얻는다고 느끼는 것으로 인식하고 있음을 발견했다(p. 188).

## 공감과 민감성

슈퍼비전 관계에서 공감과 민감성을 경험하면 슈퍼바이지는 내담자와의 치료 회기를 통해 신뢰감과 자신감을 가질 수 있다. 공감과 민감성의 역할은 치료와 달리 슈퍼비전에서는 다르게 작용한다는 점을 이해하는 것이 중요하다.

> 치료의 초점은 내담자의 이야기를 정교화하고 내담자가 더 완전하고 만족스러운 삶을 살기 위한 새로운 자기 지식과 기술을 습득하는 것이다. 이와는 대조적으로 슈퍼바이저와 슈퍼바이지 모두 내담자와 도움을 주는 관계를 구축하는 데 중점을 둔다. 슈퍼바이지의 개인적 발달은 그 자체가 목적이 아니라 내담자에게 더 나은 결과를 제공하기 위한 서비스이다.
>
> (Angus & Kagan, 2007, p. 374-375)

## 성찰

슈퍼바이저에게 있어 슈퍼비전 경험 내의 자기 성찰은 두 가지 측면이 있다. 첫째, 슈퍼바이저는 "학습자 상호작용과 관련된 자기 성찰을 통해 생각, 감정, 행동을 평가하고, 각 요소가 학습자의 슈퍼비전 경험에 어떤 영향을 미치는지"를 파악한다(Curtis, Elkins, Duran, & Venta, 2016, p. 134). 이러한 유형의 성찰은 최적의 학습 상호작용을 진행하는 방법을 더 잘 이해할 수 있도록 게슈탈트에 대한 사려 깊으면서도 구체적인 관점을 만들어 준다. 슈퍼바이저가 성찰을 입증하는 역할 모델링을 통해 슈퍼바이지의 잠재적 성찰 능력을 발전시킨다. "슈퍼비전 중에 성찰 과정은 슈퍼바이지가 형성적인(즉, 수련 중인 상담자의 전문성 개발을 촉진하는) 방식으로 피드백에 대해 성찰할 수 있는 공간과 분위기를 조성하고 다양한 관점을 취할 수 있도록 한다"(Stinchfield, Hill, & Kleist, 2007, p. 173). "슈퍼비전 회기 내에서 이러한 경험과 성찰의 조합은 슈퍼바이지가 임상 상황으로 돌아갈 때 의식적인 인식의 일부가 될 수 있다"(Lanyado, 2016, p. 110). 성찰의 이점은 슈퍼비전 및 내담자 관계를 더 잘 이해하기 위해 다양한 관점을 사용할 수 있는 능력에 있다.

## 존중, 개방성 및 구체성

Robbins(2007)는 슈퍼비전이 잘 이루어질 때 슈퍼바이저가 "개방성과 의사소통의 기회를 창출하고 유지, 안전, 신뢰 관계를 발전시킬 수 있다"고 설명한다

(p. 160). 슈퍼바이저로서 존중, 개방성, 구체성을 구현하는 능력은 슈퍼바이저가 "관계에 대한 정서적 투자, 슈퍼바이지를 알아가는 것, 강점과 약점 공유, 자기 공개와 같이 정서적으로 개방적인 것, 예를 들어, 장단점을 공유하거나 자기 노출"로 입증되는 특정한 강점과 투자와 취약성을 보여 준다(Beinart, 2014, p. 267). 슈퍼바이저와 슈퍼바이지 사이 바람직한 상호 존중 외에도 슈퍼비전 과정과 동료, 그리고 특히 내담자에 대한 가치를 표현하는 것은 환영의 분위기를 조성한다. Beinart는 또한 슈퍼바이저나 슈퍼바이지가 "감정적으로 연결되고, 개방적이고, 정직하며, 기꺼이 참여하는" 능력을 연마하는 것과 같은 행동을 장려한다. "열정과 반응성을 보여라. 학습에 대해 성찰하고 이질적인 문화에 대해 개방적인 태도를 취하라"(p. 267).

특히 신입생과 함께 하는 슈퍼바이저들은 무지와 오류에 대한 노출을 부드럽게 받아들이고, 세심하게 지원하며, 비판단적으로 환영받는 분위기를 조성할 필요가 있다"(Wilson et al., 1984, p. 101). "이 분위기는 비판단적이지만 근거를 가지고 있으면서도 경계는 유지되는 분위기이다. 슈퍼바이저는 미술작품뿐만 아니라 치료적 관계에서 자극되는 원초적 감정을 위한 용기(container)를 제공한다"(Robbins, 2007, p. 160).

가급적 슈퍼바이저는 관심과 민감성을 가지고 참여하며, 진정성을 가지고 정서적으로 소통하는 능력을 모델링하는 것이 좋다. 이 모든 것은 직접적으로 이루어져야 한다. 그 과정을 구체화하기 위해, 우리는 명확한 기대를 제공하고, 정확한 피드백을 전달하며, 협상이 불가능한 것에 대해서는 오해의 여지를 남기지 않도록 제안한다. 이러한 구체성은 전문적 경계를 견고하게 하여 슈퍼바이저 역할의 권한과 보호 내에서 피드백을 제공할 수 있게 한다. "나는 피드백 주는 것을 정말 싫어해요" 또는 "제발 나에게 화내지 마세요, 그러나 나는 당신에게 이 피드백을 꼭 해 줘야 해요"와 같은 부당한 말과 다른 잠재적으로 사과할 만한 방해요소는 슈퍼비전에서 피드백을 받는 정상적인 과정과 멀어지게 한다.

## 긍정적인 기대와 희망 키우기

미술치료사로서의 정체성과 성장에 대한 불확실성이 예상될 때, 슈퍼바이지가 낙관적인 사고방식을 형성하고 유지하는 것은 기본이다. 이러한 임상적, 개인적 의심은 종종 회기의 위기와 유사하며 슈퍼바이지를 어쩔 줄 모르게 할 수 있다. 내담자의 결과를 해결하기 위한 실행 가능한 수단으로 미술치료 과정에서 신뢰와 희망을 강화하는 것이 종종 필요하다. 이 시기는 Lanyado(2016)가 언급했듯이 "치료 과정에서 절망과 위기의 시점에서 벗어나 전환점이 될 수 있다"(p. 107). Yalom의 모든 치료 요소 중 하나인 희망 고취는 치료자가 "치료 방식에 대한 믿음, 그 자체가 치료적으로 효과적일 수 있다"는 것을 이해하도록 장려한다(Yalom & Leszcz, 2005, p. 4). 슈퍼바이저는 슈퍼바이지뿐만 아니라 내담자의 직접적인 이익을 위해서도 치료 과정에 대한 믿음을 키우고, 입증하고, 확장할 기회와 의무가 있다.

## 슈퍼바이저 되기

대학원 수준의 미술치료학과 학생의 현장 슈퍼바이저가 되는 것은 초보 슈퍼바이저에게는 당연한 길이다. 슈퍼비전 행위에 책임을 지기 전에 몇 가지 구체적인 자격요건을 고려해야 한다. 현장 학생들을 슈퍼비전할 때 미술치료 슈퍼바이저는 적절한 공간(치료 및 행정), 충분한 미술 재료, 적절한 내담자와의 상담 시간, 즉각적인 팀의 지원, 배치가 종료된 후에도 지속적인 내담자 관리를 위한 지속 가능성을 확보해야 한다. 학생과 전문가를 모두 슈퍼비전하기 위한 추가적인 고려 사항은 시간, 정서적 역량, 그리고 기술이다.

현장과 제공된 관련 종사자의 고유한 조합을 통하여 각 미술치료 기회로 제공하는 학습 기회를 이해하는 것이 중요하다. 당신이 제공할 수 있는 슈퍼비전 경험의 유형(예: 개인, 집단, 개인과 집단)과 첫 현장 경험을 하는 초보 인턴, 최종 인턴십을 마친 고급 교육생, 자격증이나 면허를 취득하려는 신입 전문가 또는 고급 전문가에게 가장 적합한지 고려하라. 슈퍼바이저가 되기로 한 결정을 가볍게 여기거나 불필요한 압력(예: 직장 또는 교육 기관의 설득)을 받거나 적절한 계획과 훈련 없이 하면 안 된다.

슈퍼바이저는 각 슈퍼비전을 통해 많은 것을 배우지만, 미술치료사로서의 고급 숙련도는 기본 요건이다. 또한 슈퍼바이저는 "전문적 기술과 이해를 향상시키기 위해 적극적이고 의욕적으로 노력함으로써 자기 성찰과 자기비판에 대한 의지를 가져야 한다. 이러한 자기비판과 결합된 경험만이 발전을 가져올 수 있다고 믿는다"(Vec, Vec, & Žorga, 2014). 슈퍼바이저를 선택하기 전에 이 일을 하게 된 동기와 의도를 살펴보라. 이 의사결정 과정의 일부로 미술 창작을 고려하라. 슈퍼바이저를 맡기로 결정하였다면 신중하고 철저하게 계획을 세우고 적극적으로 참여할 것을 약속하며, 슈퍼바이지 활동에 대한 슈퍼비전도 고려하라.

## 과제와 목표

슈퍼바이저와 슈퍼바이지는 명확한 과제와 목표 구조를 실행하고 준수할 때 혜택을 받는다. "관계 개발, 역할 오리엔테이션, 요구사항 평가, 계획 개발/평가, 모니터링은 효과적인 슈퍼비전 과정의 필수 구성 요소이다."(Watkins, 2017, p. 146). Watkins(2017)에서 영감을 얻은 이 형식은 확실한 오리엔테이션과 슈퍼비전 정의를 포함하고, 슈퍼비전 동맹의 개발을 지원하며, 초기 평가의 중요성을 강조하고, 슈퍼비전 계획을 생성하고, 슈퍼비전 계획의 전략적이고 지속적인 수정을 촉진하는 기반이다.

### 오리엔테이션 및 교육

슈퍼비전 맥락 내에서, 슈퍼바이지에게 슈퍼비전에 대한 폭넓은 정의와 현장 중심의 오리엔테이션을 통합하는 교육을 제공하고, 세부적이고 미묘한 입문 교육 및 환경에 적합한 교육을 실시하는 것이 중요하다. 이러한 교육은 암묵적인 권력 차이에 대한 폭넓은 인식과 공감을 구축하고, 슈퍼바이저의 주요 책임이 내담자와 대중을 보호하는 것임을 전달하며, 또한 적합한 후보자만 현장에 들어가거나 남을 수 있도록 전문직의 평가자 역할을 해야 한다(Falender, 2014; Watkins, 2017). 슈퍼바이저는 또한 세부 사항을 자세히 조사할 필요가 있다. 여기에는 일상 업무 절차, 긴급 상황 발생 시 예상되는 사항, 소셜미디어 정책 등 현장별 기록을 더 잘 이해하기 위한 일반적인 오리엔테이션 및 교육이 포함될 수 있다. 이러한 유형의 교육은 또한 위험 평가 기술(예: 자신 또는 타인에 대한 위험)과 내담자 및 인턴 안전 요소(예: 발달에 적합한 미술 자료)를 가르칠 수 있는 기회를 제공한다. 종종 간과되는 외투 보관소와 화장실 위치와 같은 작은 세부 사항은 보다 만족스러운 학습 환경을 만드는 데 도움이 된다.

### 슈퍼비전 동맹

마찬가지로 슈퍼비전 동맹의 견고한 관계는 치료에서 도움이 된다. 우리가 보기에 슈퍼바이저와 견고한 관계나 슈퍼비전 동맹을 개발하고 발전시키는 것은 선택사항이 아니다. 우리는 이것이 효과가 있다는 것을 잘 알고 있다. 수련중인 치료사들의 동맹 유지 및 구축 능력을 비교했을 때, Ybrandt, Sundin과 Capone(2016)은 내담자와의 동맹이 더 많은 변동을 경험한 슈퍼바이저보다 더 안정적이라는 사실을 발견했으며, 이는 슈퍼바이저가 주로 교사와 평가자 역할과 같은 다층적인 관계를 탐색하는 데 어려움을 겪을 수 있음을 시사한다. 이러한 복잡성은 슈퍼비전 동맹을 강화하는 데 특별히 중점을 둘 필요가 있음을 시사한다. 즉, 때로는 슈퍼바이지에게 “슈퍼바이저로서 내가 더 잘할 수 있는 것은 무엇인가?” 또는 “당신이 필요로 하는 것에서 내가 놓치고 있는 것은 무엇일까?”라고 솔직하게 물어보는 것만으로도 슈퍼비전 동맹을 형성할 수 있다. 또한 이러한 관계를 증진하기 위해 미술을 활용할 수도 있다.

미술은 슈퍼비전 동맹을 수립하고 육성하기 위한 의도와 관심을 불러일으킬 수 있다. 슈퍼바이저와 슈퍼바이지 사이의 역동성을 더 잘 탐구하고 촉진하기 위해 McNamee와 McWey(2004)는 새로운 통찰력을 자극하고 병행적인 과정을 보다 명확하게 논의할 수 있는 체험적인 양방향 미술 프로토콜(experiential bilateral art protocol)을 도입하였다. 이 과정을 통해 관계의 변화가 이어졌다. "양방향 미술은 반대되는 인식이나 감정에 반응하여 이미지를 만드는 과정에서 주로 사용하는 손과 그렇지 않은 손을 모두 사용하는 미술치료 개입이다"(p. 230). Miller(2012)는 "인턴십 학기 내내 하나의 캔버스에 그림을 그리면서 발생하는 원형적 인식과 임상적 통찰력"을 결합하여 학술, 집단 슈퍼비전 환경에 적용하기 위한 미술 기반 접근법을 만들었다(p. 166). 이 접근 방식은 슈퍼비전 동맹을 강화할 뿐만 아니라 내담자와 동료를 포함한 여러 관계를 동시에 탐색할 수 있는 기회를 제공한다. 마찬가지로, Fish(2012)는 우리에게 "미술 이미지를 기꺼이 사용하는 치료사들과 미술적 반응에 영감을 주는 상황들이 많은 만큼 미술 이미지를 사용하는 방법도 많다. 우리는 우리 작품의 잠재력의 한계를 알지 못한다."는 사실을 상기시킨다(p. 142).

### 평가

상호 지원적인 슈퍼비전 동맹은 슈퍼바이지의 자체 역량 평가를 지원하면서 슈퍼바이지의 학습 부족, 욕구, 강점 및 자산을 평가하고 식별할 수 있는 신뢰 기반을 제공한다(Falender, 2014; Watkins, 2017). 시간별 성과 검토는 직무 수행과 관련된 대화를 촉진하는 코칭, 교육 및 직원 개발에 사용되는 일반적인 유형의 평가이다. 이 검토를 통해 기능 수준을 설정하고, 강점을 파악하고, 필요한 성장 영역을 정의하고, 성과 목표를 설정하고, 경력 개발 계획을 수립할 수 있다.

학업 기반 환경에서, 시기별 점수는 중간 평가와 학기말 평가를 포함한다. 업무 환경에서는 슈퍼바이저와 환경에 따라 검토 내용이 달라진다. 표준 연간 검토를 지원하는 하나의 공통 구성에는 채용 첫해 내에 세 가지 검토가 포함된다. 여기에는 고용 후 첫 3개월 후에 완료된 신규 채용 또는 수습 검토와 6개월의 검토가 포함된다. 이 시기를 통해 슈퍼바이지는 처음 6개월 이내에 명확한 피드백을 받으며 일할 수 있다. 일부 환경에서는 연간 검토 날짜가 그 해 시작 일을 기준으로 결정되는 반면, 다른 환경에서는 모든 연간 성과 검토가 완료되는 특정 날짜가 있다.

각 경우에, 모범 사례는 평가될 성과 기준에 대한 슈퍼바이지의 견해가 필요하다. 서면 검토를 완료하는 것은 슈퍼바이저의 최종 책임이지만, 슈퍼바이지로부터 직접 의견을 듣는 것도 매우 중요하다. 슈퍼바이지가 최종 검토를 위한 보충 자료로 서면 검토를 작성하도록 하는 것이 유리한 경우가 많다. 자기 평가 능력은 성장과 관련된 통찰력에 매우 중요하며, 슈퍼바이지의 관점은 자신의 기능 수준을 더 깊이 있게 집중적으로 반영할 수 있다.

### 슈퍼비전 계획

계획은 규범적, 회복적, 형성적 과제의 틀 안에서 개발될 수 있다. 확인된 성장을 위한 주제와 현재 역량을 육성하기 위한 수단을 다루기 위해, 계획에는 개인적인 목표와 목적을 포함해야 한다. 슈퍼바이저와 슈퍼바이지는 슈퍼비전 계획을 시행한 후 자주 계획을 평가, 검토, 수정해야 한다. 지속적이고 투명한 평가는 슈퍼바이저의 평가 결과 발생을 최소화한다. 세워진 각 계획은 기록, 문서화 및 일관성을 제공해야 한다. 이것은 공식화된 평가와는 다르지만, 평가에는 보통 목표 설정이 포함된다.

### 슈퍼바이저로서의 역할

심리치료사가 되기 위해서는 슈퍼바이저 훈련이 중요하다. 처음에는, 슈퍼바이저 역할을 수행할 때, 흥분, 불안, 그리고 두려움 같은 감정이 들 수 있다. 슈퍼비전은 임상 숙련도와의 공통부분이 있음에도 불구하고 치료와 구별되는 역할을 명확히 정의하였다(Borders et al., 2014; Mann & Merced, 2018; Watkins, 2017). 따라서 최상의 슈퍼비전에 접근하기 위해서는 이론적 틀 안에서 역할, 개입 및 과제를 더 잘 이해하는 것이 중요하다.

Watkins(2017)는 교육자, 모니터, 코치, 치료사, 대학 동료 및 상담사의 여섯 가지 슈퍼비전 역할 범주를 확인하였다(Hess, 2008; 1980). 이러한 역할은 흔히 사례개념화, 교육, 피드백 제공 및 모델링 토론의 표준 슈퍼비전 개입을 수반한다

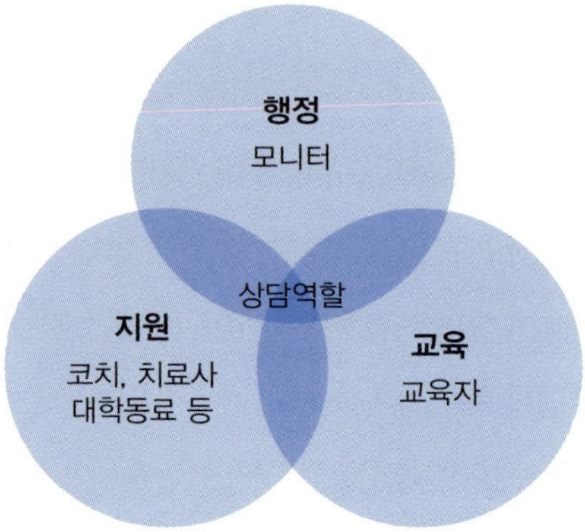


[그림 2-1] 세 가지 슈퍼비전 차원에 계획된 여섯 가지 슈퍼바이저의 역할

(Watkins, 2017). 역할은 슈퍼바이지에게 가장 잘 제공되기 위해 그 순간에 필요한 개입에 의해 결정된다. 이러한 여섯 가지 역할은 슈퍼비전의 세 가지 구성 요소(행정, 교육 및 지원)로 쉽게 보여 줄 수 있다. 이 개념을 더 잘 이해할 수 있도록 시각적인 방법으로 나타낼 수 있다([그림 2-1] 참조).

### 교육자

교육자 활동에는 치료 계획, 진단, 개입, 문서화 및 윤리적 문제가 포함될 수 있다(Borders et al., 2014; Man & Merced, 2018). 예를 들어, 교육자는 가르칠 수 있는 순간을 소중히 여기고 포착하여 타이밍, 자발성, 상황의 조합을 활용하여 가르치는 내용을 더 잘 보여 준다. 또한 교육자 역할을 수행하는 동안 슈퍼바이저는 미술 과정이 원활하게 통합될 수 있는 공간을 파악하고 치료 및 슈퍼비전 회기에 대응할 수 있다.

### 모니터

모니터 역할은 내담자의 치료에 초점을 유지한다. 또한 그것은 "역량 문제" 또는 전문직을 위한 슈퍼바이저의 부적합성(APA, 2014, p. 25)를 다루기 위해 명확한 계획을 세우고 전문직의 평가자 역할을 함으로써 동시에 치료를 보호한다

(Cheon, Blumer, Shih, Murphy, & Sato, 2009; Mann & Merced, 2018; Purswell & Stulmaker, 2015). 윤리적 위반과 일반적인 무능함을 모니터링한다. 평가의 범위는 환경(예: 캠퍼스, 인턴십, 개인 실습)에 따라 결정된다. 예를 들어 인턴십과 교내 슈퍼바이저는 협력하여 강점, 약점 및 즉각적인 개선을 위한 목표 영역을 파악하기 위한 형성 평가를 제공하고, 학생들의 학습을 평가하기 위해 요약 피드백을 사용하는데, 이는 학업 성적이나 지위를 결정하는 데 도움이 된다. 고용이 확정된 경우, 평가는 직무 수행 수준, 현장 규정 준수 여부, 승진 준비 상태 또는 추가 재정적 보상 자격을 판단하는 데 도움이 된다.

### 코치/멘토

코치/멘토 역할은 슈퍼바이지의 경력 향상, 전문적 야망, 장기적인 직장 전략을 중심으로 한다. 또한 슈퍼바이저는 슈퍼비전의 이러한 구성요소를 롤모델로 삼을 수 있다. 직장 전략은 개인의 목표를 다루며, 성과 목표 달성, 팀 결속력 강화, 사기 진작 등 팀 전체의 목표를 포함할 수 있다. 무엇보다도 중요한 것은 정서적 과정, 즉 더 깊은 임상적 이해를 위한 구조로서 미술 작업 및 반응 미술의 사용을 전달하고 모델링하는 멘토의 능력이다. "슈퍼비전에서 반응 미술을 사용하는 것은 공감적인 공명을 일으키며 경험을 유지할 수 있는 방법을 제공한다"(Fish, 2017, p. 31).

미술작품을 통해서든 언어적인 대화를 통해서든, 멘토의 역할은 경력의 총체적인 맥락 안에서 슈퍼바이지 전부를 참여시키는 것을 목표로 한다. Moon (2003)은 멘토에 대해 "기술적 정보의 깊은 자원, 직관적인 정치 시스템의 참여자, 소용돌이치는 감정적 흐름을 담을 수 있는 용기와 학생의 탐구를 존중하는 적극적인 동반자"(p. 43)라고 말한다. 이러한 상황에서 슈퍼비전은 멘토가 전문가의 역할로 전환하고, 풍부한 정보를 보유하고, 슈퍼바이지의 경력과 포부에 대한 더 큰 요구를 다루기 때문에 현재의 평가적 역할을 넘어서는 것이다. 슈퍼바이저가 코치/멘토 역할로 전환하여 슈퍼바이지가 선택한 경력을 발전시키는 데 도움을 주는 사례는 사례 2.1을 참조하라.

### 사례 2.1 코치와 멘토의 역할 수용하기

**Daniel 이야기**

처음 팀을 슈퍼비전하기 시작했을 때, 나는 직원들이 퇴사하는 것을 매우 두려워하였다. 부끄럽게도 나는 개인적인 가치를 전달하는 방법으로 "제발 떠나지 마", "네가 떠나면 내가 어떻게 해야 할지 모르겠다"와 같은 표현을 사용하기도 하였다. 이러한 표현에는 두려움이 반영되어 있었다. 두려움을 잘못 관리하면서 종종 개인적인 거부감과 부적절하다는 생각에 사로잡혔고, 현상 유지를 위협하는 변화에 저항하였다.

나의 제한된 접근방식은 직원들이 슈퍼비전에서 장기적인 경력 목표에 대한 개인적인 동기 부여와 헌신을 이끌어 낼 수 있는 대부분의 기회를 차단하였다. 코치/멘토 역할을 받아들이기 시작한 후에야 성취 및 출구 전략을 포함하도록 슈퍼비전 기술을 확장할 수 있었다. 이러한 보다 포괄적인 관점에서 슈퍼비전은 각 슈퍼바이지가 현재 위치에서 성취하고 도전하는 데 필요한 필수 요소를 다루고, 다음 단계 또는 단계를 달성하기 위한 방법을 옹호하며, 장기적인 경력 목표에 대한 포괄적인 인식을 갖도록 하는 데 활용된다.

팀원들의 자연스러운 흐름을 포용하고 육성할 수 있게 되자 나와 팀원들 모두 불필요한 스트레스가 많이 완화되었다. 여기서 얻은 교훈은 개인이 정체되지 않고 발전할 수 있도록 준비해야 한다는 것이었다. 예를 들어, 나의 경력 중반에 한 박사급 사회복지사가 임상 팀 리더로서 나에게 보고하였다. 그는 미술치료사를 포함한 임상가 팀을 슈퍼비전 했으며 연구, 글쓰기, 건강 정보학에 대한 깊은 열정을 가지고 있었다. 몇 년 동안 직접 서비스와 슈퍼비전을 제공하는 임상 환경에서 일한 후, 그는 기관 내에서 더 높은 직무 만족도를 경험한 새로운 지위로 쉽게 이동할 수 있었고, 그가 전환한 임상 팀에 직접적으로 도움이 되는 다른 관심사에 집중할 수 있었다. 마찬가지로, 그의 실무 임상 업무는 새로운 직책에서 업무를 더욱 풍성하게 만들었다.

## 치료사

〈표 1-1〉에서 더 자세히 강조하고 고려한 바와 같이, 슈퍼비전은 치료가 아니며, 개인적인 행복감을 증진시키는 것이 아니라 직무 수행을 향상시키는 데 초점

을 맞추고 있다. 슈퍼비전 관계가 슈퍼바이저/치료사의 이중 관계로 변질되지 않도록 엄격한 경계가 유지되어야 한다. 슈퍼바이저는 슈퍼바이지의 전문성 개발, 내담자 관리 및 치료 결과에 초점을 유지한다. 슈퍼바이저는 슈퍼바이지에게 직접적으로 정신건강 치료를 제공하지 않는다. 이러한 역할의 차이를 이해하면 정해진 공간 내에서 구조와 자유를 누릴 수 있다.

그럼에도 치료사(슈퍼바이지) 및 내담자의 역동적인 관계에서 통찰력을 촉진하고, 공감을 표현하고, 불안을 정상화하고, 정서적 처리를 통한 경험적 학습을 활용하기 위해 슈퍼비전 회기 내에서 치료사 역할을 맡을 수 있다. 슈퍼바이지는 내담자가 감정을 처리할 수 있도록 참여하고 공간을 만들어 주는 것과 비슷한 방식으로, 슈퍼바이저는 슈퍼바이지가 내담자에 대한 자신의 반응을 감정적으로 탐색할 수 있도록 제공하고 돕는 방식을 취한다(O'Donovan et al., 2011). Wilson (1984)과 동료들은 임상 작업을 방해하는 개인적 어려움을 알기 위한 슈퍼바이저의 역할을 인정했지만, 슈퍼바이지의 본질적인 자기 성찰은 개인 치료와 명확히 구분되어야 한다고 하였다. 슈퍼바이저가 치료적 요소가 포함된 공간을 제공하면 슈퍼바이지가 공감을 모델링하고, 안정과 격려를 통해 정서적 지원을 제공하고, 자기 개방을 할 수 있도록 하며, 향후 임상 개입에 대한 지침을 제공할 수 있다.

### 동료치료사

치료사 역할과 마찬가지로 동료 역할을 수행하는 슈퍼바이저는 경계가 모호해져 기존 위계질서가 흐트러질 가능성을 면밀히 모니터링 해야 한다. 일반적으로 동등하거나 공유된 권한으로 정의되는 동료 역할은 우정의 요소를 결합하고 친밀한 의사소통을 공유하며 상호 정서적 지원과 피드백을 수용하는 슈퍼바이저 관계에서 최소한의 역할이지만 중추적인 역할을 할 수 있다. 동료 역할은 신뢰 증진을 통해 슈퍼비전 관계를 강화시키고 업무 관련 자기 개방을 더 많이 장려하며 개인으로서 서로에 대해 더 잘 이해할 수 있는 기회를 만드는 이점이 있다. 문제는 만약 이 역할이 너무 영향력이 크다면 팀 간 공정성과 책임성을 유지하고 성과 평가를 적절하게 준비하는 슈퍼바이저의 능력을 저해할 수 있다.

### 자문가

자문 역할은 내담자에게 초점을 다시 맞추는 동시에 공동으로 구성된 슈퍼비전 회기에서 슈퍼바이지의 요구를 충족시키는 것을 목표로 한다. 내담자에게 이익을 주기 위한 자문의 역할은 슈퍼바이지가 전략과 개입을 브레인스토밍하고 사례개념화를 탐구하며 내담자의 문제, 동기 및 행동을 해결하는 대안적 개입을 계획하도록 권장하는 것이다. 내담자의 요구를 충족시키기 위한 슈퍼바이지의 능력을 향상시키기 위해, 공동 의제를 설정하고 슈퍼바이지의 성장을 위한 영역을 탐색하며 특정 내담자 상황과 특정한 개입 개발에 이론적 개념을 적용할 수 있는 자리를 만든다(Pearson, 2006). 합의된 주제는 슈퍼바이저가 자신의 의제를 추구하는 것을 방지하고, 슈퍼바이지 발달에 초점을 지속시킨다. 조언자가 직접적인 슈퍼바이저 위치가 아닌 특별히 자문 역할을 하는 경우, 슈퍼바이지는 슈퍼바이저의 지도를 따를 의무가 없다.

## 슈퍼비전 개입

일반적으로 심리치료사를 위해 실행되는 슈퍼바이저 개입에는 사례개념화 및 발표, 교육, 자극 질문, 성찰적 유도, 피드백 제공 및 모델링 토론이 포함된다. 미술치료 슈퍼비전에 사용할 수 있도록 몇 가지를 다음과 같이 수정하였다. 모든 개입이 각 슈퍼비전 회기에서 반드시 활용되는 것은 아니며 슈퍼비전 필요에 따라 활용될 수 있다는 점을 명심해야 할 것이다.

### 사례개념화/발표

사례 발표는 사례개념화 내에서 발생하는 거의 모든 요소를 포함하는 구두 또는 서면 발표이며, 개념적 추론과 정당성을 포함한 사례의 모든 요소를 청중에게 표현한다. 청중에 따라, 사례 발표는 요구되는 비밀유지 수준과 환경에 대한 정보를 다소 포함해야 할 수도 있다. 미술치료 대학원 교육에서 사례 발표는 교내 기반 슈퍼비전의 공통적이고 핵심적인 요소이다. 사례개념화(case conceptualization) 또는 공식화(formulation)는 내담자 정보를 더 잘 이해하고 구성하는 데 사용되며, “개인의 심리, 대인관계 및 행동 문제의 원인, 선행 요인 및 유지 영향에 대한 가설”을 세우는 데 특히 유용하며 “해당 정보가 행동, 감정 및 사고 내용에 모순이나 불일치를 포함할 때” 유용하다(Eells, 2007, p. 4). 사례개념화는 단 한 번이 아니라 접수 시 시작되어 치료 내내 유지된다. 미술치료사는 종종 시각적 요소와 미술 제작 과정을 추가로 고려해야 한다. 슈퍼바이저는 이 틀을 통해 슈퍼바이지가 심리학적 개념과 미술치료 이론 내에서 내담자의 관찰을 해석하여 치료를 안내하고 진행 상황을 모니터링한다.

슈퍼바이저는 종종 강의실 환경에서 학생들과 같은 사례 발표에 참석하는 사람들을 위한 주제와 전략을 수립할 수 있다. 참석자들은 언어에 민감한 질문을 함으로써 교육 경험을 심화시키는 데 중추적인 역할을 한다. 예를 들어, “미술 재료가 어떻게 사용되었는가?”라고 묻는 것은 개방적인 질문이며, “어떤 미술 매체를 사용하였는가?”보다 더 지각적이고 관찰력 있는 반응을 이끌어낼 수 있다. 사례 발표에 대한 지침은 〈부록 B: 집단 슈퍼비전을 위한 사례 발표 지침〉에서 확인할 수 있다.

### 교육

슈퍼바이저의 개입으로, 교육은 슈퍼바이저가 다양한 관련 주제를 중심으로 가르칠 수 있도록 한다. Moon(2003)은 이를 “슈퍼바이저가 최상의 학습 경험을 얻기 위해 교육적 구조를 활용하여 슈퍼바이지를 돕는 협력적 과정”이라고 설명하며, “답을 알고 있는” 슈퍼바이저와의 연결에 대한 소망을 이중으로 충족시킨다(p. 42). 이러한 협력 관계와 슈퍼비전 전문성은 Laurie Wilson이 한 중추적인 슈퍼바이저의 “역할” 중 하나를 단순하면서도 심오하게 “학생들에게 질문하는 법을 가르치는 것”으로 설명한 것과 같다(Wilson et al., 1984, p. 100). 사려 깊고 성찰적인 질문의 필요성을 자극하면서 전문성을 유지할 수 있는 이 능력은 학생뿐만 아니라 전문가에게도 적용된다. 일부는 슈퍼바이지, 환경, 이론 및 모집단에 따라 달라질 수 있다. 교육 주제에는 진단, 치료 계획, 미술 기반 중재, 기록 보관 및 미술품 보관, 윤리적/법적 문제를 포함할 수 있다.

### 마음챙김 기반 슈퍼비전

연구에 따르면 교육과 훈련을 통해 슈퍼비전에 마음챙김을 의도적으로 통합하면 "방어와 반응성을 줄이면서(Sharp & Rhinehart, 2018) 슈퍼바이지가 진정성, 주의, 개방적인 수용, 반응성, 연민, 공감으로 치료적으로 관계를 맺는 능력을 향상시키는 것으로 보인다(Campbell & Christopher, 2012; Daniel, Borders, & Willse, 2015; Sharp & Rhinehart, 2018). Sturm, Presbury와 Echterling(2012)이 설명한 바와 같이 의도성은 슈퍼비전 동맹의 고유한 관계적 측면을 넘어서는 "진정한 마음챙김의 역동성"(p. 225)을 형성하기 위한 전제조건이다. 이들은 마음챙김이 단순한 기법이 아니라 "핵심 자질 또는 존재 방식으로서의 마음챙김"(Sturm et al., 2012, p. 225)으로 정확하게 존중하는 것이 중요하다고 설명한다. 마음챙김이 존재 방식으로 통합될 때, 이러한 형태의 훈련은 불안하고 정서적인 슈퍼비전 또는 내담자 회기 동안 수용적이고 현존하는 상태를 유지할 수 있는 탁월한 "무조건적인 현존의 질"을 생성한다(Franklin, Farrely-Hansen, Marek, Swan-Foster, & Wallingford, 2000, p. 103).

마음챙김을 적절하게 육성하면 슈퍼바이지에게 발달적으로 기대되는 기능성을 저하시킬 수 있는 긴장, 잠재적 압박감, 수행 불안 또는 두려움을 낮추는 틀을 제공한다. 마음챙김 접근법을 사용하는 슈퍼바이저는 "더 견고한 슈퍼비전 관계를 형성하고 슈퍼비전 회기에서 더 깊이 있게 해낼 수 있다"(Daniel et al., 2015, p. 222). 미술치료사와 수련 중인 미술치료사에게 미술 작업 과정과 미술 스튜디오는 마음챙김을 연습할 수 있는 독보적인 공간을 제공하고, "자기학습, 지원, 파트너십을 위한 안식처"를 제공한다(Franklin et al., 2000, p. 105). 스튜디오의

## 사례 2.2 마음챙김과 씨름하기

### Daniel 이야기

미술치료사가 되는 공부를 하기 전에, 나는 미술 학사학위를 취득하고 상업 미술과 일러스트레이션 기법을 활용하였다. 말할 필요도 없이, 이러한 기술들은 나의 7년간의 광고 경력에서 인정받았지만, 미술치료에는 잘 적용되지 않았다. Edith Kramer가 가르친 한 수업에서, 수강생들은 작품을 전시해 달라는 요청을 받았다. Edith는 큰 관심을 보이며 강의실을 돌아다니다가 서로 다른 감정을 표현한 세 가지 버전의 같은 사람 얼굴을 그린 나의 작품 앞에서 잠시 멈췄다([그림 2-2] 참조). 잠시 침묵이 흐른 후 그녀는 "이건 누구 것인가요?"라고 물었다. 나는 내 작품임을 인정하면서 조용히 미소를 지었다. 그녀는 등을 돌리고 돌아서면서 냉정하게 "광고회사에서 일하셨군요. 제시간에 퇴근하지 못했네요."라고 말하였다. 그녀의 솔직함이 오히려 깊은 상처를 남겼다. 내 그림은 잘 완성되었지만, 미술치료 과제보다는 광고 스케치에 더 적합하였다. 수년간의 학부 시절 비평과 광고계의 기대는 과정보다 결과물을 중시하는 미술 작업과의 관계를 계속 저울질하였다. 나는 여전히 배우려 하지 않고 기계적으로 미술을 생산하고 있었고, 미술 작업 과정에 진정으로 참여하지 않았다. 당시에는 마음챙김이라는 단어를 몰랐지만, 그녀의 말은 내가 미술을 할 때 더 마음챙김이 되고, 더 현재에 집중하고, 정직

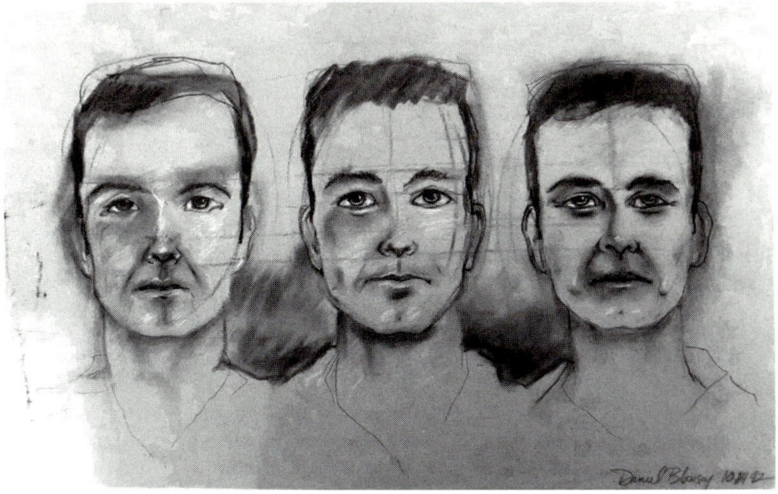

**[그림 2-2]** 대학원에서의 드로잉 과제
(Daniel Blausey, 1992, 회색 종이에 목탄과 오일 파스텔)

해지도록 도전과 용기를 주었다. 명상 연습을 지속하면서 의도와 훈련을 통해 자신을 발전시키고 있다는 점은 매우 긍정적이다. 미술치료 교육자이자 슈퍼바이저로서, 슈퍼바이지에게 미술 작업에 신중하게 접근하도록 권유하는 것은 그들의 창의성과 자기 표현을 존중하는 중요한 방법이다. 전통적인 미술 학교 비평의 기대에서 벗어나려는 노력은 개인의 독창성을 강조하고, 각자의 경험과 감정을 표현하는 데 도움을 줄 수 있다.

쉼터와 고유한 도전은 성과와 결과로부터 "만드는 과정, 깨어있는 참여와 관계의 과정을 포용"하는 것으로 초점을 전환하도록 초대한다(Franklin et al., 2000, p. 105). Daniel의 이야기([그림 2-2] 참조)에서 공유한 바와 같이, 기법과 최종 미술 작품에 초점을 맞춘 엄격한 비평 중심의 미술 교육을 이수한 사람들에게는 이러한 전환이 어려운 경우가 많다.

마음챙김은 현재의 경험에 대한 주의(attention), 비판단(non-judgment), 그리고 주의의 융통성(flexibility)에 중점을 두며(Franklin et al., 2000; Hall-Renn, 2007; Kabat-Zinn, 2012) 종종 겉으로 보기에는 단순해 보이지만 동시에 복잡해 보인다. Kabat-Zinn(2012)의 체계인 마음챙김의 태도적 요인은 비판단(non-judging), 인내(patience), 초심자의 마음(beginner's mind), 신뢰(trust), 비쟁취(non-striving), 수용(acceptance), 비집착(letting-go) 등 16가지 기본요소로 구성되어 있다(p. 123). 슈퍼바이지가 마음챙김의 기본 태도를 인식하도록 돕는 것은 "순간순간의 마음챙김을 내담자 회기에 동화"시킬 수 있는 추가적인 수단을 제공한다(Sharp & Linehart, 2018, p. 71).

## 슈퍼비전에서 갈등과 비생산적인 사건에 대처하기

사려 깊게 인식하고 처리한다면 슈퍼비전 중 발생하는 갈등과 비생산적으로 보이는 사건은 중요한 통찰력을 얻고 관계를 심화할 수 있는 기회를 제공할 수 있다. 또한, 갈등은 의사소통의 질을 높임으로써 이해 가능성을 높일 수 있다. 그러나 갈등을 무시하거나 비효율적으로 처리할 경우, 슈퍼바이지는 갈등을 "치료사로서의 성장과 관련하여 방해가 되거나 도움이 되지 않거나 해로운 것"으로 인식할 수 있다(Gray, Ladany, Walker, & Ancis, 2001, p. 371). 실제로, 비생산적인 사건은 "강력하고 긍정적인 업무 동맹 관계가 전제되지 않으면" 슈퍼비전 만족도를 떨어뜨릴 수 있다(Cheon et al., 2009, p. 62). 그들의 질적 분석에서 Gray 등(2001)은 비생산적인 사건은 일반적으로 슈퍼비전 과정에 부정적인 결과를 초래한다는 것을 발견하였다. 그들은 대다수의 슈퍼바이지가 "비생산적인 사건에 대한 반응으로 불편함, 안전하지 않음, 화를 느꼈을 뿐만 아니라 슈퍼바이저의 권위를 무시하고, 과잉 경계, 비공개, 슈퍼비전 철회"(p. 381)를 하였다는 것을 알게 되었다.

안타깝게도 일부 슈퍼바이저나 슈퍼비전 환경에서는 갈등을 적절히 해결하는 데 필요한 핵심 역량을 갖추지 못해 상호작용을 회피하거나 심지어 방해할 수도 있다(Nelson, Barnes, Evans, & Triggiano, 2008, p. 173). 갈등을 해결하기 위해서는 갈등을 편안하게 받아들이고 심지어 포용하는 것이 필수적이다. Grant, Schofield와 Crawford(2012)는 최근 연구에서 슈퍼비전의 갈등을 해결하기 위한 몇 가지 직·간접적인 전략을 확인하였다. 이러한 연구 결과를 바탕으로 직접적이거나(보기 2.1 참조) 간접적인(보기 2.2 참조)인 잠재적 개입 및 접근 방식의 목록을 작성하였다.

**보기 2.1**

### 갈등 해결을 위한 직접적인 전략

- 슈퍼바이저로서 한 실수와 단점을 겸허하게 인정하고 받아들인다(Grant et al., 2012).
- 슈퍼비전에 대한 슈퍼비전을 구하고, 동료와 상의하며, 갈등을 정신적으로 계획하여 "셀프 코칭(Nelson et al., 2008, p. 179)"한다(Grant et al., 2012).

- 슈퍼바이지의 요구를 조율하고, 갈등을 발달적·조직적으로 맥락화하며, 서로 윈윈 상황을 찾는다(Grant et al., 2012).
- 토론을 촉진시키고 어려운 주제를 꺼내기 위해 미술 기반 개입을 설계하고 적용한다.
- 행동의 영향을 보여 주기 위하여 슈퍼비전 관계의 현시점을 다룸으로써 즉시성을 활용한다(Grant et al., 2012). Hill과 Gupta(2018)는 슈퍼비전에서 즉시성을 적절히 사용하여 "감정을 표현하고 수용하며, 슈퍼비전 관계의 문제를 해결하고, 슈퍼비전 관계를 강화하며, 슈퍼바이지가 자신의 학습을 내담자와의 치료 수행에 옮길 수 있도록" 할 것을 제안한다(p. 294).
- 슈퍼바이지의 강점을 강화하면서 내재된 갈등이나 비생산적인 사건을 직접 해결하고, 검증하고 정상화한다(Grant et al., 2012).
- "상호적으로 더 민감한 슈퍼비전 접근법"을 시행하면 단절된 동맹 관계의 회복을 촉진할 수 있다(Gray et al., 2001, p. 381). 슈퍼바이지의 필요에 따라 의도적으로 또는 직접적으로 대응한다.
- 보다 폭넓은 이해를 얻고 갈등을 줄이기 위하여 치료적, 슈퍼비전, 대인 관계, 그리고 기타 유사한 행동 사이의 병행과정을 해석한다(Grant et al., 2012).
- 필요한 경우 보다 지시적이고, 개인 치료를 참조하고, 슈퍼비전을 거부하거나 종료하고, 비윤리적이고 전문가답지 않은 행동에 대해 조치를 취한다(Grant et al., 2012). 이러한 노력을 혼자서 하지 마라! 전문가들은 인사팀과 협력해야 하며, 학생들은 캠퍼스 내 담당자에게 연락해야 한다.

### 보기 2.2 갈등을 해결하기 위한 간접적 개입과 전략

- 경계와 기대를 설정하고 일상적인 피드백을 제공하며 슈퍼비전의 한계를 이해한다.
- 성찰적 과정을 모델링하고 촉진하며(Grant et al., 2012), 상호 존중을 모델링하고 수련생이 안전하다고 느낄 수 있는 상호 신뢰 분위기를 만든다(Gray et al., 2001, p. 381).
- 경청하고, 인내심과 투명성을 유지하고(Grant et al., 2012), 조언을 줄이고, 슈퍼비전에서 다른 치료 기술을 의도적으로 사용해야 한다.
- 질문하고, 주의를 기울이고, 모니터링하고(Grant et al., 2012), 명확하게 의사소통한다.

- 특히 슈퍼바이저의 타성이나 업무 방식에 관한 문제일 경우, 구체적인 내용을 다루기 전에 주제에 대한 일반적인 논의를 한다(Grant et al., 2012).
- "대인관계 갈등을 다루기 위해 준비하고"(Nelson et al., 2008, p. 179), 사전에 피드백을 주는 연습을 한다.

## 가치 충돌

슈퍼바이저는 슈퍼바이지의 개인적 가치관이 직업적 가치와 윤리에 관한 기대와 요구사항을 반영하지 않거나 일치하지 않는다고 느끼는 경우가 있을 것이다. 슈퍼바이저는 여전히 슈퍼바이지가 임상 업무를 탐색할 수 있도록 도와야 할 것이다. Hathaway(2014)는 종교적 분열을 잠재적으로 공고히 하고 슈퍼바이지가 "그들의 믿음을 약화시키려고 시도함으로써" 방어적으로 파고들도록 자극하는 대신, "내담자에게 임상적으로 도움이 되는 가치에 부합하는 방법을 탐구하는 것"이 더 생산적일 수 있다고 제안한다(2014, p. 100). 즉, 가치를 탐색하는 것이 가치를 재정립하거나 수정하려는 시도보다 더 효과적일 수 있다. 다음은 서로 다른 가치 체계를 가진 슈퍼바이지를 돕고자 하는 슈퍼바이저에게 권장되는 몇 가지 접근법이다.

- 슈퍼비전 관계 내에서 자기 성찰과 자기 탐구를 모델링하고, 실제 삶의 어려움을 공개하면서 "수련생, 훈련자, 내담자와 관련된 모든 다양한 영역에 대한 존중과 자비로운 탐색"(Hathaway, 2014, p. 101)을 보여 준다(Cohen-Filipic & Flores, 2014, p. 306).
- 교육 환경에서 흔하지 않은 깊이 간직하고 있는 신념을 공개할 때 학생의 취약성을 인식하고 인정한다(Cohen-Filipic & Flores, 2014, p. 306).
- 슈퍼비전 동맹에 필요한 강력한 신뢰를 구축하기 위해서는 "슈퍼비전 관계에 대한 권력과 평가의 중요한 영향"을 인식하고, "슈퍼비전 초기에 권력과 평가에 대한 논의를 시작"(Nelson et al., 2008, p. 180)해야 한다.

- 슈퍼바이저가 놀라거나 당황할 수 있는 종교적, 문화적 가치와 깊이 간직하고 있는 신념에 대해 편안하게 이야기할 수 있도록 한다(Cohen-Filipic & Flores, 2014, p. 306).
- 전문적·직업적 역량에 대한 명확한 기대를 전달하여 슈퍼바이지의 개인적 가치에 관한 갈등을 피하고 협력적인 노력을 유지한다. 여기에는 "통합된 발달 및 역량 기반 슈퍼비전 접근법"에서 강화된 각 단계에 대해 수용 가능한 결과를 정의하는 것이 포함된다(Cohen-Filipic & Flores, 2014, p. 307). 이러한 대화 내에서 투명성을 발휘하여 슈퍼비전의 목표와 역할을 명확하게 파악하고 합의하여 역할 갈등을 줄인다(Nelson et al., 2008).
- 가치 갈등이 있는 일부 슈퍼바이저는 이러한 문제를 해결하기 위해 더 많은 시간, 공간 및 더 많은 슈퍼비전이 필요할 수 있으므로 개별적인 접근 방식을 연습한다(Cohen-Filipic & Flores, 2014, p. 307). "목표는 학생이 가치에 부합하는 방식으로 이러한 갈등을 슬기롭게 헤쳐 나갈 수 있도록 돕는 것이다"(Hathaway, 2014, p. 100).
- "역량 달성에 대한 무능력 또는 의지가 없는 경우와 연수생의 역량 달성을 촉진하기 위해 취한 조치"를 문서화한다(APA, 2013, p. 1).
- "교정을 요구하거나 탈락을 권고하는 결정은 확립된 프로그램 및 기관 정책에 대한 신중하고 일관되며 공정한 준수를 기반으로 한다"(APA, 2013, p. 1).

## 핵심 요약

- 상호 지원적인 슈퍼비전 동맹을 구축하기 위해서는 슈퍼바이저들이 기술과 역량을 습득하고, 적용 가능한 개인적 자질을 연마하고, 시의적절한 슈퍼비전 개입을 실행할 수 있는 능력을 연마하는 것 사이의 세심한 균형을 완성하는 데 전념해야 한다.
- 슈퍼바이저와 슈퍼바이지의 사회적 위치는 고유한 슈퍼비전 권력 역동을 정의하고 영향을 미치므로 슈퍼바이저는 특권과 억압과 관련하여 자신의 사

회적 위치를 완전히 이해해야 하는 것을 출발점으로 삼아야 한다.

- 미술치료 슈퍼바이저는 AATA의 미술치료사 윤리 원칙(2013)과 ATCB의 관련 윤리, 행동 및 징계 절차 강령에 대한 책임이 있을 뿐만 아니라 관련 관할 법률 및 규정에 대한 인식과 책임이 있어야 한다.
- 정확하고 신뢰할 수 있으며 지식이 풍부한 성과 피드백을 표준화된 형식과 정해진 간격에 따라 신중하고 직접적인 방식으로 제공할 수 있어야 진정으로 권한을 부여하는 슈퍼비전 관계의 초석이 될 수 있다.

## 실습 프롬프트

### 성과 및 역량을 평가하기 위한 일상적인 방법과 도구

성과 및 역량을 평가하는 가장 일상적인 방법과 도구에 대해 빠르고 즉흥적인 5분간의 미술 및 글쓰기를 통해 성찰한다. 아래의 실습 프롬프트에서는 임상 노트를 일상적인 방법으로 사용하지만, 과정 녹음, 오디오 녹음, 연간 검토 등 다른 방법으로 대체할 수 있다.

지난 한 주 동안의 슈퍼바이지의 임상 노트를 읽어 본다. 슈퍼바이지가 명확하였다고 생각하는 부분과 개선할 수 있다고 생각하는 부분을 고려하여 창의적으로 답변하라.

- 그 작품이 당신의 슈퍼바이지에 대한 새로운 통찰력이나 추가적인 통찰력을 제공하는가?
- 당신 작품이나 발견 내용을 당신의 슈퍼바이지와 공유할 것인지 생각하라.

### 어려운 피드백 파악하기

슈퍼바이저로서 다음 중 어떤 유형의 피드백을 제공하기가 가장 어려운가? (a)

슈퍼바이지의 개인적 특성과 관련된 피드백, (b) 슈퍼비전 관계와 관련된 피드백, (c) 슈퍼바이지의 임상 작업과 관련된 피드백

- 가장 어려운 유형의 피드백을 탐구하는 두 작품을 만든다. 하나는 슈퍼바이저로서의 당신 입장에서, 나머지는 슈퍼바이지의 입장에서 작성한다.
- 반응 글쓰기를 통해 미술과 미술 작업을 비교하고 대조한다.

## 어려운 피드백 제공하기

어려운 피드백에 대한 실제 전달과 완전한 이해를 향상시키기 위해, 미술에 기반한 방법이나 기타 기법을 당신의 슈퍼바이저와 연습하라.

- 역할극, 빈 의자 기법 또는 다른 상호작용 방법을 통해 심층적인 피드백을 제공하는 연습을 한다.
- 피드백을 듣고 분석하는 능력을 향상시키기 위하여 반응 글쓰기를 통해 경험을 명확히 한다. 당신의 슈퍼바이저와 상의한다.

# 참고문헌


- AATA. (2013). Ethical principles for art therapists. Retrieved from https://arttherapy.org/wp-ontent/uploads/2017/06/Ethical-Principles-for-Art-Therapists.pdf
- Angus, L., & Kagan, F. (2007). Empathic relational bonds and personal agency in psychotherapy: Implications for psychotherapy supervision, practice, and research. *Psychotherapy: Theory, Research, Practice, Training, 44*(4), 371-377. doi:http://dx.doi.org/10.1037/0033-3204.44.4.371
- APA. (2013). Preparing professional psychologists to serve a diverse public:Addressing conflicts between professional competence and trainee beliefs. Retrieved from www.apa.org/pi/lgbt/resources/policy/diversity-preparation.pdf
- APA. (2014). Guidelines for clinical supervision in health service psychology. Retrieved from http://apa.org/about/policy/guidelines-supervision.pdf
- Arczynski, A. V., & Morrow, S. L. (2017). The complexities of power in feminist multicultural psychotherapy supervision. *Journal of Counseling Psychology, 64*(2), 192-205. doi:http://dx.doi.org/10.1037/cou0000179
- ATCB.(2018). Code ofethics, conduct and disciplinary procedures. Retrieved from: www.atcb.org/resource/pdf/ATCB-Code-of-Ethics-Conduct-DisciplinaryProce dures.pdf
- Barrett, M. S., & Barber, J. P. (2005). A developmental approach to the supervision of therapists in training. *Journal of Contemporary Psychotherapy, 35*(2), 169-183. doi:10.1007/s10879-005-2698-8
- Beinart, H. (2014). Building and sustaining the supervisory relationship. In C. E.

Watkins, Jr. & D. L. Milne (Eds.), *The Wiley international handbook of clinical supervision* (pp. 257-281). Chichester, UK: John Wiley & Sons. http://dx.doi.org/10.1002/9781118846360.ch11

- Borders, L. D., Glosoff, H. L., Welfare, L. E., Hays, D. G., DeKruyf, L., Fernando, D. M., & Page, B. (2014). Best practices in clinical supervision: Evolution of a counseling specialty. *The Clinical Supervisor, 33*(1), 26-44. doi:10.1080/07325223.2014.905225
- Campbell, J., & Christopher, J. (2012). Teaching mindfulness to create effective counselors. *Journal of Mental Health Counseling, 34*(3), 213-226
- Cheon, H. S., Blumer, M. L. C., Shih, A. T., Murphy, M. J., & Sato, M. (2009). The influence of supervisor and supervisee matching, role conflict, and supervisory relationship on supervisee satisfaction. *Contemporary Family Therapy, 31*, 52-67.
- Cohen-Filipic, J., & Flores, L. Y. (2014). Best practices in providing effective supervision to students with values conflicts. *Psychology of Sexual Orientation and Gender Diversity, 1*(4), 302-309.
- Cook, R. M., McKibben, W. B., & Wind, S. A. (2018). Supervisee perception of power in clinical supervision: The Power Dynamics in Supervision Scale. *Training and Education in Professional Psychology, 12*(3), 188.
- Cummings,J. A., Ballantyne, E. C., & Scallion, L. M. (2015). Essential processes for cognitive behavioral clinical supervision: Agenda setting, problem-solving, and formative feedback. *Psychotherapy, 52*, 158-163. doi:http://dx.doi.org/10.1037/a0038712
- Curtis, D. F., Elkins, S. R., Duran, P., & Venta, A. C. (2016). Promoting a climate of reflective practice and clinician self-efficacy in vertical supervision. *Training and Education in Professional Psychology, 10*(3), 133.
- Daniel, L., Borders, L. D., & Willse, J. (2015). The role of supervisors' and supervisees' mindfulness in clinical supervision. *Counselor Education and Supervision, 54*(3), 221-232.
- Eells, T. D. (2007). History and current status of psychotherapy case formulation. In *Handbook of psychotherapy case formulation* (2$^{nd}$ed., pp. 3-32). New York,

NY: Guilford Publications.

- Epstein, R. M., & Hundert, E. M. (2002). Defining and assessing professiona competence. *Journal of the American Medical Association, 287*(2), 226–235. doi:10.1001/jama.287.2.226
- Falender, C. A. (2014). Clinical supervision in a competency-based era. *South African Journal of Psychology, 44*(1), 6–17.
- Farber, B. A., & Doolin, E. M. (2011). Positive regard. *Psychotherapy, 48*(1), 58–64. doi:http://dx.doi.org/10.1037/a0022141
- Fish, B. J. (2012). Response art: The art of the art therapist. *Art Therapy: Journal of the American Art Therapy Association, 29*(3), 138–143. doi:10.1080/07421656.2012.701594
- Fish, B. J. (2017). *Art-based supervision: Cultivating therapeutic insight through imagery*. New York, NY: Routledge.
- Franklin, M., Farrelly-Hansen, M., Marek, B., Swan-Foster, N., & Wallingford, S. (2000). Transpersonal art therapy education. *Art Therapy, 17*(2), 101–110.
- Freeman, E. M. (1985). The Importance of Feedback in Clinical Supervision. *The Clinical Supervisor, 3*(1), 5–26. doi:10.1300/J001v03n01_02
- Gaete, J., & Ness, O. (2015). Supervision: From prescribed roles to preferred positionings. *The Clinical Supervisor, 34*(1), 57–77. doi:10.1080/07325223.2015.1006068
- Grant, J., Schofield, M. J., & Crawford, S. (2012). Managing difficulties in supervision: Supervisors' perspectives. *Journal of Counseling Psychology, 59*, 528–541. doi:http://dx.doi.org/10.1037/a0030000
- Gray, L. A., Ladany, N., Walker, J. A., & Ancis, J. R. (2001). Psychotherapy trainees' experience of counterproductive events in supervision. *Journal of Counseling Psychology*, 48, 371–383. doi:10.1037/0022-0167.48.4.371
- Hall-Renn, K. E. (2007). Mindful journeys: Embracing the present with non-judgmental awareness. *Journal of Creativity in Mental Health, 2*(2), 3–16
- Hathaway, W. L. (2014). Trainer beliefs, multiculturalism, and the common good. *Psychology of Sexual Orientation and Gender Diversity, 1*(2), 98–101.
- Hess, A. K. (2008). Psychotherapy supervision: A conceptual review. In A. K.

Hess, K. D. Hess, &T. H. Hess(Eds.), *Psychotherapy supervision: Theory, research, and practice* (2nd ed., pp. 3-22). Hoboken, NJ: Wiley.

- Hess, A. K. (1980). Training models and the nature of psychotherapy supervision. In A. K. Hess (Ed.), *Psychotherapy supervision: Theory, research, and practice* (pp. 15-25). New York, NY: Wiley.
- Hernandez-Wolfe, Ph, & McDowell, T. (2014). Cultural equity and humility:A framework for bridging complex identities in supervision. In T. C. Todd & C. L. Storm (Eds.), *The complete systemic supervisor: Context, philosophy and pragmatics* (2nd ed., pp. 43-61). Hoboken, NJ: John Wiley & Sons.
- Hill, C. E., & Gupta, S. (2018). The use of immediacy in supervisory relationships. In O. Tishby & H. Wiseman (Eds.), *Developing the therapeutic relationship: Integrating case studies, research, and practice* (pp. 289-314). Washington, DC: American Psychological Association.
- Inman, A. G., Hutman, H., Pendse, A., Devdas, L., Luu, L., & Ellis, M. V. (2014). Current trends concerning supervisors, supervisees, and clients in clinical supervision. In C. Edward Watkins, Jr. & D. L. Milne (Eds.), *The Wiley international handbook of clinical supervision* (pp. 61-102). Chichester, UK: John Wiley & Sons.
- Kabat-Zinn, J. (2012). *Mindfulness for beginners: Reclaiming the present moment and your life*. Boulder, CO: Sounds True.
- Kadushin, A., & Harkness, D. (2014). *Supervision in social work*. New York, NY: Columbia University Press.
- Karcher, O. P. (2017). Sociopolitical oppression, trauma, and healing: Moving toward a social justice art therapy framework. *Art Therapy, 34*(3), 123-128.
- Kirschenbaum, H., & Jourdan, A. (2005). The current status of Carl Rogers and the person-centered approach. *Psychotherapy: Theory, Research, Practice, Training, 42*(1), 37.
- Lanyado, M. (2016). Transforming despair to hope in the treatment of extreme trauma: Aview from thesupervisor's chair. *Journal of Child Psychotherapy, 42*(2), 107-121. doi:10.1080/0075417X.2016.1191198
- Mann,S. T., & Merced,M. (2018). Preparing for entry-level practice in

supervision. *Professional Psychology: Research and Practice, 49*(1), 98-106.

- McNamee, C. M., & McWey, L. M. (2004). Using bilateral art to facilitate clinical supervision. *The Arts in Psychotherapy, 31*(4), 229-243. doi:10.1016/j. aip. 2004. 06.007
- Miller, A. (2012). Inspired by El Duende: One-canvas process painting in art therapy supervision. *Art Therapy: Journal of the American Art Therapy Association, 29*(4), 166-173. doi:10.1080/07421656.2013.730024
- Milne, D., & Watkins, C. E. (2014). Defining and understanding clinical supervision: A functional approach. In C. Edward Watkins, Jr. & D. L. Milne (Eds.), *The Wiley international handbook of clinical supervision* (pp. 3-19). Chichester, UK: John Wiley & Sons.
- Moon, B. L. (2003). *Essentials of art therapy education and practice.* Springfield, IL: Charles C. Thomas.
- Nelson, M. L., Barnes, K. L., Evans, A. L., & Triggiano, P. J. (2008). Working with conflict in clinical supervision: Wise supervisors' perspectives. *Journal of Counseling Psychology, 55*(2), 172.
- O'Donovan, A., Halford, W. K., & Walters, B. (2011). Towards best practice supervision of clinical psychology trainees. *Australian Psychologist, 46*(2), 101-112. doi:https://doi.org/10.1111/j.1742-9544.2011.00033.x
- Pearson, Q. M. (2006). Psychotherapy-driven supervision: Integrating counseling theories into role-based supervision. *Journal of Mental Health Counseling, 28,* 241-252.
- Purswell, K. E., & Stulmaker, H. L. (2015). Expressive arts in supervision: Choosing developmentally appropriate interventions. *International Journal of Play Therapy, 24*(2), 103-117. doi:http://dx.doi.org/10.1037/a0039134
- Robbins, A. (2007). The art of supervision. In J. Schaverien & C. Case (Eds.), *Supervision of art psychotherapy: A theoretical and practical handbook* (pp. 153-166). New York, NY: Routledge.
- Rogers, C. (1977). *Carl Rogers on personal power: Inner strength and its revolutionary impact.* New York, NY: Delacorte Press.
- Sharp, J. E., & Rhinehart, A. J. (2018). Infusing Mindfulness and Character

Strengths in Supervision to Promote Beginning Supervisee Development. *Journal of Counselor Practice, 9*(1), 64–80.

- Stinchfield, T. A., Hill, N. R., & Kleist, D. M. (2007). The reflective model of triadic supervision: Defining an emerging modality. *Counselor Education and Supervision, 46*(3), 172–183.
- Sturm, D. C., Presbury, J., & Echterling, L. G. (2012). The elements: A model of mindful supervision. *Journal of Creativity in Mental Health, 7*(3), 222–232.
- Sweitzer, H. F., & King, M. A. (2018). *The successful internship: Personal, professional, and civic development in experiential learning* (5 ed.). Boston, MA: Cengage.
- Vec, T., Vec, T. R., & Žorga, S. (2014). Understanding how supervision works and what it can achieve. In C. Edward Watkins, Jr. & D. L. Milne (Eds.), *The Wiley international handbook of clinical supervision* (pp. 103–127). Chichester, UK: John Wiley & Sons.
- Watkins, C. E., Jr. (2017). Convergence in psychotherapy supervision: A common factors, common processes, common practices perspective. *Journal of Psychotherapy Integration, 27*(2), 140–152.
- Watkins, C. E., & Wang, D. C. (2014). On the education of clinical supervisors. In C. Edward Watkins, Jr. & D.L. Milne(Eds.), *The Wiley international handbook of clinical supervision* (pp. 177–203). Chichester, UK: John Wiley & Sons.
- Wilson, L., Riley, S., & Wadeson, H. (1984). Art therapy supervision. *Art Therapy: Journal of the American Art Therapy Association, 1*(3), 100–105. doi:10.1080/07421656.1984.10758761
- Yalom, I. D., & Leszcz, M. (2005). *The theory and practice of group psychotherapy*(5th ed.). New York, NY: Basic Books.
- Ybrandt, H., Sundin, E. C., & Capone, G. (2016). Trainee therapists' views on the alliance in psychotherapy and supervision: a longitudinal study. *British Journal of Guidance & Counselling, 44*(5), 530–539.

# 3장 슈퍼비전에 대해 슈퍼바이지가 알아야 할 사항

## 소개

미술치료사는 경력 전반에 걸쳐 슈퍼비전을 받는다. 이는 슈퍼바이지에게 매우 바람직하며 시대적 요구에 따라 슈퍼비전의 내용과 이점을 발전시킬 수 있도록 "평생 학습 및 개발" 차원으로 받아들여야 한다(Vec, Vec, & Žorga, 2014, p. 103). 진솔하고 지지적인 슈퍼비전의 장점은 멘토링의 가능성을 열고 임상역량을 향상시켜 실수를 기회로 재구성할 수 있는 여건을 만들고 소진을 줄일 수 있는 기회를 만든다. 그리고 스트레스가 많은 시기에 자기 의심이 드는 순간 전문적인 지원을 제공할 수 있는 능력 등 다양하다. 슈퍼비전에 개방적이고 호기심을 두고 긍정적으로 받아들이면 슈퍼비전 관계가 어려워지거나 중단되어 피해를 입는 일을 최소화할 수 있다. 슈퍼비전을 가장 잘 활용하기 위해서는 강력하고 건설적인 슈퍼비전 관계를 맺고 슈퍼비전 역할과 그에 상응하는 책임을 이해하는 것이 중요하다(Borders et al., 2014; Sweitzer & King, 2018).

이 장에서는 이상적인 슈퍼바이지의 자질을 밝히고, 슈퍼비전에 참여하기 위해 실천 가능한 정보를 제안하며, 경력 단계마다 슈퍼비전이 어떻게 다른지 공유함으로써 슈퍼비전을 위한 모범 사례를 제시한다. 우리는 슈퍼비전 준거 틀을 만들기 위해 Switzer와 King(2018)과 Delano(2001)의 누가, 무엇을, 어디서, 언제, 왜, 어떻게 슈퍼비전하는지에 대한 열세 가지 지침을 수정하고 구축하였다. 이 장의 목적은 학생, 신입 전문가 및 숙련된 슈퍼바이지들에게 슈퍼바이지로서로서 모범 사례를 구별하고 실천하는 방법을 알려 주는 것이다. 이 장에서 다루는 기술은 슈퍼비전 관계 전반에 걸쳐 유용하게 활용할 수 있을 것이다.

## 슈퍼비전을 가장 잘 받는 방법

수동적으로 슈퍼비전에 참석하는 것은 바람직하지 않다. 슈퍼바이지는 내담자 상담회기와 동일한 열의, 접근성 및 책임감을 가지고 적극적으로 슈퍼비전을 받고 참여해야 한다. 슈퍼비전 역동성 안에서, 슈퍼바이지는 자신의 힘을 활성화하고 자기 성찰을 위해 전문적인 역량을 수용하도록 권장된다. 슈퍼바이지의 필수 사항은 자신의 필요, 선의의 실수, 의도하지 않은 실수, 충족되지 않은 기대치 및 자기 성찰을 더욱 분명하게 표현하기 위해 강점, 역량, 취약성을 드러내는 개방적 자세를 내보이는 것이 필수적이다. Rønestad와 Skovholt(2003)는 자기 성찰에 대한 적성을 전문적 성장을 위한 가장 중요한 특성으로 꼽았다.

Sarnat(2010)의 자기 성찰적 역량에 대한 정의는 모두에게 밀접하게 관련되어 있다. 자기 성찰은 “내담자와 상호 작용할 때 자신의 정서적, 신체적, 공상적 경험을 견디고, 관찰하고, 생각하고, 심리치료적 기법으로 사용할 수 있는 고도로 발달된 능력을 필요로 한다”(p. 23). 슈퍼바이지로서 이러한 경험을 전달하고 역량을 인정받는 것은 종종 거짓된 허세, 부당한 당혹감, 무의미한 사과 등의 반응으로 인해 복잡해진다. 따라서 자기 성찰의 역량 정도를 파악하고, 취약점을 끌어내고, 영향력을 연결하며, 주도권 다툼이나 어색함을 조성하거나, 비위를 맞추기 위해 묵인하는 등의 의도치 않은 비생산적인 역효과를 피하기 위해서는 자기 성찰 능력을 개발하는 것이 필요하다. 이러한 순간에는 완벽한 이미지를 투사하거나 지나치게 호의적인 태도를 취하기보다는 자기 성찰을 통해 더 나은 슈퍼바이지가 되는 데 초점을 유지하는 것이 도움이 된다.

## 이상적인 슈퍼바이지 자질

슈퍼비전 관계는 슈퍼바이지가 슈퍼비전 과정에 대한 진정한 관심과 열망을 가질 때 큰 이점을 얻을 수 있다. 비록 다수의 슈퍼바이지가 어느 정도 불안을 경험하지만, 슈퍼바이지가 어떤 불안감에도 불구하고 신뢰할 수 있고, 자신의 취약한 점을 보완할 수 있으며, 적극적으로 참여하기로 선택하면 매우 큰 도움이 된다. 이러한 마음가짐이 개인적인 열정과 열의와 결합되면 비판의 위협에서 벗어나 동기를 유지하고 학습에 주도적으로 참여할 수 있다. 이러한 집중적인 접근은 대인 관계, 이론적 접근 및 임상 내에서 유연하게 적용된다. 이상적인 슈퍼바이지 자질은 다음과 같다.

- 관심과 바람
- 현재에 머무르기와 신뢰성
- 개방성과 진정성을 드러냄
- 양립성(공존 가능성)
- 최소한의 방어로 자기 노출을 통해 취약해지기
- 자기성찰, 마음챙김, 대인관계에 대한 호기심에 관여함
- 개인 역동에 대한 관심 기울이기

### 관심과 바람

슈퍼비전에 대한 진정한 관심, 열정, 바람(Berger & Buchholz, 1993; Watkins, 2017)은 무엇보다도 제시간에 도착하여 배울 준비를 하고 슈퍼비전 과정에 세심한 주의를 기울이는 것으로 입증된다. 슈퍼비전, 내담자의 미술 작업, 내담자의 작업에 대한 반응 작업, 관심 있는 보고서, 그리고 배우고자 하는 관심과 열망을 보여 주는 모든 것에 대한 질문을 가져 본다. [그림 3-1]에서 Daniel은 슈퍼비전에 더 참여할 수 있는 몇 가지 추가적인 방법을 제안한다.

## 사례 3.1 진정한 관심 보이기

### Daniel 이야기

돌이켜보면, 대학원 수련 초기에 나는 어떻게 슈퍼비전을 받고, 적절한 관심을 가지고 슈퍼비전에 참석하고, 슈퍼비전 관계에서 진정으로 원하는 바를 표현하는 방법을 몰랐다는 것을 깨닫게 된다. 경험이 부족한 슈퍼바이저는 종종 무관심해 보였고, 되돌아보면 잠재적으로 소진을 경험하고 있었다. 처음에는 불안했지만, 주목받는 것을 피하기 위한 방법을 알게 되면서 슈퍼비전에 대한 걱정이 줄어들었다. 나 스스로가 슈퍼비전에 대한 기대가 없었고, 나의 슈퍼바이저는 슈퍼비전에 대한 교육을 거의 받지 못했으므로, 그녀는 짧은 슈퍼비전 시간을 현장의 한계, 의욕 없는 내담자들에 대한 무력감, 임상 지식의 발전이나 창조와는 무관한 기타 여러 가지 문제에 대해 실망감을 표현하는데 할애하였다. 안타깝게도 나는 슈퍼비전의 초점이 나에게서 벗어나는 것을 반겼다. 나의 취약점과 단점을 검토하거나 또는 부각되거나 직면되지 않을 때 오히려 안도감을 느꼈다.

내 상황을 더욱 복잡하게 만든 것은 낯선 도시에서 경험이 부족한 학생으로서 느끼는 두려움이었다. 학기 말 같은 반 친구들이 슈퍼비전 관계에 대해 말하는 것을 들으면서, 내가 마땅히 받아야 할 슈퍼비전을 받지 못했을 때 어떤 결과가 초래될지 깨달았다. 나는 내가 속한 교육기관에 우려 사항을 공유하고 다음 학기에 유능한 슈퍼바이저가 있는 새로운 현장을 요청하였다.

돌이켜보면 백인 남성으로서의 특권이 자신보다 어린 여성과의 슈퍼비전 관계에 어떤 영향을 미치는지 몰랐다. 그녀의 슈퍼비전 권한은 사회적 위치에 따라 조절될 수 있었다. 내가 노출에 대한 두려움을 제쳐 두고 슈퍼비전에 대한 관심과 열망을 보여 주었다면, 함께 일하고 있는 대상에게 더 많이 배우고 동시에 미술치료 동료가 더 나은 슈퍼바이저가 되도록 도울 수 있었다. 이런 일은 개인적인 인적사항 관련 질문을 구성하고, 사람들에 대한 보고를 요청하거나 조사하고, 슈퍼비전을 위한 주제를 준비하는 것과 같이 매우 간단할 수 있었다. 나의 입장에서 보다 직접적인 개입을 했더라면 슈퍼비전의 목적과 경계 설정에 대해 논의하여 슈퍼비전의 초점을 학습과 자기 성찰로 되돌렸을 수도 있다.

### 현재에 머무르기와 신뢰성

예상한 대로, 제시간에 도착하고 관찰과 임상적 상호작용을 배우고 공유할 준비가 되어있는 것은 신뢰할 수 있는 존재감을 쌓는 요소이다. 지속적으로 슈퍼비전에 늦게 도착하면 다른 업무에 우선순위를 두는 것처럼 보이거나 부주의함, 인식 부족 또는 단순히 슈퍼비전을 피하려는 것처럼 보일 수 있다. 마찬가지로, 정시에 도착하여 잡담에 참여하는 것은 표면적인 친밀감을 형성하는 데 도움이 될 수 있지만, 주제에 명확하게 다가가지 못하거나 슈퍼비전을 무의식적으로 방해할 수도 있다. 예를 들어, 회피적인 슈퍼바이지는 조직 내에서 떠도는 직원 잡담이나 최근 인기 TV 시리즈의 에피소드 등 다른 곳으로 주의를 돌려 바쁜 슈퍼바이저의 초점을 쉽게 흐릴 수 있다.

슈퍼바이지가 자발적으로 참여하고 신뢰할 수 있는 자세로 임할 때 유능한 슈퍼바이저와의 역동성이 더 깊어질 것이다. 마찬가지로, 현재에 머물러 초점을 유지하는 슈퍼바이지는 변덕스러운 슈퍼바이저를 포용하는 데 도움이 될 수 있다. "감정은 사람이 명확하게 인식하기 전에 의식 밖에서 발생하거나 행동을 유발할 수 있다"(Brown & Ryan, 2003, p. 823). 현재에 머무르기는 시간을 엄수하는 것에서부터 시작되지만 여기서 중요한 것은 지속적으로 배우고, 적절한 자기 개방, 치료사 정체성의 심화에 주의를 기울여 그 순간에 온전히 집중하는 것에 더 큰 의미가 있다. "예를 들어, 반추, 과거에 대한 매몰, 미래에 대한 공상과 불안은 현재에서 일어나고 있는 일에서 멀어지게 할 수 있다"(Brown & Ryan, 2003, p. 823).

### 개방성과 진정성

개방성과 진정성은 방어를 최소화하고, 오류를 공유하면서 논의하고, 성장의 기회를 파악하고, 현실적인 기능 수준을 드러낼 수 있는 길을 열어준다. "개방성을 촉진하고 모범사례를 강화하기 위해서는 슈퍼바이저와 슈퍼바이지가 관련된 인종적 배경, 연령, 성적 지향 및 기타 다양성 측면을 슈퍼비전 및 내담자와의 작업과 관련하여 논의되어야 한다"(Sue & Sue, 2007, p. 277). 더 중요한 것은, 슈퍼바이지는 선입견, 기대, 희망, 걱정, 두려움을 공유할 수 있다는 것이다. "이러한 문제에 대한 개방성은 불안의 수준을 완화하고, 가장 두드러진 초점 영역을 파악하는 데 도움이 되며, 향후 평가 및/또는 문제 해결 논의를 위한 준거 틀을 제공한다"(Berger & Buchholz, 1993, p. 87).

즉, 개방성은 자신을 진정으로 드러내는 것으로 간단히 정의할 수 있다. 진정성은 슈퍼바이지의 개성, 정신 및 진실성에 충실한 가식 없는 진솔함의 한 형태이다. 슈퍼바이지로서 단순히 정교하게 잘 다듬어진 렌즈가 아니라 모든 관점에서 바라보는 것이 중요하다. 개방성을 통해 실수 안에 숨겨진 교훈을 드러내고, 평가하고, 동화할 수 있다. 수용된 실수는 슈퍼바이지를 통해 더 깊은 수준의 이해와 책임을 위해 활용할 수 있다. 이러한 개방성은 모두 훈련된 치료사의 맥락 안에서 이루어지며 개인과 전문가 사이의 경계를 명확하면서도 유연하게 설정해야 한다.

### 양립성

슈퍼바이저와 슈퍼바이지의 관계가 잘 맞으면 슈퍼바이지는 "자신의 수준에서 인정받고 있다고 느끼고 실수로부터 성장하고 배울 수 있으며, 이 능력이 슈퍼바이저들이 평가하는 요소임을 알 수 있다"(Wilson, Riley, & Wadeson, 1984, p. 101). 슈퍼비전 관계에 신경을 쓰면 향후 참조요구에 따라 결정적인 권력과 영향력을 가질 수 있기 때문에 장기적인 이점을 얻을 수 있다. 예를 들어, 슈퍼비전이 끝난 지 수년 후에 전 슈퍼바이저에게 구직, 박사학위 신청, 인증 또는 면허 신청을 위한 추천을 요청하는 일반적인 관행들이다.

가장 단순한 형태로 표현하자면 세심한 슈퍼바이저들은 "함께 일할 수 있는 특권을 가진 슈퍼바이지들의 치료 잠재력을 포용하고, 권한을 부여하고, 해방시키기 위해 노력한다"(Watkins, 2012, p. 193). 이 접근방식을 강점 찾기라고 하며, 각 슈퍼바이지의 치료 계약에 대한 내재적 신뢰를 기반으로 한다. 이 접근방식은 치료사의 정체성과 의사결정에 활력을 불어넣는 데 효과적이다. 마찬가지로, 슈퍼바이지는 "슈퍼바이저의 전문성을 믿고 제공되는 슈퍼비전을 수용"하기 위해 노력한다(Watkins, 2017, p. 204). 이러한 세심한 슈퍼바이저와 슈퍼바이지의 양립 가능한 조합은 적절한 슈퍼비전을 받을 수 있는 능력에 기여한다.

### 자기 개방 및 최소한의 방어

슈퍼바이지는 전문적으로 적절한 자기 개방, 성장하려는 의지, 위험 감수 및 피드백에 대한 수용적인 태도를 유지함으로써 방어를 적극적으로 최소화할 수 있다. 특정 사례로 어려움을 겪을 때 특히 슈퍼바이저가 슈퍼바이지의 자기 보고에 의존하는 경우 슈퍼바이지의 적절한 자기 개방은 매우 중요하다(Kriider, 2014, p. 260). 슈퍼바이저가 자기 개방을 장려하지 않으면, 슈퍼바이지의 자기 개방이 부족하여 슈퍼비전 관계에서 방어적인 태도로 나타나거나 회기나 내담자 또는 슈퍼비전 관계에 대한 자기 보고의 정확성을 방해할 수 있다.

### 자기 성찰, 마음챙김, 대인관계 호기심

자기 성찰, 마음챙김과 대인관계 호기심은 통찰을 함양하도록 돕는 세 가지 중요한 요소이다(Berger & Buchholz, 1993). 자기 성찰을 통해 개인적인 생각, 감정, 감각이 치료적 상호작용과 관련하여 스스로 검토하고 숙고할 수 있다. 예를 들어, 이를 통해 암묵적인 편견, 해결되지 않은 가족 역동, 잠재적 구원자 콤플렉스 또는 슈퍼바이저와 내담자의 상호작용에 무의식적으로 영향을 미치는 근본적인 생리적 반응을 인식할 수 있다. 마음챙김과 대인관계의 호기심은 자기 성찰과 비슷하지만 종종 치료사의 자기 인식에서 내담자의 동기와 목적으로 확장되는 경우가 많다. Litman과 Pezzo(2007)는 호기심을 새로운 정보를 얻음으로써 "관심을 자극하거나 불확실성을 해소"하려는 내재적 욕구로 정의한다(p. 1448). 대인관계 호기심은 사람들에 관한 자료를 추구하려는 내적인 원동력이다. 마음챙김은 "어떤 상황에서 심리학적 정보(생각, 감정, 행동)를 추출하고 이해하는 관심과 능력"을 수반하며, 그 본질은 다음과 같다. 치료사의 역할과 훈련은 "치료사들은 다른 사람들의 동기, 왜곡, 내적 경험에 대해 생각할 것을 요구"한다고 설명한다(Rai, Punia, Choudhury, & Mathew, 2015, p. 130).

"또한, 임상 슈퍼바이저는 학습자의 상호작용과 관련된 자기 성찰을 통하여 생각, 감정 및 행동을 평가하고, 각 요소가 슈퍼비전에서 학습자의 경험에 어떤 영향을 미치는지 평가한다"(Curtis, Elkins, Duran, & Venta, 2016, p. 134). 슈퍼비전은 역전이와 임상적 상호작용 및 개입을 배양하는 장소이다. 이론적 관점을 통해 슈퍼비전은 마음챙김, 자기 성찰 및 대인관계 호기심을 통합한다. 이러한 것이 함양되지 않으면 슈퍼바이지가 아무리 지적 능력이 뛰어나고, 성실하더라도 개인적인 통찰력은 제한적이며 "치료 내 대인관계 역동을 측정하고 해당 정보를 사용하여 적절한 전략을 개발"하는 것이 어려울 수 있다(Barrett & Barber, 2005, p. 172).

개인적인 통찰력을 얻으려면 자기 점검을 위한 경계를 설정하여 슈퍼비전과 치료의 차이점을 이해하는 것이 중요하다. 이를 통해 슈퍼바이지는 초점을 완전히 깨닫고 슈퍼비전 관계에 대한 명확한 한계를 만들 수 있으므로 개인적인 문제와 정신건강 문제를 해결할 수 있다(Case, 2007; Wilson et al., 1984). 심리치료 및 기타 자기 관리를 통해 정신건강을 유지하는 것이 중요하다. Wood는 내담자에게 제공되는 담아내기의 질(quality of containment)[6]은 치료사의 심리적 건강과 직접적으로 관련이 있다(2007, p. 190). 이 사려 깊은 접근방식을 통해 슈퍼바이지는 슈퍼비전과 개인 치료를 완벽히 구분하고 적극적으로 참여할 수 있다.

### 개인 역동

자기 성찰, 마음챙김 및 대인관계 호기심은 슈퍼바이지의 슈퍼비전 및 치료 과정에 영향을 미칠 수 있는 고유한 개인적 역동의 잠재력을 파악하고 해결하

---

6 부모의 영향은 그들의 정서 반영의 질과 아동의 고통을 '담아내는' 능력에 의해 좌우된다(Bion, 1962). 본문에서는 친밀한 관계 경험이 성찰 기능과 정신화 능력을 증진시키는 것으로 설명하고 있다.

는 능력을 키우는 데 도움이 된다. 이러한 영향에 대한 의식과 이해는 슈퍼바이저가 문화적 영향을 인식하고 참여하도록 더 잘 준비시킨다. "자신의 문화가 자신에게 영향을 미치는 방식, 다른 문화가 옹호하는 가치의 다양성 존중"(Corey, 2013, p. 20)에 반응하는 슈퍼바이지는 슈퍼비전 시 자기 성찰과 개방을 더 잘할 수 있다. 한 가지 중요한 영역은 인종적 자기 이해이며, 이는 문화적 역량과 문화적 겸손의 전제 조건이다. 슈퍼바이지는 자신의 인종적 정체성과 다른 인종에 대한 감정을 탐색하기 위해 도전할 필요가 있다. 이는 미묘한 차별, 특히 치료사의 미묘한 차별이 치료 과정에 어떻게 영향을 미치는지, 이해하지 못하는 경우에도 마찬가지이다. 자신의 사회적 위치를 이해하면 인종적 미묘한 차별에 영향을 미칠 수 있는 편견과 선입견이 표면으로 드러난다(Sue et al., 2007, p. 283).

Sue 등(2007)은 슈퍼바이지가 업무에 대한 자기 성찰에 효과적일 수 있는 명확한 주제를 가진 아홉 가지의 미묘한 차별 범주를 확인하였다: "자신의 문화에서의 차별, 지능에 대한 편견, 색맹, 범죄/형사상의 신분, 인종차별의 부정, 성과주의 신화, 병리적인 문화적 가치(건강하지 않은 문화적 가치, 미신)/의사소통 유형, 비주류, 환경 무효화에 관한 것"(p. 275). 미묘한 차별을 파악하고, 조사하기를 기꺼이 하려는 마음은 개인차에 대한 존중, 공감 및 이해를 보여 준다. 이러한 탐색은 관련 행동의 결과에 대한 책임을 받아들이기 시작하기 위해 슈퍼비전에 활용될 수 있다. 이상적으로, 슈퍼비전은 죄책감, 허탈감 및 당혹감과 같은 표현을 담을 수 있는 여건을 제공하면서 "슈퍼바이저가 비판단적인 친밀 관계를 제공할 때"(Wood, 2007, p. 185) "깊이 생각하고, 자유롭게 연상할 수 있는"(Robbins, 2007, p. 154) 가능성을 제공하는 장소이다. 슈퍼비전과 관련된 인종, 민족 및 사회문화적 차이에 대한 주제는 3부에서 더 자세히 다룬다.

## 슈퍼비전

우리는 슈퍼바이지가 더 나은 슈퍼바이지가 될 때까지 슈퍼바이저가 기다려서는 안 된다고 굳게 믿고 있다. 슈퍼바이저가 슈퍼바이지를 지원할 수 있는 방법에는 여러 가지가 있다. 슈퍼비전 관계라는 이해를 바탕으로 슈퍼바이지가 슈퍼비전에 대한 주인의식을 가질 수 있도록 몇 가지 실행 가능한 항목을 제시하였다. 여기에는 자신이 어떤 학습자인지, 슈퍼비전에서 얻고자 하는 것은 무엇인지, 이것이 슈퍼바이저의 슈퍼비전 유형과 어떤 관련이 있는지를 파악하기 위한 자기진단이 포함된다.

우리는 Sweitzer와 King(2018)의 슈퍼바이저, 슈퍼비전 자체 및 장소로 구분한 범주와 슈퍼비전을 효과적으로 숙지하기 위해 Delano(2001)의 13개 지침을 수정하여 미술치료 슈퍼바이저를 위한 미술치료 슈퍼비전의 준거 틀을 만들었다.

### 슈퍼바이저

슈퍼바이저의 실습계획, 시간, 그리고 장소는 기본적 사항이고 슈퍼비전의 대상은 누구이며 어디서 할 것인지를 설정하는 것은 필수적인 사항이다.

- 기록상 슈퍼바이저의 학력 및 자격을 파악한다. 향후 면허증의 등록 및 인증 시 정보를 쉽게 검색할 있게 수집하고 저장한다. 연락처 정보가 현장별로 다를 경우 슈퍼바이저가 현장을 떠날 경우를 대비하여 업무 및 개인 이메일 주소를 추가 요청하는 것을 고려한다.
- 당신의 업무를 슈퍼비전하도록 지정된 추가 직원(미 해당 직원의 교육 및 자격증)을 확인하고 대체 연락처 정보를 요청한다.
- 예비 슈퍼바이저와 기록상 슈퍼바이저가 부재중일 때 연락할 수 있는 방법을 파악하고 있어야 한다. 예비 슈퍼바이저에게 연락할 때 예측되는 바와 적절한 상황을 명확히 한다. 허용된 범위와 슈퍼비전 범위 내에서 모든 수단을 신중하게 활용한다.
- 슈퍼비전의 개인 또는 집단 회기 장소와 시간을 결정한다. 슈퍼비전은 전환 및 준비시간을 충분히 확보하고 정기적으로 예정 시간에 시작한다. 회의가 대면으로 진행되는지 또는 일부 회의가 HIPAA(Health Insurance Porta

bility and Accountability Act) 준수하는 방식(예: doxy.me software)에서 원격으로 진행될 것인지 확인한다. 개인, 집단 및 원격 슈퍼비전에 대한 자세한 내용은 〈4부 위치, 장소 및 공간: 슈퍼비전의 구성 양식〉을 참조하기 바란다.

- 슈퍼바이저를 찾는다. 슈퍼바이지는 슈퍼바이저 자신이 작성한 기사, 게시된 약력 또는 이력서, 프레젠테이션뿐만 아니라 링크드인(LinkedIn) 또는 기타 전문 소셜미디어 플랫폼을 통해 슈퍼바이저에 대해 더 자세히 알 수 있다. 소셜미디어 탐색은 전문가 계정으로 제한한다.
- 일관되고 중단 없는 슈퍼비전의 필요성을 달성하면서 슈퍼바이저의 업무 요구 및 주기적으로 지연시키는 관련 압력들 사이에서 섬세한 균형을 유지한다. 슈퍼바이저가 정기적으로 슈퍼비전을 취소하거나 옮기는 경우 슈퍼바이지는 보다 안정적인 예정 시간을 찾아볼 수 있다.

### 슈퍼비전 회기

의제, 기대, 갈등 및 기타 회기 기본 사항을 둘러싼 기대치를 설정하면 성공적인 슈퍼비전 동맹의 기반을 구축하는 데 도움이 된다.

- 슈퍼비전 회기 동안 자신과 슈퍼바이저에 대한 초점과 기대치를 명확히 한다. 무엇이 포함되는지, 의제가 어떻게 설정되는지, 작품을 공유하기 위한 프로토콜은 무엇인지, 미술 작업이 어떻게 통합될 것인지를 아는 것이 중요하다. 만약 미술 작업이 일반적이지 않은 경우 미술 작업이 허용적인지 조사한다.
- 상호 합의된 의제는 학습에 대한 개입을 보여 주고 슈퍼바이저와 신뢰를 구축함으로써 슈퍼비전에 집중하도록 유도하고 지속하는 데 도움이 될 수 있다. 투명성을 위해 의제는 최소 24시간 전에 제공되어야 한다. Delano (2001)는 기본적으로 의제의 3분의 1은 슈퍼바이지가, 3분의 1은 슈퍼바이

저가 주도하며 마지막 3분의 1은 대화가 진행되는 여건을 허용하는 공유 모델을 제안하였다. 미술 작업은 이러한 세 요소 중 하나에 쉽게 들어맞을 수 있는데 만약 나머지 의제와 관련이 없는 경우 미술 작업은 잠재적으로 네 번째 요소가 될 수 있다.

- 슈퍼비전은 성장을 위한 기회이며 위협이나 치료가 되어서는 안 된다. 그럼에도 불구하고 슈퍼비전을 통해 개인적으로 성장할 수 있는 권리가 있다. 슈퍼비전을 단순한 모니터링 장치, 즉 잠재적 위협으로 인식하는 것에서 기회로 재구성하는 것은 필수적이며 매우 자유로워지는 일이다.
- 각 상황의 진행을 판단하기 위해 적용된 평가 방법을 요청한다. 학생은 학업 기반 방법(예: 중간 및 기말 평가)을 통해 평가되고 전문가는 고용주가 지정한 기준(예: 수습 기간, 연간 평가)을 통해 평가될 수 있다. 평가 피드백이 제공되지 않은 경우, 신입 사원은 근무 시작 후 처음 몇 주 이내에 빈칸의 평가 양식, 평가 지시문 및 예정된 평가 일정을 요청할 수 있다. 평가 피드백을 통해 슈퍼바이지는 기대치에 대한 직원의 업무 수준을 적절하게 이해할 수 있다. 대부분의 고용주는 신입 사원에 대한 평가 일정과 그 이후의 연례 평가 일정을 체계적으로 마련하고 있다. 슈퍼바이저의 요청이 없더라도 슈퍼바이지가 독립적으로 평가서를 작성하여 결과가 어떻게 일치하는지 확인한다. 주간 슈퍼비전 시간을 적절하게 활용하고 있다면 슈퍼바이지에게 전달하고 슈퍼비전에서 논의된 내용을 확인하는 것으로 그쳐야 한다.
- 예상외로 까다로운 평가를 받았을 경우 재평가 과정을 철저히 활용한다. 리뷰가 공유될 때는 끼어들기를 자제하고, 적극적으로 경청하며, 방어적인 태도를 버리고, 메모하고, 슈퍼바이저가 마칠 때까지 당신은 잠시 기다려라. 회의 중에는 객관성을 유지하고, 반성의 시간을 가지며, 솔직한 양방향 피드백을 고려하라. 그러나 지금은 슈퍼바이저의 결점이나 대인 역동 관계를 지적할 때가 아니므로 슈퍼바이저에게 초점을 맞춰야 한다. 이러한 유형의 문제를 논의하기 위해 별도의 회의 일정을 잡는다. 이 시간은 슈퍼바이저가 슈퍼

바이지를 바라보는 방식을 탐색하는 시간이다. 어떤 방식으로든 이 과정에 도움이 되도록 작업을 한다. 이는 회의를 준비하기 위한 것일 수도 있고 평가에서 나온 자료를 더 깊이 있게 탐색하기 위한 것일 수도 있다. 미술 작업이 슈퍼비전 회기의 일상적인 부분이라면 평가 회의 중에 미술을 통합하는 방법이 있을 수 있다.

- Delano(2001)는 언제, 누구에게나 개방적으로 슈퍼비전을 요청할 것을 권장한다. 이 접근 방식은 일상적인 슈퍼비전을 회피하거나 최소화하기 위해 고안된 것이 아니며 슈퍼바이저의 지침에 따라 수행되는 것이 이상적이다. 모든 상호작용을 배우고, 관찰하고, 치료 과정에 대해 더 깊이 이해할 수 있는 기회로 받아들인다. 특정한 전문 분야를 가지고 있거나, 최근 훈련에 참석했거나, 다른 치료 접근 방식을 가지고 있는 동료들과 대화를 시작한다.
- Delano(2001)에 따르면, 슈퍼바이저들은 "슈퍼바이지가 가장 잘 배우는 방법을 평가하고 그 방식으로 가르치려고 시도할 의무가 있다"(p. 63). 마찬가지로, 슈퍼바이지가 한발 물러서서 슈퍼바이저의 강점을 인정하고 그 방식을 활용하여 학습을 극대화하는 것이 중요하다. 슈퍼바이저가 꼼꼼하게 이론적 설명을 잘하는지, 아니면 직접적인 실습에 능숙한지를 파악하는 것은 의제 주제에 대한 최선의 접근방식을 설정하는 데 도움이 될 수 있다.
- 집단 또는 개인 슈퍼비전에서 언어적 및 비언어적 형태로 온전히 참여하면서 관찰 내용을 공유하고, 필요한 질문을 던지며, 다른 사람들을 격려하는 일들은 감추고자 하는 마음을 이겨내고 위험을 무릅쓰는 데 도움이 된다.
- 슈퍼비전의 구조와 자신의 학습 방식과 부합되는 슈퍼비전의 방식을 이해한다. 어떤 슈퍼바이저는 더 교훈적인 방법을 강조하는 반면, 어떤 슈퍼바이저는 더 경험적이고 대화적인 방법을 강조한다. 슈퍼비전 방식에 상관없이, 자신의 학습 방식을 통해 학습 목표를 달성할 수 있는 경험을 극대화하는 방법을 결정한다. 학습 방식을 향상시키고 미술 작업이 슈퍼비전 구조 내에 어떻게 통합될 수 있는지 결정한다.

- 자신이 슈퍼비전 받고 있는 공식적인 방법을 확인한다. 개인 슈퍼비전, 집단 슈퍼비전, 팀 회의 또는 어떤 조합이 될 것인지, 그리고 형식에 체험이 포함될 것인지 여부를 결정한다. 각 슈퍼비전 환경에서 자신의 역할에 대한 의도를 명확히 한다.
- 비공식적으로 슈퍼비전 받기 위한 방법을 결정한다. 여기에는 공식적인 슈퍼비전 회기 사이나 교대 근무 시작 전후, 임무수행 보고 시간을 마친 후 자발적인 출석이 포함될 수 있다.

### 관리

이는 전통적인 상의하달식에서 벗어나 슈퍼비전 관계를 더 잘 관리할 수 있는 기술을 배양하는 역량 강화 접근 방식이다. 여기에는 잘 작동하는 관계일지라도 슈퍼비전을 성공시키기 위한 가장 좋은 배치 방식으로 역동성을 변화시키기 위해 박차를 가하는 것을 의미한다. 여러 면에서 관리는 슈퍼비전 관계에서 사각지대와 장벽을 파악하고 슈퍼바이지의 요구사항과 기대치를 명확하게 설명하여 영향력을 줄이기 위한 전략 방법이다. 이를 관리하는 방법에는 의제를 정하거나, 종잡을 수 없는 슈퍼비전 시간에 다시 집중하거나, 슈퍼비전을 위해 방해받지 않는 개인적인 시간을 요구하는 것 등이 포함된다.

Delano(2001, p. 62)는 "정보를 얻는 가장 직접적이고 효율적인 방법은 질문을 하는 것"이라고 말한다. 이상적으로는 흥미롭고 직접적이며 교감을 형성하는 질문을 하도록 초대하고 기대하는 것이 장려된다. 이러한 형태의 적극적 참여는 가볍게 위장한 아첨이나 유쾌한 수동적 공격이 아니다. 질문은 내담자와 현장별 질문부터 관련 종사자 생성 질문, 현장 전반에 대한 질문에 이르기까지 다양해야 한다. 공동으로 주도한 미술치료 집단에 대한 인턴의 반응과 질문이 다양한 수준을 반영하는 시나리오는 보기 3.1을 참조하라.

### 보기 3.1 다음 사항을 고려하라

미술치료 인턴은 슈퍼바이저와 함께 까다롭고 열광적인 미술치료 집단을 공동으로 이끈다. 언어가 자신, 슈퍼바이저, 그리고 집단에 대한 슈퍼바이지의 관점에 어떤 영향을 미치는지 주목하라.

인턴 반응 #1: 좋아요. 당신은 집단에서 정말 훌륭했어요. 당신은 항상 그렇게 잘하시나요? 난 절대 그럴 수 없어요!

인턴 반응 #2: 무슨 일이 있었나요? 미카엘라가 집단에 말을 걸기 시작했을 때 나는 그저 그 방이 아닌 다른 곳에 있고 싶었어요. 어떻게 이런 일을 하세요?

인턴 반응 #3: 와, 정말 대단한 집단이었어요. 정말 소름이 돋아요. 미카엘라에 대응하기 위해 리(Lee)를 참여시켜 개입한 방식에 감사해요. 내 관점에서 그 덕분에 미카엘라가 집단 역동에 완전히 몰입할 수 있었어요. 그 순간 리를 참여시키기로 결정한 계기는 무엇인가요?

슈퍼바이지의 첫 번째 반응은 피상적이지만, 상대의 비위를 맞추고 자기 비하적이며 슈퍼바이저를 폐쇄적 질문으로 끌어들인다. 두 번째 반응은 집단의 특정 상황에 대한 슈퍼바이저의 반응을 적절하게 공유하지만 임상 개입에 대한 그녀의 학습과 이해를 심화하기 위한 개방형 질문은 하지 않는다. 마지막 반응은 적절한 감정적 반응을 공유하고, 특정 개입을 찾아내고, 무슨 일이 일어났는지에 대한 평가를 제공하며, 특정 상호작용에 대한 더 강력한 임상적 통찰력을 얻기 위해 적절한 개방적인 질문으로 끝맺는다.

- 다양한 자원으로부터 배워 균형을 잡는다. 내부 및 외부 교육과 콘퍼런스를 통해 슈퍼바이저와 함께 작업을 보완한다. 경험이 풍부한 슈퍼바이저가 생산적인 역동 내에서 작업하는 경우에도 외부의 관점은 새로운 관점을 제공할 수 있다. Delano(2001)는 슈퍼바이저가 "목마른 학습자"라는 이미지를 만들도록 권장한다(p. 63). 지속적으로 배우고 새로운 이론과 접근법에 노출되는 것은 성장을 증진시키고, 슈퍼바이지의 전문적인 정체성을 확립하는 데 도움이 된다. 교육에 참여하는 것은 강사뿐만 아니라 참석자들로부터도

배울 수 있는 가능성을 높인다.

- 종종, 어쩌면 더 자주, 슈퍼바이지는 임상 또는 행정 문제에 관한 슈퍼바이저의 결정에 당황하고 화를 느낀다. Delano는 "두 가지 마법 질문"을 던진다. "내가 모르는 정보를 그들이 가지고 있다면 내가 이 문제를 더 잘 이해하는 데 도움이 될까?" "그들에게는 없는 어떤 정보를 내가 가지고 있다면 그들이 내 방식으로 보는 데 도움이 될까?"라고 말한다. 이러한 상황을 이해하면 의사결정이 어떻게 이루어지는지 명확하게 파악하고 좌절감을 줄일 수 있다(Delano, 2001, p. 62).
- 직면은 종종 회피되거나 비효율적으로 실행되는 경우가 많아 슈퍼비전 관계 내에서 권력 차이가 확대된다. 그러나 직접적이고 건설적인 직면은 종종 분노나 실망과 같은 다양하고 불편한 감정을 경험하거나 잠재적으로 신뢰가 깨질 가능성을 줄여준다. Overton과 Lowry에 따르면, 갈등을 직면했을 때 가장 먼저 내려야 할 결정은 직면할지 여부를 결정하는 것이며, 특정 문제를 해결함으로써 얻을 수 있는 잠재적 이득과 위험에 대한 탐색이 필요하다. 만약 그 문제가 행동에 영향을 미치거나 양심에 거슬리는 방식으로 심각하게 문제가 된다면, 그것을 해결하는 것을 고려한다. 그들은 "대화를 진행하는 것이 유익하고 적절한지에 대한 판단과 함께 대화에서 인지된 어려움"을 명확하게 설명하고 구별할 필요가 있다고 강조한다(2013, p. 261). 건설적인 직면을 유익하게 제시하고 받아들이려면 연습과 준비가 필요하다. 긍정적인 접근방식과 대화를 함께 할 수 있는 능력으로 건설적인 직면과 갈등을 수용하면 오해, 방어, 상처받는 감정의 기회를 줄이는 반면 성공적인 직면의 가능성을 촉진시켜 원하는 변화를 가져온다. 건설적인 직면은 슈퍼비전 관계에서 설득력 있고 필수적인 관행이다.

## 경력을 쌓는 중에 슈퍼바이지가 되는 것

미술치료사가 되는 것이 아름다운 점은 우리가 모든 것을 알 수 없다는 것이다. 우리는 변하고, 우리의 내담자도 변하고, 세상도 변한다. 우리 자신, 내담자, 그리고 우리가 살고 있는 세상에 대한 이해 또한 변한다. 슈퍼비전은 함께 일하는 사람들에게 우리가 될 수 있는 최고의 미술치료사가 되는 데 집중할 수 있는 공간과 시간을 제공함으로써 임상 작업을 향상시킨다. 모든 치료사가 재학 중에 슈퍼비전 여정을 시작하지만, 슈퍼비전은 전문가로서 면허 및 자격증을 취득하는 과정과 그 이후에도 계속된다.

### 학생 인턴

대학원생 인턴십이 목적하는 바는 위험요소들을 각오하고, 인턴 과정을 실행하며, 이론을 실제로 경험할 수 있는 기회를 제공한다. 그러나 인턴십은 현장실습 장소와 교육 프로그램에 따라 큰 차이가 있다. 학생들은 관련 종사자, 현장 및 슈퍼바이저를 선택할 수도 있고 선택할 수 없을 수도 있다. 학생들이 선택할 수 있는 경우라도, 일부 현장에서는 최종 선발에 앞서 이력서, 추천서, 면접 등 경쟁적인 지원 절차를 거친다. 다른 현장에서는 인턴십 선발 과정에서 덜 개방적이고 선착순 방식으로 운영된다.

#### 인턴십 선발

슈퍼바이지로서 최고의 실습은 인턴십이 확정되기 전부터 시작된다. 개인적인 균형을 잘 잡아야 인턴십에 성공할 가능성이 높아진다. 면접 기회가 주어진다면 슈퍼바이저의 미술치료 경험, 임상 접근 방식, 고급 훈련 및 슈퍼비전 방식, 슈퍼바이저의 관점에서 인턴 역할의 중요성에 대해 호기심을 가져야 한다. 학생들은 다음 요소를 고려할 수 있다.

- 특정한 슈퍼바이저 또는 특정한 내담자 모집단과 함께 일하는 데 더 관심이 있는가?
- 미술치료 슈퍼바이저나 다른 전문 분야의 슈퍼바이저 중 좀 더 선호하는 슈퍼바이저는 누구인가?
- 어떤 유형의 학생들이 슈퍼비전(또는 현장에서)에서 가장 성공적이고 만족스러워했는가(Pearson, 2004)?
- 어떤 유형의 학생들이 성공적이지 못하거나 만족스럽지 못했는가(Pearson, 2004)?

### 인턴십 시작

인턴십을 시작할 때, 학생은 종종 "불안, 혼란, 불확실성, 취약성과 무력감" 등 긴장된 반감과 흥분을 경험할 수 있다(Edwards, 1993, p. 214). 이러한 감정은 낯선 환경, 새로운 내담자들, 이론을 실제에 적용하는데 내재된 단절감, 임상 슈퍼바이저와의 관계 구축 작업으로 인해 잠재적으로 고조될 수 있다. 이는 임상 작업을 깊이 있게 탐구할 수 있는 특별한 기회를 제공할 뿐 아니라 역동적으로 슈퍼비전 관계에 참여하여 자기 효능감을 키울 수 있는 기회이기도 하다. 이 경우 자기 효능감은 "개인이 필요한 자신감과 역량을 모두 가지고 있다는 믿음"으로 갖추고 있어야 효과적인 심리치료를 촉진한다(Curtis et al., 2016, p. 134).

### 현장 슈퍼바이저

학생과 인턴십 현장 슈퍼바이저의 관계는 여러 가지 면에서 상호 연결된 이중적인 관계이다. 첫째, 슈퍼바이저는 내담자에게 윤리적이고 유능한 서비스를 슈퍼비전하고 제공할 책임이 있으며 전문 분야의 평가자 역할을 한다(Borders et al., 2014; Gaete & Otar, 2015; Pearson, 2004).

둘째, 슈퍼바이저는 현장 내에서, 그리고 대학 인턴십 코디네이터 또는 기타 담당자와 학생들의 기술과 지식 습득에 대한 지속적인 평가와 의사소통을 담당한다. 학생을 관찰하는 슈퍼바이저의 능력은 제한적일 수 있다. 따라서 "슈퍼바이저의 기술과 지식에 대한 평가는 슈퍼비전에서 학생의 행동에 영향을 받는다"(Pearson, 2004, p. 362). 인턴십 과정 중 학생의 기능에 대한 정확한 이해를 하려면 슈퍼비전 관계가 직접적이고 진실되어 부족한 의사소통으로부터 나아갈 수 있게 하는 능력에 달려 있다. "초보학생들이 실수와 어려움을 숨기는 것은 방어적이거나 오만하게 보이게 하며 이상과 달리 실제 문제가 발생할 확률을 높이고 학생들과 그들의 슈퍼바이저와 관계에 실질적인 위협을 증가시키게 된다."(Pearson, 2004, p. 367). 따라서 투명성을 높이려는 의도로 운영하면 오류와 맹점을 감추려는 충동이 줄어들고 학생이 자기를 정당화하거나 잘난 체하는 것처럼 보일 가능성을 줄인다.

### 교내 슈퍼바이저

내담자 관리가 가장 중요하지만, 학생 인턴과 교내 슈퍼바이저 간의 관계는 인턴십 환경 내에서 임상 이론의 적용에 중점을 두며 수련과정에서 과제가 주어지고 등급이 매겨지는 경우가 많기 때문에 주로 학문적 관점으로 바라보게 된다. 이는 인턴십 현장 전체의 역동 및 운영에 상당한 관심을 기울이는 현장 슈퍼바이저 관계와는 다르지만 내담자 관리, 임상적 상호작용 및 인턴의 역전이에 주로 초점을 맞추고 있다.

교내 슈퍼바이저가 제공하는 집단 슈퍼비전은 미술치료 학생들이 교내 슈퍼비전에 참여하는 방식이다. 이 형식은 비슷한 치료사 발달 단계(예: 현장 근무 연수)에 있는 다른 사람들과 인턴십 경험을 공유할 시간을 나눈다. 이를 통해 종종 고립된 채로 겪게 되는 압도되는 느낌에서 빠져나올 수 있다. 이상적으로는 다양한 방식, 방법 및 슈퍼비전 형식에 대한 노출이 수업 형식에 포함된다. 미술 기반 슈퍼비전은 "사례개념화 기술 향상, 자기 인식 발달, 전이 및 역전이에 대한 인식 촉진, 슈퍼비전 관계 탐색, 스트레스 감소 및 안녕감 개선"을 위해 자주 활용되는 방법이다(Deaver & Shiflett, 2011, p. 272). 다른 형태의 슈퍼비전에 대한 자세한 내용은 4부를 참조하고 추가 방법은 7장을 참조하라. 비록, 미술이 미술치료 슈퍼비전에 내재된 것처럼 보이지만, 우리의 관찰과 경험에 의하면 미술은 충분히 활용되지 않는 경우가 종종 있다. 그러나 교내 슈퍼바이저들은 미술치료사의 정체성을 확립하고 유지하기 위한 구조로서 미술 작업의 유대감을 확립하는 전략적 위치에 있다(Deaver & Shiflett, 2011; Miller, 2012; Moon & Nolan, 2019; Robb & Miller, 2017; Wadeson, 2003). 예를 들어, 미술치료사의 정체성은 회기에 대한 반응으로 만들어진 미술이 "치료에 대한 강렬한 반응에 대한 주의를 촉진하고 그들의 더 깊은 의미를 조사할 수 있는 수단을 제공하고, 이는 다시 치료에 정보를 제공하여 개인적인 통찰력을 가져올 수 있다"(Fish, 2012, p. 138)고 할 때 강화될 수 있다.

### 학생 관점

슈퍼비전은 방관자적인 훈련이 아니라 관계적인 상호작용이다. 학생이 슈퍼비전에 참여하는 방식은 결과에 영향을 미친다. 관심이 크고 배움에 대한 열의를 보이는 열정적인 학생은 더 동기가 높고 반응이 활발하며 주도적으로 슈퍼비전 관계를 형성하는 데 솔선수범할 가능성이 높다. 이것은 반드시 사교적인 분위기가 필요하다는 것을 의미하지는 않는다. 오히려 사려깊고, 솔직하고, 목적의식 있는 태도로 온전히 참여하는 것이 핵심이다. 많은 슈퍼바이지는 불안감과 노출을 두려워하기 때문에 슈퍼비전에서 다양한 피드백을 받을 준비가 되어 있으며, 그 결과 슈퍼비전을 판단, 처벌, 비판받는 곳으로 인식하게 된다. Bing-You와 Trowbridge(2009)는 학생들이 "피드백에 대한 고통스러운 반응은 피드백을 유용하지 않은 것으로 평가절하하는 경향이 있다"(p. 1330)고 주장하며, 피드백을 개인적인 공격으로 간주하여 모두 자기 방어 행위로 회피하기도 한다. 평가 절하되고 무시되는 피드백은 기능 향상으로 이어지지 않는다. 비판적 피드백을 받을 수 있는 능력을 키우면 슈퍼바이지의 역량이 향상될 가능성이 높아진다.

수년에 걸쳐 수많은 학생이 미술치료 분야에 매료된 이유는 가족과 동료들에게 따뜻한 조언을 전하는 자비로운 경청자라는 정체성 때문이다. Rønnestad와 Skovholt는 "다른 사람들이 결정을 내리고, 문제를 해결하고, 관계를 개선하도록 돕는" 이 기간을 일반 도우미 단계(Lay Helper Phase(2003, p. 10)로 인식한다. 인턴십의 시작과 달리 이 역할은 "강력한 정서적 지원을 제공하고 자신의 경험을 바탕으로 조언을 제공하는" 일반적인 조력자 역할로 종종 문제를 즉각적으로 인식하기 때문에 진정성이 있고 매우 자연스럽다(Rønnestad & Skovholt, 2003, p. 10). 미술치료 분야에 입문하는 다른 사람들은 개인적으로 작업 과정의 치유적 본질을 직관적으로 이해하면서 개인의 성장과 생존을 위한 도구로 미술을 활용해 왔다. 이러한 숙련된 기술(예: 조언 제공) 중 일부는 처음에 신뢰할 수 있는 친구 또는 자기 치유 기술로 개발되었고 전문적인 역할로 완벽하게 이전되는 경우는 드물었다. 학생으로서 슈퍼비전은 심리적 마음가짐으로 임상 개입을 고려하고, 성찰을 통해 동기를 숙고하고, 이론적 관점을 통해 대인관계 호기심을 확장하는 곳이다.

학생 슈퍼바이지는 미술치료사로서 자신을 더 잘 이해하기 위해 "이미지 메이킹을 사용하여 이질적인 임상 매체가 불러일으키는 감정을 처리하는 데 도움을 받도록" 하고 진정한 창작의 목소리로 탐색하기를 격려한다(Schaverien & Case, 2007, p. 172). Stark, Frels와 Garza(2011)는 "은유를 활용하면 치료적 거리가 형성되어 슈퍼바이지가 더 깊이 들어갈 수 있다"(p. 280)고 제안한다. Miller (2012)가 설명한 한 가지 접근방식은 El duende[7]의 "예술적 몸부림"에서 영감을 받았다. 전형적인 인식 속에서 임상적 통찰력으로 겹겹이 쌓인 한 폭의 과정 그림(one-canvas process painting)은 "미술치료사가 되는 법을 배우면서 발전하는 학생들의 자아를 은유적으로 반영한다"(Miller, 2012, p. 166).

## 신입 전문가

학비를 내는 학생에서 금전적 보상을 받는 신입 전문가로 바뀌면 일상적인 캠

7 플라멩코를 추는 사람

퍼스 생활이 크게 달라진다. 비슷한 학업 일정이 몇 년 동안 집중적으로 이어지다가 동료 학생 및 교수와의 강의실 및 스튜디오 상호작용이 갑자기 종료되는 경우가 많다. 이는 건강한 의존성과 학업 및 정서적 지원 네트워크가 구축된 코호트 모델 내에서 훈련을 받은 사람들에게 특히 해당된다. 학업 환경의 지리적 위치에 따른 재배치, 취업 경쟁, 코호트 내 다른 학생들과 다른 시기 및 환경에서 전문가로 시작하는 것 등이 추가적인 분리 요인으로 작용할 수 있다.

신입 전문가는 일반적으로 기존 팀에 채용된다. 팀에는 미술치료사 또는 정신건강 전문가가 추가적으로 포함될 수 있으며 다른 분야의 직원도 잠재적으로 포함될 수 있다. 경우에 따라 고용 관리자가 직속 상사가 될 수 있다. 어느 쪽이든 잘 구축된 팀에 들어가려면 민감성과 참여 기술이 필요하기 때문에 적응 전략은 초기 슈퍼비전 회의에서 중요한 주제이다. 비슷한 직급과 학력을 가진 팀원들과 초기 관계를 단절하면 현장에 대한 학습과 이해가 제한된다. 직속 슈퍼바이저 및 전체 팀과 업무 관계를 구축하는 것이 전환을 용이하게 하는 데 가장 중요하다. 따라서 우리는 분야 간 상호작용과 목적에 맞는 관계 구축을 장려한다.

인턴은 현장실습에서 인턴십을 성공적으로 마친 후 직원으로 채용될 수 있다. 이 상황에서 신입 전문가는 인턴십 기간 동안 쌓은 경험을 바탕으로 업무를 수행한다. 한편, 슈퍼비전 초점이 다른 책무로 바뀌면서 슈퍼비전 역동 관계는 조정될 수 있다. 임상적 성장이 핵심 요소로 계속되고 유지되지만, 교육 결과물에서 기관 결과물로 자주 전환되어 슈퍼비전의 행정적 측면이 증가할 수 있다. "행정 슈퍼바이저는 주로 슈퍼바이지의 직원으로서의 기능, 슈퍼바이지의 업무 관행 평가, 슈퍼바이저와 슈퍼바이지가 속한 기관의 임상 프로그램과 관련이 있다"(Kreider, 2014, p. 258). 신입 전문가와 숙련된 미술치료사도 새로운 지역으로 이사하는 것을 고려할 수 있다. 고려해야 할 팁은 보기 3.2를 참조하라.

**보기 3.2**

### 신입 전문가 재배치를 위한 팁

다른 지역의 새 직장으로 옮기는 경우 지역 미술치료사, 창작 미술치료사 또는 심리치료사와 연결하여 커뮤니티를 구축한다. 이전 슈퍼바이저 또는 교수와의 장거리 관계를 선택하지 않고 현지 슈퍼바이저를 선택하는 것도 새로운 지역에 대해 더 많이 배우는 데 도움이 될 수 있다. Linked In과 같은 소셜미디어, 지역 미술치료의 지부, 지역 교육기관 등은 네트워크를 형성할 수 있는 잠재적인 공간이다.

## 경험이 풍부한 전문가

도전적인 내담자, 낯선 임상 문제, 최고 수준의 치료를 계속 제공해야 하는 윤리적 책임은 풍부한 경험을 가진 미술치료사가 동료 상담, 집단 슈퍼비전 및 계약된 개인 슈퍼비전을 통해 추가 슈퍼비전을 받는 이유 중 일부에 불과하다. 슈퍼바이저 Yasmine이 언급한 바와 같이, "조직 기관의 요구사항을 충족하기 위해 슈퍼비전을 받는 것이 아니라 내 선택에 따라 슈퍼비전을 받을 곳이 있다는 것은 신나는 일이다"(B. Asch, 개인 서신, 2019년 9월 5일). 9장에서는 개인 및 2인 슈퍼비전에서 개인 미술치료 슈퍼바이저를 찾는 것과 7장에서는 학문 분야의 차이: 슈퍼바이저가 미술치료사가 아닌 경우의 이점과 차이점에 대해 자세히 설명한다.

슈퍼바이저 또는 관리 직책을 맡는 대신 내담자와 직접 상대하는 숙련된 미술치료사는 시간이 지나면 직업적, 연대기적으로 나이가 더 어린 슈퍼바이저에게 보고하게 될 가능성이 높아진다. 본질적으로 문제가 되는 것은 아니지만, 힘의 역동 관계가 사려 깊고 유익한 방식으로 관리되지 않으면 긴장의 요인이 될 수 있다. 슈퍼바이지로서 역할을 존중하고 슈퍼바이저가 임상적 성찰, 관리 세부 사항 및 성장 가능성을 위한 공간을 확보할 수 있도록 허용함으로써 슈퍼비전 관계에 온전히 참여하는 것이 중요하다. 서로 다른 경력 단계를 직접적으로 인정하면 무언의 기대 속에 남아 있는 근거 없는 가정과 의도치 않은 결과를 없앨 수 있다.

## 학습 과정: "이 모든 것을 어떻게 배우나요?!"

이 장은 이상으로 가득 차 있어 다소 어려울 수 있다. 슈퍼바이지로서 여러분이 항상 옳은 일을 하지는 않을 것이다. 실수도 하고 학습이 더디게 느껴질 수도 있다. 시행착오를 통해 지혜를 얻고, 실수를 저지르며, 때때로 허둥대는 것은 분명 역량과 자신감을 얻기 위한 과정의 일부이다. 미술치료사가 수련과 지속적인 교육을 통해 자신의 기술을 강화하기 위해 노력하는 것처럼 슈퍼바이지는 적성을 찾기 위한 여정을 계속한다.

## 핵심 요약

- 슈퍼비전에 대한 동기를 결정하고 역할과 그에 상응하는 책임을 명확히 이해하는 것은 생산적인 슈퍼비전 관계에 참여할 의향이 있음을 보여 준다.
- Delano의 13개 지침을 적용하면 슈퍼비전을 효과적으로 관리하기가 훨씬 쉬워진다.
- 슈퍼비전에서 학습 방식을 파악하고 스스로 공개하면 슈퍼비전의 개방성, 진정성 및 의사소통이 향상된다.
- 필요 사항, 선의의 실수, 의도하지 않은 슈퍼비전, 충족되지 않은 기대를 명확하게 표현하고, 자기 성찰을 하는 것은 성공적인 슈퍼비전에 매우 중요하다.
- 도전적인 내담자, 익숙하지 않은 임상 문제 또는 최고 수준의 관리를 계속 제공해야 하는 윤리적 책임은 동료 상담, 집단 슈퍼비전 및 약속된 개인 슈퍼비전을 통해 추가 슈퍼비전을 받아야 하는 몇 가지 이유이다.
- 미묘한 차별을 인식하고 파악하고 지켜내려는 의지를 결합하면 미술치료사가 개인차에 대한 존중, 공감 및 감사를 표시할 뿐만 아니라 결과에 대한 책임을 인정할 수 있다.

- 관리는 불필요한 대립 없이 기존의 하향식 관리 흐름을 보완하는 권한 부여 접근 방식이다.

## 실습 프롬프트

### 슈퍼바이지 자질의 세 가지 측면

선택한 미술 재료를 활용하여 다음과 같은 프롬프트로 세 가지 측면을 작성하여 개인 슈퍼바이지의 자질을 더 자세히 살펴본다.

- 첫 번째 패널에서는 현재 구현하는 이상적인 슈퍼바이지의 세 가지 자질을 인식한다.
- 두 번째 패널에서는 현재 달성하기 위해 노력하고 있는 이상적인 슈퍼바이지의 세 가지 자질을 인정한다.
- 마지막 패널에서 여섯 가지 특성을 통합한다.
- 세 가지 측면을 보고 한 페이지 분량의 반응 글쓰기를 한다.

### 슈퍼비전 경험 지도

장애물 및 관계 기록을 포함하여 (임상 및 비임상) 슈퍼비전 기록의 로드맵 또는 가계도를 만든다. 슈퍼비전 유형(예: 개인, 집단, 상담 등), 슈퍼바이저의 직업적 정체성(예: 미술치료사, 기타 정신건강 제공자), 슈퍼바이저의 개인 정체성(예: 인종, 성별, 연령, 성적 지향, 능력 상태 등), 슈퍼바이저가 임의로 지정되었거나 필요한 슈퍼비전(즉, 슈퍼바이저가 배정된 학교 기반 슈퍼비전, 직장 슈퍼비전 등)인 경우.

- 로드맵을 작성하는 경우 장애물은 어떻게 관리하나? 어떤 경로를 택했나?
- 가계도를 만드는 경우 슈퍼바이저를 나타내기 위해 어떤 색상과 모양을 사

용하고 있나?

예제 '부록 G: 컬러 작품 3'과 '부록 G: 컬러 작품 4' 참조하기

## 두려움에 직면하기

슈퍼비전을 둘러싼 두려움의 조각상을 창작한다.

- 조각상으로 표현한 것에 대해 한 페이지 분량의 반응글쓰기를 해 보자.
- 조각상을 검토하고 슈퍼비전에서 발견한 내용을 공유해 보자.

# 참고문헌


- Barrett, M. S., & Barber, J. P. (2005). A developmental approach to the supervisionof therapists in training. *Journal of Contemporary Psychotherapy, 35*(2), 169-183.doi:10.1007/s10879-005-2698-8
- Berger, S. S., & Buchholz, S. E. (1993). On becoming a supervisee: Preparation for learning in a supervisory relationship. *Psychotherapy, 30*(1), 86-92.
- Bing-You, R. G., & Trowbridge, R. L. (2009). Why medical educators may be failingat feedback. *JAMA, 302*(12), 1330-1331. doi:10.1001/jama.2009.1393
- Borders, L. D., Glosoff, H. L., Welfare, L. E., Hays, D. G., DeKruyf, L.,Fernando, D. M., & Page, B. (2014). Best practices in clinical supervision: Evolution of a counseling specialty. *The Clinical Supervisor, 33*(1), 26-44.doi:10.1080/07325223.2014.905225
- Brown, K. W., & Ryan, R. M. (2003). The benefits of being present: mindfulness and its role. *Psychological Well-Being Journal of Personality and Social Psychology, 84*(4), 822-848.
- Case, C. (2007). Review of literature on art therapy supervision. In J. Schaverien &C. Case (Eds.), *Supervision of art therapy: A theoretical and practical handbook*(pp. 11-27). London, UK: Routledge.
- Corey, G. (2013). *Theory and practice of counseling and psychotherapy.* Belmont, CA: Brooks/Cole.
- Curtis, D. F., Elkins, S. R., Duran, P., & Venta, A. C. (2016). Promoting a climate of reflective practice and clinician self-efficacy in vertical supervision. *Training and Education in Professional Psychology, 10*(3), 133.
- Deaver, S. P., & Shiflett, C. (2011). Art-based supervision techniques. *The*

*Clinical Supervisor, 30*(2), 257-276. doi:10.1080/07325223.2011.619456

- Delano, F. (2001). If I could supervise my supervisor: A model for child and youth care workers to own their own supervision. Journal of Child and Youth Care, 15(2), 51-64.
- Edwards, D. (1993). Learning about feelings: The role of supervision in art therapy training. *The Arts in Psychotherapy, 20*(3), 213-222.
- Fish, B. J. (2012). Response art: The art of the art therapist. *Art Therapy: Journal of the American Art Therapy Association, 29*(3), 138-143. doi:10.1080/07421656.2012.701594
- Gaete, J., & Ottar, N. (2015). Supervision: From prescribed roles to preferred positionings. *The Clinical Supervisor, 34*(1), 57-77. doi:10.1080/07325223.2015.1006068
- Kreider, H. D. (2014). Administrative and clinical supervision: The impact of dual roles on supervisee disclosure in counseling supervision. *The Clinical Supervisor, 33*(2), 256-268. doi:10.1080/07325223.2014.992292
- Litman, J. A., & Pezzo, M. V. (2007). Dimensionality of interpersonal curiosity. *Personality and Individual Differences, 43*(6), 1448-1459.
- Miller, A. (2012). Inspired by El Duende: One-canvas process painting in art therapy supervision. *Art Therapy: Journal of the American Art Therapy Association, 29*(4), 166-173. doi:10.1080/07421656.2013.730024
- Moon, B. L., & Nolan, E. G. (2019). *Ethical issues in art therapy* (4th ed.). Springfield, IL: Charles C Thomas.
- Overton, A. R., & Lowry, A. C. (2013). Conflict management: Difficult conversations with difficult people. *Clinics in colon and rectal surgery, 26*(04), 259-264.
- Pearson, Q. M. (2004). Getting the most out of clinical supervision: Strategies for mental health. *Journal of Mental Health Counseling, 26*(4), 361-373.
- Rai, S., Punia, V., Choudhury, S., & Mathew, K. J. (2015). Psychological mindedness: An overview. *Indian Journal of Positive Psychology, 6*(1), 127.
- Robb, M., & Miller, A. (2017). Supervisee art-based disclosure in El Duende process painting. *Art Therapy, 34*(4), 192-200.

- Robbins, A. (2007). The art of supervision. In J. Schaverien & C. Case (Eds.), *Supervision of art psychotherapy: A theoretical and practical handbook* (pp. 153-166). New York, NY: Routledge.
- Rønnestad, M. H., & Skovholt, T. M. (2003). The journey of the counselor and therapist: Research findings and perspectives on professional development. *Journal of career development, 30*(1), 5-44.
- Sarnat, J. (2010). Key competencies of the psychodynamic psychotherapist and how to teach them in supervision. *Psychotherapy: Theory, Research, Practice, Training, 47*(1), 20.
- Schaverien, J., & Case, C. (Eds.). (2007). Supervision of art psychotherapy: A theoretical and practical handbook. New York, NY: Routledge.
- Stark, M. D., Frels, R. K., & Garza, Y. (2011). The use of sandtray insolution-focused supervision. *The Clinical Supervisor, 30*(2), 277-290.
- Sue, D., & Sue, D. M. (2007). *Foundations of counseling and psychotherapy: Evidence-based practices for a diverse society*. Hoboken, NJ: John Wiley & Sons.
- Sue, D. W., Capodilupo, C. M., Torino, G. C., Bucceri, J. M., Holder, A., Nadal, K. L., & Esquilin, M. (2007). Racial microaggressions in everyday life: Implications for clinical practice. *American Psychologist, 62*(4), 271.
- Sweitzer, H. F., & King, M. A. (2018). *The successful internship: Personal, professional, and civic development in experiential learning* (5 ed.). Boston, MA: Cengage.
- Vec, T., Vec, T. R., & Žorga, S. (2014). Understanding how supervision works and what it can achieve. In C. Edward Watkins, Jr. & D. L. Milne (Eds.), *The Wiley international handbook of clinical supervision* (pp. 103-127). Chichester, UK: John Wiley & Sons.
- Wadeson, H. (2003). Making art for professional processing. *Art Therapy, 20*(4), 208-218.
- Watkins, C. E. (2012). Psychotherapy supervision in the new millennium: Competency-based, evidence-based, particularized, and energized. *Journal of Contemporary Psychotherapy, 42*(3), 193-203.
- Watkins, C. E., Jr. (2017). Convergence in psychotherapy supervision: A

commonfactors, common processes, common practices perspective. *Journal of Psychotherapy Integration, 27*(2), 140–152.

- Watkins, C. E., Jr (2017). How does psychotherapy supervision work? Contributions of connection, conception, allegiance, alignment, and action. *Journal of Psychotherapy Integration, 27*(2), 201–217.
- Wilson, L., Riley, S., & Wadeson, H. (1984). Art therapy supervision. *Art Therapy: Journal of the American Art Therapy Association, 1*(3), 100–105. doi:10.1080/07421656.1984.10758761
- Wood, C. (2007). Agency and attention. In J. Schaverien & C. Case (Eds.), *Supervision of art therapy: A theoretical and practical handbook* (pp. 185–199). London, UK: Routledge.

# 2부

# 슈퍼비전을 위한 관리 및 행정

슈퍼비전의 기본사항은 종종 간과된다. 대부분의 치료사들은 성장 및 학습 지원과 같은 업무 측면 때문에 이 분야에 관심을 갖는다. 치료사로서 우리는 슈퍼비전의 관리 및 행정적 측면이 익숙하지 않을 수도 있다. 우리가 교육적이며 지지적인 역할의 도전을 피하고 싶을 때 우리의 이익을 위하여 행정 측면의 슈퍼비전을 활용할 것이다. 한편, 많은 치료사들은 종종 업무의 행정적인 측면을 임상적 측면보다 덜 중요하게 생각한다.

이 부분에서 우리는 슈퍼바이저의 역할에 필요한 슈퍼비전의 행정적 측면을 촉진하고 임상가가 행정 슈퍼비전 역할에 목적을 두도록 권장한다. 이 영역은 종종 슈퍼비전 교재에서 다루지 않는 경우가 많으며, 노력해서 배워야 한다. 특히 슈퍼비전에 대한 운영 및 행정적 측면은 슈퍼비전에 대해 대충 배우게 되면 놓치는 경향이 있다. 관찰을 통해 슈퍼바이저가 되는 것을 배우는 치료사들은 종종 슈퍼비전이 공간 밖에서 수행되기 때문에 이런 과정의 일부를 보지 못할 수 있다.

2부는 두 장으로 구성되어 있다.

- 전문직 정체성 탐색: 자격, 대표성 및 관계
- 비밀유지 및 사전 동의

수년 동안, 우리는 경력을 쌓는 동안 행정 슈퍼비전 역할을 많이 맡아 왔지만, 행정 슈퍼바이저로서 배운 것의 대부분은 임상 슈퍼바이저의 역할을 통해 알려졌다. 우리의 능력을 강화하기 위해 모두 행정 슈퍼비전에 관한 교육에 참여했다. Daniel은 이전 현장 관리자를 위한 기관 고유의 슈퍼비전 교육에 참석했고, Yasmine은 비영리 기관의 중간 관리자를 위한 협회에 참석하였다. 슈퍼비전 역할을 위한 구체적인 준거틀을 제공하기 위해, 우리는 독자들이 참고할 수 있도록 동의서와 슈퍼비전 계약서의 양식을 설명하고 제시하였다. 이 장의 교육과 경험은 비영리 부문에만 국한된 것이지만, 다른 환경에 놓인 사람들에게도 유용할 것이라 믿는다.

# 4장 전문직 정체성 탐색 : 자격, 대표성 및 관계

## 소개

어떤 자격증을 사용할 수 있고, 취득할 수 있으며 가장 보람 있는 자격증을 추구할 것인가 하는 진지한 고민에는 긴장된 의사결정과정이 뒤따른다. 미술치료사는 본질적으로 미술 창작(미술 부분)과 심리치료(치료 부분) 모두와 관련된 여러 정체성(예: 치료사, 예술가, 미술 교육자)을 가지고 있다. 이중 학위(미술치료 및 상담) 또는 추가로 정신건강 대학원 학위(예: 심리학 박사 학위)를 받는 것은 자격증을 고려하고, 자신을 대표하고, 전문적인 관계를 유지하게 될 때 여러 직업적 정체성이 현실적으로 더욱 복잡해진다. 이 선택을 고려하려면 주 거주지 유지와 이사 가능성 및 면허의 이동성, 비용, 해당 분야에 대한 헌신 등을 면밀히 검토해야 한다. 정보에 입각한 결정을 내리려면 국가 자격증과 주 면허증 사이의 차이점을 이해해야 한다. 모든 주에 별도의 미술치료 면허가 있는 것은 아니기 때문에 미술치료사라는 직함 없이 치료하는 것은 미술치료사에게 특히 어려운 일이다. 또한 복수의 전문직 정체성을 유지하려면 슈퍼바이지가 여러 슈퍼바이저와 협력해야 할 수 있다. 미술치료사를 슈퍼비전하는 다른 정신건강 전문가뿐만 아니라 신입 미술치료사들은 이 장에서 면허증과 다른 자격증을 통해 전문적인 목표를 달성하기 위해 노력하면서 치료사들이 직면하는 복잡성을 더 잘 이해할 수 있다.

면허 및 다양한 자격을 획득하고 유지하는 것과 관련된 직업적 정체성 개발에는 슈퍼비전의 다양한 행정 측면이 포함된다. 이 과정에서는 슈퍼바이지를 위한 자격증 및 기타 서류 작업(예: 슈퍼비전 계약의 기록, 슈퍼비전 약정)이 포함될 수 있다. 자신의 직업적 정체성을 고려하고 어떤 자격증을 취득하거나 유지할지 결정할 때 치료사는 다음을 고려해야 한다. 전문적이고 윤리적인 문제(이중 관계의 이해, 구분 및 관리 포함) 업무 범위, 슈퍼비전과 치료 및 멘토링과 같은 유사한 관계 간의 차이점에 대해 이해해야 한다.

슈퍼비전의 행정적 측면은 일부 미술치료사에게 그다지 매력적이지 않을 수 있다. 우리의 훈련이 지원(치료 관계를 통해) 및 교육(심리교육을 통해)에 초점을 맞추는 경향이 있기 때문이다. 따라서 많은 행정적 요소를 포함하는 직업적 정체성을 탐색하는 것은 자연스럽게 이루어지지 않을 수 있다. 경력 탐색에 도움을 받고자 하는 슈퍼바이지든 경력 탐색에 대한 지원을 제공하려는 슈퍼바이저든 관계없이 이러한 행정 측면을 슈퍼비전 관계에서 통합해야 한다.

이 장에서는 미술치료사의 업무 범위 인식 및 미술치료 자격에 부여된 특정한 권한에 대해 다루고, 면허증의 고려 사항을 파악하고, 슈퍼비전 자격과 지속되는 교육 시간을 기록하는 방법을 설명하며, 슈퍼비전 정보제공동의서의 목적과 특징을 정의한다.

## 미술치료사를 위한 업무 범위

ATCB(Art Therapy Credentials Board: 미술치료 자격관리 위원회)에서 명시한 바와 같이 "미술치료사는 다른 서비스를 제공하도록 인증 또는 허가를 받지 않은 한 미술치료 이외의 서비스를 제공해서는 안 된다"(2018c, p. 3). 우리는 미국 미술치료 협회(AATA)에서 작성한 미술치료의 업무 범위를 사용한다.

> 적극적인 미술 작업, 작품 창작 과정, 적용된 심리 이론 및 심리치료 관계 내에서의 인간 경험을 통해 개인, 가족 및 지역 사회의 삶을 풍요롭게 하는 통합 정

> 신건강 및 인간 대상의 서비스 전문 미술치료는 인지 및 감각 운동 기능을 개선하고, 자존감과 자기 인식을 촉진하고, 정서적 회복력을 기르고, 통찰력을 증진하고, 사회적 기술을 향상하고, 갈등과 고통을 줄이고 해결하며, 사회 및 생태적 변화를 꾀하는 데 사용되어왔다.
>
> (AATA, 2017, 미술치료의 간결한 정의, 단락 1 및 2)

ATCB 행동 기준은 보다 넓고 완전한 윤리, 행동 및 징계 절차 강령(ATCB, 2018c) 문서에 포함되어 있다. 행동 기준은 미술치료사가 자신과 서비스를 표현하는 방법, 기록 및 의사소통 등 미술치료의 구체적 실천과 관련되어 있다. 개인적 관계와 직업적 관계(즉, 이중 관계)의 경계를 유지하는 것, 그리고 미술치료 자체를 어떻게 수행하는지를 포함한 미술치료 고유의 실제(예: 차트 작성, 비밀유지, 종결)를 설명한다. 여러분은 주 면허 위원회마다 각 면허에 맞는 고유한 업무 범위가 있다는 점을 이해해야 한다. 면허를 소지하고 있거나 진료 자격이 있는 면허를 취득하려는 경우 주 면허 위원회에서 발급한 특정 업무 범위 문서를 참조하기 바란다.

## 미술치료 실제

미술치료사를 슈퍼비전하기 위해서는 미술치료사가 실제로 무엇을 하는지 이해해야 한다. 이것은 미술치료사인 슈퍼바이저와 다른 임상 분야에서 온 슈퍼바이저 모두에게 해당된다. ATCB(2019)에 따르면, "미술치료는 미술 매체, 창작 과정 및 결과물인 예술 작품을 치료 및 치유 과정에 활용한다"(para. 1). 서비스는 다양한 방식(예: 개인, 집단, 가족, 커플 및 지역 사회와 함께)으로 진행되며 다양한 환경(예: 개인 진료소, 의료 병원, 정신 병원, 학교, 교도소, 비영리 단체, 그룹 홈, 재향 군인 협회, 가정 폭력 보호소)에서 수행될 수 있다. 미술치료는 진단된 정신건강 문제(예: 우울증, 불안, 외상 후 스트레스 장애) 및 심리 사회적 문제(장기 질병, 이혼 또는 기타 생활 사건에 대처하는 것)와 관련된 문제를 해결하기 위해 제공된다. 때때로 미술치료는 미술 교육과 유사하게 보일 수 있다. 이는 회기 중에 예술적인 기술을 가르치는 일이 발생할 수 있기 때문이다. 실제로 미술치료사는 미술교육을 받았으며 예술가 및 미술교육자로서 정체성을 가지고 있다. 미술치료는 미술 교육에 뿌리를 두고 있지만(《1장 미술치료 슈퍼비전이란 무엇인가? 필요성과 기대》 참조), 미술치료는 "인간의 발달, 심리학 이론 및 상담 기법에 대한 지식에 기반을 둔" 별개의 학문 분야이다(ATCB, 2019, para 5). 미술치료와 미술 교육의 또 다른 주요 차이점은 미술치료사들의 기록과 의사소통, 이중 관계에 주의를 기울이고 자신을 정확하게 표현하는 것에 책임이 있다는 점이다.

### 전문가와 개인적 만남: 관계 탐색

이중 관계, 즉 개인적 관계와 직업적 관계가 겹치는 것은 치료사와 마찬가지로 슈퍼바이저에게도 중요한 고려사항이다. 그러나 우리는 종종 안전한 경계를 유지하면서 이중 관계를 탐색하는 방법을 배우기보다는 단순히 이중 관계를 피하라는 말을 자주 듣는다(Fish, 2017 참조). 슈퍼바이저도 치료사이기 때문에 오해를 피하기 위해 이러한 관계를 탐색하기 위한 다양한 고려 사항과 전략이 있다. 예를 들어, 미술치료사는 윤리적으로 재학생이나 슈퍼바이지와 치료 관계를 맺을 수 없다. 그러나 미술치료사가 이전 학생을 슈퍼비전할 수 있을까? 특히 규모가 작거나 미술치료사 수가 제한된 지역에서 업무를 할 때 어떻게 전문적인 관계를 유지할 수 있을까? 개인적인 차원에서 슈퍼바이저와 슈퍼바이지 간의 일상적인 접점은 동일한 종교 기관에 참석하는 것, 동일한 지역 사회 조직에 참여하는 것, 자녀를 같은 학교 또는 방과 후 활동에 등록시키는 것, 상호 친구의 행사에 초대받는 것, 동일한 소셜미디어 피드 또는 데이트 앱을 따르고 심지어 동일한 지역 체육관, 미용실 또는 커피숍을 자주 방문하는 것을 포함한다. 전문가 수준에서 교차점에는 다음을 포함한다: AATA의 지역 지부를 위한 자원봉사 과제 또는 이사회 업무 수행, 지역 및 국가 회의에 참석하고 발표하며, 동일한 일자리 및 고객을 위한 경쟁, 그리고 친구 및 가족(예: 학교 기반 또는 입원환자)에 대한 강제 서비스 제공의 가능성. 슈퍼비전 이외의 장소에서는 슈퍼바이지가 슈퍼바이저보다 더 많은 조직적 지위나 문화적 특권과 권한을 보유할 수 있으므로 권력 역학관계의 전환이 필요하다. 시골이든 대도시 지역 한가운데 있든 일부 지역사회에서는 솔직하게 이중적인 관계가 아님을 선언하는 것에 대한 이점은 없다. 그것이 꼭 이상적인 것도 아니다. 계획과 소통은 이중 관계를 헤쳐 나가는데 핵심적인 역할을 한다.

오해를 최소화하기 위해 슈퍼비전 관계를 시작할 때 이 장의 뒷부분에서 자세히 설명하는 슈퍼비전 정보공개서를 활용하는 것이 좋다. 예를 들어 여러분은 여러분의 슈퍼바이지 또는 슈퍼바이저의 소셜미디어를 통해 소통하는가? 이미 네트워크에 연결되어 있다면 변경할 것인가? 개인 전화번호를 교환할 것인가? 문자나 이메일에 얼마나 빨리 응답할 것인가? 연애나 성적인 감정은 어떻게 다룰 것인가? 전문적인 관계를 유지하는 것은 가치 있는 것으로 여겨지지만, '전문적인' 것이 무엇인지에 대한 결정은 상황과 위치에 따라 달라질 수 있다. 예전 제자들을 슈퍼비전할 때 슈퍼비전 계약의 중요성을 보여 주는 Yasmine 이야기인 사례 4.1을 참조하라. 미술치료사가 적거나 전문 실습 기관이 적은 지역에서 살거나, 실습을 한다면 슈퍼바이지가 잠재적 내담자를 그들의 슈퍼바이저에게 소개하는 것이 일반적이거나 관례적일 수 있지만, 다른 상황에서는 미술치료사가 소개를 하지 않을 수도 있다.

### 사례 4.1 예전 제자의 슈퍼비전

**Yasmine 이야기**

재학생이 졸업 후 슈퍼비전을 원하거나 예전 제자가 나에게 받는 슈퍼비전에 관심을 가지고 연락을 주면 나는 겸허해지면서 영광스러운 느낌이 든다. 나는 슈퍼비전이 임상 훈련의 초석이라고 믿으며 졸업 후 지속적인 훈련을 위해 이전의 다른 교수 또는 슈퍼바이저를 찾을 수 있음을 이해한다. 예전 제자들은 슈퍼바이저나 교수로서 나와 함께 한 것을 높이 평가하여 나를 슈퍼바이저로 요청할 수 있을 것이다. 전문가와 계약된 슈퍼비전과 마찬가지로 교내 집단 슈퍼바이저로서의 나의 업무는 직접 모니터링되지 않는 외부에서 발생한다. 그러나 예전 제자를 슈퍼비전하는 것과 전문가를 슈퍼비전하는 것에는 차이가 있다.

나를 슈퍼바이저로 고려해 준 학생에게 감사를 표한 후 슈퍼비전 계약서를 제공한다. 이렇게 하면 학교의 의무적인 슈퍼비전과 계약된 전문 슈퍼비전 간의 차이를 즉시 구분할 수 있다. 또한 외부 슈퍼비전 비용의 지급 일정, 혜택 및 단점을 포함하여 차이점에 대해 명시적으로 논의할 수 있다.

나는 항상 신입 전문가들이 첫 직장을 제안받을 때 특히 면허 및 자격 요구사항을 모두 충족하는 현장 슈퍼비전이 제공되지 않는 경우, 슈퍼비전을 위해 협상할 것을 권유한다. 학생들은 취업하는 데만 급급하여 협상을 주저하는 경우가 많다. 나는 학생들이 전문가로서 자신을 옹호할 수 있는 방법으로 이 사항을 요청한다. 신입 전문가는 최신 임상 동향을 파악하고 면허 및 자격증 취득을 포함하여 적절한 슈퍼비전을 통해 현장에서 어떤 이점을 얻을 수 있을지 설명할 수 있다. 요청 순서는 다음과 같다.

1. 고용주가 슈퍼바이저에게 직접 슈퍼비전 비용을 지불하도록 요청한다.
2. 모든 슈퍼비전 시간에 대한 상환을 요청한다.
3. 슈퍼비전 시간의 절반을 환급받을 수 있도록 요청한다(이유: 양 당사자, 고용주 및 슈퍼바이지, 혜택).
4. 금전적 보상을 제공할 수 없는 경우 슈퍼비전을 받기 위해 1시간의 근무에 '휴무'를 요청한다. 이는 일주일에 하루 한 시간 일찍 퇴근하거나 한 시간 늦게 출근하는 것을 의미할 수 있다. 이 시간은 휴가, 유급 휴가 등에 포함되지 않아야 한다.

## 대표성: 강점과 한계 인식

미술치료사는 사람들에게 자신을 어떤 방식으로 명확하고 정확하게 표현하는가? 미술치료 슈퍼바이저의 경우 접근방식이 다른가? 미술치료사의 경우 실무에 필요한 학위는 석사 수준이며, 미술치료는 심리치료의 전문화된 형태로 간주될 수 있지만 미술치료사는 여전히 일반적인 전문가로 간주된다. 다른 정신건강 전문직과 마찬가지로, 강점 및 전문 분야가 될 수 있는 전문화는 수년간의 실습 또는 추가 훈련을 통해 이루어진다. 특정 모집단에 대한 경험이 반드시 임상 전문성과 일치하지 않는다는 것을 인식하는 것이 중요하다. 이는 슈퍼비전 업무 초기에 특히 그렇다. 예를 들어, 최근 졸업생 및 신입 전문가는 도움이 되는 경험을 얻거나 특정 집단과 함께 기술 향상을 위해 심화교육에 참석할 수 있지만 아직 전문성은 갖추지 못하였다. 사각지대를 식별하는 것은 고도의 기술로 간주되기 때문에 특히 신입 실무자의 경우 한계와 약점을 구분하기가 더 어려울 수 있다(Barrett & Barber, 2005; Harris, 2017). Harris는 중급 치료사의 발달 목표 중 하나는 "개인적이고 전문적인 인식을 높이는 것"이며, 숙련된 치료사의 목표는 "역전이에 대한 인식을 높이는 것"이라고 말한다(2017, p. 89).

미술치료사들은 구직을 할 때 웹, 인쇄물, 구두로 홍보와 이력서 및 계약서에 자신과 서비스를 항상 정확하게 표현해야 한다. 정확성은 직업적 진실성(예: 자격증, 슈퍼비전 철학)뿐만 아니라 국가 자격 기관 및 주 규정(예: 면허, 소유권 보호)에서 정한 용어에 의해 결정된다. 미술치료 슈퍼바이저에게 정확한 표현은 슈퍼바이지가 슈퍼바이저의 이론적 지향성과 슈퍼바이저의 훈련 및 자격을 이해할 수 있게 한다.

슈퍼바이지는 특정 모집단이나 이론적 접근법에 대한 임상적 전문성을 기반으로 슈퍼바이저와 슈퍼비전을 하거나 또는 단순히 슈퍼바이저의 슈퍼비전 전문성을 위해 슈퍼비전을 추구할 수 있다. 후자의 경우 슈퍼비전 기술을 찾고 슈퍼비전 관계를 가장 중요한 교육도구로 삼으며, 이는 모집단 기반 전문가 접근법과는 다르다. 슈퍼비전 철학과 접근 방식을 명확하고 간결하게 표현하는 것은 슈퍼비전을 원하는 미술치료사에게 귀중한 자원이다. 어떤 슈퍼바이저도 치료의 모든 측면에서 전문가는 아니지만 슈퍼바이지는 슈퍼바이저에 대해 정보에 입각한 결정을 내릴 수 있어야 한다.

## 미술치료의 특정 자격

1장에서 우리는 슈퍼비전 행정 측면의 일부로 자격 유지에 대해 설명한다. 보다 구체적으로, 이러한 적용은 대부분(예: 임상 슈퍼비전 및 내담자 대면 시간 기록, 녹취록 수집, 추천받기 등) 행정적이다. 이론적 이해와 임상실습 기술을 향상시키는 지속적인 교육 경험에 참여하는 것은 본질적으로 교육적이지만 이러한 지속적인 교육 학점(CEC) 또는 지속적인 교육 단위(CEU)를 기록하는 것은 행정 업무이다 (보기 4.1 참조).

보기 4.1

## 시간 기록

면허 또는 자격 유지를 위한 지속적인 교육 시간과 함께 면허 및 자격을 취득하는 데 필요한 임상 시간을 기록하는 방법에는 여러 가지가 있다. 신청하는 면허증 또는 자격증에 따라 다른 세부 정보를 기록해야 할 수도 있다. 예를 들어, 임상 작업은 심리치료 교육인가, 아니면 심리 교육인가? 작업이 개인, 가족 또는 집단 치료 형식으로 수행되었나? 대면 시간과 서류 작업 등에 소요되는 시간을 구분한다. 마찬가지로, 슈퍼비전 시간을 따라가려면 누가 슈퍼비전하고 있는지, 어떤 면허증과 자격을 보유하고 있는지 기록해야 한다. 슈퍼비전 시간이 개인 또는 집단 환경, 대면(실시간 및 대면) 또는 장거리(예: 온라인 또는 전화)에서 확보되었는지 확인한다. 수련시간 기록하는 방법은 달력, 앱 및 전자 스프레드시트 등이 있다.

### 달력

종이 달력을 전자 달력과 함께 사용하는 것이 시간을 기록하는 가장 간단한 방법일 수 있다. 분실할 경우를 대비해 종이와 전자 버전을 모두 사용하는 것이 좋다. 수련시간을 기록할 수 있는 세부 정보가 매우 많기 때문에 개인용 달력과 별도로 유지하고 특정 종이 및 전자 달력을 전문 시간 및 기타 세부 정보 기록에 사용할 것을 권장한다.

### 앱

Yasmine은 슈퍼바이지에게 사이키(www.psykey.com/)와 같은 슈퍼비전 시간을 기록하는 앱을 사용하도록 하였다. 앱을 사용하는 것은 자신만의 전자 스프레드시트를 만드는 것이 불편하거나 무언가를 적는 것을 잊는 사람들에게 도움이 될 수 있다. 이러한 앱을 사용해 본 슈퍼바이지는 사용하기 쉽고 주별로 다른 면허증을 제공하며 보고서를 인쇄하는 등 많은 장점이 있다고 언급하였다. 게다가, 앱은 알림을 설정할 수 있기 때문에 앱을 사용하는 슈퍼바이지는 앱이 임상 및 슈퍼비전 활동을 기록하는 것을 더 쉽게 기억할 수 있다고 언급하였다. 또한 앱 사용을 슈퍼비전에 통합할 수 있다. 즉, 매 회기 시작이나 끝나는 시간을 로그인할 수 있다. 휴대폰이나 기기를 분실하더라도 앱 개발자가 정보를 저장하기 때문에 정보 자체가 분실될 가능성은 희박하다. 단점은 앱에 대한 비용을 지불해야 하며 모든 주 면허증 또는 자격증에 대한 세부 정보가 보장되지 않는다는 것이다.

### 전자 스프레드시트

Yasmine은 엑셀 스프레드시트를 사용하여 2개 주에서 면허와 2개의 미술치료 자격증을 위해 진행되고 있는 지속적인 교육을 기록한다. 행과 열에는 참석하거나 수행한 활동의 관련 정보가 포함되어 있다.

- 연도
- 월/일
- 발표자(본인 포함)
- 시간
- 주제(윤리와 같은 몇 가지 주제를 요구하기 때문에 특히 중요)
- 제목
- 지역(장소, 위치)

4개의 추가된 열은 기록 중인 면허증 및 자격증을 가려낸다. 이것들은 이름과 기록 시간, 날짜가 표시된다. 활동이 면허증 또는 자격증의 요구사항을 충족하면 해당 시간이 해당 열에 표시된다. 전문적인 지속 교육 시간을 기록하는 예는 [그림 4-1]을 참조하라.

다시 말하자면 ATCB는 미술치료사들이 ATCB 자격증을 취득하는 데 필요한 자격과 경험을 갖추었는지 확인함으로써 대중과 미술치료 직업을 보호하기 위해 국가 자격증을 부여한다. 다음에 나오는 ATCB 자격(즉, ATR, ATR-P, ATR-BC 및 ATCS)에 대한 정보는 본 저서 작성 당시 ATCB가 발행한 요건에 기초한다. 우리는 독자들이 최신 애플리케이션과 핸드북을 검토하여 현재 기준을 준수하고 있는지 확인할 것을 권장한다.

## 등록

ATCB가 부여하는 미술치료사의 초급 자격증은 ATR이다. ATR에 대한 자격 요건에는 지도받은 미술치료 임상경험 시간이 포함된다. AATA 승인 또는 CAAHEP (Commission on Accreditation of Allied Health Education Programs) 인증 프로그램을 졸업한 사람의 경우는 내담자와 직접 미술치료를 실시하는 시간을 최소 1000시간으로 요구한다. 승인 또는 인증된 프로그램을 졸업하지 않은 사람의 경우에는 추가로 500시간이 요구되어 내담자와 직접 미술치료 하는 시간은 1500시간에 해당한다. 또한 신청자는 100시간 또는 150시간(각각 승인/인정 또는 비승인/인정 졸업생의 경우)의 임상 작업에 상응하는 슈퍼비전을 받아야 한다. 이 시간 중 적어도 절반은 ATR-BC 또는 ATCS에서 제공받아야 한다(아래 참조). 다음은 슈퍼비전 시간의 나머지 절반을 제공할 수 있다.

> 미술치료 또는 관련 정신건강 분야에서 석사학위 이상을 소지하고 독립적 상담이 가능한 면허/자격증을 소지한 정식 면허 또는 자격을 갖춘 전문가. 자동적으로 인정되는 관련 분야는 상담, 결혼 및 가족 치료, 사회사업, 심리학, 중독 상담, 정신간호 및 정신과이다. 기타 정신건강 분야는 사례별로 고려된다.
>
> (ATCB, 2018d, p. 3)

정규 미술치료사로 고용된 AATA 승인 또는 CAAHEP 승인 석사 과정 졸업생인 경우, ATR을 취득하려면 약 1~2년이 걸린다.

## 임시 자격 등록

ATCB는 ATR-P라는 선택적 임시 자격을 도입하였다. 이것은 석사 과정을 졸업한 개인이 슈퍼비전을 받고 있으며, 현재 ATR에 대한 시간을 누적하고 있음을 사람들에게 알리는 것이다. 미술치료사가 ATR-P 신청을 위해서는 실습장소와 지도교수를 모두 확보해야 한다.

| 시간 | 주제 | 제목 | 지역 | ATCB (미술치료 자격 위원회) | LCAT (NY) 1/1/14–12/31/17 | LPC(PA) 3/1/15–2/28/17 | ATCS (공인미술 치료 임상감독) |
|---|---|---|---|---|---|---|---|
| 7 | 반인종 차별훈련 | 반인종차별 훈련 행동에 관한 건강 제공 기관 | 협회 이름 | 7 | 7 | 7 | |
| 1.5 | 페미니즘 | 페미니즘이 미술 치료와 무슨 관련이 있습니까? 치료의 새로운 패러다임 구상 | 콘퍼런스 이름 | 1.5 | 1.5 | 1.5 | |
| 1 | 슈퍼비전 | 미술 기반 슈퍼비전: 국내외 반응미술과 기술로 지원됨 | 콘퍼런스 이름 | 1 | 1 | 1 | 1 |
| 1 | 윤리 | IPE 역량: 가치와 윤리 | 학교/대학 이름 | 1 | 1 | 1 | |
| 1.5 | 윤리 | 윤리와 테크놀로지 | 학교/대학 이름 | 1.5 | 1.5 | | |
| 2 | 다양성 | 억압받는 자들의 치료: 불의의 시대의 임상치료 | 학교/대학 이름 | 2 | 2 | | |
| 1 | 자실예방 | 청소년 자살 예방 의정서 | 온라인 코스의 웹사이트 | | | 1 | |
| 3 | 아동학대 | 아동학대 인식 및 보고 | 온라인 코스의 웹사이트 | | | 3 | |
| 1.5 | 성소수자 | 성별다양성에 대한 행사 | 학교/대학 이름 | 1.5 | 1.5 | | |
| | | | 현재 학점 | 15.5 | 15.5 | 14.5 | 1 |
| | | | 목표학점 | 90 | 36 | 30 | 10 |
| | | | 필요한 학점 | 74.5 | 20.5 | 15.5 | 9 |

**[그림 4-1]** 전자 스프레드시트를 활용하여 지속적인 교육 시간을 기록한 예

### 이사회 인증

임상실습 요구사항 등록을 충족하는 것 외에도 이사회 인증(ATR-BC로 표시)을 받은 미술치료사는 ATCB 시험(ATCBE)도 합격해야 한다. 이 글을 쓰는 시점에서 컴퓨터 기반 테스트는 미국에서 네 차례에 걸쳐 제공된다. 미술치료사는 ATR 자격증을 취득한 후 ATCBE에 응시할 수 있다. 그러나 ATCBE를 정식 면허시험으로 간주하는 주에서 면허를 신청하려는 미술치료사는 ATR을 소지하기 전에 ATCBE에 응시할 수 있다. 이 시험은 객관식이고, 일곱 가지 지식 영역에서 문제가 출제된다(ATCB, 2018a).

- 이론적 접근 방식
- 접수 및 평가
- 사정 및 평가 도구
- 진단 및 모집단
- 미술치료 환경
- 전문적 수련 및 윤리
- 임상 기술 및 적용

모든 프로그램은 미술치료의 다양한 측면을 강조하므로 다른 프로그램에 참석한 개인들로 구성된 집단에서 공부하는 것이 좋다. 이러한 방식으로 보충 읽기 자료, 접근 방식 및 기타 자원을 공유할 수 있다.

### 슈퍼비전

미술치료 공인 슈퍼바이저 ATCS(Art Therapy Certified Supervisor)는 이사회 인증을 받은 등록 미술치료사(ATR-BC)만이 보유할 수 있는 전문가 자격이다. ATCB에 따르면 "ATCS와 협력하면 현재 미술치료 수강 학생과 신입 실무자가 최고의 미술치료 임상 슈퍼비전을 받을 수 있다"(2018b). 이 시점에서 국가 ATCB

자격을 취득하고자 노력하는 미술치료사는 ATCS 자격을 가진 슈퍼바이저가 반드시 있어야 할 필요는 없다. 하지만 관련 직업의 경향을 생각하면 이것이 앞으로 표준이 된다는 것은 놀라운 일이 아니다.

이 글을 쓰고 있는 시점에서 ATCS를 취득하는 경로는 경험과 교육 두 가지이다. 교육 기반 요건인 경우 미술치료사 슈퍼비전을 포함하여 임상슈퍼비전 영역에서 최소 35학점 또는 대학원 3학기 이상의 지속적인 교육이 요구된다(ATCB, 2018b). 지원자가 슈퍼비전 받은 임상 경험이 있어야 하는 ATR과 유사하게 ATCS는 슈퍼비전 경험을 슈퍼비전 받아야 한다. 슈퍼비전의 슈퍼비전은 학업 환경에서 학생을 슈퍼비전하는 ATCS 지원자가 학교에서 학생을 슈퍼비전하거나 또는 직업 환경에서 임상가를 슈퍼비전하는 것을 논의할 슈퍼바이저를 찾는 것이 포함될 수 있다. 또는 이 슈퍼비전의 슈퍼비전 경험은 아래에 자세히 설명된 ACS와 같은 다른 국가 또는 주 슈퍼비전 자격증으로 대체할 수 있다.

### 면허증의 고려 사항

미술치료사는 근무지나 업무 특성에 따라 여러 직함을 가지고 일하는 경우가 많기 때문에 미술치료 이외의 업무 범위를 평가하는 것이 필요하다. 특히 미술치료와 관련되지 않은 면허를 보유하고 있다면 업무 범위가 달라질 수 있다. 예를 들어, 캘리포니아에서 미술치료사는 가족 치료가 업무 범위에 포함되지만, 펜실베이니아에서는 동일한 미술치료사의 업무 범위에 가족 치료는 포함되지 않고 일반 상담은 포함되며, 뉴욕에서는 음악, 무용, 드라마 치료가 포함될 수도 있다. 그러나 이 전문가가 창의적 미술치료 면허 대신 정신건강 상담 면허를 취득하기로 선택하면 일부 영역(즉, 정신건강 상담)에서 업무 범위가 넓어지지만, 다른 영역(예: 미술치료를 포함한 창의적 미술치료 업무)은 제한된다. 개별 업무 범위를 결정할 때는 다음을 고려한다.

- 학위를 받은 분야 또는 실무 분야

- 면허증
- 주에서 결정한 소유권 보호 및 기타 제한점
- 추가 교육, 인증 또는 현장에서의 시간과 함께 광범위한 임상 및 슈퍼비전 경험을 통해 얻은 전문성

이 책은 슈퍼비전 및 미술치료에 특정되어 있으므로 추가 훈련(예: 표현 치료, 사회 사업 등) 또는 전문 분야(예: 변증법적 행동 치료, 인지 행동 치료)를 포함하는 실습 범위를 가진 미술치료사는 그 실습 특유의 슈퍼비전을 포함하여 부가적인 자원을 참조해야 한다.

## 슈퍼비전 자격

미술치료 슈퍼바이저의 업무 범위는 일반적으로 미술치료사 업무 범위에 속한다(ATCB, 2018b 참조). 그러나 슈퍼바이저의 업무 범위를 명확하게 이해하는 것이 중요하며 특히 신입 임상가의 경우 더욱 중요하다. 수련 기간 동안에는 슈퍼바이저 또는 슈퍼바이지는 별다른 발언권 없이 배정될 수 있다. 석사 훈련 프로그램에 필요한 슈퍼비전을 제외하고 미술치료사는 슈퍼바이저를 맡는 경향이 있다. 초급 자격증을 원하는 초기 경력자와 고급 자격증을 원하는 숙련된 임상가에게 적합하다. 슈퍼비전별 자격증을 취득하려면 슈퍼바이저가 자신의 전문 분야 또는 전문지식과 이론적 틀을 포함하여 업무 범위를 명확히 파악해야 한다.

슈퍼비전 자격은 자격 소지자가 석사학위 및 면허 또는 기타 인증된 일반적인 임상 훈련 외에도 슈퍼비전에 특화된 훈련 및 기술과 같은 특정 요구사항을 수료했음을 나타낸다. 앞서 설명한 바와 같이 ATCS는 ATCB(2018b)에서 제공하며 이 글을 쓰는 시점에서는 슈퍼비전의 필수요건은 아니다. 우리는 미술치료사가 미술치료 이외의 자격을 보유할 수 있으며, 다른 슈퍼비전 자격에 관심이 있는 독자는 다른 자원에서 정보를 찾아야 한다.

많은 주에서 미술치료사를 위한 상담 면허를 제공하므로 해당 임상가는 미국

자격 인증 및 교육 센터(2016)에서 부여하는 국가 자격인 공인된 임상 슈퍼바이저(ACS)에 관심을 가질 수 있다. 몇몇 주에서는 ACS를 '선호하는 슈퍼비전 자격증'으로 사용하고 있다. 즉, 면허를 신청하는 개인을 슈퍼비전하기 위해서 ACS를 보유한 개인으로부터 임상 경험을 슈퍼비전 받아야 한다. 뉴저지의 경우 대학원 수준에서 슈퍼비전에 관한 3학점 과정을 수강한 개인이어야 한다(뉴저지주, 2017). ACS 신청에 필요한 특정 슈퍼비전 요건을 충족하는 두 가지 옵션이 있다. 상담 및 관련 교육 프로그램 인증 위원회(CACREP)에서 제공하는 대학원 수준의 교육 3학점 또는 45학점의 승인된 평생교육, 미술치료사는 특히 상담사 면허를 취득했거나 미술치료 면허 신청자를 슈퍼비전하기 위해 ACS를 선호하거나 요구하는 주에 거주하는 경우 미술치료 관련 ATCS와 함께 ACS 취득하는 것을 고려할 수 있다.

잠정적으로 중복 및 추가적인 관심사인 전문성과 관련하여, 결혼과 가족치료사(American Association of Marriage and Family Therapy, 2018)는 승인된 슈퍼바이저 자격을 취득할 수 있으며, 등록된 놀이 치료사-슈퍼바이저(RPT-S)는 놀이치료협회(2016)에서 제공된다. 일부 주에서는 면허를 신청하는 임상가들에게 슈퍼비전을 제공하기 위해 슈퍼비전 자격증이 필요하다. 일부 분야는 전문가가 지정된 슈퍼바이저(놀이치료사의 경우)로부터 전적으로 슈퍼비전을 받도록 하고, 다른 분야는 학생들을 슈퍼비전할 수 있는 특정한 자격[사회복지학과 학생들을 슈퍼비전하기 위한 SIFI(현장 교육 세미나 훈련)]을 요구한다. 일부 주에서는 면허를 신청하는 사람들이 자격을 갖춘 슈퍼바이저들에 의해서만 슈퍼비전 받도록 요구한다.

보시다시피, 이것은 복잡한 시스템을 만든다. 기억하자! 자격은 변화한다. 슈퍼비전 자격증에 관심 있는 독자가 공인 슈퍼바이저가 되거나 그러한 슈퍼바이저로부터 슈퍼비전을 받으려면 먼저, 다양한 인증기관을 확인하고, 이 장에서 제공하는 정보에만 의존하지 말고 찾아보기를 적극 제안한다.

여기에 제공된 정보는 슈퍼비전 자격증이 하나만 있는 것이 아니며 슈퍼바이저를 찾을 때 고려해야 할 많은 요소가 있음을 보여 주기 위해 독자들에게 제시한다. 이 장에서 명명되는 모든 슈퍼비전 자격증에는 슈퍼비전의 슈퍼비전이 요구된다. 즉, 자격을 갖춘 슈퍼바이저가 되는 것에 관심이 있다면 임상 슈퍼비전 교육을 받은 슈퍼바이저로부터 당신이 다른 개인(전문가나 학생 등)을 슈퍼비전하거나 훈련하는 방법에 대해 임상슈퍼비전을 받은 슈퍼바이저로부터 슈퍼비전을 받아야 한다. ATCS와 ACS는 또한 전문가 정보공개서를 요구한다.

## 슈퍼바이저 정보공개서

정보공개서는 슈퍼비전 관계의 자격, 접근방식 및 기대 사항을 간략하게 설명하는 세부사항이 기술되어 있다. 정보공개서는 슈퍼바이지를 위해 계획되고 작성되며, 함께 검토하고 제공된다. 이 절에서는 ATCS에 필요한 슈퍼비전 정보공개서 사안을 다룬다.

ATCS 정보공개서의 중요한 특징은 "ATCB의 불만 절차에 대한 지침과 문제가 있는 슈퍼바이지가 ATCB 및 기타 관련 면허 위원회에 불만을 제기할 수 있는 방법"을 제공하면서 임상 슈퍼비전의 다층적 기능에 대한 이해를 표현할 기회를 제공한다(ATCB, 2018b, p. 1). 이 문서의 정보공개서에는 다음 사항도 포함되어야 한다(ATCB, 2018b).

- 성명
- 슈퍼바이저의 성명(해당하는 경우)
- 사업자 또는 고용주의 성명, 주소, 전화번호 및 이메일 주소
- 최종 학력 및 교육 기관을 포함한 공식적인 훈련 및 교육에 대한 설명
- 관련 미술치료 자격증 설명
- 발급 주 또는 기관이 포함된 자격증 번호, 소속 회원증, 면허 및 자격증에 대한 설명
- ATCB 윤리, 행동 및 징계 절차의 과거 및 현재 준수 정도 확인

- 제공되는 역량 및 서비스 영역
- 슈퍼비전에 대한 철학적, 이론적 접근법
- 임상 슈퍼비전 역량을 입증하기 위한 관련 학술 훈련 또는 전문적 경험을 설명
- 슈퍼비전 비용(특정 비용 또는 비용 범위를 명시해야 함). 비용이 없는 경우에는 이를 명시해야 한다.
- ATCB, Inc. 및 ATCB의 주소, 전화번호 및 이메일 주소에 대한 불만 제기 방법을 포함하여 슈퍼바이저가 슈퍼비전 과정에 대한 불만을 해결하는 방법에 대한 지침

## 핵심 요약

- 미술치료사들은 종종 면허증과 자격증을 탐색함으로써 더 복잡하게 만드는 다양한 정체성을 가지게 되며 두 개의 정체성 표시는 다르다는 것을 기억하라! 면허증은 주 기관이 감독하고 자격증은 지역에 구애받지 않는 단체에서 수여한다. 예를 들어, ATCB가 미국에 있는 단체임에도 불구하고, 미국 외부의 미술치료사들은 이 자격증을 보유할 수 있고 인정받을 수 있다. 그러나 미국의 면허증은 발행한 주에서만 인정된다.
- 이중 관계가 무엇인지, 어떻게 완화할 것인지를 아는 것은 이중 관계를 단순히 피해야 한다고 말하는 것보다 더 가치가 있다.
- 슈퍼비전 정보공개서를 활용하면 슈퍼바이지 및 슈퍼바이저와의 이중 관계를 완화하는 데 도움이 될 수 있다.

## 실습 프롬프트

### 여러분을 특별하게 만드는 것은 무엇인가?

정보공개서를 작성하는 것은 어려울 수 있다. 왜 슈퍼바이지는 당신의 슈퍼비전 서비스를 찾아야만 하는가? 이론적 지향 또는 슈퍼비전 철학과 역량 또는 전문 분야는 한 슈퍼바이저를 다른 슈퍼바이저와 구별할 수 있는 예이다.

- 우리는 당신의 강점과 슈퍼비전 방식을 파악하도록 돕기 위해 양식(부록 C)을 만들었다. 슈퍼비전 정보공개서를 실제 작성하기 전에 이 양식을 작성해 보라.

### 정보공개서 작성

슈퍼비전 자격증을 추진하는 ATCS, ACS 또는 기타 인증기관에 대한 정보공개서 요건을 검토한다. 제공한 템플릿(부록 D)을 사용하여 자신만의 정보공개서 작성을 시작한다. 위에서 말한 활동을 마친 후 파악한 강점과 고유한 서비스 분야를 반드시 포함한다. 첫 번째 초안을 작성했으면 슈퍼바이저와 함께 검토한다.

# 참고문헌


- AATA. (2017). What is art therapy? Retrieved from www.arttherapy.org/upload/whatisarttherapy.pdf
- American Association of Marriage and Family Therapy. (2018). Responsibilities and guidelines for AAMFT Approved Supervisors and supervisor candidates. Retrieved from www.aamft.org/iMIS15/AAMFT/Content/supervision/Responsibilities.aspx
- American Association of Play Therapy. (2016). Play therapy credentials. Retrieved from www.a4pt.org/page/CredentialsHomepage
- Art Therapy Credentials Board (ATCB). (2018a). Art therapy credentials board examination (ATCBE). Retrieved from www.atcb.org/resource/pdf/ATCB_Prep_Guide.pdf
- Art Therapy Credentials Board (ATCB). (2018b). Art therapy certified supervisor (ATCS) 2018 application handbook. Retrieved from: www.atcb.org/resource/pdf/ATCS_ApplicationHandbook.pdf
- Art Therapy Credentials Board (ATCB). (2018c). Code of ethics, conduct and disciplinary procedures. Retrieved from: www.atcb.org/resource/pdf/ATCBCode-of-Ethics-Conduct-DisciplinaryProcedures.pdf
- Art Therapy Credentials Board (ATCB). (2018d). Registered art therapist (ATR):2018 application handbook. Retrieved from www.atcb.org/New_Applicants/Apply_ATR
- Art Therapy Credentials Board (ATCB). (2019). What is Art Therapy? Retrieved from: www.atcb.org/Public/WhatIsArtTherapy
- Barrett, M. S., & Barber, J. P. (2005). A developmental approach to the

supervisionof therapists in training. *Journal of Contemporary Psychotherapy, 35*(2), 169–183. doi:10.1007/s10879-005-2698-8s

- Center for Credentialing and Education. (2016). Approved clinical supervisor(ACS). Retrieved from www.cce-global.org/Credentialing/ACS
- Fish, B. J. (2017). *Art-based supervision: Cultivating therapeutic insight through imagery*. New York, NY: Routledge.
- Harris, S. (2017). Systemic dual-developmental supervision: An approach for psychotherapy practitioners and supervisors. *The Family Journal, 25*(1), 84–90.
- State of New Jersey. (2017). New Jersey Division of Consumer Affairs: Professional counselor examiners committee frequently asked questions. Retrieved from www.njconsumeraffairs.gov/pc/Pages/FAQ.aspx

# 5장 비밀유지 및 사전 동의

*Karen Myers*와 *Daniel Blausey*

## 면책조항

이 장은 구체적인 법률 자문을 제공하기 위함이 아니다. 거주 지역에 따른 구체적인 법률 자문은 변호사와 상담하는 것을 권장한다.

## 소개

비밀유지와 사전 동의가 치료사와 내담자 사이의 기본적인 개념인 것처럼 슈퍼비전 관계에서도 유사한 의무가 있다. "내담자는 미술치료사가 슈퍼비전을 받고 있다는 것과 미술치료사와의 관계가 슈퍼비전 회기 안에서 논의 대상이 될 수 있음을 알 권리가 있다"(Moon, 2006, p. 32). 내담자는 알 권리가 있을 뿐만 아니라 많은 주에서 다음과 같은 권리가 있음을 알아야 한다. 특히 면허를 취득하려는 새로운 전문가와 함께 일하는 경우 치료사가 슈퍼비전을 받고 있다는 사실을 알도록 법으로 규정하고 있다. 또한 내담자는 슈퍼비전의 의미를 완전히 이해할 권리가 있으므로 회기에 적용되는 비밀유지에 대한 명확하고 간결한 설명서를 내담자에게 제공하는 것이 중요하다.

교육생과 내담자 모두와 비밀유지 및 사전 동의를 논의할 때 언어 또는 문해력의 장벽을 해결하는 것이 필수적이다. 슈퍼바이저, 슈퍼바이지 및 내담자(또는 보호자)가 개인 정보 보호에 대한 기본 언어 또는 문화적 기대치가 각각 다른 경우가 있다. 언어 또는 문해력 장애를 적절하고 세심하게 다루는 것은 내담자의 권리를 존중하고 "의료 인력과 그들이 제공할 수 있는 서비스의 특성에 대한 정보"(Hodgson, Mendenhall, & Lamson, 2013, p. 35)와 함께 치료와 관련된 기타 관련 정보를 명확하게 공유할 수 있다.

참여에 동의하기 전에 슈퍼바이지는 내담자와 마찬가지로 법적 요소를 정의할 권한이 없더라도 슈퍼비전 관계의 경계를 이해하고 동의할 권리가 있다(Thomas, 2007, p. 22). 이 장에서는 비밀유지와 관련된 주제 중에서 동의 능력, 서면 동의, 소셜미디어, 미술작품과 함께 비밀유지 필수 사항에 대해 다룰 것이다. 우리는 비밀유지와 사전 동의를 정의하고, 동의가 무엇을 명확히 할 수 있는지를 설명하며, 미술치료 자격관리 위원회(ATCB)의 윤리, 행동 및 징계 절차 강령에서 관련 주제를 검토할 것이다. 마지막 부문에서는 기록 및 의사소통에 대해 다루며, 미국의료정보보호법(HIPAA), 가족교육권리 및 개인정보보호법(FERPA), 기술, 저장 및 기타 관련 사항을 다룬다.

## 주요 비밀유지: 기본 사항

본질적으로, 비밀유지는 미술치료사와 기타 법적으로 의무가 있는 의료 전문가들이 내담자의 동의 없이 유추하거나 내담자가 전달한 정보를 공개하지 않도록 노력한다. 일단 비밀유지가 이해되면, 치료 동맹 내에서 신뢰가 깊어지고 안전이 강화될 것이다. 그것은 비밀유지의 요인에 따라 어떤 정보를 공유할 것인지에 대한 내담자의 자기 결정권을 존중한다.

많은 내담자들은 구두로 제공되거나, 창작 과정에서 전달되거나, 예술 작품에서 잠재적으로 드러날 수 있는 개인적인 노출이 비밀로 유지되는지에 대해 충분히 이해하지 않고 미술치료를 시작한다. 기본적으로, 내담자들은 그들의 권리에 대해 모르고 치료사의 슈퍼비전 요건에 대한 이해가 부족할 수 있다. 마찬가지로, 비밀유지에 대한 이해 부족은 슈퍼바이지에게도 해당될 수 있으므로 슈퍼바이저는 슈퍼바이지가 내담자와 비밀유지에 대해 이야기하는 방법을 이해하도록 하는 것이 중요하다. 슈퍼바이저로서 비밀유지의 본질과 이것이 치료 동맹과 슈퍼비전 관계 내에서 내담자에게 어떻게 도움이 되는지 잘 알고 슈퍼바이지를 교육하는 것이 필요하다.

기본적인 것부터 시작한다. 비밀유지는 신뢰를 구축하고, 내담자의 사생활 권리를 존중하고, 내담자의 자기 결정을 향상시키기 위해 치료 관계의 초기부터 중요하다. 그러므로, 내담자는 정보를 얻을 자격이 있고 치료자는 치료 관계의 시작부터 비밀유지에 대해 논의할 의무가 있다. 대부분의 미술치료사들은 더 큰 팀의 일원이거나 또는 외부 조력자들과 함께 일하기 때문에 내담자를 교육하는 것은 종종 한 단계에 불과하다. 개인 치료실, 소규모 비영리, 학교 환경 또는 더 큰 기관 내에서 작업하든 비밀을 보호하고 강화하는 시스템을 설계하고 구현해야 한다. 이를 위해서는 위반사항을 줄이기 위한 다양한 책임 수준에서의 헌신과 인식이 필요하다. Hodgson 등(2013)은 규모가 크든 작든 다른 환경에서도 쉽게 적용될 수 있는 통합된 1차 진료 환경에서의 비밀유지에 대한 개요를 제공하였다.

> 대기실에서의 대화, 기록 체계의 공유, 상담 예약을 하러 오는 사람들을 어떻게 연결할지 모르는 불분명함, 부실한 클리닉(예: 불충분한 공간, 얇은 벽, 대기실 좌석 부족)은 모두 통합된 접수 면접 팀에서나 팀 내부에서 비밀을 침해할 수 있는 가능성을 내포하고 있다. HIPAA의 개인정보 보호규칙(45 CFR 164.506; 미국 보건복지부, 1996)에 따르면 비밀유지는 개인 건강 정보에 대한 연방 보호의 기초로서 기능하며, 양질의 의료 서비스 제공에 불필요한 장벽을 만들지 않도록 신중하게 균형을 유지해야 한다.
>
> (p. 28)

기본적으로, 내담자가 승낙하지 않거나 강제적인 법적 사유가 없는 한, 내담자 치료에 관한 모든 정보는 계속해서 비공개로 유지되어야 한다(Hodgson et al., 2013, p. 32).

미술치료사가 비밀유지를 어길 때에는 내담자에게 명확히 설명하는 것도 중요하지만, Hodgson 등(2013)은 비밀유지 문제가 더 복잡하며(예: 복수 제공자, 미성년자, 주법) 회기 내에서만 국한되어 발생하지 않는다는 점을 분명히 상기시킨다. 그런데도 우리는 이 장에서 상담 회기 중 비밀유지에 접근하는 방법을 검토하는 것부터 시작한다. 실제 대화는 각 사이트의 비밀유지 정책을 기반으로 하며 이는 ATCB 윤리강령, HIPAA, 주 및 지역 비밀유지법을 준수해야 한다. 구두로 비밀유지를 논의하는 것 외에도 비밀유지 양식을 활용하는 것이 종종 권장된다. 비밀유지 양식은 내담자가 주로 사용하는 언어로 작성된 서면으로 제공되는 것이 이상적이며, 회기 시작이나 접수 중에 구두로 검토하고 명확히 설명하는 것이 좋다.

슈퍼바이저와 비밀유지를 논의할 때 비밀유지가 무엇을 의미하는지, 치료와 슈퍼비전에서 예외가 있을 때를 명시적으로 밝히는 것이 중요하다. 항상 슈퍼바이지의 다음 사항을 고려하도록 권장한다.

- 내담자가 명확하고 이해하기 쉽도록 구두로 '비밀유지'라는 단어를 사용하고 정의한다.
- 서명을 요구하기 전에 비밀에 대한 정의(내담자의 주 사용 언어로 작성)를 검토한다.
- 자신이나 다른 사람들에게 심각하게 임박한 위험사항의 예외를 확인한다. 여기에는 어린이, 노인, 그리고 인지장애를 가진 사람과 같은 취약계층에 대한 잠재적 피해에 대한 의무적인 보고가 포함된다.
- 미술치료사를 포함한 모든 보건전문가는 내담자가 특정인이나 사람을 해칠 위험이 있다고 생각되거나 직접 아는 경우 선제적으로 행동하도록 하는 요건인 '경고 의무'의 예외에 대해 논의한다. 판례법에 대한 경고 의무는 주마

다 무엇이 요구되고 어떤 관계가 특권을 갖는지에 따라 다르다. 1976년 타라소프(Tarasoff) 사건[8]은 후속 판례법이 자주 인용하는 초기 '경고 의무' 결정을 따랐다.

- 법원에서 소환장을 받거나 요구하는 경우 비밀유지가 더 이상 적용되지 않음을 설명한다. 그러나 제공되는 정보는 반드시 필요한 것으로 제한되어야 한다. 즉, 법원이 내담자의 회기 출석에 대해 알아야 할 경우, 출석 기록만 공개해야 하며, 그러한 회기에 대한 실질적인 사례 일지는 공개하지 않는다. 소환장을 받으면 관련 법률 자문을 구하는 것이 매우 중요하다.
- 슈퍼바이저로서 슈퍼비전 회기에 대한 정보에 대해 비밀유지 의무가 있는 제한된 현장에서 슈퍼바이저 및/또는 동료와 공유할 수 있다.
- 해당되는 경우, 사례는 계약된 임상현장 외부 슈퍼비전에서 논의된다는 점을 설명한다. 여기에는 외부의 개인 및 집단 슈퍼비전 또는 동료 상담 집단이 포함된다.

내담자가 다른 사람과 비밀 정보 공유를 요청할 수 있는 상황이 있다. 예를 들어, 내담자는 보호 관찰, 가석방, 직원 보조 프로그램, 자녀 방문권 등을 위해 치료사를 만나고 있다는 확인서를 제공해야 할 수 있다. 이런 경우 반드시 서면 동의를 얻어야 한다. 일반적으로 이러한 동의는 내담자가 동의 계약을 철회하지 않는 한 서명일로부터 최대 1년 동안 유효하다. 이 동의는 언제든지 취소할 수 있다. 내담자가 법원 명령을 받고 미술치료사가 동의 없이 특정 정보를 공개해야 할 때는 예외이다. 서면 및 구두 검토를 통해, 특히 정보를 공개하기 전에 내담자가 치료 초기부터 이러한 예외를 이해하고 있는지 확인한다. 동의서는 다음을 포함해야 한다.

8 살해 희생자가 된 타라소프에게 사전경고를 하지 않은 상담자에게 법적 책임이 있음을 판결한 사건

- 서명
- 날짜
- 어떤 정보를 공유할 것인지에 대한 구체적인 세부사항
- 누구와 정보를 공유할 것인지에 대한 세부사항
- 정보 공유의 목적. 일반적인 목적으로 종종 '치료를 지속하기 위해'라는 문구를 사용한다.

## 미성년자 등 기타 동의가 어려운 경우

개인이 사전 동의를 제공할 수 있는 연령은 주(state)마다 다르지만, 사전 동의를 통제하는 윤리적·법적 요건은 언제나 비밀 유지에 영향을 미친다. 슈퍼바이저와 슈퍼바이지 간의 준수 논의는 매우 중요하며, 모든 사람이 동일한 규정 준수 의도에서 운영될 수 있도록 보장하여야 한다. 특히 LGBTQ 청소년에 대해 말하면서, Solomon, Heck, Reed와 Smith(2017)는 관할 규정이 동의하는 보호자가 치료 정보를 받을 자격이 있는지 또는 미성년 내담자가 공개로 인해 피해를 입을 가능성이 있는 경우 비밀 정보를 보류할 수 있는지에 영향을 미치는 방식을 이해하는 것이 중요하다고 강조하였다. 이러한 결정은 슈퍼비전을 통해 시작해야 하며 경우에 따라 법률 자문이 필요할 수도 있다. 예를 들어 동성애를 혐오하는 부모나 법적 보호자가 있는 청소년은 LGBTQ 정체성을 공개할지 여부를 결정할 때 특별한 고려가 필요할 수 있다(Solomon et al., 2017).

## 도덕성 문제

미술치료사는 위의 예외 중 하나가 적용되지 않을 때 '도덕성' 문제에 대한 비밀을 침해하려는 충동이 있는 순간 슈퍼비전에서 비판적으로 자기 점검을 기꺼이 해야 한다. 예를 들어, 내담자가 범죄를 저질렀다고 밝혔지만, 그 범죄가 내담자나 다른 사람들을 위험에 빠뜨리지 않을 때 미술치료사는 어떻게 해야 할까? 고려해야 할 몇 가지 사례가 있다.

- 내담자가 현재 마약 투약이나 판매 내역을 공개한다. 이것을 경찰에 신고할 생각이 있는가?
- 내담자의 배우자에게 배우자 부정을 밝힐 수 있는가?
- 부모나 배우자에게 LGBTQ 청소년 내담자의 성적 호기심에 대한 비밀을 유지할 수 있는가?

분명히 미술치료사나 그들의 슈퍼바이저의 개별적인 도덕적 견해는 비밀을 깨는 합리적인 근거는 될 수 없다. 그러나 내담자의 행동은 여전히 무판단의 관점에서 회기 중 치료적 개입과 논의가 필요할 수 있다. 회기에서 특정 주제를 다루기 위한 결정은 슈퍼비전에서 철저히 논의되어야 하며 치료사의 도덕성이 아니라 내담자의 필요에 의해 추진되어야 한다.

### 의도치 않는 공개

의도치 않는 공개가 발생하지 않도록 각별히 주의해야 한다. 내담자의 이름을 수정하는 경우에도 신원에 대해 가정하기 위하여 사실로부터 충분한 정보를 수집할 수 있으므로 집단 슈퍼비전 회기 및 토론/사례 연구에 사용할 경우 내담자의 인적 사항과 상황을 크게 변경해야 한다. 직원 회의 장소, 엘리베이터, 계단 등을 포함한 공공장소에서 내담자에 대한 대화를 피한다. 복사나 컴퓨터로 작성하는 파일, 서류 작업 역시 세심한 슈퍼비전이 필요하다. 서류를 집으로 가져가면 부주의하게 노출될 수 있다. 자동차 사고를 당했거나 배낭을 도난당해서 비밀 파일이 발견되었다고 상상해 보라. 또는 커피숍에서 파일 작업을 할 때 옆에 앉아 있는 누군가가 화면의 내담자 정보를 볼 수 있다.

### 지자체 및 지역별 비밀유지

비밀유지 및 정보공개와 관련된 일부 요구사항은 환경에 따라 다르며, 다른 요구사항은 주에 따라 다르므로 특정 지역에 적용되는 사항을 파악하는 것이 중요하다. 미술치료사-내담자특권은 종종 주 판례법에 의해 결정되는 경우가 많고, 그 해석이 상당히 모호할 수 있다. 새로운 해석은 새로운 판례를 남길 수 있으므로 이러한 유형의 변화를 파악하고 있는 법률 전문가와 상담하는 것이 중요하다.

### 소셜미디어

소셜미디어가 미치는 영향력은 과소평가할 수 없다. 소셜미디어는 "영속성과 비영구성 모두를 가지고 있다. 즉, 사용자가 방문한 사이트의 증거를 남기는 영속성과 비영속성, 즉 현재 정보가 이전 데이터를 대체하는 속도로 인한 비영구성"을 모두 지니고 있다(Body & Dominelli, 2017, p. 180). 소셜미디어는 전문적 노출, 미술치료 서비스 홍보, 미술치료 홍보 및 다른 사람들에 대한 교육, 정신건강 치료의 낙인 제거 등 건설적이고 가치 있는 포럼이 될 수 있다. 그러나 개인 SNS 계정은 쉽게 볼 수 있고 소셜미디어를 사용할 때 고려해야 할 사항이 많다. "신중한 고려 없이, 심리치료사가 소셜미디어를 사용하는 것은 치료 동맹을 손상시키고, 치료 과정을 방해하며, 내담자와 임상가 모두를 위험에 빠뜨릴 수 있는 부주의한 자기 노출로 이어질 수 있다"(Baier, 2019, p. 341). 사회복지사 Boddy와 Dominelli (2017)는 "소셜미디어가 제공하는 혜택과 기회를 해를 끼치지 않고 활용하고 일상적인 일에 통합하는 것에 대해 비판적으로 성찰하는 것"이라는 과제를 확인하였다(p. 174).

내담자나 슈퍼바이지의 인용문, 사진, 비디오 또는 기타 미술작품을 소셜미디어, 심지어 빠르게 사라지도록 설계된 플랫폼(예: 스냅챗)에 게시하는 것은 결코 바람직하지 않으며 허용될 수 없다. 내담자의 미술작품이 광고되고, 윤리적으로 합당한 곳에서 모두 적절한 동의를 얻은 경우가 있을 수 있지만, 이 정보를 '회수'하는 것은 불가능하다. 예를 들어 개인이 동의를 취소하면 게시물이 삭제되더라도 디지털 흔적이 남는다. 내담자와 슈퍼바이저의 정체성과 작품의 본질을 보호하는 한 가지 방법은 오려낸 작품 사진을 사용하는 것이다.

또한 많은 소셜미디어 플랫폼에는 소셜미디어의 복잡성을 증가시키고 의도하지 않게 비밀을 깨뜨릴 수 있는 '친구' 또는 '팔로우' 구성요소가 포함되어 있다. ATCB(2018)에는 자격증 소지자에 대한 엄격한 소셜미디어 코드가 있으며, 전문적 및 개인 프로필은 별도로 유지되어야 하며, 비밀 정보는 게시할 수 없다고 정하고 있다(p. 11). 뿐만 아니라, "미술치료사는 소셜미디어가 지닌 특성이나 효과로 인하여 현재 및 이전 내담자, 학생, 인턴, 연수생, 슈퍼바이지, 직원 또는 동료와 어떠한 관계도 맺어서는 안 된다"(ATCB, 2018, p. 8).

요약하자면 비밀유지에 대한 이해는 여러 가지 이유로 중요하다. 가장 중요한 것은 내담자와의 관계 구축을 위한 비밀유지의 역할, 관련 법적 영향 및 윤리적 문제이다. 따라서 내담자에게 비밀유지 진술/설명을 끝내기 전에는 비밀유지에 대한 질문이나 우려 사항이 있는지 묻는 것이 매우 중요하다. 추측하지 말자! 내담자가 전혀 듣지 않는 것보다 한 번 이상 듣는 것이 좋다.

## 사전 동의

이 부분에서는 슈퍼비전, 슈퍼바이저 및 슈퍼바이지의 맥락에서 내담자와 치료사 간의 사전 동의를 정의하고 검토하며, 슈퍼비전 관계에 대한 이해를 높이기 위해 전문가 정보공개에 대한 추가 제안을 파악한다. 사전동의는 이론적 접근 방식과 상관없이 미술치료 평가나 치료가 시작되기 전에 발생하는 중요하고 필수불가결한 법적, 윤리적 의무이다(Corey, 2013; Knapp, VandeCreek, & Fingerhut, 2017). 이는 슈퍼비전 관계 내에서도 마찬가지이다.

슈퍼바이저는 내담자에게 권한을 부여하기 위해 사전 동의를 가장 잘 구현하고 모니터링하는 방법에 대해 슈퍼바이지를 교육하는 것이 필수적이다. Hodgsonet 등(2013)은 사전동의를 "환자가 특정 의료 또는 정신건강 개입을 받는 데 승인 또는 동의를 초래하는 환자와 제공자 간의 양방향 의사소통 과정"(p. 30)으로 정의한다. 사전동의는 미술치료 서비스 참여에 동의하는 것 외에도 다음을 명확히 할 수 있다.

- 일반 미술치료/상담 목표
- 수련 중인지 여부를 포함하여 미술치료사의 자격 및 경험
- 적절한 수수료 및 보상
- 미술치료사의 역할과 책임
- 치료에서 미술과 예술적 표현의 기능과 소유
- 치료에서 내담자의 역할과 책임
- 치료의 이점과 위험
- 제공된 서비스 및 관련 법적 및 윤리적 경계
- 내담자의 사례가 치료 외부에서 논의될 수 있는 방법(예: 개인 또는 집단 슈퍼비전, 동료 상담, 팀 회의)

또한 사전동의를 수립하기 위한 의사소통은 "내담자가 그렇게 할 수 있는 법적 또는 인지적 능력이 있을 때" 내담자와의 자율적인 참여 및 신뢰 구축을 강화한다(Knapp et al., 2017, p. 88). 슈퍼바이지는 치료 동의에 대한 법적 차이를 이해하고 슈퍼바이저에게 전달해야 한다. 비밀유지와 마찬가지로 미술치료 서비스를 받기 위한 동의 연령은 주마다 다르며, 미성년자가 "응급 상황이나 법적으로 자유로운 경우와 같은 특정 상황에서 치료에 대한 법적 동의"를 허용하는 예외가 있다(Knapp et al., 2017, p. 88). 그렇지 않은 경우에는 의료 또는 정신건강 서비스를 시작하기 전에 법적 보호자로부터 사전 동의를 얻어야 한다(Williamson et al., 2017, p. 201). 마찬가지로, 일부 성인은 심리적으로나 의학적으로 치료에 동의할 수 없는 경우가 있으며 "의료 관리에 대한 후견인 또는 의사결정 권한"은 배정될 자격이 있는 성인에게 부여된다(Knapp et al., 2017, p. 88). 이런 경우에는 성인 내담자가 아닌 책임 있는 개인으로부터 사전 동의가 필요하다.

미성년자이든 다른 성인에게 의료 서비스 권한을 부여받은 성인이든 법적 보호자가 동의할 수 있어야 한다. 작업 일정이나 그 밖의 긴급한 가족 의무로 인해 동의를 얻기 어려운 경우 이용 불가능이 문제가 될 수 있으며 치료 시작 전부터

치료의 장벽이 될 수 있다(Williamson et al., 2017). 슈퍼바이저는 동의를 얻기 위해 사람에 따라 특정적이고 문화를 존중하는 전략을 개발하고 구현하기 위해 지원할 수 있다. 간병인의 역할과 같은 사회경제적 지위와 문화적 영향은 사전 동의를 얻는 데 방해가 될 수 있다. 예를 들어, "친족 돌봄(확대 가족 또는 친척)"에 의존하는 가족은 자녀의 의료 및 정신건강 요구를 관리하기 위해 법적 후견인이 없는 가족 및 친구에게 의존하는 경우가 많다(Williamson et al., 2017, p. 200).

## 전문가 정보공개서

슈퍼바이저와 슈퍼바이지 사이의 사전 동의 자체는 필요하지 않지만, 국가 또는 다른 관리 기관이 특정 요구사항을 설정할 수 있다. 그러나 4장에서 논의한 바와 같이, ATCB는 ATCS 인증 신청서에 전문적인 정보공개를 하도록 요구한다. 전문적인 정보공개는 슈퍼바이저와 슈퍼바이지 사이의 사전 동의를 공식화한다. 사전 동의를 준비하면 슈퍼바이저가 슈퍼바이지에게 기대하는 바를 명확하게 표현할 수 있다(Thomas, 2007). 4장에서 다루는 슈퍼비전을 위한 ATCB의 전문적인 정보공개의 필수 요소 외에도, 우리는 슈퍼비전 공개, 사전 문서를 완성할 때 취해야 할 추가 단계를 포함한다.

- 슈퍼바이저가 슈퍼바이지의 비윤리적인 행동을 면허 위원회 또는 전문적인 행동을 관리하는 위원회에 보고해야 함을 설명한다.
- 슈퍼비전 제휴를 정의하고 제공할 슈퍼비전을 명확히 한다.
- 누적 슈퍼비전 시간과 예상 적용 분야(등록, 면허, 임상 지식의 향상 등)와의 관련성을 명확히 정의한다.
- 슈퍼바이지와 슈퍼바이저는 평가하기 위한 방법에 합의한다.
- 슈퍼비전하에 제작된 미술품의 소유, 보관 및 사용에 대한 검토
- 문서화 및 기록 유지, 보수, 기대사항 포함
- 특히 슈퍼바이저가 부재할 때 생기는 비상사태를 열거한다.

• 슈퍼비전 동맹을 종료하거나 추가 또는 다른 슈퍼바이저에게 보내는 상황을 설명한다.

## 윤리적 기준 및 행동 기준

이 책에서 언급한 바와 같이 미술치료 슈퍼바이저는 슈퍼바이지 또는 학생에 대한 슈퍼바이저의 책임과 직접 관련된 윤리적 기준(보기 5.1 참조) 및 행동 기준(보기 5.2 참조)을 포함하는 ATCB 윤리, 행동 및 징계 절차 강령(ATCB Code of Ethics, Conduct and Jular Procedures, 2018)을 숙지하고 이행해야 한다. 우리는 이러한 표준을 간략하게 강조하고 모든 슈퍼바이저와 슈퍼바이지가 전체 문서에 더욱 익숙해지도록 권장한다.

**보기 5.1**

### 일반 윤리 표준

미술치료 슈퍼바이저는 학생/슈퍼바이지가 다음을 수행하도록 한다.

- 내담자에게 그들의 전문적인 지위, 그리고 슈퍼바이저의 이름과 연락처를 알려 준다.
- 내담자로부터 슈퍼비전 중인 내담자 작품 또는 복제품을 공유하는 데 대한 사전 동의를 얻는다.

미술치료 슈퍼바이저는 슈퍼바이지에게 다음을 제공해야 한다.

- 슈퍼바이저가 윤리·행동 및 징계 절차 강령을 준수하고 있음을 확인하는 전문적인 공개 진술
- 슈퍼비전 과정에 대한 불만을 해결하기 위한 지침

보기 5.2

### 행동 기준

**내담자 미술 표현 및 치료 회기의 사용 및 재현**

슈퍼바이저는 학생/ 슈퍼바이지가 다음의 수행을 하도록 한다.

- "내담자의 미술 표현을 촬영하거나, 비디오 또는 오디오 녹음을 하거나, 그렇지 않으면 미술치료 회기의 제3자 관찰을 허용하기 전"에 동의를 얻어야 한다(ACTB, 2018).
- 내담자의 예술품을 전시하기 전에 서면으로 사전 동의를 얻어야 한다.
- 회기 및 치료를 통해 내담자의 미술 또는 정보를 구체적으로 사용하기 위한 서명된 동의를 얻는다.

**전자적 수단**

슈퍼바이저는 교육생/ 슈퍼바이지가 다음을 수행하도록 한다.

- "치료 과정과 사업/청구 절차에서 정보 기술 응용 프로그램을 사용하는 것의 이점, 위험 및 한계를 내담자에게 알린다."
- "인터넷 통신 내에서 암호화 표준을 활용하거나 전송된 정보의 비밀을 합리적으로 보장하기 위해 그러한 예방 조치를 취한다."(ACTB, 2018).

## 미술작품 계약

슈퍼바이저는 미술작품 계약(내담자에게 자신의 작품이 공개될 수 있는지, 언제, 어떻게 공개될 수 있는지 묻는 질문)을 통해 작품을 어떻게 사용할 수 있는지 결정할 수 있도록 내담자 또는 슈퍼바이지가 권한을 부여한다는 점을 인식함으로써 작품 동의와 관련된 많은 스트레스를 완화할 수 있다. 일부 현장에는 미술작품 계약 또는 동의 양식이 있지만 그렇지 않은 현장도 있다. 슈퍼바이저는 양도계약이 존재하고 수련에 반영되었는지 확인하며 슈퍼바이지가 시행에 대해 교육받았는지 확인할 책임이 있다. 수련생, 새로운 미술치료사 또는 경험이 없는 슈퍼바이지는 종종 어떤 용어를 사용해야 하는지 또는 동의서의 목적을 어떻게 설명해야 하는지 확신이 서지 않아 묻는 것을 두려워한다. 때로는 거절에 대한 두려움이기도 한 데 내담자나 슈퍼바이지가 동의를 거절할 수 있다는 것을 알기 때문이다. 거절로 인식되면 인신 공격이 아닌 단순한 개인의 선호로 재인식해야 한다. 미술작품 계약 또는 동의 양식을 이행하면 내담자 또는 슈퍼바이지의 개인정보 보호 및 임상 상호작용이 보호된다. 그것은 그 일이 어디에서 행해지고 있는지에 관계없이 윤리적인 대우를 보장한다. 슈퍼비전에서 종종 간과되고, 많은 슈퍼바이지들은 미술작품을 공개하거나 서명에 대해 내담자에게 접근하는 방식을 확신하지 못하기 때문에 우리는 이 주제를 다룬다.

미술치료 회기가 시작되기 전에 미술치료 내담자에게 미술작품 공개 동의서 제시를 권장한다. 종종 내담자와 슈퍼바이지는 회기에서 만든 작품에 어떤 일이 일어날지 궁금해한다. 이 양식은 두려움을 줄이고 예술가의 권리와 특권을 명확하게 설명하는 데 도움이 된다. 작품 공개 양식은 내담자가 자신의 작품이나 복제품을 미술치료사가 어떻게 사용할지 사전 결정을 내릴 수 있는 권한을 부여한다. 여기에는 다음과 같은 사항이 포함된다.

- 전시, 전문 저널 출판, 전문 콘퍼런스 발표 또는 교육 목적으로 미술 작품을 활용하는 것에 대한 동의
- 동의가 있는 경우 내담자가 익명을 원하는지 또는 신원을 밝히고 싶은지 명시적으로 확인한다.
- 미술 작품이 모든 용도로 사용되는 것에 대한 동의를 거부할 수 있다.

또한 해당 기술은 임상 슈퍼바이저, 동료 임상 슈퍼바이지 및 다른 정신건강 전문가와 상의하여 논의될 수 있다는 점을 유의하는 것이 중요하다. 물론 현장 고유의 관할권 요구사항이 항상 우선한다. 내담자는 언제든지 결정을 변경할 수 있지만, 내담자는 이전에 허용된 작품 사용을 철회할 수 없음을 항상 알아야 한다. 치료사를 만족시키려 하는 것이 접수 과정에서 영향을 미칠 수 있으므로 일반적으로 내담자가 자신의 작품을 비공개로 유지하고 나중에 허가 여부를 결정하도

록 권장한다. 작품 동의에 대한 논의는 치료의 중간이나 끝보다는 초기에 시작할 것을 권장한다. 그러면 내담자들은 회기에서 특별히 주목할 만한 것(좋거나 나쁘거나!)을 "보여 줄 가치가 있는" 것으로 느끼지 않는다. 자신만의 양식을 만들어야 하는 경우 〈부록 E〉의 작품 활용 동의서 양식을 참조하라. 현장에서 일하는 경우 현장 슈퍼바이저 또는 관리자가 양식을 확인하여 모든 정책 및 절차를 준수하는지 확인하도록 하라.

## 기록 및 의사소통

상담 및 기타 형태의 심리치료와 미술치료를 구별하는 것은 치료 과정에서 사용되는 시각 예술이며 종종 미술작품으로 이어진다. 이와 같이 미술 작품은 치료의 일부이므로 기록되어야 하며 서면 메모처럼 다루어야 한다. 즉, 차트에 기록된 메모와 작품은 안전하게 보관하고 치료 팀의 일원인 사람만 접근할 수 있어야 한다. 이에 대한 보안은 엄격하게 유지되어야 하며 비밀성이 존중되어야 한다. 그러나 "정신 및 의료 제공자, 기록 및 치료를 분리하는 것은 정신건강 및 약물 남용 문제에 공통적인 치료의 낙인화 및 파편화를 확산시킨다"(Hodgson et al., 2013, p. 28). 정신건강에 대한 낙인을 줄이려면 사이트의 요구사항에 따라 문서 프로토콜을 준수하면서 공동의 노력을 기울여야 한다. 또한 미술치료사는 자신이 수행하는 작업을 비밀로 기록해야 하며 슈퍼바이저는 슈퍼바이지가 이를 인지하고 준수하는지 확인해야 한다.

### 미국의료정보보호법(HIPAA)

문서화 프로토콜은 정신건강 서비스를 원하는 내담자를 위해 연방 개인정보 보호법, 특히 HIPAA를 준수해야 한다. HIPAA의 목적은 필요한 건강 정보의 교환을 허용하면서 개인의 건강 정보를 보호하고 "질 높은 의료 서비스와 대중의 건강과 복지를 보호"하고 "관리와 치유를 추구하는 사람들의 사생활을 보호하는 동시에 정보의 중요한 사용을 허용하는 균형을 달성"하도록 장려하는 것이다(U.S. Department of Health and Human Services, 2003, p. 1). HIPAA는 건강 정보의 공유를 촉진하지만 최소한의 공개는 반드시 지켜야 할 명시적이고 중심적인 원칙이다. 미국 보건복지부(n.d.)는 HIPAA를 다음과 같은 방식으로 설명한다.

> HIPAA 보안 규칙은 적용 대상이 생성, 수신, 사용 또는 유지 관리하는 개인 건강의 전자 정보를 보호하기 위한 국가 표준을 설정한다. 보안 규칙은 건강 정보의 전자 보호 비밀, 보존 및 보안을 보장하기 위해 적절한 관리적, 물리적 및 기술적 보호 조치를 요구한다.
>
> (1항)

## 가족 교육 권리 및 개인정보 보호법

미술치료 전공 학생과 함께 일하는 슈퍼바이저의 경우에도 FERPA는 다음과 같이 적용된다.

> FERPA는 부모에게 자녀의 교육 기록에 접근할 수 있는 권리, 기록 수정을 요구할 권리, 교육 기록에서 개인 식별 정보의 공개를 통제할 수 있는 권리를 제공하는 연방법이다.
>
> (미국 교육부, n.d., 1항)

개인이 18세가 되거나 고등 교육 기관에 등록하면 학생에게 권리가 이양되므로 부모는 더 이상 자녀의 FERPA 권리를 받을 자격이 없다. FERPA는 현재 고등 교육 기관에 입학한 슈퍼비전 대상자에게 적용되며 학생 기록의 비밀유지를 결정한다.

## 기록

형식에 관계없이 미술작품, 미술작품의 복제, 사례 기록 등을 포함한 모든 내담자 정보는 보안이 유지되어야 한다. 보안 저장소는 잠겨 있는 서류 사물함, 잠겨 있는 사무실, 암호로 보호된 컴퓨터 및 웹사이트일 수 있다. 슈퍼바이저는 슈퍼바이지에게 이러한 관행을 지시하고 모든 보안 조치를 준수하는지 확인해야 한다.

기록은 종종 내담자 전용 차트에서 수행된다. 차트는 종이 파일이거나 전자 파일일 수 있다. 여러 서비스나 사람이 동일한 내담자와 함께 일하는 병원 및 기타 장소에서는 여러 제공자가 차트에 접근하고 읽을 수 있다. 미술치료 회기의 문서화는 내러티브 형식을 취하거나 더 구조화될 수 있다. 두 경우 모두 미술치료사는 회기에서 발생한 중요한 사항을 기록한다.

### 미술작품

저장 공간이 무제한인 경우 원본 미술작품은 종이 차트로 보관하는 방식과 유사하게 잠겨 있는 사물함이나 공간에 보관할 수 있다. 그러나 이것은 많은 미술치료사에게 해당되지 않으며, 특히 평면 파일이나 포트폴리오에 저장할 수 있는 종이에 작업하는 것보다 훨씬 더 많은 공간을 차지하는 3차원 재료로 작업할 때 그렇다. 또한 미술치료사는 개인이나 집단과 협력하여 설치물, 환경 또는 장소의 특정한 작품, 또는 심지어 야외 벽에 벽화를 만들 수 있다. 이러한 것 중 어느 것도 전통적인 의미로 저장할 수 없다. 슈퍼바이지나 내담자와 함께 하든 아니든 집단 환경에서 미술작품을 제작할 때 소유권을 언급해야 한다(Deaver & Shiflett, 2011).

원본 작품을 보관할 수 없는 경우 미술치료사가 작품을 촬영할 수 있다. 현재 디지털 사진이 널리 보급되어 있으므로 미술작품은 쉽게 촬영한 다음 인쇄하여 유형의 종이 차트에 넣거나 내담자의 전자 파일을 컴퓨터에 저장하거나 암호화된 방식으로 저장할 수 있다. 전자 미술 문서의 경우 제작된 작품의 크기와 재질을 기록하는 것이 중요하다. 또한 여러 각도에서 미술품을 촬영하는 것을 고려하고 재료와 물리적 압력 등과 같은 미묘한 차이도 기록되도록 세부(예: 클로즈업) 샷을 포함한다.

### 테크놀로지

스마트폰, 노트북 컴퓨터, USB 플래시 드라이브, 노트북 컴퓨터 및 디지털 카메라는 우리가  내담자 데이터를 저장하고 전송하는 방식을 적절하게 변화시켰다. 그러나 이런 기술은 비밀유지를 복잡하게 만들 수 있다. 전자 사례 기록은 신중하게 보호해야 한다. 슈퍼바이저는 슈퍼바이지에게 비밀을 최대화하고 위험을 최소화하기 위한 모범사례를 알려 주어야 한다. 암호화는 보낸 사람과 지정된 수신인만 메시지를 읽을 수 있도록 제한하는 하나의 중요한 방법이다. 암호화는 실수로 잘못된 이메일 주소로 파일을 보내어 부주의하게 공개되거나 강도 및 절도와 같은 계획적인 범행이 발생할 때 데이터가 공개되지 않도록 보호한다.

## 핵심 요약

- 슈퍼비전 관계 내에서 비밀유지 및 사전 동의는 미술치료사와 내담자 간의 비밀유지만큼이나 중요하다.
- 비밀유지는 미술치료 동맹의 초기 단계에서 신뢰 구축에 중요하며 동맹에 방해가 되어서는 안 된다. 비밀유지가 수반하는 것이 무엇인지 정의하고 명확히 하는 이 과정은 미술치료사의 구두 및 서면 노출에 대한 책임과 내담자가 회기에서 만든 미술의 활용과 목적을 포함하여 법적 제한을 확인할 수 있게 한다.
- 비밀유지 및 사전 동의는 슈퍼비전 관계 내에서 모델링될 수 있다. 슈퍼비전에서 일상적으로 모니터링되어야 하는 주제이다.
- 비밀유지 및 사전 동의를 수용하는 것은 내담자를 자신이나 타인에게 해를

끼치지 않도록 보호하고 원치 않는 불필요한 공개를 제한하는 법적 책임 역할을 유지해야 하는 미술치료사의 의무를 재구성한다.

- 모든 상황에서 미술치료사는 면허, 인증, 자격 및 윤리강령에 따라 가장 적용 가능한 권한을 준수해야 한다.

## 실습 프롬프트

어느 시점에 당신은 의무 보고자로서 내담자의 비밀을 누설하도록 요구받기 쉽다. 이에 대비하여 뉴욕주의 의무 보고자 요약 안내서(https://ocfs.ny.gov/main/publications/Pub1159.pdf)와 같은 주(states)의 의무 보고자 지침을 검토하라.

이는 의심되는 아동 학대, 부당 대우 또는 직업상 다른 잠재적 범죄를 보고해야 할 때 지침을 제공한다. 예를 들어, 초등학생이 계획적으로 자살 생각을 공유한다면(예: 차들 사이로 걸어 들어가기, 총기 접근) 이는 의무 보고 상황이다.

### 비밀보장의 한계

잠재적으로 신뢰를 쌓을 수 있는 방법으로 경고 의무와 같은 비밀을 파기하는 (비밀보장의 한계를 다루는 내용의) 창의적인 스트리보드나 만화의 레이아웃을 만든다.

- 비밀보장 한계가 내담자와 치료동맹에 실제로 사용되고 있음을 인식한다.
- 스토리보드를 대략적인 대본으로 사용하여 슈퍼바이저와 역할연기를 수행한다. 최대한으로 이해하기 위해 역할을 바꾸어 볼 수 있다.

### 윤리위반

슈퍼비전 집단에서 사적인 도덕적 충동이나 신념이 전문적인 환경에서 신뢰를 깨트리는 부적절한 세 가지 사례를 미술로 활용하여 묘사해 보라.

- 예를 들어, 어린 청소년이 성행위를 하고 있다고 하고, 당신은 이를 부모나 보호자에게 공개하는 것을 고려하고 있다.
- 동료 슈퍼바이지와 미술을 공유하고 논의한다.

### 비밀: 장벽인가, 기회인가

슈퍼비전 과정에서 여러분 및/또는 내담자가 비밀을 치료 동맹의 장애물로 인식하고 참여했던 특정 내담자의 경험을 회상하라.

- 이 사건에 대해 떠오르는 대로 3분 동안 자유롭게 글을 쓰라. 여러분 및/또는 내담자가 비밀유지를 장애물로 경험하였다면 마침내 이를 극복하였는가? 그렇지 않다면 경험을 통해 무엇을 배웠는가? 결과를 슈퍼바이저와 공유하고 토의하라.
- 여러분 /또는 내담자가 신뢰를 구축하기 위한 발판으로 비밀을 유지한 특정 내담자 경험에 대해 자유롭게 작성하라. 보다 심층적인 논의를 위해 슈퍼바이저와 공유하라.

### 추가 자원

- 내담자 비밀 유지의 복잡성 - www.socialworktoday.com/news/eoe_0216.shtml
- 비밀 유지의 한계 - www.socialworktoday.com/news/eoe_041402.shtml
- 사회복지 윤리의 필수 법률 - www.socialworktoday.com/news/

eoe_101813.shtml

- 사회복지사의 경고 의무와 비밀 유지 - https://work.chron.com/social-worker-duty-warn-vs-confidentiality-8895.html
- 비밀 유지와 경고 의무: 치료 관계에 대한 윤리적 및 법적 함의 - www.socialworker.com/featurearticles/ethics-articles/Confidentiality_&_the_Duty_to_Warn: 치료적_관계에_대한_윤리적_및_법적_함의

# 참고문헌


- ATCB. (2018). Code of ethics, conduct and disciplinary procedures. Retrieved fromwww.atcb.org/resource/pdf/ATCB-Code-of-Ethics-Conduct-DisciplinaryProcedures.pdf
- Baier, A. L. (2019). The ethical implications of social media: Issues and recommendations for clinical practice. *Ethics & Behavior, 29*(5), 341-351.
- Boddy, J., & Dominelli, L. (2017). Social media and social work: The challenges of a new ethical space. *Australian Social Work, 70*(2), 172-184.
- Corey, G. (2013). *Theory and practice of counseling and psychotherapy.* Belmont,CA: Brooks/Cole.Deaver, S. P., & Shiflett, C. (2011). Art-based supervision techniques. The ClinicalSupervisor, 30(2), 257-276. doi:10.1080/07325223.2011.619456
- Hodgson, J., Mendenhall, T., & Lamson, A. (2013). Patient and provider relationships: Consent, confidentiality, and managing mistakes in integrated primarycare settings. *Families, Systems, & Health, 31*(1), 28.
- Knapp, S. J., VandeCreek, L. D., & Fingerhut, R. (2017). *Practical ethics for psychologists: A positive approach* (3rd ed.). Washington, DC: American Psychological Association.
- Moon, B. L. (2006). *Ethical issues in art therapy* (2nd ed.). Springfield, IL: Charles C Thomas.
- Solomon, D. T., Heck, N., Reed, O. M., & Smith, D. W. (2017). Conducting culturally competent intake interviews with LGBTQ youth. *Psychology of Sexual Orientation and Gender Diversity, 4*(4), 403.
- Thomas, J. T. (2007). Informed consent through contracting for supervision:

Minimizing risks, enhancing benefits. *Professional Psychology: Research and Practice, 38*(3), 221-231.

- U.S. Department of Education. (n.d.). Protecting Student Privacy: What is FERPA? Retrieved from https://studentprivacy.ed.gov/faq/what-ferpa
- U.S. Department of Health and Human Services. (2003). OCR privacy brief: Summary of the HIPAA privacy rule. Washington, DC: Office for Civil Rights, HIPAA Compliance Assistance. Retrieved from www.hhs.gov/sites/default/files/privacysummary.pdf
- U.S. Department of Health and Human Services. (n.d.). The security rule. Retrieved from www.hhs.gov/hipaa/for-professionals/security/index.html
- Williamson, A. A., Raglin Bignall, W. J., Swift, L. E., Hung, A. H., Power, T. J., Robins, P. M., & Mautone, J. A. (2017). Ethical and legal issues in integrated caresettings: Case examples from pediatric primary care. *Clinical Practice in Pediatric Psychology, 5*(2), 196.

# 3부

# 차이의 수용과 연구

●

이 책은 '차이점'을 탐구하는 것을 핵심 주제로 삼고 있다. 차이는 임상가, 슈퍼바이저, 교육자, 그리고 개인적인 삶의 역할을 탐색하는 방법에 영향을 미친다. 특히 인종, 민족, 그리고 다른 사회문화적 요소들을 명명하는 것이 중요하다. 슈퍼바이저, 슈퍼바이지, 내담자의 다양한 관점도 고려해야 하는 중요한 요소이다. 책의 3부에서는 의도적으로 단어를 선택하는 작업이 포함되어 있다. 이는 차이점을 명확히 정의하고, 그러한 차이가 치료 및 슈퍼비전 관계에 어떤 영향을 미치는지 주의를 기울이는 과정이기 때문이다. 이러한 작업은 쉽지 않으며, 때때로 어려움을 수반할 수도 있다.

이 책을 공동 집필하기로 한 이유 중 하나는 우리가 서로 다른 삶의 경험을 가지고 있고, 명명하는 것뿐만 아니라 서로의 차이점를 인정하고 함께 일해 온 오랜 역사를 가지고 있기 때문이다. 사각지대와 서로 다른 관점을 인정하고 이를 극복하기 위해 노력하는 것은 때로는 쉬웠지만, 때로는 매우 불편한 일이기도 하다. 어렵지만 보람 있는 일이기도 하다. 다행히도, 1999년부터 우리는 전문적 관계와 개인적인 우정에서 많은 변화를 다루며 차이를 극복해 온 풍부한 역사를 만들어 왔다.

우리의 의도는 인종, 성별, 성적 취향, 나이 및 기타 차이점들이 교차하는 지점을 활용하여 책의 내용과 초점을 강화하는 것이다.

이 책은 전반적으로 다양성과 차이를 포용하는 것을 중심으로 하고 있지만, 더 많은 관심을 기울일 필요가 있다. 3부는 세 개의 장으로 구성되어 있다.

- 슈퍼바이저, 슈퍼바이지 및 내담자의 인종, 민족, 사회문화적 차이
- 학문 분야의 차이: 슈퍼바이저가 미술치료사가 아닌 경우
- 학문 분야의 차이: 슈퍼바이지가 미술치료사가 아닌 경우

이 작업을 탐구하고 이러한 중요한 주제를 설명하는 데 도움이 되도록 우리는 슈퍼바이저와 슈퍼바이지의 사례, 예술 기반 슈퍼비전 개입, 실습 프롬프트를 강조한다. 3부는 차이를 인정하고 권력관계에 주의를 기울여야 할 필요성을 인식하는 페미니스트 다문화 슈퍼비전의 영향을 많이 받는다.

# 6장 슈퍼바이저, 슈퍼바이지 및 내담자 간의 인종, 민족, 사회문화적 차이

## 소개

우리의 정체성과 사회적 위치는 내담자와 슈퍼바이저가 함께 하는 임상 작업에 영향을 미친다. 슈퍼비전 관계에서 문화적 문제는 치료사-내담자 2인 관계에 초점을 맞추는 경향이 있다. 우리는 슈퍼바이저-슈퍼바이지 및 슈퍼바이저-내담자 2인 관계, 슈퍼바이저-기관 및 슈퍼바이저-커뮤니티 간의 체계적 차이점을 포함하여 슈퍼바이저-슈퍼바이저-내담자의 삼자 관계의 다른 측면을 강조하고자 한다. 슈퍼비전에서 이러한 작업에 대한 접근 방식의 틀을 잡기 위해, 페미니스트 및 비판적 인종 이론이 슈퍼바이저와 슈퍼바이지가 권력과 차이를 둘러싼 대화를 나누는 데 어떻게 도움이 될 수 있는지 검토한다.

비교문화 임상 슈퍼비전은 가시적인 것(예: 인종과 성별)과 더욱 드러나지 않는 측면(예: 성적 지향, 종교, 능력)을 고려해야 한다. 문화를 고려하는 슈퍼비전은 슈퍼비전 문헌에서 명시적으로 논의되어 왔으며(Hardy & Bobes, 2016 참조), 여기서는 미술치료에서 슈퍼바이저가 이러한 노력을 어떻게 강화할 수 있는지에 대해 자세히 설명한다. 효과적 그리고 비효과적인 비교문화 임상 슈퍼비전에 대한 연구(Wong, Wong, & Ishiyama, 2013 참조)를 평가하여 미술치료 슈퍼비전 관계에 적용한다. 슈퍼바이저와 슈퍼바이지가 의도적으로 "슈퍼비전 관계에 문화적 문제를 도입"하도록 장려하는 것도 강조된다(Hird, Cavalieri, Dulko, Felice, & Ho., 2001, p. 116). 이 작업을 돕기 위해, 우리는 차이를 무너뜨리는 유용한 방법(Day-Vines et al., 2007; Hays, 2016)과 슈퍼바이저 또는 슈퍼바이지가 그러한 차이에 대해 논의할 준비가 되지 않은 경우 대화를 어떻게 촉진할 것인가에 대한 조언을 제안한다.

또한 우리는 문화적 차이를 인식하고 논의하는 것의 중요성을 설명하고, 그 차이를 슈퍼비전에서 다루는 것이 의미 있는 임상 작업을 어떻게 촉진할 수 있는지를 설명하는 사례를 제공한다. 우리는 슈퍼바이저-슈퍼바이지, 슈퍼바이지(치료사)-내담자 또는 슈퍼바이저-내담자 간에 치료 동맹 내에서 차이점을 탐색할 수 있는 능력을 향상시키는 장소로서 슈퍼비전 관계를 중요시한다. 우리는 "우리가 실습하는 슈퍼비전 환경 내에서 백인, 유럽 중심, 중산층, 이성애적 가정이나 고정관념이 계속될 가능성을 줄이기 위해 다민족, 혼합 인종, 글로벌 프레임 내에서 우리의 다양한 배경과 경험에 대해 개방적으로 생각하고 이야기를 나눈다"(Dudley, 2013, p. 493).

모든 치료 관계에는 여러 가지 다양성이 교차한다. 슈퍼비전 관계 내에서 이러한 교차성을 탐구하는 것이 가장 중요하다. 미술치료 분야에서 특히 중요한 것은 백인과 여성으로 확인되는 대다수의 미술치료 학생들이 인종 또는 민족적 소수자의 내담자들과 함께 일한다는 점이다(Awis & Yali, 2015). 다차원을 인정하고 연결하는 것은 치료의 결과를 결정하는 데 중추적인 역할을 하며, 내담자 중심의 연령과 문화적으로 적절한 목표와 상호 개입에 영향을 미칠 수 있다. 치료사는 자신의 개인적인 문화, 특권, 그리고 전문적인 경험을 치료적 맥락 안에 통합해야 한다. 마음챙김을 연습하는 것과 같은 전략은 미술치료사가 유사하거나 다른 정체성을 가진 내담자에게 보다 나은 서비스를 제공하기 위하여 다양한 정체성에 대한 인식을 가지고, 치료 관계에 영향을 미치도록 돕기 위해 장려된다.

치료사는 내담자와 자신 모두에게 안전한 임상 환경을 제공할 윤리적 책임이 있다. 중요한 점은, 우리가 내담자들과 같은 사회적, 문화적 환경에서 살아가고 있다는 사실이다. 그러나 각자의 배경과 경험에 따라 우리는 다양한 영향을 받을 수 있다는 점을 인식해야 한다. 인종차별, 총기 난사, 성차별, 테러 등의 사건이 빈번하게 발생하는 이 어려운 시기에 상담사와 치료사는 모든 배경을 가진 사람들에게 서비스를 제공해야 한다. 그러나 치료사가 "진실한 원칙"(Talwar, 2017, p. 102)에 따라 내담자의 치료를 거부할 수 있도록 허용하는 혐오 법안이 통과되고 있다. 이는 차이를 넘어 유용하게 작업하도록 장려하지는 않는다. 회기에서 정치적·사회적 문제를 다루는 방법, 편견을 가진 내담자와 작업하는 방법, 인종적 또는 문화적으로 우리와 다른 내담자들과 함께 작업하는 방법에 대해 논의한다. 또한 이 장에서는 어려운 문제를 해결하기 위한 도구를 제공한다.

## 문화에 대한 정의, 차이점과 유사성 인정하기

슈퍼비전에서 여러 문화를 뛰어넘어 작업하는 첫 번째 단계는 권력, 특권 및 사회적 정체성을 이해하는 것이다. 『미국의 인종차별: 사회복지사에 대한 시사점(2017)』에서 Miller와 Garran은 상담사 신분 정체성(즉, 사회적 권력과 특권이 더 많은 영역)과 대상 지위(target status) 정체성(즉, 사회적 권력과 특권이 덜한 영역)에 대해 설명한다. 이 장에서는 다문화 치료/상담 기법에 대해 자세히 다루지 않지만, 임상가의 업무를 안내하고 슈퍼비전에서 논의할 수 있는 몇 가지 모델을 소개한다. 인종 정체성 발달 모델은 슈퍼바이저, 슈퍼바이지/임상가 및 내담자에게 영향을 미친다. 각 모델은 치료사의 사회적 위치를 고려한다. 즉, 치료사는 중립적이고 인종과 성별이 없는 백지 상태가 아니라 환경과 다른 사람들에게 영향을 받는 개인이다. 이상적으로, 슈퍼바이저와 슈퍼바이지/임상가는 내담자와 함께 일하기 전에 자신의 정체성을 이해해야 한다. 이러한 모델들은 슈퍼바이저로서 자신, 치료사로서 슈퍼바이지, 그리고 미술치료에 참여하는 내담자에 대해 생각하는 데 유용하다.

Pamela Hays의 ADDRESSING 준거틀은 다양성 및 차이에 대해 제기되는 문제를 슈퍼비전에 포함시키기 시작한 개인을 위한 구체적인 도구이다. 그녀는 인종, 민족, 문화가 종종 지배적 관행을 영속화하는 방식으로 혼재되어 있다는 사실을 강조하고 이에 대한 인식을 높인다(Hays, 1996). ADDRESSING은 정체성의 측면을 명시하는 약어이다.

- Age and generational differences(연령 및 세대 차이)
- Developmental or other Disability(발달 장애 또는 기타 장애)
- Religion and spiritual orientation(종교 및 영적 지향)
- Ethnic and racial identity(민족 및 인종 정체성)
- Socioeconomic status(사회경제적 지위)
- Sexual orientation(성적 취향)
- Indigenous heritage(고유 문화유산)
- National origin(국적)
- Gender(성별)

Hays는 권력과 특권이 상황에 따라 달라진다는 점을 강조한다. 즉, 문화적 맥락에서 권력이 될 수 있는 것이 다른 문화적 맥락에서는 특권이 될 수 있음을 상기시킨다. 예를 들어, 현재 미국에서는 무슬림임을 밝히는 것이 특권으로 여겨지지 않지만, 사우디아라비아에서는 특권으로 여겨진다. 지역에 따라 차이가 어떻게 인식되는지에 대한 Yasmine의 이야기는 사례 6.1을 참조하라.

### 사례 6.1 차이점이 어떻게 인식되는가

**Yasmine 이야기**

나는 미국의 이민자 가정에서 1세대로 성장한 경험과 함께, 일본과 사우디아라비아에서 외국인으로 살았던 경험 덕분에 권력과 특권이 어떻게 인식되는지에 대해 다른 관점을 가질 수 있었다. 중상류층 교외에서 자란 나는 대부분 백인들이 사는 동네에서 높은 수준의 공교육을 받을 수 있었다. 동시에, 나와 우리 가족은 인종과 문화에 관해서는 항상 어울리지 못하는, '다른' 사람들이었다. 일본에서는 미국식 영어를 구사한다는 이유로 관심을 받았지만, 동시에 나는 미국인처럼 '보이지 않는다'는 이유로 따돌림을 당했다. 나는 브라질에 살았기 때문에 포르투갈어를 사용했다. 우리 동네에서 브라질 사람으로 인식된다는 것은 내가 공장에서 일하고 미국인 국외거주자보다 교육 수준이 낮을 가능성이 높다는 것을 의미했다.

사우디아라비아로 이주하면서, 나는 다시 다르게 인식되었다. 직장에서 명찰을 달고 다니면 이름과 신체적 특징 때문에 사우디 사람으로 인식되고 아랍어로 호칭을 불렀다. 나의 혼합된 종교적 배경 때문에 어떤 사람들은 나를 무슬림으로 보았고, 어떤 사람들은 무슬림이 아닌 것으로 보았다. 사우디아라비아도 노동력을 수입한 역사가 있기 때문에, 노동자로 고용되는 경향이 있는 파키스탄인들과 간호사로 고용된 필리핀인들로부터 나는 특권층으로 여겨졌다. 나는 종종 내가 필리핀계 미국인이라는 것이 얼마나 '행운'인지 떠올렸다. 게다가, 사우디아라비아에서 국외거주자는 학위와 직위뿐만 아니라 그들이 어떤 여권을 가지고 있는지에 따라 임금이 다르다. 나는 파란색 미국 여권을 소지하고 있었기 때문에 다른 동료들이 가지지 못한 접근 권한과 특권을 누릴 수 있었다.

5단계 인종/문화 정체성 발달 모델(R/CID)이 널리 사용되고 있으며, 다문화 상담(Sue, Sue, Neville, & Smith, 2019)에서 자세히 설명되어 있다. R/CID는 특히 유색인종의 경우 개인의 정체성 발달 단계를 이해하는 준거틀로서 슈퍼비전에 유용하다. R/CID의 단계를 요약하면 다음과 같다.

1. 순응: 지배적인 백인 문화에 동화시키는 데 초점을 맞춘다.
2. 불협화음: 자신의 문화에서 벗어날 수 없음을 깨달을 때 갈등이 생긴다.
3. 저항과 몰입: 자신의 문화에 대한 자부심이 높아지고 지배적인 백인 문화에 대한 거부감이 증가한다. 지배적인 사회와 문화에 대한 분노가 증가하면서 자신의 문화에 대한 더 많은 정보를 적극적으로 찾는다.
4. 자기 성찰: 경직된 관점에서의 불편함(예: 나의 문화는 좋고 지배적인 문화는

나쁘다는 생각). 이를 넘어서서 다양한 요소를 아우를 수 있는 통합된 정체성을 형성하려고 노력한다.

5. 통합적 인식: 그 사람은 자신들을 독특한 자율적인 개인(개인적 차원의 정체성), 그들 자신의 인종-문화 집단(집단적 차원의 정체성)의 한 구성원으로, 더 큰 사회의 한 구성원으로, 그리고 인류의 한 구성원(보편적 차원의 정체성)으로 인식하기 시작한다(Sue et al., 2019, p. 245).

Janet Helms의 백인 인종 정체성 발달(White Racial Identity Development; WRID은 흑인과의 관계 속에서 백인의 정체성이 어떻게 발전하는지에 대해 설명하는 6단계 모델이다(1984).

1. 접촉: 다른 인종의 존재를 인식하는 시점. 이때 사람들은 흑인들과의 접촉을 피하거나, 거리를 두거나, 또는 흑인들과 친구가 되려는 선택을 할 수 있다(p. 156).
2. 해체: 백인에 대한 인식을 변화시키기 시작하는 단계.
3. 재통합: 백인이 흑인에 대해 적대감을 느끼고, 백인 정체성에 대해 더 강하게 긍정적인 태도를 보이는 단계.
4. 의사독립(Pseudo-independent): 인종 간의 상호작용을 수용하는 것과 동시에 "지적 수용과 호기심"을 발달시키는 단계.(p. 156)
5. 자율성: 백인은 인종적 차이를 이해하고 받아들이며, 지적으로 풍부한 지식을 가지고 있으며, 다양성에 대해 수용하는 단계.

Aponte의 치료자 모델(POTT)은 활용되는 치료 모델이나 유형에 관계없이 치료자 자신과 치료자의 사회적 위치가 내담자와의 작업에 어떤 영향을 미치는지 구체적으로 살펴본다(Aponte & Kissil, 2016). POTT는 치료사의 성장이 아니라(물론 성장도 환영이지만) 더 나은 임상 결과를 목표로 슈퍼비전 관계에 맞게 조정되었다(Aponte & Carlsen, 2009). Aponte와 Carlsen은 슈퍼바이지가 참석한 모든 사례에 대한 12개의 질문을 작성하는 집단 슈퍼비전 도구를 개발했다. 또한 슈퍼비전 회기가 끝난 후 작성하는 네 가지 질문이 포함된 사후 슈퍼비전이 있다. POTT와 마찬가지로, 내담자와 슈퍼바이지의 사회적 위치를 고려하는 것이 동일하게 중요하다. 슈퍼비전 질문지가 "모델-중립적(model-neutral)"이기 때문에, 미술치료사는 내담자가 창작하는 미술작품과 재료, 주제 및 작품의 질에 대한 주관적 반응을 포함하도록 도구를 조정할 수 있다. 본질적으로, 도구의 목적은 치료사들이 치료의 각 단계에서 그들의 내담자들과 함께 일할 때 어떻게 사용할 것인지, 즉 문제의 구성요소와 치료의 결과적인 목표에 대한 추론, 그리고 마지막으로 그에 상응하는 기술적 개입을 통한 치료 전략의 실행을 구상하도록 하는 것이다(Aponte & Carsen, 2009, p. 399).

Wilbur, Kuemmel과 Lackner(2019)는 "슈퍼비전 관계의 질에 있어 주요 변인으로 장애를 포함한 다양성 요인"(p. 112)을 확인한다. 장애는 다양성 논의에서 간과되는 경우가 많으며 슈퍼비전 과정에서 신중한 계획과 실행이 필요하다(Wilbur et al., 2019).

## 차이점을 설명하기 위한 도구

미술치료 및 상담 슈퍼비전 전략을 파악하는 것은 치료 동맹 내에서 슈퍼바이지가 차이점을 능숙하게 탐색할 수 있도록 지원하는데 필수적이며, 언어 및 예술기반 개입과 슈퍼바이저의 자기 공개는 다양한 방식으로 슈퍼바이저-슈퍼바이지 및 슈퍼바이지-내담자 동맹을 다양한 방식으로 향상시킬 수 있다. 예를 들어, 획기적인 개입 중 하나는 편견과 편견에 기여하는 요인을 문제라기보다는 인종차별의 한 증상으로 인식하는 것이다. 일상적인 개입은 특권의 영향을 완화하거나 슈퍼비전 및 치료 동맹에 대한 가치관의 차이를 다루는 것과 같은 기본적인 것들을 인지할 필요가 있다.

## 이론과 실제

차이를 인식하는 이론적 접근법은 임상 관계에서도 유용하다. 치료에 대한 피부색에 따른 차별을 하지 않는 접근법(colorblind approach)은 미세한 갈등을 유발할 수 있다(Sue et al., 2007 참조). 마찬가지로, 문화적 차이, 특히 인종을 고려하지 않는 접근방식은 기껏해야 미묘한 차별로 이어지거나 최악의 경우 피해를 줄 수 있다(Hardy & Bobes, 2016). 슈퍼비전에서 차이를 인정하고 이야기하는 것은 문화적 역량과 겸손을 우리 슈퍼비전의 중심으로 가져오는 것이 중요함을 슈퍼바이지에게 보여 준다. 즉, 슈퍼비전 공간에서 슈퍼바이저와 슈퍼바이지, 슈퍼바이저와 내담자, 슈퍼바이저와 내담자 간의 차이를 인정함으로써 사회 정의 지향적인 미술치료는 미술치료 스튜디오/임상 영역에서 촉진될 수 있다. 미술치료 분야는 지배적인 패러다임에 대해 점점 더 의문을 제기하고 있으며, 현재는 더 포괄적이고 성찰적이며 비판적인 교수법에 대해 성찰하고 있다. 실무자들은 교차성,[9] 비판적 인종 이론 및 비판적 인종 페미니즘(critical race feminism; CRF)을 우리 분야와 수련에 도입하고 있다. 구체적으로는 미술치료(Talwar, 2010, 2018), 더 넓게는 창의적 예술 치료(Marker, 2012; Sajnani, 2012; Sajnani, Marxen, & Zarate, 2017) 및 심리학(Rosental, 2016)에서 이러한 비평 중 일부는 실무자 교육에 주의를 기울일 필요가 있음을 시사한다(Marker, 2012; Rosenthal, 2016 참조). 그러나 실제로 이러한 이론적 접근법을 촉진하는 데 필수적인 슈퍼비전 활동은 이 자료에서는 현저히 누락되어 있다. 우리는 미술치료사들이 슈퍼비전 관계에서 비판적 관점을 더욱 발전시켜, 이러한 아이디어를 치료 장면으로 가져오기를 요구한다.

### 비판적 인종 페미니즘

슈퍼비전의 차이에 접근하는 데 영향을 미치는 심리치료 및 정신건강 패러다

9 신분, 인종, 성별, 장애 등의 차별 유형들이 별개로 존재하는 것이 아니라 서로 결합하여 영향을 미치는 것

임 외의 분야의 이론을 완전히 논의하는 것은 이 장의 범위를 벗어난다. 그러나 임상가, 슈퍼바이저, 슈퍼바이지로서 사회과학 이론을 이해하는 것은 기존의 실천 방식을 재고하고 도전할 수 있는 근거를 제공하는 중요한 역할을 한다. 인종과 성별을 둘러싼 담론을 촉진하는 아주 유용한 이론적 접근법 중 하나는 CRF (critical race feminism)이다.

이름에서 제시된 바와 같이 CRF는 비판적 인종 이론과 다양한 페미니즘에 뿌리를 두고 있다. 이러한 패러다임은 신자유주의의 맥락에서 특히 중요하다. 신자유주의는 피부색에 따른 인종 차이를 두지 않는다는 개념, 모든 개인은 평등하다는 생각, 이익과 이득을 위한 개인주의와 능력주의를 조장한다. 또한 CRF는 패권주의적 관행에 맞서기 위해 노력하는데, 이는 권력을 가진 사람들이 부, 권력, 특권, 조직적 인종차별이 아니라 능력, 노력, 기술 때문에 그러한 위치에 있다는 주장에 의문을 제기하는 것을 의미한다. 건강한 백인 여성의 서사에 초점을 맞춘다는 비판을 받아온 제1, 제2의 물결 페미니즘과 달리, CRF는 인종, 성별, 계급, 성별, 나이, 능력에 따라 고려한다. 창의적 미술치료에서의 CRF에 대한 자세한 내용은 Sajnani(2012)를 참조하라.

### 교차성

치료와 슈퍼비전에서 교차성의 관련성은 정체성을 총체적으로 볼 수 있는 능력으로, 개별 인구 통계학적 요소가 아닌 인종과 성별과 같은 요인을 함께 고려할 필요가 있다. 교차성은 비판적 인종 이론과 흑인 페미니즘에 뿌리를 둔 인식론으로, 법학에서 시작되어 현재 폭넓은 맥락에서 적용되고 있다(Carbado, Crenshaw, Mays, & Tomlinson, 2013). Carbado와 동료들(2013)은 교차성의 다섯 가지 핵심 주제를 다음과 같이 정의하였다.

1. 교차성은 지속적으로 발전하는 과정으로, 고정된 것이 아니라 항상 변화하고 있다.

2. 법학, 사회학, 심리학, 교육학, 역사학, 정치학을 포함한 학제적 특성을 가지고 있다.
3. 미국 국경에 국한되지 않는 글로벌한 서비스이다.
4. 흑인 여성들의 목소리와 경험을 중심으로, 그들의 중요성과 시각을 강조한다.
5. 사회 운동의 중요성을 이해한다.

### 실천으로서의 문화적 겸손

우리는 슈퍼비전을 위해 적용할 수 있는 하나의 전략으로 문화적 겸손을 제시한다. 미국미술치료협회(AATA, 2015)는 윤리적 원칙으로 '다문화와 다양성 역량'을 내세우고 있지만, 역량이라는 개념은 고정된 인식, 지식 및 기술 기반을 의미하기 때문에 문제가 될 수 있다. 일부 저자들은 문화적 역량이 평생에 걸친 학습 과정이라고 제안하는 반면(Sue et al., 2019 참조), 다른 저자는 문화적 겸손이라고 하는 접근 방식을 선호한다. Tervalon과 Murray-Garcia(1998)가 만든 문화적 겸손은 원래 의사와 환자의 관계를 위해 개념화되었으며, 심리학 분야에도 영향을 미쳤다(Hook, Davis, Owen, Worthington, & Utsey, 2013). "문화적 겸손은 자기 평가와 비판, 의사-환자의 역동에서 권력 불균형을 바로잡고, 개인과 특정 집단을 대신하여 지역사회와 상호 유익하고 가부장적이지 않은 파트너십을 발전시키기 위한 평생의 노력을 포함한다"(Tervalon & Murray-Garcia, 1998, p. 123). 문화적 역량은 '타자'에게 집중함으로써 잠재적으로 달성할 수 있지만, 문화적 겸손은 자기 성찰과 자기 비판을 수반하는 반복적인 과정이다. 이러한 기반은 인종에

* 그녀가 글을 쓸 당시 AATA(미국미술치료협회)는 석사의 교육 기준을 담당하고 있었기 때문에 Talwar의 비평은 AATA를 향한 것이 대부분이다. 2018년 현재 미국 미술치료 교육인증위원회(ACATE)가 이 기능을 수행하고 있다. 그러나 전문가들의 자격증 취득을 감독하는 미술치료자격관리위원회(ATCB)는 직접적으로 문제가 되지는 않았다. 미술치료사는 AATA에 책임을 져야 하지만, 졸업 후 슈퍼비전과 교육이 이루어지려면, 우리는 윤리 기준을 유지하고 사회 정의를 증진하는 개인 슈퍼바이저로서 우리 자신과 함께 책임이 있으며, ATCB, 연합보건교육 프로그램 인증 위원회(CAAHEP), ACATE도 유지해야 한다. CAAHEP와 ACATE는 AATA와 '협력'하여 석사 수준의 초급 전문가를 양성하는 교육 프로그램에 대한 적절한 품질 표준을 결정한다. CAAHEP는 ACATE의 권고에 따라 프로그램을 인정한다.

대한 비판적 관행과 교차한다.

자기 성찰은 문화적 겸손의 본질적인 부분이다. Talwar(2010)*은 서양의 정신역동에 뿌리를 둔 미술치료에 의해 촉진된 "정상 대 비정상의 환원적 패러다임"(p. 16)에 의문을 제기한다. 연합보건교육 프로그램 인증 위원회(CAAHEP)의 「미술치료 교육 프로그램 인증 표준 및 지침(2016)」에서 문화적 역량 커리큘럼 기대치는 콘텐츠 영역 n: 문화적·사회적 문제에서 다루고 있다. 이 콘텐츠 영역에서는 학생들이 "문화적 역량이 다양한 공동체와 협력하기 위한 전략, 특권과 억압에 대한 이해, 치료사 자신의 태도와 신념에 대한 성찰적 사고에 대한 관련성을 이해할 것을 분명히 이해하고 있다"(p. 27). 이러한 지침을 통해 학생들과 이제 졸업한 학생들은 특권과 억압에 대한 성찰적 사고 능력에 더 능숙해질 수 있다.

Hook 등(2013)은 문화적 겸손을 훈련하는 치료사를 위해 세 가지 시사점을 제시하였다. 즉 치료사가 다양성 문제에 대한 '전문성'을 갖추고 있더라도 치료사가 내담자의 세계관에 대해 배울 수 있도록 치료사와 내담자 간의 파트너십을 장려하는 것, 지식과 기술 외에도 '겸손'을 실천하는 방법을 배우는 것, 사회 정의 목표에 부합하는 것을 장려한다. Hook 등(2013)은 이러한 것들이 넓게는 심리학자의 훈련과 관련이 있다고 말했으며, 슈퍼비전에서 문화적 겸손이 구체적으로 어떻게 발생할 수 있는지에 대해서는 논의하지 않았다. 특히, 강의실이나 현장뿐만 아니라 슈퍼비전에서도 문화적 겸손을 탐구함으로써 얻을 수 있는 이점은 슈퍼비전이 더 친밀하고 더 오랜 기간 이루어질 수 있다는 것이다. 이러한 요인으로 인해, 취약한 상태(즉, 전문가가 아닌 상태)는 친밀한 슈퍼비전 환경에 매우 적합하다. 그렇다고 해서 슈퍼비전에서 문화적 겸손이 무시되어야 한다는 것은 아니지만, 슈퍼비전은 내담자에게 취약해질 위험을 감수하기 전에 문화적 겸손을 연습할 수 있는 더 안전한 장소가 될 수 있다. 이는 슈퍼바이저나 슈퍼바이지의 문화에 대한 전문가가 되려고 노력하기보다는 질문을 하고 슈퍼비전에서 임상 경험을 역할극으로 표현함으로써 달성할 수 있다.

### 페미니스트 다문화 심리치료 슈퍼비전

이론의 또 다른 적용은 페미니스트 다문화 슈퍼비전(FMS)으로, 이는 치료에 관련된 다양한 관계, 즉 슈퍼바이지/치료사-내담자, 슈퍼바이저-슈퍼바이지, 슈퍼바이저-슈퍼바이지-내담자-사회 간 등 치료와 관련된 다양한 관계 사이의 힘과 권력 역동에 초점을 맞춘다. Alexis Arczynski와 Susan Morrow(2017)는 "어떻게 자기 정체성을 확립한 FM 심리치료 슈퍼바이저가 명백히 다문화적인 페미니스트 슈퍼비전을 개념화하고 실천할 수 있을까?"(p. 193)에 대해 질문하였다. 14명의 참가자 분석을 통해 다음과 같은 7개의 범주가 확인되었다.

1. 권력은 슈퍼비전 관계 내부와 외부에 존재하며 그 상호작용은 매우 복잡하다.
2. 슈퍼바이저들의 역사적 경험, 특히 인종차별과 억압에 대한 경험은 그들의 업무에 영향을 미친다.
3. 신뢰는 슈퍼비전 관계에 영향을 미칠 수 있는 그들의 정체성과 가치관을 의도적으로 공개하는 등 투명한 슈퍼비전 관계를 유지함으로써 구축된다.
4. 평가 시기를 포함한 지속적인 협업을 한다.
5. 모든 슈퍼바이지가 서로 다른 학습 단계에 있다는 것을 이해하고 슈퍼바이지의 발달 과정에 주의를 기울인다.
6. "편견이 어떻게 침투하는지 인식하고 이를 탐구한다."(p. 200)
7. 맥락과 사회적, 문화적 요인이 내담자의 정신 건강에 어떤 영향을 미치는지, 그리고 그들의 변화에 어떤 영향을 줄 수 있는지에 대해 주의를 기울인다.

Arczynski와 Morrow(2017)는 슈퍼비전에서 내재된 권한은 다음과 같은 사항에 주의를 기울임으로써 완화될 수 있다고 설명한다.

- 슈퍼비전 공간으로 관련 이야기 가져오기
- 개방성과 솔직함을 통해 신뢰감 형성하기

- 협력적인 과정을 활용하기
- 변화하는 발달적 (불)균형에 직면하기
- 비판적인 성찰을 촉진하기
- 맥락의 영향을 살펴보고 균형 맞추기(p. 202)

## 사례 6.2 슈퍼비전에서 차이점 다루기

### Emily 이야기

현재 면허를 취득하고 이사회 인증을 받은 전문가인 Emily는 한때 Yasmine이 슈퍼바이저였던 HIV/AIDS에 직접 영향을 받은, 뉴욕에 거주하는 가족을 위한 캠프에서 미술치료와 상담 인턴으로 일하였다. 이 이야기에서 Emily는 실습 기간 동안 자신의 직업적 정체성과 개인적 정체성이 어떻게 교차되는지 보여 주었다.

캠프는 가족들의 집에서 몇 시간이나 떨어져 있었고, 대중교통도 이용할 수 없었기 때문에 사람들은 쉽게 캠프를 떠날 수 없었다. 뉴욕에서는 대중교통을 이용하는 것이 문화적으로 당연한 일이기 때문에 이 점은 주목할 만하다. 성인을 대상으로 한 캠프에서는 가족에게 혈청(혈액형, 유전자, 가족관계) 상태 공개를 포함한 다양한 주제를 다루는 일상의 심리사회 집단이 포함되었다. 그러나 18세 미만 아동을 위한 캠프에는 치료적 요소가 포함되지 않았으며, 수영, 미술 및 공예, 양궁과 같은 일반적인 여름 캠프 활동으로 채워져 있었다. 캠프가 시작되기 전, Emily의 인턴십은 캠프 적합성 평가를 위해 가정방문을 해야 했다.

### 슈퍼비전에서 논의하는 차이점에 대한 Emily의 성찰

나는 직업 생활의 대부분을 다양한 사람들과 함께 일하면서 보냈다. 이 일을 하면서 나의 특권을 인정하게 되었다. 나는 시스젠더로서 이성과 결혼 생활을 하는 백인 중산층 젊은 여성이다. 나는 사회적으로 인정받는 중산층 생활의 표준을 대표한다. 슈퍼비전 업무를 하면서 나의 권한이 내담자들에게 어떻게 작용하는지에 대해 깊고 의미 있게 이해하게 되었다. 내가 어리고 매우 이상주의적이었던 첫 두 인턴십을 떠올렸다. 나는 '운이 좋지 않은 사람들'을 돕고 싶었으며, 동시에 나 자신의 특권을 인정하는 데 어려움을 겪었다. 슈퍼비전을 통해 나는 내담자들과 공통점이 있지만 나의 특권과 권한을 대체할 수 없다는 것을 배웠다. 나는 슈퍼비전에서 내담자의 세계관에 대한 나 자신의 편견을 탐구하는 데 많은 시간을 보냈다. 내가 푸드스탬프를 받거나 체중 때문에 괴롭힘이나 조롱을 당한 적이 있다고 해서 조직적이고 체계적인 인종차별의 깊고 광대한 고통을 이해할 수 있는 것은 아니었다. 슈퍼비전을 통해 내담자와 연결하려는 동기를 더 깊이 들여다볼 수 있는 방법을 알게 되었다. 나는 무엇을 찾고 있었나? 내담자와 이런 관계가 왜 중요한가? 내담자에게 도움이 될까? 아니면 어떤 방법으로 나 자신의 고군분투를 증명할까? 나는 좋은 의도를 위한 수행을 멈추고, 대신 내담자에게 도움이 될 수 있도록 더 깊은 이해를 하도록 배웠다. 이러한 내적 전환을 거친 후에야 다른 사람들에게 의미 있고 진정성 있는 지원을 제공하는 나를 발견할 수 있었다.

### Emily와의 슈퍼비전에 대한 Yasmine의 성찰

Emily와 나는 특별한 슈퍼비전 경험을 하였다. 내가 함께 일했던 다른 학생 슈퍼바이지들과는 달리 Emily와 나는 다양한 유형과 장소에서 슈퍼비전을 하였다. 내담자들과 함께 한 일을 전체적으로 되돌아보는 공식적인 슈퍼비전 외에도, 우리는 가정방문을 통해 비공식적인 슈퍼비전도 진행하였다. 슈퍼비전의 장소는 다양했는데, 공식적인 슈퍼비전은 캠프에 앞서 나의 집에서, 비공식적인 슈퍼비전은 캠프에 있는 오두막집에서 진행하였다. 비공식 슈퍼비전은 차 안에서 이루어졌다. 가정방문과 마찬가지로 슈퍼비전 회기는 친밀하게 진행되었다. 그들은 업무가 아니라 캠프 참가자들의 삶에 큰 영향을 미치는 세 가지 요소인 인종, 사회 경제적 지위, 건강 상태에 대한 깊은 성찰을 포함하였다. 난 Emily를 관찰력과 성찰력이 뛰어나고 배우고 성장하려는 의지가 있는 학생으로 인식하였다. Emily가 내담자를 지키는 것으로부터 더 깊은 차원에서 그들과 소통하는 것으로 전환한 Emily의 능력 일부가 슈퍼비전의 전통성에 중점을 둔 것인지 궁금했다. 그것은 내담자와의 캠프 가정에서 수행된 평가에 대한 친밀감을 반영했다. Emily의 불확실성과 비전통적인 인턴십을 할 의향이 있다는 의지를 보여 준 Emily의 능력 때문에, 그녀의 좋은 의도를 지지하면서도 도전에 대해 편안하게 받아들였다.

슈퍼비전에서 논의한 내용 중 하나는 '적절성(appropriateness)'이라는 용어를 상세하게 분석하는 것이다. 어떤 요소들이 고려되어야 하는가? 캠프에 적합하다고 판단되는 가족이나 개인이 캠프 구조(예: 치료사, 캠프 상담사, 의료 책임자 및 기타 캠프 참가자) 또는 캠프 참가자 본인에게 도움이 되는가? 약물 복용을 고수하는 것이 중요한 요인인가? 성인은 HIV 치료제를 복용하지 않는 것에 대해 정보를 바탕으로 결정을 내릴 권한이 있지만 어린이는 그럴 수 없는 것인가? 약물 복용을 관리하는 유해성 감소 모델을 사용하는 것은 어떨까? 6세 어린이가 캠프에 온 가족들과 분리된 다른 오두막에 있을 때, '그리움'으로 할머니나 누나를 찾아 우는 것을 예상해야 하는가? Emily에게 이러한 질문을 함으로써, 그녀는 모든 가족에게 무엇이 옳은지 알 수 없지만 당시의 개인 상황을 고려하는 것으로 틀을 전환할 수 있었다.

### 브로칭(BROACHING)

사례 6.2에서 언급된 바와 같이, Emily는 브로칭 행동에 참여하였다. 이는 "상담자가 내담자에게 다양성의 문제를 탐구하도록 지속적으로 초대하는 태도로, 진정성 있는 헌신과 개방적인 자세를 유지하는 것을 의미한다"(Day-Vines et al., 2007, p. 402). 슈퍼비전에서, 특히 인종 및 사회경제적 측면에서 내담자와 치료사 간의 차이점과 유사점을 공개적으로 논의할 것을 기대했다. 슈퍼바이지와 슈퍼바이저는 내담자가 다루고 있는 주제와 슈퍼바이지가 이러한 문제와 어떻게 관련되는지(예: 사회 서비스 및 혜택 활용, 공공 주택에서의 거주/방문, 합숙 캠프 참석 이력 등)에 대해 논의하였다. Hird 등(2001)은 슈퍼비전 관계 초기에 인종과 문화에 대해 논의할 것을 제안했는데, 이는 Day-Vines와 동료들(2007)이 임상 초기에 차이 문제에 대한 논의를 장려한 것과 유사하다.

브로칭 행동은 슈퍼바이지의 문제 제기 여부에 관계없이 슈퍼바이저는 슈퍼바이지와 내담자 간의 관계뿐만 아니라 그들의 관계에 대한 다양성 문제를 제기하도록 슈퍼바이지를 지속적으로 참여시킬 것을 약속해야 한다. 슈퍼바이저는 일정, 급여, 성적, 승진 및/또는 다른 측면을 통해 관계에서 권한을 가지고 있으므로 이러한 논의를 시작하는 것은 슈퍼바이저의 책임이다. 그러나 Hird와 동료들(2001)은 슈퍼바이지가 더 적극적으로 다양성 문제를 제기할 수 있으며, 때로는 슈퍼바이저가 훈련, 전문성 및 편안함 부족으로 인해 주저할 수 있다고 지적한다. 저자들은 슈퍼바이저와 슈퍼바이지 사이에 다리를 놓는 한 가지 기법으로 자기개방를 제안한다(Hird et al., 2001). 예를 들어, 슈퍼바이저는 자신의 사각지대에서 작업할 때 겪었던 어려움을 슈퍼바이지에게 개방할 수 있다. 또 다른 제안은 슈퍼바이저와 슈퍼바이지가 함께 학습을 모델링하는 방법으로 함께 교육에 참석하는 것이다. 마지막으로, 슈퍼바이저는 슈퍼비전 시에 자신의 슈퍼비전 또는 다른 자문집단에 속해 있어야 한다(Hird et al., 2001). 치료와 슈퍼비전의 차이점에 대한 자세한 내용은 Blair와 Yasmine의 사례 6.3을 참조하라.

## 사례 6.3 치료사와 내담자 간의 차이

### Blair의 이야기

Blair는 Yasmine과 함께 외부에서 전문적인 개인 슈퍼비전에 참여하였다. 그는 다른 주에서 미술치료 및 상담 대학원을 다녔고, 미술치료 등록(ATR) 및 주 면허(LPC) 등 다양한 요구사항을 충족할 수 있는 슈퍼비전을 찾고 있었다. 또한 인종과 문화를 둘러싼 문제에 민감한 슈퍼비전을 찾고 있었다.

### 차이에 대한 성찰

나(Blair)는 치료사로서 민족의 차이, 인종, 성별, 개인의 신념을 인식하는 것이 필수적이라는 것을 이해하고 있지만, 분명한 차이가 있을 때 그것을 실행하기란 쉽지 않다. 다양한 인종, 성별, 신념, 그리고 나와 다른 많은 사람과 함께 일하면서, 나는 내가 할 수 있는 한 가지, 바로 나 자신을 통제하려고 노력한다. 기능적 가족 치료(Functional Family Therapy; FFT) 모델인 매칭이 주요 부분이기 때문에 이러한 차이점과 그것이 내가 제공하는 서비스 유형에 어떤 영향을 미치는지 잘 알고 있어야 한다. 예를 들어 히스패닉 가정과 함께 일할 때는 남성이 가장 또는 미래의 가장으로 대우받는 것이 일반적이다. 따라서 남성에게는 가정의 여성보다 더 많은 자유와 특권, 여유가 주어진다. 이 사실을 알고 있기 때문에 내가 이러한 문화적 차이를 인식하고 있다고 알려야 할 필요성을 깨닫지 못하였다. 하지만 이러한 지식과 내가 가지고 있는 다른 지식을 중심으로 치료를 계획하고 이 치료를 어떻게 시행할지 계획하는 것이 필수적이다. 결국, 내가 언어적으로 인정하지 않은 것은 치료의 수행과 각 가족이 어떻게 반응하는지에 의해 보상된다.

내 경력 전반에 걸쳐 나는 주로 10대 소녀들과 일해 왔다. 첫 번째 직장은 가정 폭력의 생존자인 십 대 부모들과 함께 일했고, 두 번째 직장은 여학생 기숙사에서 일하였다. 나는 여성들의 공간 안에서 내가 남성이라는 사실을 항상 의식해 왔고, 함께 일하는 여성들과 완전히 공감할 수는 없었을 것이다. 그러나 업무 외적인 생활에서는 항상 여성 동료들과 함께 있고, 남성은 거의 없었다. 이는 내가 개인적인 삶에서 겪는 접촉뿐만 아니라 수년간 내 삶에서 여성들과 성공적으로 경계를 지키는 방법을 배웠기 때문에 젊은 여성들과 소통하기가 매우 쉬워졌다. 이로 인해 여성과 함께 일할 때 내가 남성이라는 사실이나 성별 역학관계의 차이점을 인정하는 경우는 드물다. FFT 모델을 진행할 때 치료사와 내담자 사이의 관계에 명백한 장애물이나 방해 요소가 없다면 우리는 가족에 초점을 맞춘다. 이것은 빠르게 진행하는 모델이고, 다음 단계로 넘어가는 데에 대화와 상호작용이 중요하다.

반대로 젊은 남성과 함께 일할 때는 아이러니하게도 관계를 맺기 위해 더 많은 노력을 기울여야 한다는 것을 알게 된다. 나는 어머니만 있는 한부모 가정에 들어가는 경우가 많았다. 내 경험에 따르면 젊은 남성들은 집안의 '남자'가 되어야 한다는 책임감을 느끼기 때문에 자신과 가족을 지키거나 보호해야 한다고 생각한다. 나는 자라면서 결코 따르지 않았던 여성 혐오적인 관점과 전형적인 남성 신념으로 인해 남성들 주변에서 완전히 편안하게 느끼지 못하였다. 나와 함께 일하는 흑인 내담자와 나 사이에는 성장 배경과 환경이 비슷하다는 것을 알게 되었다. 또한 나는 특히 아버지가 없는 젊은 흑인 남성들에게 멘토로 보여야 할 필요성을 더 많이 느낀다. 내가 봉사하는 사람들과 같은 유형의 이웃과 환경에서 자랐다는 점을 고려할 때, 그들에게 자신(흑인)이면서도 성공할 수 있다는 것을 보여 주는 것이 중요하다. 아이러니하게도 내가 같은 도시에서 자란 흑인 남성이고, 젊어 보이게 옷을 입었기 때문에 내가 언급했던 많은 문화적 규범에서 예외라는 사실에도 불구하고 젊은 남성들은 내가 그 정보를 공개하면 즉시 나에게 호감을 보였다. 그들은 종종 삶, 여성, 관심사에 대한 나의 견해가 그들의 견해와 비슷하다고 생각하고, 내가 그들의 감정에 동의할 것이라는 확신을 가지고 자신의 견해를 편안하게 이야기한다. 안타깝지만, FFT 치료사로서 나의 위치 때문에, 그러한 대화들은 일반적으로 가족 역동성과 무관하고 무시된다. 이러한 젊은 남성의 견해를 인정하는 것은 삶, 여성 그리고 그들의 관심사에 대한 구체적인 견해를 중심으로 신뢰를 형성하기 위해 필요하지만, 그러한 견해들이 가정의 항상성이나 가정 내의 다른 사람들과의 관계를 방해할 때에만 관련이 있을 것이다.

이것들은 경제적 지위와 민족성의 맥락에서, 가족과 함께 일할 때 백인 가족에 대한 민족성, 그리고 흑인 가족들을 대할 때의 경제적 지위에 대한 인정이다. 가족의 현실을 확인하기 위한 목적으로 인정은 필요하다. 그러나 많은 경우 이러한 맥락적 가치가 가족이 겪는 고통의 진짜 원인이 아니다. 종종 내가 흑인 내담자 가족의 집을 방문하면 그들은 나의 지위 때문에 내가 교외 지역에서 자랐고 '부유한' 가정에서 왔다고 가정한다. 하지만 내가 그들과 같은 동네와 환경에서 자랐을 뿐만 아니라 제도권에서 살아온 이력도 있다는 사실을 알게 되면 이런 가정은 금세 깨진다. FFT 용어로는 이를 "매칭(matching)"이라고 부른다. 나는 가족이 나를 "그들 중 하나"라고 설득하는 대신 나와 함께 앉은 후 나에 대한 그들의 평가를 수집하도록 허용한다. 가족이 나와 어울리고 내가 자신과 마찬가지로 '흑인'이라는 것을 인정하면, 그들은 나에 대한 과거의 생각을 말한다.

그런 다음 이 가족들은 집이 지저분한 것에 대해 미안해하던 모습에서, 실제로는 내가 극심한 가난이나 어수선한 환경에서 자라지 않았음에도 불구하고, 그들의 어려움을 이해할 수 있다고 가정하고 집의 모습을 완전히 편안하게 받아들이는 모습으로 변한다. 다시 말하지만, 나는 그들의 가설이 FFT 용어로 가족과 함께 보다 긍정적인 "균형 잡힌 동맹(balanced alliance)"을 형성하고, 그들이 정보를 더 많이 제공하기 때문에 그들을 바로 잡지 않았다.

이 사례의 반대로 내가 백인 가정의 집을 방문하면 그들이 나보다 우월하다고 자연스럽게 믿는다고 가정하는 것이다. 나는 우리의 문화적 차이를 알고는 있지만 청결, 질서, 판단에 대한 두려움은 없는 것 같다. 그러나 우리가 서로 다른 민족이라는 것을 모두 알고 있는 방에는 항상 긴장감이 감돌고 있지만, 내가 항상 스스로가 흑인임을 자랑스러워하는 옷과 액세서리를 착용하는 점을 자세히 고려해 보면, 아무도 금기시되는 주제를 꺼내기를 원치 않는다.

가족과 함께한 한 회기에서, 나는 내담자의 초기 면접을 마무리하며 가족에게 인종에 대해 물었다. 어머니는 그들이 아르메니아인이라고 말하였다. 내담자와 아이들 중 다른 한 명은 혼혈이었다는 것을 회기 중에 언급했지만, 나는 그것에 의문을 제기하지 않고 어머니가 내게 한 말을 그대로 받아들였다. 다민족 아이들 중 한 명이 농담을 하며 "아르메니아인의 목숨은 중요하다"고 말하였다. 그러자 그녀의 어머니가 끼어들어 "모든 생명이 중요하다"고 말하였다. 어색한 침묵이 흘렀고, 그때 나는 내 오른쪽 손목을 내려다보고 "흑인의 생명도 중요하다"는 팔찌를 차고 있었다는 것을 깨달았다. 우리는 서로를 바라보며 동시에 "우리는 이럴 필요가 없다"고 말하면서 웃었다. 왜냐하면 이 문제는 피부색의 차이가 아니라 의견의 차이이기 때문에 이 주제를 피하기로 하였다. 이 가족의 FFT의 마지막 회기를 되돌아보면, 이 가족은 "고마워요 Blair #BLM"라는 문구가 쓰인 송별기념 케이크를 준비해 나를 놀라게 하였다. 케이크는 흑백의 소용돌이가 그려진 대리석 모양이었다. 이 가족의 회기는 성공적으로 끝났고 종결할 때쯤 우리는 서로 강한 유대 관계가 생겼다. 어머니는 회기 중 점차 편안하게 흑인의 삶도 중요하다고 말할 정도로 자신감을 얻었다. 나로서는 초기 단계에서 문제를 바로 다루지 않은 것이 옳은 결정이었다고 생각하며, 내 평가는 정확했다고 느꼈다. 물론 항상 그런 것은 아니겠지만, 이 경우에는 그런 접근이 적절했다고 느꼈다.

**Yasmine의 반응**

Blair는 그 순간 인종 문제를 다루어야 하는지 신중하게 고려하였다. 그가 상담했던 가족과 자신 사이의 인종적 차이를 인식하면서도 이를 다루지 않은 것에 대한 부정적인 결과를 초래하지 않았다는 점은 중요하다. 만약 이 가족이 백인 치료사나 라틴계 치료사에게 "모든 생명이 중요하다"고 말하였다면 같은 결과가 나왔을까? Blair가 이 순간에 이것을 다루었더라면 어떤 결과가 나왔을지, 아니면 다른 치료사가 그랬다면 어떤 결과가 나왔을지 모른다. 하지만 Blair는 슈퍼비전에서 이 문제를 논의하며 어떻게 행동할지 결정했고, 그 과정에서 자신의 접근 방식을 실천에 옮겼다. 나(Yasmine)는 Blair에게 어머니의 흑인 비하 발언에 대해 왜 구두로 대응하지 않았는지 직접 물어보았다. 이 경우 어머니에게 아무 말도 하지 않은 것이 옳은 선택인지 그른 선택인지 결론을 내리는 것은 슈퍼바이저로서의 나의 역할이 아니었다. 다만 Blair가 어떤 말을 하였다면 어땠을지, 무엇이 그를 망설이게 했는지, 그가 할 수 있다고 상상했던 말과 그에 대한 반응은 어땠을지, 그리고 이것이 FFT 모델에 어떻게 부합할지, 부합하지 않을지를 상상하는 것이 나의 역할이었다고 믿는다.

## 장애 관련 작업

시각, 청각, 정신건강, 지적 및 학습 장애뿐만 아니라 신체적 장애가 있는 슈퍼바이지의 특정 수련 요구를 충족하기 위해 개별적인 적응과 고려 사항이 필요할 수 있다(Pearlstein & Soyster, 2019). 2019년에는 장애 학생의 슈퍼비전 요구사항에 초점을 맞춘 「장애가 있는 수련생의 슈퍼비전 경험」이라는 논문을 발표하였다. 장애 학생들의 슈퍼비전 요구에 초점을 맞춘 「장애를 가진 수련생들의 슈퍼비전 경험: 장점, 단점, 그리고 현실」이라는 2019년의 논문에서, Pearlstein과 Soyster는 "(a) 내담자와 장애 공개를 탐색하고, (b) 직업적 맥락에서 장애 관련 낙인과 차별에 대응하고, (c) 잠재적인 장애 관련 한계를 존중하고 수련생의 강점을 극대화시키는 치료사로서의 정체성을 개발하는 것"으로 세 가지 뚜렷한 슈퍼비전 영역을 구분하였다(pp. 194-195). "누가 먼저인가? 장애를 가진 심리학 수련생들을 슈퍼비전하는 것과 편의 시설을 구축하는 것"에서, Wilbur 등(2019)은 장애 학생을 슈퍼비전할 때 슈퍼바이저들의 "경험, 태도, 편견"에 대한 통찰력을 얻음으로써 슈퍼바이저에게 효과적으로 정보를 제공하고 지원하기 위해 개발된 연구를 공유하였다(p. 111). 이 연구 결과를 바탕으로, 장애를 수용하는 입장을 권장하고 "장애 문화와 정체성 발달에 대한 태도 인식, 장애에 대한 강점 기반 입장 취하기, 보편적 접근과 같은 장애인 권리를 옹호하려는 의지와 편의 시설 구축에 헌신하는 환경으로서 장애를 수용하는 훈련 환경"을 제안하였다(2019, p. 116). 두 논문은 모든 슈퍼비전 관계 내에서 이 주제를 소개하는 것과 함께 장애 학생에게 슈퍼비전을 제공하기 위한 능력과 이해를 확장하기 시작하는 데 도움이 된다.

## 자기 개방

장애 공개와 마찬가지로 자기 개방은 슈퍼비전에서 차이를 논의하는 또 다른 기법이다. 자기 개방은 브로칭과 달리 임상에서 개인 정보를 공유하는 의도적인 행위이다. 슈퍼바이저가 슈퍼바이지에게 공개해야 하는지, 치료사가 내담자에게 공개해야 하는지에 대한 보편적인 합의가 없지만, 내담자는 치료사와 '비밀'을 공유해야 한다는 기대가 있다. 마찬가지로, 슈퍼바이지는 슈퍼바이저와 공유한다는 기대감이 있다(Yourman, 2003). 흔히, 자기 개방은 치료자가 내담자에게 자신에 대한 측면을 공유하는 이미지를 떠올리지만, 그것은 치료 관계에 관련된 모든 사람, 즉 슈퍼바이저가 슈퍼바이지에게 공개하는 것, 슈퍼바이지가 슈퍼바이저에게 공개하는 것, 그리고 내담자가 치료자에게 공개하는 것을 가리킨다(Farber, 2003). 이렇게 치료 관계에 있는 모든 개인이 개인 정보를 공유하고 있는 방식의 자기 개방을 생각하면, 우리는 슈퍼비전에서 자기 개방이 얼마나 중요한지 알 수 있다.

만약 슈퍼바이지들이 그들의 슈퍼바이저에게 정보를 공개하는 것에 대한 기대가 있다면(예를 들어, 전이, 내담자에 대한 감정, 문화적 차이, 그리고 심지어 회기에 참여하는 활동), 왜 일부 슈퍼바이지들은 정보를 보류하는가? Yourman(2003)은 슈퍼바이지가 수치심을 더 많이 느낄수록 슈퍼비전에서 개방하지 않을 가능성이 커진다고 언급하며, 수치심이 한 요인이라고 생각한다. 슈퍼바이지의 개방이 치료에 직접적으로 어떤 영향을 미치는지는 명확하지 않지만, 슈퍼비전 관계에는 영향을 미친다(Yourman, 2003). 슈퍼바이저가 차이점에 대해 이야기할 때 초대하여 참여를 유도하면 수치심을 느낄 가능성이 줄어든다.

치료와 마찬가지로 슈퍼비전은 주로 관계적인 것으로 묘사되며, 자기 개방은 치료 동맹에 도움이 되는 것으로 밝혀졌다. Ladany, Walker와 Melincoff(2001)는 다양한 환경(즉, 대학 상담 센터, 학교, 병원, 개인 실습 및 교도소)에서 다양한 배경(박사 전 인턴십의 첫 실습에서부터 훈련 후까지)을 가진 수련생을 슈퍼비전했던 석박사 훈련배경을 가진 137명을 대상으로 설문조사를 실시하였다. 그들은 슈퍼바이저들이 매력적이고(예: 동료적) 대인관계에 민감한 슈퍼비전 스타일(예: 시간과 노력을 투자하거나 치료적인)을 사용하면 더 많이 개방한다고 믿는다는 것을 발견하였다. Ladany와 동료들(2001)은 슈퍼바이저들에게 "수련생들과 작업동맹을 형성하는 데 도움이 되는 방법으로 자기 개방을 슈퍼비전 개입전략으로 통합하려는 시도"(p. 274)를 권고한다.

슈퍼바이저와 슈퍼바이지가 함께 미술 작업을 하며 창의적으로 되는 것은 자기 개방의 행위가 될 수 있다. 즉, 그것은 자기 개방을 향상시키거나 장려할 수 있다. 취약성, 실수, 창의성, 위험을 감수하는 것은 모두 동료 관계를 향상시킬 수 있는 요소들이다. 미술 작업은 개입, 개념화, 개인화 및 슈퍼바이저의 역할을 지원할 수 있으며, 특히 슈퍼바이지가 치료에 막막함을 느낄 때 사례를 더 깊이 개념화할 수 있다(Koltz, 2008).

## 핵심 요약

- 지배적인 실천 방식에 도전하고 ADDRESSING과 같은 준거틀, 상담원/치료받는 대상, 비판적 인종 페미니즘 또는 교차성과 같은 이론적 모델과 R/CID 또는 WRID와 같은 인종 정체성 모델과의 차이를 인정한다.
- 치료와 슈퍼비전에서 비판적 관점을 발전시키는 데 있어 슈퍼비전 관계를 지원할 수 있는 슈퍼비전 전략은 문화적 겸손, 브로칭, 능력에 대한 관심과 자기 개방이다.
- 다양성 문제를 제기할 수 있는 권한은 슈퍼바이저에게 있기 때문에 슈퍼바이저에게 책임이 있다. 슈퍼바이지는 더 많은 지식을 가지고 있을 수 있지만, 구조적인 권한은 상대적으로 적다.
- 우리는 유색인종 여성 치료사와 기타 소외된 정체성을 가진 치료사들이 내담자의 존재를 인정하는 한편, 슈퍼바이저가 슈퍼바이지와의 관계 초기 단계에서 이러한 문제를 제기하는 것이 허용될 뿐만 아니라 기대된다고 본다. 슈퍼바이저는 슈퍼비전과 임상 환경에서 정체성 정치*, 권력, 특권에 대해 논의해야 한다.

## 실습 프롬프트

향후 내담자와 업무의 문화적 차원에 대해 대화할 수 있는 토대를 구축하기 위한 방법으로 슈퍼비전 관계 초기에 이러한 프롬프트를 고려하는 것이 좋다. 이러한 문제를 초기에 해결하면 차이점에 대해 논의하는 것이 당연한 일이 되고 예외

* 정체성 정치는 전통적인 다양한 요소에 기반한 정당 정치나 드넓은 보편 정치에 속하지 않고 성별, 젠더, 종교, 장애, 민족, 인종, 성적지향, 문화 등 공유되는 집단 정체성을 기반으로 배타적인 정치 동맹을 추구하는 정치 운동이자 사상을 의미한다.

는 없다. 차이에 대해 정기적으로 관심을 기울이면 슈퍼비전에서 논의가 더 쉬워지고, 이러한 관심이 내담자와의 작업에도 이어지기를 바란다.

## 역동적 정체성(Dynamic Identities)

문화 정체성은 시간이 지남에 따라 바뀌고 변화한다. 일부 정체성(예: 인종 및 민족)은 고정된 상태를 유지하는 반면, 변하지 않는 정체성(예: 나이, 능력)은 그렇지 않다. 슈퍼바이지가 자기 개방을 연습하고, 사회·문화적으로 어떻게 정체성을 파악하는지 알 수 있도록 슈퍼바이저에게 문화적 정체성에 대해 생각해 볼 것을 요청하라.

- 슈퍼비전에서, 당신의 슈퍼바이지에게 "나는 …"*으로 시작하는 문장을 완성하여 1분간 자유롭게 글을 쓰도록 요청하라. 1분 후에 그 목록을 공유하도록 요청하라. 어떤 정체성이 글에서 드러났는지, 드러나지 않았는지 논의하라. 감춘 정체성으로 나타날 수 있는 잠재적 사각지대를 탐색하라. 슈퍼바이저의 자기 개방을 연습하기 위해, 슈퍼바이저는 이 활동에 참여하여 슈퍼바이지와 목록을 공유할 수도 있다.

## ADDRESSING 모델을 활용한 문화적 평가하기**

당신은 어떤 분야에서 권력과 특권을 가지고 있는가? 어떤 지역에서 소수자 지위에 있는가? Pamela Hays의 도구를 사용하여 문화적 자기평가를 수행하라. 이는 슈퍼바이저와 슈퍼바이지가 모두 자체적으로 자기평가를 완료하고 서로가 발견한 것을 공유할 의사가 있다면 자기 개방의 방법으로 잠재적으로 사용할 수 있다.

---

* 이 연습은 Beverly Tatum의 『왜 모든 흑인 아이들은 카페테리아에 함께 앉아 있는가?』(2003)를 각색한 것이다.

** Pamela Hays의 『실천에서 문화적 복잡성을 다룸: 평가, 진단 및 치료(3rd.)』의 "자신의 문화적 자기평가하기" 장에서 연습 3.1을 참조하라(CAAHEP, 2016).

- 슈퍼바이저는 특히 슈퍼바이지가 주저하는 경우, 적절한 공유와 위험 감수를 모델링하여 먼저 슈퍼바이저와 자기평가를 공유할 수 있다.

## 사회적 정체성 묘사

중심에는 Miller와 Garran(2017)의 자아체계, 바깥쪽 가장자리에는 환경적 요인(예: 지리학), 그 중간에는 인종, 성별, 나이, 사회적 계층과 같은 개인적 정체성 요인들을 그려 보라.*

- 원하는 모양으로 파이들을 그리고 큰 파이 안에 작은 조각을 넣어 각기 다른 개성을 표현하라. 어떤 도형은 다른 도형보다 클 수 있다. 일부 조각이 아예 누락될 수도 있다(예: 불가지론자인 경우 종교가 파이에 표시되지 않을 수 있음). 파이를 5년 전에 그렸다면 어떻게 달라졌을까? 10년 전에는? 지금으로부터 2년 후에는 어떻게 변화할 것이라고 생각하는가? 이는 개인 또는 집단 슈퍼비전 환경에서 모든 구성원이 개별 파이로 또는 집단으로 만들 수 있다. 또는 개인 성찰 일지에 개인적으로 작성할 수도 있다.

## 슈퍼비전에서 브로칭 행동

만약 당신이 삽화에 묘사된 Emily의 입장이라면 당신은 당신의 슈퍼바이저와 권력, 특권, 그리고 차이점에 대한 토론을 어떻게 시작할 것인가? 이제 슈퍼바이저의 관점에서 이 연습을 해 보라. Emily가 자신의 개인 정체성에 대해 명시적으로 이야기하지 않았다면 차이에 대한 논의를 어떻게 시작할 생각인가?

---

* Miller와 Garran의 『미국 내 인종차별』의 연습 1.1을 참조하라(2nd Ed., Miller & Garran, 2017).

# 참고문헌


- AATA. (2015). Art therapy multicultural and diversity competencies. Retrieved from www.arttherapy.org/upload/Multicultural/Multicultural.Diversity%20Competencies.%20Revisions%202015.pdf
- Aponte, H. J., & Carlsen, J. C. (2009). An instrument for person-of-the-therapist supervision. *Journal of Marital and Family Therapy, 35*(4), 395-405. doi:10.1111/ j.1752-0606.2009.00127.x
- Aponte, H. J., & Kissil, K. (Eds.). (2016). *The person of the therapist training model: Mastering the use of self.* New York, NY: Routledge.
- Arczynski, A. V., & Morrow, S. L. (2017). The complexities of power in feminist multicultural psychotherapy supervision. *Journal of Counseling Psychology, 64* (2), 192-205. doi:10.1037/cou0000179
- Awais, Y. J., & Yali, A. M. (2015). Efforts in increasing racial and ethnic diversity in the field of art therapy. *Art Therapy, 33*(3), 112-119.
- CAAHEP. (2016) Standards and Guidelines for the Accreditation of Educational Programs in Art Therapy. Retrieved from www.caahep. org/CAAHEP/media/CAAHEP-Documents/ArtTherapyStandards.pdf
- Carbado, D. W., Crenshaw, K. W., Mays, V. M., & Tomlinson, B. (2013). Intersectionality: Mapping the movements of a theory. *Du Bois Review, 10*(2), 303-312. doi:10.10170S17 42058X13000349
- Day-Vines, N. L., Wood, S. M., Grothaus, T., Craigen, L., Holman, A., DotsonBlake, K., & Douglass, M. J. (2007). Broaching the subjects of race,

ethnicity, and culture during the counseling process. *Journal of Counseling and Development, 85* (4), 401-409.

- Dudley, J. (2013). The assumption of heterosexuality in supervision. *The Arts in Psychotherapy, 40*(5), 486-494.
- Farber, B. A. (2003). Self-disclosure in psychotherapy practice and supervision: An introduction. *Journal of Clinical Psychology, 59*(5), 525-528. doi:10.1002/jclp.10156
- Hardy, K. V., & Bobes, T. (Eds.). (2016). *Culturally sensitive supervision and training: Diverse perspectives and practical applications.* New York, NY: Routledge.
- Hays, P. A. (1996). Addressing the complexities of culture and gender in counseling. *Journal of Counseling and Development, 74*(4), 332.
- Hays, P. A. (2016). *Addressing cultural complexities in practice: Assessment, diagnosis, and therapy* (3rd ed., pp. 39-60). Washington, DC: American Psychological Association.Racial, Ethnic, and Cultural Differences 141
- Helms, J. E. (1984). Toward a theoretical explanation of the effects of race on counseling a Black and White Model. *The Counseling Psychologist, 12*(4), 153-165.
- Hird, J. S., Cavalieri, C. E., Dulko, J. P., Felice, A. A. D., & Ho., T. A. (2001). Visions and realities: Supervisee perspectives of multicultural supervision. *Journal of Multicultural Counseling and Development, 29,* 114-130.
- Hook, J. N., Davis, D. E., Owen, J., Worthington, E. L., Jr, & Utsey, S. O. (2013). Cultural humility: Measuring openness to culturally diverse clients. *Journal of Counseling Psychology, 60*(3), 353. doi:10.1037/a0032595
- Koltz, R. L. (2008). Integrating creativity into supervision using Bernard's discrimination model. *Journal of Creativity in Mental Health, 3*(4), 416-427. doi:10.1080/154013808 02530054
- Ladany, N., Walker, J. A., & Melincoff, D. S. (2001). Supervisory style: Its relation to the supervisory working alliance and supervisor self-disclosure. *Counselor Education and Supervision, 40*(4), 263-275.
- Mayor, C. (2012). Playing with race: A theoretical framework and approach for

creative arts therapists. *The Arts in Psychotherapy, 39*(3), 214–219. doi:10.1016/j.aip.2011.12.008

- Miller, J., & Garran, A. M. (2017). *Racism in the United States: Implications for the helping Professions* (2nd ed.). New York, NY: Springer Publishing Company.
- Pearlstein, J. G., & Soyster, P. D. (2019). Supervisory experiences of trainees with disabilities: The good, the bad, and the realistic. *Training and Education in Professional Psychology, 13*(3), 194.
- Rosenthal, L. (2016). Incorporating intersectionality into psychology: An opportunity to promote social justice and equity. *American Psychologist, 71*(6), 474. doi:http://dx.doi.org/10.1037/a0040323
- Sajnani, N. (2012). Response/ability: Imagining a critical race feminist paradigm for the creative arts therapies. *The Arts in Psychotherapy, 39*(3), 186–191. doi:10.1016/j.aip.2011.12.009
- Sajnani, N., Marxen, E., & Zarate, R. (2017). Critical perspectives in the arts therapies: Response/ability across a continuum of practice. *The Arts in Psychotherapy, 54*, 28–37. doi:http://dx.doi.org/10.1016/j.aip.2017.01.007
- Sue, D. W., Capodilupo, C. M., Torino, G. C., Bucceri, J. M., Holder, A., Nadal, K. L., & Esquilin, M. (2007). Racial microaggressions in everyday life: Implications for clinical practice. *American Psychologist, 62*(4), 271.
- Sue, D. W., Sue, D., Neville, H. A., & Smith, L. (2019). *Counseling the culturally diverse: Theory and practice* (8th ed.). Hoboken, NJ: John Wiley & Sons, Inc.
- Talwar, S. (2010). An intersectional framework for race, class, gender, and sexuality in art therapy. *Art Therapy, 27*(1), 11–17. doi:10.1080/07421656.2010.10129567
- Talwar, S. (2017). Ethics, law, and cultural competence in art therapy. *Art Therapy, 34*(3), 102–105. doi:10.1080/07421656.2017.1358026
- Talwar, S. K. (Ed.). (2018). *Art therapy for social justice: Radical intersections.* New York, NY: Routledge.
- Tatum, B. D. (2003). *Why are all the black kids sitting together in the cafeteria? And other conversations about race.* New York, NY: Basic Books.
- Tervalon, M., & Murray-Garcia, J. (1998). Cultural humility versus cultural

competence: A critical distinction in defining physician training outcomes in multicultural education. *Journal of Health Care for the Poor and Underserved, 9*(2), 117-125. doi:https://doi.org/10.1353/hpu.2010.0233142 Embracing and Working with Differences

- Wilbur, R. C., Kuemmel, A. M., & Lackner, R. J. (2019). Who's on first? Supervising psychology trainees with disabilities and establishing accommodations. *Training and Education in Professional Psychology, 13*(2), 111.
- Wong, L. C. J., Wong, P. T. P., & Ishiyama, I. F. (2013). What helps and what hinders in cross-cultural clinical supervision: A critical incident study. *The Counseling Psychologist, 41*(1), 66-85. doi:10.1177/0011000012442652
- Yourman, D. B. (2003). Trainee disclosure in psychotherapy supervision: The impact of shame. *Journal of Clinical Psychology, 59*(5), 601-609. doi:10.1002/jclp.1016

# 7장 학문 분야의 차이 : 슈퍼바이저가 미술치료사가 아닌 경우

*Stephanie Brooks*와 *Yasmine J. Aawis*

## 소개

이 장에서는 미술치료사와 미술치료사가 아닌 슈퍼바이저 사이의 관계를 살펴본다. 우리는 슈퍼비전의 기본적인 요소와 슈퍼바이저와 미술치료사 간의 공통점에 대해 논의하고, 다른 전문적 인식론적 관점이 슈퍼바이저-슈퍼바이지 및 내담자-미술치료사 관계를 어떻게 풍부하게 하는지를 살펴볼 것이다. 이 장 전체에 걸쳐 슈퍼비전 문제를 설명하기 위해 예시가 사용된다. 슈퍼바이저와 슈퍼바이지의 관점에서 관계를 탐색하기 위한 전략을 제안한다. 여기에는 미술치료 문헌과 전문 분야(즉, 미술치료 실습)에 대한 최신 정보를 파악하는 슈퍼바이지의 책임이 포함된다.

## 슈퍼바이저의 전통적인 역할 및 책임

미술치료 슈퍼비전을 논의할 때, 슈퍼바이저와 슈퍼바이지 모두 미술치료사라는 가정이 있을 수 있다. 이는 임상 대학원 교육 환경이나 계약된 슈퍼비전의 경우 그럴 수 있지만, 미술치료사는 직장에서 다른 분야의 슈퍼바이저가 있을 수 있다. 실제 활동하는 미술치료사의 수는 사회복지사나 상담사와 같은 다른 중간 수준의 전문가에 비해 적다. 그리고 박사급 임상가(예: 심리학자)의 수를 더하면,

미술치료사가 슈퍼바이저인 경우는 훨씬 더 적다는 것이 분명해진다. 예를 들어, 미술치료사는 창의적 미술치료사, 레크리에이션 치료사, 작업치료사 등 다양한 분야의 개인들을 전체 단위로 슈퍼비전하는 병원의 심리학자로부터 슈퍼비전 받을 것이다, 전통적인 슈퍼비전 관계에서, 슈퍼바이저는 더 많은 지식과 경험을 보유할 것이며, 고전적인 미술치료 슈퍼비전 모델에서 미술치료 슈퍼바이저는 특히 재료와 매체, 과제나 체험을 포함하는 미술치료 특유의 개입에 대해 더 많은 지식과 경험을 보유하고 있다. 슈퍼바이저가 미술치료사가 아닐 때, 슈퍼바이지는 이러한 미술치료 실제에 대한 지식을 더 많이 보유하는 경향이 있다. 이 경우, 슈퍼비전 관계를 어떻게 조율할 것인가? 서로 다른 이론적 경험과 언어가 사용될 때 어떻게 관계를 발전시킬 수 있을까?

이 장에서 우리는 슈퍼비전에서의 책임감, 맥락, 실용성, 관계의 중요성에 대해 논의한다. 슈퍼바이저는 특정 이론적 관점에서 일할 수 있으며, 이는 슈퍼비전 관계가 협상 방식에 영향을 미칠 수 있을 것이다. 예를 들어, 학문과 이론의 차이를 이해하는 것(예를 들어, 모든 심리학자가 행동 지향적인 것은 아니다)이 중요하다. 분야와 관계없이, 슈퍼바이저는 일반적으로 슈퍼비전을 할 때 선호하는 철학이 있다. 철학을 바탕으로 이론적 접근방식이나 모델, 신념, 가치를 구성한다. 핵심 구성요소는 슈퍼바이저의 철학 전반에 내재되어 있으며 슈퍼비전을 위한 청사진을 제공하고 있다. 이는 다시 슈퍼바이저의 관계적 위치 또는 입장, 양식 및 슈퍼바이지의 역량에 대한 관점을 안내한다. 예를 들어, 체계적 슈퍼비전의 세대 간 모델(TG)은 (a) 슈퍼바이저가 개인적 권위 의식을 가지고 차별화된 위치에서 운영할 수 있도록 촉진함으로써 관계적 역량을 증진하고, (b) 자신의 문화적 자기(self)와 성찰을 증진시킬 수 있는 슈퍼바이지의 능력을 촉진하며, (c) 내담자와 관련된 원가족(family of origin: FOO)의 역동, 역사 및 관계를 다루고, (d) 임상에서 치료자 자신을 사용하는 방법을 슈퍼바이저에게 지도하기 위한 수단으로 의도적으로 슈퍼비전 삼각관계와 도제관계를 만든다(Brooks & Roberto-Forman, 2014, p. 186). 협상을 위한 방법이 있지만, 대부분의 경우 TG 슈퍼비전 모델은 슈퍼바이저와 슈퍼바이지 사이에 위계적 관계를 설정하여 슈퍼바이저의 지식에 특권을 줄 수 있다.

### 미술치료사와 미술치료사가 아닌 슈퍼바이저의 공통점 슈퍼바이저와 만남

혹자는 슈퍼바이저와 슈퍼바이지가 비슷한 세계관, 심리치료에서 변화가 일어나는 방식에 대한 철학, 그리고 서로의 이론적 접근에 대한 이해를 공유할 때 가장 잘 맞는다고 생각할 수 있다. 이러한 요소는 슈퍼비전의 중요한 구성 요소가 될 수 있지만, 효과적인 슈퍼비전의 필수 요소는 공유된 목표와 이러한 목표를 지원하는 슈퍼비전 관계를 필요로 한다(Nelson, 2014). 슈퍼비전 관계의 강점은 슈퍼바이저와 슈퍼바이지 간의 공유가치를 탐색하고, 공유목표를 달성하기 위한 서로의 역할을 명확하게 표현한다. 이러한 맥락에서, 강력한 슈퍼비전 관계는 슈퍼바이저와 슈퍼바이지가 다양한 관점에서 이익을 얻을 수 있는 풍부한 근거를 제공한다. 개념적으로 "다양한 관점"이라는 용어는 슈퍼비전에서 교차성, 권력 및 관계 안전에 대한 성실성을 요구한다(Hernández & McDowell, 2010). 공통점을 달성하기 위해서는 슈퍼바이지/슈퍼바이저의 정체성, 전문적인 환경, 분야 간 융합 및 차이를 인식하고 존중하는 등 가장 넓은 의미의 다양성을 증진하려는 의도성이 필요하다. 직관적이지 않은 것처럼 보일 수 있지만, 공통점을 찾는 핵심은 문화적 형평성과 겸손을 위한 준거 틀, 즉 자기 초점과 타자 초점을 만드는 것이다(Hernandez-Wolfe & McDowell, 2014). 임상적 상황에서, 자기 초점은 미술치료사 슈퍼바이지가 그들의 개인적인 위치와 교차하는 정체성이 내담자의 정체성과 함께 그들의 임상 작업에 어떻게 영향을 미치는지를 이해할 것을 요구한다.

전문 윤리는 임상 및 슈퍼비전 의사결정을 위한 준거틀을 제공한다(미술치료자격관리위원회[ATCB], 2018). 대부분의 행동 건강 전문가들에 대한 윤리강령은 우리가 모범 사례와 위험 관리에 참여할 수 있도록 조정된다. 미술치료사가 아닌 사람이 미술치료사를 슈퍼비전하는 경우 다양한 미술치료 윤리강령을 숙지하는 것이 슈퍼바이저의 책임이다. 윤리강령은 광범위한 지침을 제공하기 때문에, 슈퍼바이저는 윤리적 추론과 특정 상황에 대한 적용에 각별히 주의를 기울여야 한다(Haug & Storm, 2014). 우리는 슈퍼바이지와 슈퍼바이저 모두가 이 학습활동에 참여할 때 슈퍼비전 관계와 과정에 도움이 된다고 생각한다. 윤리적 고려는 전문가 정체성의 또 다른 측면이며, 슈퍼바이지와 슈퍼바이저 사이의 교차성의 구성요소이다. 슈퍼비전 관계를 강화하여 결국 내담자에게 도움이 되기 위해서는, 우리는 눈에 보이지 않거나 슈퍼바이저와 슈퍼바이지의 사회적 위치나 치료적 훈련에 놓여 있는 측면을 윤리적으로 다루기 위한 노력을 권장한다. 가장 중요한 것은 투명한 의사소통, 창의성과 혁신에 대한 초대, 내담자의 복지에 대한 헌신으로 전문가 관계의 질이 높아진다는 것이다.

Haug과 Storm(2014)은 슈퍼비전에서 윤리적 추론을 용이하게 하기 위해 고안된 일련의 질문(pp. 25-26)을 개발하였다.

- 나의 특정 사회문화적, 관계적, 직업적 배경은 윤리적 결정에 어떤 영향을 미치는가?
- 묘사된 특정 상황의 요구를 처리하는 데 있어 슈퍼바이지뿐만 아니라 나의 전문적인 경험과 자신감의 수준은 어느 정도인가?
- 적절한 행동 방침을 설명하고 따르기 위해 슈퍼비전 멘토링, 지속적인 교육, 법률 조언 및 교훈적 훈련과 같은 자원 중 어떤 것을 사용할 수 있는가?
- 이러한 특정 상황에 대응하는 데 있어 나의 개인적인 사각지대/어려움은 무엇일까?
- 여전히 모호한 점이 남아 있음에도 불구하고 슈퍼바이지와 내가 신중하게 행동방침을 따르고 있다면, 추가 정보가 나올 때까지 남은 문제를 기다리도록 내가 슈퍼바이지에게 어떤 모범을 보일 수 있을까?
- 업무에서 나를 지탱해 주는 개인적, 전문적, 영적 자원은 무엇이며, 내가 어떻게 그들 자신의 개인적, 전문적, 영적 자원을 활용하여 나의 슈퍼바이지를 도울 수 있을까?

이러한 질문들은 슈퍼바이저와 슈퍼바이지 사이의 대화를 여는 준거를 제공하는 학습활동으로서 활용될 수 있다. 이러한 질문들은 슈퍼바이저를 염두에 두고 작성되는 반면, 슈퍼바이지가 생각을 공유하면 이 질문들은 슈퍼비전에서 논의될 수 있다. 이는 협업적 슈퍼비전 관계를 공동 구축하는 또 다른 방법을 제공할 수 있다. 또한 이러한 질문들은 슈퍼바이지가 미술치료사가 아닌 슈퍼바이저로부터 얻을 수 있는 것을 평가하는 데 도움이 된다.

## 슈퍼바이저와 슈퍼바이지 간의 차이는 어떻게 나타나는가

서로의 학문에 대한 '건강한 존중'은 긍정적인 작업 관계를 위해 필요하다. 이러한 존중이 없다면 협업과 상호적 아이디어 교환의 기회가 줄어들게 된다. 예를 들어, 의료 기관에서는 의료 제공자가 먹이사슬의 최상위에 위치하여 더 많은 권한을 가지고 있으며, 행동 건강 분야 종사자는 일반적으로 보조적인 존재로 간주되어 마땅히 받아야 할 존중을 받지 못할 수 있다.

이와 같은 주변화(marginalization)는 행동 건강분야에서도 나타난다. 정신과 의사가 위에 있고, 그다음이 심리학자, 그다음이 그 외의 모든 전문가, 미술치료사는 일반적으로 아래에 위치하는 경우가 많다. 이러한 체계적 위계가 인정되지 않거나 보편적으로 받아들여지지 않을 때, 슈퍼바이저와 슈퍼바이지 사이에 신뢰 관계는 발달될 수 없을 것이다. 특히 미술치료사가 체계적 위계 구조 때문에 자신의 위치를 하찮게 여기는 경우 슈퍼바이지가 아이디어를 교환하고, 사례에 대한 감정을 표현하거나 취약한 모습을 보이는 등의 시도를 하기 어려워질 수 있다. 또한, 슈퍼바이지가 그들의 슈퍼바이저가 지도를 제공할 능력이 없다고 느끼는 경우 또한 관계는 부정적인 영향을 받을 수 있다. 예를 들어, 미술치료사 슈퍼바이지는 언어치료사가 그들의 실습 범위를 벗어나고, 미술에 기반한 개입에 대한 지침을 제공할 권한이 없다고 느낄 수 있다. 그러나 슈퍼바이저는 유용한 임상 피드백을 제공하고 풍부한 슈퍼비전 관계를 지원할 수 있는 통찰력을 가질 수 있고, 이는 풍부한 슈퍼비전 관계를 형성하는 데 도움이 될 수 있다.

## 맥락의 역할

앞에서 언급한 바와 같이, 슈퍼비전이 이루어지는 장소(현장 내 또는 외부), 선택(예: 슈퍼바이지가 슈퍼바이저를 선택한다면) 및 기타 맥락적 요인은 슈퍼바이저와 슈퍼바이지의 분야 간의 차이를 조율하는 방법에 영향을 미친다. 이 부문에서 우리는 다양한 맥락적 요인을 논의할 것이다. 차이를 수용하고 작업하는 것은 학제간 슈퍼비전 관계에 영향을 미친다. 임상가의 발달 단계는 슈퍼비전의 기대치, 결과 및 구조에 의미 있는 영향을 미친다. 다른 분야의 임상가가 미술치료사를 슈퍼비전하는 경우, 어느 누구도 상대방의 교육 경험을 쉽게 가정할 수 없기 때문에 발달 단계가 더욱 분명해질 수 있다. 수련 배경과 상관없이, 새로운 임상가들은 그들의 성장보다는 '사례'에 집중하기를 원할 수 있다. 이미 면허가 있거나 다른 자격증을 가진 사람들은 슈퍼비전이 불필요하다고 느낄 수 있고, 추가적인 회의를 부담스럽게 여길 수 있다. 슈퍼바이지가 슈퍼비전을 어떻게 보든지 간에, 슈퍼바이저는 사례, 슈퍼바이지의 성장 혹은 둘 다에 초점을 맞출 시기를 분별할 책임이 있다. 따라서 성공적인 경험을 만드는 요소로 슈퍼바이저가 슈퍼바이지의 임상 발달 수준을 평가하는 것이 필요하다. Blocher(1983)는 개인적이고 전문적인 성장을 촉진하는 발달적 슈퍼비전 접근법을 설명한다. 특정 발달 단계는 일반적으로 초급, 중급, 숙련자 및 고급 치료사의 네 가지 수준으로 구분되며, 각각은 슈퍼바이지의 변화하는 욕구를 충족시키기 위해 슈퍼바이저가 슈퍼비전을 조정할 것을 요구한다(Stoltenberg, 1981; Stoltenberg & McNeil, 2010). 발달적 슈퍼비전에 대한 포괄적인 논의는 본 장의 범위를 벗어나며, 독자에게는 참고문헌 Lambie와 Blount(2016), Stoltenberg와 McNeil(2010), Young, Lambie, Hutchinson과 Thurston-Dyer(2011)를 소개한다. 이 장의 목표를 위해, 우리는 숙련된 치료사와 고급 치료사의 발달에 초점을 맞추고, 특히 슈퍼바이저와 슈퍼바이지가 서로 다른 치료 체계를 가질 때 슈퍼바이저와 슈퍼바이지가 그들의 관계를 어떻게 바꿀 수 있는지에 대한 준거틀을 제공할 것이다. 슈퍼비전의 초급 및 중급 발달 단계에 있는 미술치료 수련자를 위해 교내나 현장 집단 슈퍼비전이 논의되고 있는 슈퍼비전의 초급 및 중급 발달 단계에 대한 자세한 내용은 〈10장 집단 슈퍼비전〉을 참조하면 된다.

첫째, 숙련된 치료사는 유능한 임상 의사결정과 자신의 한계에 대한 자기 인식을 가진 신규 전문가이고, 고급 치료사는 보다 경험이 풍부한 임상가일 뿐만 아니라 견고한 임상 의사결정 능력을 가지고 있으며, 유연하고 다양한 관점과 자신을 수용하는 것으로 간주한다. 일반적으로, Lambie와 Blount(2016)는 슈퍼바이저가 지지적이고, 동료적이며, 상호적이며, 협의적이며, 토론에 기반한 슈퍼비전 환경을 조성할 것을 권고한다. 모범 사례는 슈퍼바이저가 내담자와의 작업에 대한 여러 가지 접근 방식에 대한 논의를 포함하여 협력적인 동료로서 슈퍼비전 관계에 접근할 것을 제안한다. 이러한 발달 단계에서 슈퍼비전은 자문적이고, 지원하며 검증하는 동료 간 대화이다. 슈퍼바이저는 슈퍼바이지가 다양한 견해를 고려하도록 도전하고 평가와 개입을 확장하도록 장려하는 것이 이상적이다. 결국 슈퍼바이저는 호기심을 갖고 적극적으로 경청하는 자세를 유지해야 하며, 슈퍼바이지가 선호하는 업무 방식에 약간의 변화가 있어도 이를 수용해야 한다. 슈퍼바이지가 표준 관행에서 벗어나는 것을 확인하는 것은 추가적인 슈퍼비전 조사 및 개입을 암시하는 경고 신호일 수 있다.

어떤 단계 이론(즉, 치료사를 숙련자와 고급 치료사로 구분하는 것)도 고정된 것이 아니며, 임상가는 발달 단계에 따라 발달 수준이 들쑥날쑥한다. 다음과 같은 최상의 시나리오를 고려해 보자. 숙련된 치료사는 불확실성을 유발하고 슈퍼비전 접근방식의 변화를 필요로 하는 한계를 발견하는 어려운 사례를 경험할 수 있다. 이러한 변화에는 슈퍼바이지의 역량을 확대하고 불확실성을 정상화하기 위한 모범 사례를 도입하는 것이 포함될 수 있다. 반면에, 내담자가 가족을 폭력적으로 폭행하는 등 더 어려운 시나리오에서는 수년간의 경험을 가진 고급 치료사가 슈퍼바이저의 임상적 의사결정에 의문을 제기하여 슈퍼바이저가 더 지시적이고 격려적인 태도를 취하도록 유도하여 개인적 성장과 전문적 성장의 균형을 맞추도록 할 수 있다. 고급 치료사의 질문은 실패감과 직업적 정체성에 대한 파열로 가득

차 있으며, 슈퍼바이저는 슈퍼바이지가 전문적 및 개인적 자기 성찰을 할 수 있도록 공간을 마련하고 안내해야 한다.

### 현장 슈퍼비전

병원이나 기관에서 일할 때는 슈퍼바이저를 선택할 수 없는 경우가 많다. 때로는 임상가가 특별히 슈퍼바이저 밑에서 일할 수 있는 환경에서 지위를 추구하지만, 슈퍼비전 책임이 바뀔 가능성은 항상 존재한다(Yasmine과 Daniel의 경우처럼; 서문 참조). 주로 슈퍼비전 매칭은 '단위'로 구성되며, 단위는 환자/내담자 유형 또는 원하는 서비스별로 구분된다. 이 매칭은 슈퍼바이저와 슈퍼바이지의 매칭이 아니라 기관의 우선순위를 고려한다. 이러한 상황에서 기관의 임무는 일반적으로 임상 슈퍼비전의 우선순위이며, 슈퍼바이저는 복잡한 역할을 수행해야 하는 어려움을 겪게 된다. 역할 부담과 모호한 전문적 기능은 긍정적인 슈퍼비전 관계를 형성하는 슈퍼바이저의 능력을 방해할 수 있다. Killmer와 Cook(2014)에 따르면, 슈퍼바이저가 임상과 행정과 같은 두 가지 역할을 할 때 이중적 관계에 놓이게 되고, 권한, 경계, 권력 및 신뢰 역학을 관리하는 역량을 길러야 한다고 한다. 성공적인 슈퍼비전 관계를 발전시키기 위해서는 슈퍼바이저와 슈퍼바이지의 성과 평가, 임상 목표 설정, 유지 및 생산성, 투명성, 전이 및 역전이, 위계질서 해체와 같은 경쟁적인 업무를 어떻게 관리할 것인지 논의할 것을 권장한다.

병원이나 행동 건강센터와 같은 공공기관의 슈퍼비전은 의료자격 인증기관과 제3자 지불 기관이 담당한다. 일부 보험 회사는 기관의 치료를 지시하기 위해 의료 책임자, 일반적으로 정신과 의사를 요구한다. 의료 책임자는 일반적으로 치료계획에 서명할 책임이 있으며, 약물 평가와 개입을 담당할 수 있다. 의료 책임자가 사실상 치료를 책임지고 있지만, 이들은 일반적으로 컨설팅이나 시간제로 고용되기 때문에 기관에서는 생산성을 모니터링하고 치료의 질을 보장하기 위해 심리치료(임상) 슈퍼바이저에게 임상가를 동시에 배정한다. 슈퍼바이지는 치료에 대한 다양한 접근법과 가치를 가질 수 있는 여러 슈퍼바이저들과 어떻게 조율하고, 그

후에 상반된 메시지를 전달할 수 있을까? 슈퍼바이지가 이 문제에 대한 주의를 환기시키고 해결을 촉진할 수 있지만, 우리는 각 조직 위계와 권력 역학 관계의 의미를 이해하는 것이 기관의 책임이라고 생각한다. 우리는 진보적이고 체계적인 사고를 가진 기관은 초기 임상가에게 혼재된 메시지가 전달될 기회를 최소화하는 치료 팀과 정책 및 절차를 만들어 치료의 질에 대한 제도적 및 구조적 장애를 해결하고 감소시킬 수 있는 선견지명을 가지고 있다는 것을 발견하였다. 조직의 책임에 대한 모델은 전문 교육 프로그램에서 찾을 수 있는데, 학생들에게 의도적으로 여러 명의 지도교수(현장 지도교수에게만 책임이 있음)를 배정하여 다양한 관점을 습득하게 함으로써 학습을 풍부하게 할 수 있다.

### 외부 또는 계약 슈퍼비전

미술치료사가 계약 또는 개인 슈퍼비전에서 미술치료사가 아닌 슈퍼바이저를 선택하는 경우가 있다. 이러한 상황은 숙련된 임상가가 특정 사례에 대한 자문을 구하거나 고급 자격증을 취득하고자 할 때 종종 발생한다. 슈퍼바이저와 슈퍼바이지는 임상적 접근방식에 있어서는 일치할 수 있지만, 규율에 있어서는 반드시 일치하지 않을 수 있다. 이것은 사례 7.1에 Stephanie와 Yasmine의 사례로 설명된다.

#### 사례 7.1 고급 실무자(전문가)로서 슈퍼비전 받기

**Yasmine 이야기**

미술치료 공인 슈퍼바이저(ATCS)로서 나(Yasmine)는 임상가에 대한 슈퍼비전을 제대로 받고 있는지 확인하고 싶었다. 한편 나는 새로운 직장과 도시에 적응하면서 소수의 사례를 관리하고 있었다. ATCS 자격을 유지하기 위한 요건 중 하나는 지속적인 임상 슈퍼비전 교육이며, 여기에는 동료 ATCS 또는 "해당 분야에서 슈퍼비전 자격을 보유한 면허 또는 자격증을 소지한 정신건강 전문가의 슈퍼비전"이 포함될 수 있다(ATCB, 2018, p. 4). 내가 슈퍼바이저를 찾을 당시, 우리 지역에는 ATCS 자격증 소지자가 없었다. 나는 슈퍼비전 자격증을 가진 다른 분야의 임상가들을 살펴보다가, 동료 중 Stephanie Brooks 박사가 미국 결혼 및 가족 치료 협회(AAMFT) 공인 슈퍼바이저라는 것을 알게 되었다. 나는 그녀의 학제 간 임상 훈련에 흥미를 느꼈다. 그녀는 사회학 석사와 부부 및 가족 치료 박사학위를 모두 가지고 있었기 때문이다. 또한, 그녀의 임상 및 연구 전문성에는 인종 및 문화적 문제에 대한 이해와 슈퍼비전이 포함되어 있었다. 당시 나는 인종적으로 다양한 내담자 집단에게 임상 서비스를 제공하는 동시에 백인이 많은 기관에서 교수로 일하면서 대부분 백인과 여학생을 대상으로 교내 집단 슈퍼비전을 하고 있었다. 나는 Stephanie가 흑인으로 인종과 차이의 문제에 민감하고 이러한 주제와 도전에 대한 나의 성장을 지원해 주기를 바랐다. 나는 주로 사회복지사나 심리학자 등 나의 분야가 아닌 치료사로부터 슈퍼비전을 받은 경험이 있는데, 어떤 경험은 긍정적이었고 어떤 경험은 그다지 성과가 없었다. 하지만 나는 이런 슈퍼바이저를 선택한 적이 없었다. 게다가 슈퍼비전 실제에 관심이 있다고 명시적으로 밝힌 사람에게서 슈퍼비전을 받은 경험은 이번이 처음이었다.

나는 나의 일을 잘 설명하기 위해 Stephanie에게 이력서를 보내어 연락하였다. 그 후 Stephanie는 나에게 이전에 미술치료사들과 다양한 분야의 임상가들을 지도한 적이 있다는 것을 알려 주었다. 그녀는 내가 단순히 슈퍼비전을 받기만 하는 것이 아니라 통찰력을 공유하고 적극적으로 슈퍼비전에 기여할 수 있는 공간을 제공하면서, 내담자의 미술작품을 회기에 가져올 것을 권유하였다. 내가 슈퍼비전에 대해 감사하게 생각한 것은 슈퍼비전 관계가 협력적이라는 점이다. 우리는 종종 내가 '막혀있는' 부분, 작업한 미술작품, 내담자나 슈퍼바이지에 대한 내 감정을 포함하는 의견을 함께 발달시켰다. 그 결과 공식적인 슈퍼비전이 끝난 후에도 함께 슈퍼비전에 대해 발표하고 이 장을 공동 집필하는 등 다양한 프로젝트에서 계속 협업하였다. Stephanie는 또한 나의 슈퍼비전 공개 진술서의 초기 초안에 도움이 되는 피드백을 제공하였다.

#### Stephanie의 반응

나(Stephanie)의 다양한 정체성과 사회적 위치는 의심할 여지 없이 Yasmine의 요청에 호기심을 자극했고 나의 결정에 영향을 주었다. 나는 북동부 도시에서 태어나고 자란 시스젠더, 기독교인, 아프리카계 미국인 여성이다. 나는 AAMFT 공인 슈퍼바이저이며, 면허를 소지한 임상 사회복지사이자 공인된 결혼과 가족치료사로 건강상의 불균형으로 인해 영향을 받는 내담자의 결과를 개선하기 위해 헌신하고 있으며, 학술 프로그램과 의료 분야에서 다양성, 포용성, 사회 정의를 옹호한다. 나는 Yasmine의 요청을 흔쾌히 받아들였고, 사회 정의에 대한 공유된 가치관을 가진 동료를 지원할 수 있는 기회이자 미술치료에 대한 나의 배움을 풍부하게 할 수 있는 기회라고 생각했다. 나는 부부와 가족치료사 통합 체계에서 작업하는 치료사로 자리매김했고, 모든 내담자의 변화의 길은 독특하며, 어떤 접근도 치료(및 슈퍼비전)의 청사진을 제공하지 않는다는 근본적인 신념에 기반을 두고 있었다. 따라서 처음부터 나는 슈퍼비전을 전문적인 성장과 학문적 발전을 위한 협력적인 관계로 보았다. 미술치료사와 부부 및 가족치료사로서 이중으로 훈련받는 경험도 Yasmine과 함께 일하고자 하는 나의 의지에 영향을 미쳤다. 앞에서 언급한 미술치료사는 뛰어난 아동발달과정 강사였고, 나 자신의 전문적인 발전에 긍정적으로 기여하였다. 대학에 부임하기 전에, 나는 입원 환자와 외래 환자 건강 돌봄 환경에서 일하였다. 모든 곳이 나의 발전에 기여했지만, 의과대학 부속 병원 외래 행동건강 클리닉의 임상 책임자로 일하던 초기에는 의대생, 정신과 레지던트, 심리학 인턴, 사회복지사들을 슈퍼비전하였다. 이 경험을 통해 나는 슈퍼비전 결과를 확인하고 평가하는 과정의 중요성을 알게 되었고, 전문가로서의 입장이 아닌 모르는 것에 대한 포스트모던적 관점(예: 심리학자로서 실습을 시도하지 않는 방법)을 진정으로 수용할 수 있었다. 나는 사례에 현혹되지 않고, 슈퍼바이지의 요구와 요청에 집중하는 슈퍼비전의 중요성을 배웠다.

## 슈퍼비전을 위한 준거 틀 개발

로드맵을 갖고 있으면 미술치료 슈퍼바이지가 미술치료사가 아닌 사람과의 슈퍼비전 관계를 최대한 활용할 수 있고 유용한 힘을 실어 줄 수 있다. 슈퍼비전을 위한 준거 틀을 개발하기 위한 세 가지 중요한 영역은 다음과 같다. 명확한 슈퍼바이저의 철학, 슈퍼비전 계약 활용, 그리고 미술치료사의 전문성을 존중하는 것이다.

### 슈퍼바이저의 철학: 협력적 vs 위계적

슈퍼비전에 대한 협력적이고 수평적 접근법은 고급 및 숙련된 치료사에게 유익한 것으로 알려져 있다. 협력적 슈퍼비전은 철학적으로 포스트모더니즘 구성과 일치한다. 사회구성주의는 포스트모던 슈퍼바이저들의 인식론적 기반의 핵심이다. 이 관점에서는 지식과 의미가 사회적 상호작용과 대화를 통해 공동으로 구성된다고 본다(Gergen, 2009). 대화에서 의미의 창조와 새로운 의미는 앎(knowing)의 다른 방법을 열어 준다. 슈퍼바이저는 정보를 독점하지 않는다. 협력 관계에서 슈퍼바이저는 전문가가 아니며 비전문가적 입장을 유지하는 것이 임무이다(Rober, 2002; Unger, 2006). 따라서 협력적 슈퍼바이저는 '모르는(not knowing)' 입장을 취하며, 슈퍼바이저의 전문성은 슈퍼비전 대화를 관리하는 방법에 있다(Anderson & Golishian, 1988; Bobele, Biever, Solorzano, & Bluntzer, 2014).

위계적 슈퍼비전은 어떤 지위가 다른 직종보다 더 중요하다는 지위에 대한 잘못된 개념을 강화할 수 있다. 우리의 관점에서, 다양한 관점은 슈퍼비전과 내담자에게 적합한 치료의 가능성을 향상시킨다. 슈퍼바이저가 그들 자신의 철학에 대해 확고한 의견을 가지고, 그들의 슈퍼바이지와 공유할 때, 그 관계는 긍정적인 영향을 받을 수 있다. 슈퍼바이지가 미술치료를 효과적인 임상 접근법으로 존중하는 모습을 보이면 슈퍼바이저로부터 도움을 받을 수 있다. 미술치료 슈퍼바이지는 미술치료사가 아닌 슈퍼바이저가 그들을 경시하고 있다고 생각하지 않는 것이 도움이 될 것이다. 또한, 미술치료 슈퍼바이지는 미술치료사가 아닌 슈퍼바이저의 철학을 이해한다면 미술치료사가 아닌 슈퍼바이저로부터 더 많은 것을 배울 것이다.

### 슈퍼비전 계약에 대한 고려 사항

〈4장 전문직 정체성 탐색: 자격, 대표성 및 관계〉에서 논의한 바와 같이, 슈퍼바이저와 슈퍼바이지 간 서면 계약을 체결하면 슈퍼비전 관계를 발전시키는 데 도움이 된다. 다양한 유형의 임상 훈련의 경우, 분야마다 다른 방법이나 접근법을 사용할 수 있기 때문에 슈퍼비전 계약은 더욱 중요하다. 예를 들어, 부부나 결혼 및 가족치료사는 슈퍼비전 계약에서 가계도의 사용에 대해 논의할 수 있는 반면, 미술치료사는 슈퍼비전에서 미술 작업이나 내담자의 미술작품 공유의 활용을 언급할 가능성이 높다. 슈퍼바이지는 슈퍼바이저의 이론적 접근이나 슈퍼비전에 대한 철학을 설명하는 슈퍼비전 계약서를 살펴보아야 한다. 또한 슈퍼바이저의 치료 분야/실습 분야의 윤리강령에도 주의를 기울여야 한다.

### 미술치료사의 전문성 특권 부여

슈퍼바이저는 일반적으로 많은 현장 경험을 가지고 있으며 슈퍼바이지의 임상 및/또는 행정 업무에 대한 지도책임이 있는 당사자이지만, 슈퍼바이지는 자신의 미술치료 전문성을 슈퍼비전에 연결시킬 책임이 있다. 슈퍼비전은 미술치료사가 미술작품에 대해 중요한 점, 해석, 그리고 그들이 보는 것에 대한 질문을 공유할 수 있는 기회를 제공한다. 이러한 의미에서 미술치료사는 전문가이며, 슈퍼바이저가 미술치료 개입, 재료 또는 해석에 대한 전략을 제공할 것으로 기대해서는 안 된다. 그러나 슈퍼바이저는 생각과 질문에 대한 의견 수렴의 장이 될 수 있는 위치에 있다. 슈퍼바이저는 포스트모던 운동의 원칙과 일치하는, 모르는 입장을 고수할 것을 권장한다(Anderson, 2005). 슈퍼비전에서의 포스트모던적 관점은 슈퍼바이저가 치료를 수행하는 올바른 방법에 대한 전문가나 진실을 지키는 사람이 아니라고 가정한다(Rogers & Miranda, 2016; Unger, 2006). 실제로 Anderson(2001)에 따르면, 슈퍼비전은 협력적 학습 또는 학습자 주도 학습을 기반으로 한다. 미술치료에 대한 기사를 제공하거나 단순히 미술작품을 공유하는 것으로, 슈퍼바이저는 슈퍼바이지를 교육하고 있을 수 있다. 특히 슈퍼바이저가 이전에 미술치료사를 지도한 적이 없는 경우, 미술치료사 슈퍼바이지는 이를 수행할 수 있는 기관이 있어야 한다. 슈퍼바이지는 특히 보조 또는 레크리에이션으로 간주되는 환경에서 자신의 목소리를 내고 자신이 무언가를 알고 있다고 느낄 수 있을 만큼 강인한 모습을 권장한다.

## 여러 분야에서 업무를 수행할 때 업무 관계를 발전시키기 위한 전략

건강한 슈퍼비전 관계를 발전시키기 위해서는 신뢰할 수 있고 안전한 환경이 필요하다. 안전한 환경을 조성하는 것은 슈퍼비전의 핵심 원칙으로 널리 알려져 있으며, 슈퍼비전 책임의 핵심이다(Lee & Everett, 2004; Pratt & Lamson, 2012; Rigazio- DiGilio, 2016). 생산적인 관계를 구축하기 위한 방법에는 조용하고 안전한 장소에서 정기적인 회의(예: 주 1회)를 개최하고, 역할과 책임을 포함한 슈퍼비전의 요인을 명확히 하는 것 등이 있다. 이는 모든 슈퍼비전 계약의 핵심적이며 실용적인 요소들이다. 경험에 근거한 규칙은 슈퍼비전의 조직이나 구조에서 돌발 상황으로부터 안전하게 보호하는 것이다.

학문 분야와 문화적 다양성에 걸친 슈퍼비전은 유사한 신뢰 구축 및 의사소통 기술을 습득하는 것을 포함한다. Hardy(2016)는 "상황에 맞는 대화하기(mastering context talk)" 틀을 제시하고 다른 비교문화 관계에 적용할 수 있는 다양성에 대한 효과적인 의사소통과 참여를 위한 열 가지 일반적인 기술을 다음과 같이 밝혔다.

- 적극적 경청 연습하기
- 숙련된 피드백 제공하기
- '나-전달법' 사용하기
- 언어적, 비언어적 의사소통에 주의를 기울이기
- 세련된 메타커뮤니케이션 기술 개발하기
- 친밀감, 집중력, 일치성, 투명성 및 진정성을 불어넣는 의사소통 유형 개발하기
- 인정의 표현을 효과적으로 사용하기
- 치료적으로 반응하기
- 생각과 감정을 표현하고 둘 사이의 차이를 인식하는 능력 개발하기
- 성찰과 사색을 위한 (정서적) 공간을 허용하기 (pp. 137-138).

슈퍼바이저와 슈퍼바이지 모두 슈퍼비전으로부터 무엇을 원하는지 지속적으로 논의해야 하며 그 과정에 대해 어떠한 가정도 하지 말아야 한다. 슈퍼바이저는

슈퍼바이지의 역사적 맥락, 경험, 사회적 위치를 존중하는 동시에 슈퍼바이지의 인식론에 어떤 영향을 미치는지 적극적으로 이해하려고 노력하는 것이 중요하다.

슈퍼바이저는 슈퍼비전에서 슈퍼바이지의 최악의 경험과 최고의 경험, 그리고 이러한 경험이 어떻게 관점을 형성하는지에 대해 호기심을 가지고 탐구해야 한다(Anderson, Schlossberg, & Rigazio-DiGilio, 2000). 우리는 슈퍼바이지가 성공적인 슈퍼비전 관계를 공동으로 구축할 수 있는 방법에 대한 피드백을 제공할 기회를 수용하도록 권장하며, 슈퍼바이저가 슈퍼바이지의 임상적 의사결정을 신뢰하도록 권장한다. 미술치료사가 아닌 사람이 미술치료사를 지도한 적이 있는지를 알아보는 것은 모든 슈퍼바이저, 특히 학제 간 슈퍼비전을 처음 접하는 사람들에게 교육적이고 유익하다. 그 경험이 어떠했는지, 무엇이 효과가 있었고 무엇이 효과가 없었는지에 대해 깊이 경청하는 것은 역할, 책임 및 기대를 명확히 하는 데 도움이 될 수 있다.

슈퍼바이지로서, 슈퍼비전에서 슈퍼바이저의 경험을 알아보라. 그 슈퍼바이저는 이전에 미술치료사를 슈퍼비전한 적이 있는가? 또는, 그 슈퍼바이저가 자신과 분야가 다른 사람을 슈퍼비전한 적이 있는가? 다시 말하자면, 무엇이 효과가 있었고 무엇이 효과가 없었는가? 양쪽 모두가 긍정적이든 부정적이든 편견에 대해 솔직하게 이야기할 것을 권장한다. 이러한 미묘한 차별성, 문화 및 정서 기반 유발요인, 그리고 의도에 대한 투명성과 같은 행동 및 의사소통의 함정을 어떻게 다룰 수 있을지 자유롭게 논의하라. 예를 들어, 우리는 슈퍼바이지가 사례에 대한 전문가이고, 슈퍼바이저의 역할은 슈퍼바이지가 현재 상황을 바탕으로 사례에 대해 가장 정보에 입각한 결정을 내릴 수 있도록 돕는 것이다. 특히 슈퍼바이저가 이전에 미술치료사를 슈퍼비전한 적이 없는 경우, 슈퍼바이지가 적극적으로 나서야 할 수도 있다. 이는 슈퍼비전 공간에 미술작품을 가져와서 슈퍼바이저에게 자신이 하고 있는 작업을 보여 주고, 미술작품에 대한 관찰과 질문을 슈퍼바이저와 공유함으로써 달성할 수 있다. 슈퍼바이저가 미술작품을 가져오라고 분명하게 요청하지 않았다고 해서 가져오지 말아야 한다는 의미는 아니다. 슈퍼바이저와 슈퍼바이지 모두 서로의 분야에 익숙하지 않을 수 있으므로 서로 질문하고 슈퍼비전에 대한 공유된 언어를 개발하는 것이 중요하다.

## 슈퍼바이저와의 대화가 막혔을 때 해야 할 일

갈등은 진정한 대화와 변화의 성장을 위해 필수적이다. 슈퍼바이저와 슈퍼바이지가 서로를 비난하거나 속이지 않고 정직하고 존중하며 의미 있는 대화를 나눌 수 있는 능력은 신뢰, 관계, 그리고 성장을 촉진한다. 그러나 현장 슈퍼비전에서는 슈퍼바이지가 슈퍼바이저에게 '막히는' 느낌을 받을 수 있다(슈퍼바이저도 슈퍼바이지에게 유사하게 느낄 수 있다). 긴장된 슈퍼비전 관계 내에서 협상하는 방법은 사례 7.2를 참조하라.

### 사례 7.2 비협조적인 슈퍼바이저 관리하기

**Yasmine 이야기**

한 비영리 기관에서, 나(Yasmine)는 미술치료가 아닌 분야의 슈퍼바이저로부터 지원을 받지 못한다고 느꼈다. 이 경우, 슈퍼바이저는 내가 사례를 어떻게 다루는지에 대해 배우고 싶어 했지만, 위기 개입을 관찰하고 싶을 때는 지지받는 것이 아니라 '감시'받는 느낌이 들었다. 위기 개입이 잘 진행되지 않은 이유는, 부분적으로는 슈퍼바이저가 취약한 시기에 내담자에게 탐색적 질문을 했기 때문이다. 돌이켜보면, 다른 요인이 있었을 수도 있다. 예를 들어, 우리가 지지적인 슈퍼비전 관계를 가지지 못했기 때문에 위기 개입 동안에 나는 슈퍼바이저의 치료 개입을 막지 못하였다. 그 이유 중 하나는 슈퍼비전을 위한 정규적인 시간을 갖지 못했기 때문이다. 우리가 슈퍼비전할 때, 전화통화로 방해를 받거나 관련 없는 생각이 떠오르는 것을 슈퍼바이저가 말로 표현하였다. 우리가 함께 작업하는 어느 시점에, 나는 슈퍼바이저가 산만해지지 않는 다른 슈퍼비전 시간을 요청하였다. 그렇게 시행되면서 우리가 더 많은 규칙적인 슈퍼비전을 하는 데 도움이 되었지만, 긴장된 관계가 계속되었다.

만약 당신이 미술치료가 아닌 슈퍼바이저와 함께 있는 상황에서, 관계가 고착

되거나 긴장된다고 느낀다면, 당신은 세 가지 선택, 즉 당신이 그만두거나, 슈퍼바이저가 그만두기를 바라거나, 아니면 관계를 극복하는 것을 할 수 있다. 관계를 유지하며 작업하기로 선택한 경우, 미술치료사들이 강점이 있는 영역을 발견하려고 애쓰는 것을 추천한다. 당신의 슈퍼비전 관계 밖에서 보라. 당신은 당신의 슈퍼바이저가 주목할 만한 자질이나 기술을 파악할 수 있는가? 당신의 슈퍼바이저가 어떤 이유로 고용되었는지 기억하라. 그 이유는 무엇 때문이었는가? 또한, 만약 당신이 슈퍼바이저에게 답답함을 느낀다면, 슈퍼바이저도 당신에게 비슷한 감정을 느끼는 것은 아닐까? 관계에 문제가 있다는 것을 파악하면 관계를 바꿀 수 있을지도 모른다.

Yasmine의 경우, 그녀는 논문을 읽고 막막하게 느껴졌던 슈퍼바이저와의 작업 방식을 바꿨다. "만약 내가 내 슈퍼바이저를 슈퍼비전할 수 있다면"은 사회복지사 Frank Delano의 글로, 슈퍼바이지들이 "자신의 슈퍼비전을 소유할 수 있도록" 권한을 부여하는 것을 목표로 한다(Delano, 2001, p. 51). Delano의 제안을 더 자세히 요약한 〈3장 슈퍼비전에 대해 슈퍼비이지가 알아야 할 사항〉을 참조하라. Yasmine은 이 글은 자신의 슈퍼비전을 책임지는 것에 대해 허락하고 구체적인 전략을 제공했기 때문에 유용하다고 생각하였다.

때때로, 막막함을 느끼면 말이 떠오르지 않아 문제의 원인을 찾아내는 것이 어려울 때가 있다. 슈퍼비전 스타일 지수(SSI)는 슈퍼비전 과정에 대한 당신의 생각을 평가하는 데 도움을 주는 22개의 질문으로 구성된 설문 조사이다(Long & Lawless, 1997). 이 설문조사에는 슈퍼바이저와 슈퍼바이지가 특정 행동에 대해 항상 '그렇다'부터 '전혀 그렇지 않다'까지 5점 빈도 척도로 평가할 수 있는 별도의 양식이 포함되어 있다. 슈퍼바이지가 평가하기 위한 몇 가지 예시 항목들은 다음과 같다(p. 138).

- 슈퍼바이저는 실수를 인정한다.
- 슈퍼바이저는 나를 전문성이 있는 사람으로 인정한다.

- 슈퍼바이저가 대화를 이끈다.

이 설문조사는 처음에는 가족치료사들을 위해 고안되었다. 하지만, 나(Stephanie)는 그것이 슈퍼비전 과정을 평가하는 데 유용한 도구라는 것을 알게 되었다. 그것은 다른 슈퍼바이저가 문제라고 생각하게 한다. 때로는 슈퍼바이저가 여러 가지 문제를 제시하기도 하지만, 환경은 복잡하고 슈퍼바이지의 경험은 여러 변수에 의해 형성된다. 따라서 슈퍼비전 관계에서 당신이 필요한 것을 요청하는 방법을 구성할 자신의 전문성 개발과 목표를 명확하게 하는 것이 중요하다.

### 핵심 요약

- 다른 분야의 임상가가 미술치료사 슈퍼바이지를 슈퍼비전할 때, 모든 지식을 보유하는 사람으로서 슈퍼바이저의 패러다임은 바뀐다. 이 경우 슈퍼바이저는 치료 방식의 전문가가 아니다.
- 학제 간 슈퍼비전에서 슈퍼바이저를 위한 전략은 (1) 협력적 슈퍼비전, (2) 슈퍼비전 계약 활용하기, (3) 슈퍼바이지의 미술치료 전문성을 존중하고 통합하는 슈퍼비전 철학을 개발하는 것을 포함한다.
- 학제 간 슈퍼비전에서 슈퍼바이지를 위한 전략은 슈퍼바이저와 '막힌 느낌'을 재구성하고, 강점 영역을 찾는 것을 포함한다.

## 실습 프롬프트

### 미술치료 실제 및 이해에 미치는 영향

- 슈퍼바이지의 경우: 어떤 이론, 미술치료사, 미술치료 실습이 당신의 임상 실제에 영향을 미치는가? 미술치료사가 아닌 슈퍼바이저가 당신의 작업을 이

해하는 데 도움을 주기 위해 그들과 공유하는 주요한 논문은 무엇인가?

- 슈퍼바이저의 경우: 어떤 미술치료 논문이나 자료가 미술치료사를 지도하는 데 도움이 되었는가? 그들이 혼란을 겪고 있을 수 있기 때문에 슈퍼바이지와 공유하고 치료사 정체성에 대해 논의하라. 특히 슈퍼바이지가 미술치료사가 아닌 슈퍼바이저와 함께한 적이 없는 경우에는 더욱 그럴 것이다.

## 미술치료에서 윤리는 어떻게 실천되는가?

- 미술치료사가 아닌 슈퍼바이저와 미술치료사인 슈퍼바이지 모두에게 ATCB 윤리, 행동 및 징계 절차 강령을 읽도록 하라.
- 슈퍼비전에서 배운 것에 대해 토론하라. 슈퍼바이저는 ATCB 윤리강령 및 학문 분야의 강령에서 발견한 유사점과 차이점을 슈퍼바이지와 공유하라.

## 미술치료사가 아닌 슈퍼바이저와의 미술에 대한 논의

미술치료사와 다른 정신건강 전문가의 주요한 차이점은 치료 회기에서 시각 미술을 창조한다는 것이다. 미술치료사가 아닌 슈퍼바이저와 회기 중에 만들어진 미술작품에 대해 어떻게 논의하는가?

- 미술치료사 슈퍼바이지의 경우: 어떤 전문 용어를 사용하고, 미술작품의 어떤 부분에 대해 논의하고, 무엇을 피하고, 미술작품에 대해 어떤 가정을 하는가? 만약 당신이 내담자의 미술작품이나 내담자가 함께 만든 미술작품을 슈퍼비전에 가져오지 않았다면, 왜 그렇게 하지 않았는지에 대해 질문해 보고, 다음 슈퍼비전 회기에 미술작품을 가져오는 것을 고려하라. 슈퍼바이저에게 그렇게 하는 것이 내담자의 지속적인 치료에 도움이 될 것이라고 생각하는 이유를 설명하고, 객관적인 사람과 작품에 대해 논의하는 것이 어떻게 새로운 통찰력을 제공하고 자신의 임상적 발전을 도모할 수 있는지에 대해 설명해라.

- 슈퍼바이저의 경우: 미술작품에 대해서 듣기만 하는 것이 아니라 직접 만든 작품을 보면서 배우게 되는 것은 무엇인가? 당신은 미술작품 자체를 소중하게 생각하는가, 아니면 그것이 당신의 작업실에 있는지에 상관없이 당신의 슈퍼바이지가 미술작품을 어떻게 생각하는지 듣는 것을 더 좋아하는가?

# 참고문헌


- Anderson, H. (2001). Postmodern collaborative and person-centered therapies: What would Carl Rogers say? *Association for Family Therapy and SystemicPractice, 23*, 339-360.
- Anderson, H. (2005). Myths about "not-knowing". *Family Process, 44*, 497-504.
- Anderson, H., & Goolishian, H. A. (1988). Human systems as linguistic systems: Preliminary and evolving ideas about the implications for clinical theory. *Family Process, 27*(4), 371-393.
- Anderson, S. A., Schlossberg, M., & Rigazio-DiGilio, S. A. (2000). Family therapy trainees' evaluations of their best and worst supervision experiences. *Journal of Marital & Family Therapy, 26*, 79-92.
- ATCB. (2018). Code of ethics, conduct and disciplinary procedures. Retrieved from www.atcb.org/resource/pdf/ATCB-Code-of-Ethics-Conduct-DisciplinaryProcedures.pdf
- Blocher, D. H. (1983). Toward a cognitive developmental approach to counseling supervision. *The Counseling Psychologist, 11*, 27-34.
- Bobele, M., Biever, J. L., Solórzano, B. H., & Bluntzer, L. H. (2014). Postmodern approaches to supervision. In T. C. Todd & C. L. Storm (Eds.), *The complete systemic supervisor: Context, philosophy, and pragmatics* (2nd ed., pp. 255-273). Hoboken, NJ: Wiley Blackwell.
- Brooks, S., & Roberto-Forman, L. (2014). The transgenerational supervision models. In T. C. Todd & C. L. Storm (Eds.), *The complete systemic supervisor: Context, philosophy, and pragmatics* (2nd ed., pp. 186-207). Hoboken, NJ: Wiley Blackwell.

- Delano, F. (2001). If I could supervise my supervisor: A model for child and youthcare workers to own their own supervision. *Journal of Child and Youth Care, 15*(2), 51-64.
- Gergen, K. J. (2009). *Realities and relationships: Soundings in social construction.* Cambridge, MA: Harvard University Press.
- Hardy, K. V. (2016). Mastering Context Talk: Practical skills for effective engagement. In K. V. Hardy & T. Bobes (Eds.), *Culturally sensitive supervision and training: Diverse perspectives and practical applications* (pp. 136-145). New York: NY: Routledge.
- Haug, I. E., & Storm, C. L. (2014). Drawing the line in ethical dilemmas in systemic supervision. In T. C. Todd & C. L. Storm (Eds.), *The complete systemic supervisor: Context, philosophy and pragmatics* (2nd ed., pp. 19-42). MA: John Wiley & Sons.
- Hernández, P., & McDowell, T. (2010). Intersectionality, power, and relational safety in context: Key concepts in clinical supervision. *Training and Education in Professional Psychology, 4*(1), 29.
- Hernandez-Wolfe, Ph., & McDowell, T. (2014). Cultural equity and humility: A framework for bridging complex identities in supervision. In T. C. Todd &C. L. Storm (Eds.), *The complete systemic supervisor: Context, philosophy and pragmatics* (2nd ed., pp. 43-61). Hoboken, NJ: John Wiley & Sons.
- Killmer, M. J., & Cook, M. (2014). Providing systems-oriented clinical super visionin agency settings. In T. C. Todd & C. L. Storm (Eds.), *The complete systemic supervisor: Context, philosophy and pragmatics* (2nd ed., pp. 108-131). City, State:John Wiley & Sons.
- Lambie, G. W., & Blount, A. J. (2016). Tailoring supervision to supervisees' developmental level. In K. Jordan (Ed.), *Couple, marriage and family therapy supervision* (pp. 71-86). New York, NY: Springer Publishing Company.
- Lee, R. E., & Everett, C. (2004). *The integrative family therapy supervisor: A primer.* New York: Routledge.
- Long, J., & Lawless, J. J. (1997). What is your style? The SSI. In C. L. Storm &T. C. Todd (Eds.), *The reasonably complete systemic supervisors resource guide* (pp.

134-138). Boston, MA: Allyn and Bacon.

- Nelson, M. L. (2014). Using the major formats of clinical supervision. In C. E. Watkins & D. L. Milne (Eds.), *Wiley international handbook of clinicalsupervision* (pp. 308-328). Chichester: UK: John Wiley & Sons.
- Pratt, K. J., & Lamson, A. L. (2012). Supervision in behavioral health: Implications for students, interns, and new professionals. *Journal of Behavioral Health Services & Research, 39*, 285-294.
- Rigazio-DiGilio, S. (2016). MFT supervision: An overview. In K. Jordan (Ed.), *Couple, marriage, and family therapy supervision* (pp. 25-50). New York, NY: Springer Publishing.
- Rober, P. (2002). Constructive hypothesizing, dialogic understanding and the therapist's inner conversation: Some ideas about knowing and not knowing in the family therapy session. *Journal of Marital and Family Therapy, 28*(4),467-478.
- Rogers, T., & Miranda, M. (2016). Training a postmodern supervisor. In K. Jordan(Ed.), *Couple, marriage, and family supervision* (pp. 235-254). New York, NY: Springer Publishing.
- Stoltenberg, C. D. (1981). Approaching supervision from a developmental perspective: The counselor-complexity model. *Journal of Counseling Psychology, 28*(1), 59-65.
- Stoltenberg, C. D., & McNeil, B. W. (2010). *IDM supervision: An integrative developmental model for supervision counselors and therapists* (3rd ed.). New York, NY: Routledge.
- Unger, M. (2006). Practicing as a postmodern supervisor. *Journal of Marital & Family Therapy, 32*, 59-71.
- Young, T. L., Lambie, G. W., Hutchinson, T., & Thurston-Dyer, J. (2011). The integration of reflectivity in developmental supervision: Implications for clinical supervisors. *The Clinical Supervisor, 30*(1), 1-18.

# 8장 학문 분야의 차이 : 슈퍼바이지가 미술치료사가 아닌 경우

## 소개

이 장에서는 미술치료사가 아닌 임상가에게 슈퍼비전을 제공하는 경우에 특히 필요한 주제에 대해 집중적으로 다룬다. 슈퍼바이저가 슈퍼바이지의 전문분야에 대해 교육하는 방법과 함께 예술 기반 슈퍼비전을 관계에 도입하는 방법에 대해 다룬다. 이 장에는 미술치료사가 아닌 슈퍼바이지가 슈퍼비전을 받고자 하는 사례도 포함되어 있다. 〈7장 학문 분야의 차이: 슈퍼바이저가 미술치료사가 아닌 경우〉와 유사하게, 우리는 학제 간 슈퍼비전에 참여한 경험을 살펴본다. 이러한 유형의 슈퍼비전 관계에서 핵심적인 차이점은 가장 많은 권한을 쥐고 있는 사람이 미술치료사(슈퍼바이저)라는 것이다.

교내 슈퍼비전은 현장 또는 계약으로 이루어질 수 있으며 기관, 병원(즉, 공공기관 환경) 및 개인 진료 환경과 같은 다양한 환경에서 이루어진다. 제7장에서 설명한 바와 같이, 학제 간 슈퍼비전을 받는 이유는 다양하며, 미술치료사가 아닌 슈퍼바이지가 미술치료 슈퍼바이저를 찾는 동기도 다양하다. 다른 분야의 임상가를 슈퍼비전하는 미술치료사가 미술치료에서 슈퍼바이지를 공식적으로 교육하는 것은 업무 범위에 속하지 않지만, 미술치료사는 실습 영역의 경계를 방해하지 않고 미술치료사가 아닌 슈퍼바이지의 임상실습을 향상시킬 수 있다고 생각한다. 전문가로서 우리는 미술치료사가 아닌 슈퍼바이지도 실제로 회기에서 미술 작업을 활용하고, 미술 집단을 운영하거나, 회기에 미술작품을 가져오는 내담자가 있다는 것을 이해한다. 미술치료사가 아닌 슈퍼바이지가 내담자와의 작업에서 미술 작업을 포함하지 않더라도 그들은 슈퍼비전 과정에서 예술 기반 개입을 통해 도움을 받을 수 있다.

또한 많은 면허 및 인가 기관은 다학제 간 슈퍼비전을 허용하고 있다. 슈퍼바이저가 다른 최소 임상실습 요건을 충족하는 한, 그들은 '관련 분야'에서 석사 학위를 소지할 수 있다. 예를 들어, 펜실베이니아 강령(2010)은 다학제 간 상호작용을 다음과 같이 명시적으로 설명한다.

> (15) 슈퍼바이저는 슈퍼바이지가 각 내담자/환자의 요구에 따라 다른 분야의 전문가와 협력하도록 권장하며, 이러한 협력적인 만남을 주기적으로 관찰한다.
>
> (16) 슈퍼바이저는 필요에 따라 슈퍼바이지가 다학제 상담을 받도록 장려해야 한다.
>
> (p. 49-10)

미술치료사들은 미술치료사가 아닌 임상가를 슈퍼비전할 수 있지만, 그들의 면허 범위 내에서 실습하고 있을 수 있으므로 주 면허 규정을 검토하여 슈퍼비전이 허용되는 대상과 슈퍼비전 받을 수 있는 사람을 확인하는 것이 좋다. 이 장에서는 현장 슈퍼비전과 개인, 계약, 외부 슈퍼비전 직장(예: 병원이나 기관)에서 미술치료사가 아닌 슈퍼바이지와 함께하는 미술치료사 슈퍼바이저에 대해 설명한다.

슈퍼바이저의 관점에서, 미술치료사가 아닌 치료사를 개인적으로 지도하는 것은 기관 업무에 필요한 슈퍼비전이나 캠퍼스 내 대학원생을 지도하는 것으로부터 자극이 되고 신선한 변화가 될 수 있다. 또한, 임상적으로 다양한 팀에 현장 슈퍼비전을 제공할 때 균형 잡힌 결과를 얻을 수 있다. 여러 분야에 걸쳐 작업하면 다양한 임상적 관점, 새로운 이론적 방향, 치료를 제공하는 대안적 방법을 이해할 수 있다. 비록 우리의 목적은 항상 우리의 슈퍼바이지로부터 배우는 것이지만, 미술치료사가 아닌 치료사를 지도함으로써 얻은 폭넓은 시각과 이해는 미술치료사로서의 당신의 일뿐만 아니라 당신의 슈퍼비전 실제에도 도움이 될 것이다.

### 직장에서의 슈퍼비전

이전 장에서 언급했듯이, 병원, 기관 또는 다른 조직에서 고용주를 위해 일할 때는 보통 슈퍼바이저를 선택할 수 있는 선택권이 없다. 슈퍼바이저와 슈퍼바이지의 임무는 업무 책임, 가용성, 부서 또는 단체에 따라 배정되는 경향이 있다. 상담 현장 전반에서 슈퍼비전이 필요하기 때문에 차트 작성, 고객 접촉 시간을 통한 생산성 보장 또는 정해진 기간 동안 만난 개인의 수와 같은 프로그램 요구사항을 충족하는 데 초점을 맞춰 슈퍼비전이 일상화되는 경우가 많다. 마감일, 감사, 서류 작업 요구사항 및 높은 업무량과 같은 관리 업무가 임박한 경우 직장에서 슈퍼바이지의 임상 기술에 집중하는 것은 어려울 수 있다.

특히 슈퍼바이지가 슈퍼바이저를 선택하지 않았을 때 신뢰를 쌓는 것은 어려울 수 있다. 또한, 슈퍼바이지가 미술치료사의 지도를 받는 것에 아무런 가치가 없다고 판단되는 경우, 슈퍼바이저 또는 슈퍼바이지는 슈퍼비전의 임상적 또는 교육적 측면을 피할 수 있다. 게다가, 미술치료사 슈퍼바이저는 자신의 분야 밖의 임상가를 지도하기에 준비가 되어 있지 않다고 느낄 수 있다. 그러나 Farber (2003)는 학제 간 슈퍼비전의 이점에 대하여 "특히, 슈퍼바이지는 학제 간 의사소통, 협업, 임상 팀의 일원으로 일하는 동안 학제 간 역할과 치료 철학의 가치를 이해하는 법을 배운다"(p. 542)고 설명한다. 미술 기반 중재를 도입하는 것은 미술치료 슈퍼바이저의 훈련을 가치 있게 여기며 그 차이를 수용한다.

### 여러 분야에 걸친 병원 기반 슈퍼비전

병원 환경의 계층적인 의료 모델 구조는 일반적으로 미술치료사가 임상 직원의 슈퍼바이저가 되는 것을 허용하지 않는다. 주로 미술치료사들은 보조적으로 여기는 다른 미술치료사, 창의적 예술 치료사 또는 레크리에이션 스태프를 지도

한다.

### 기관 기반 슈퍼비전

우리는 비영리 기관의 직원 및 슈퍼비전 컨설턴트로서, 임상가와 직접 서비스 직원 및 임상가의 슈퍼바이저를 지도하였다. 사회복지사, 창의적 미술치료사(예: 음악, 무용/동작, 연극 치료사), 정신건강 상담사, 정신과 의사, 학사 수준의 근로자, 사례 관리자, 또래 교육자 등 광범위한 집단을 갖추고 있지만 일반적으로 최소한의 정규 교육만 받은 전문가들을 슈퍼비전하였다. 우리가 다학제적 슈퍼비전 집단에서 채택한 한 가지 전략은 임상 기술과 동료 간 학습에 초점을 맞추는 것이다. 이것은 우리가 촉진자와 참가자로서 특히 유용하다고 여기는 것이다. 잘 촉진될 경우, 다학제적 슈퍼비전 집단은 향후 작업에 가장 잘 접근하는 방법과 여러 전문 지식을 통해 이전 개입을 더 잘 반영하는 방법에 대한 사례 공유 및 다양한 관점을 장려한다.

우리가 시행하고 있는 학제 간 집단 슈퍼비전의 한 모델은 발표를 돌아가면서 하도록 하였다. 각 회기 동안 집단의 한 구성원이 차례로 사례를 발표하고, 다양한 분야의 관점에서 사례를 분석한다. 또한 임상 기술을 공유하기 위해 설계된 슈퍼비전 집단을 이끌었다. 여기서, 사례를 제시하는 대신 발표자는 임상 기술이나 개입을 공유한다. 이는 발표자가 내담자의 관점에서 동료 슈퍼바이지를 경험적으로 적극적인 참가자로 참여시킬 때 특히 효과적이다. 예를 들어, 사회복지사와 음악치료사가 모의 드라마 치료 집단에 참여하여 개입할 뿐만 아니라 자신의 경험을 처리한다면 놀라운 통찰력을 얻을 수 있다. 해당 발표는 잘 된 내용, 계획대로 진행되지 않은 '실패한' 개입, 또는 새로운 자료나 피드백 기법도 공유할 수 있다.

### 계약된 슈퍼비전

앞 장에서 설명한 바와 같이, 계약 슈퍼비전은 슈퍼바이지가 특정 슈퍼바이저를 찾고 있다는 점에서 현장 슈퍼비전과는 다르다. 슈퍼비전은 〈1장 슈퍼비전이란 무엇인가? 필요성과 기대〉에서 설명한 바와 같이 다양한 이유로 추구될 수 있다. 임상가들은 자신의 분야가 아닌 다른 분야에서 적극적으로 슈퍼바이저를 구할 수 있다. 외부 미술치료사 슈퍼바이저를 고용하면 다른 자격을 갖춘 슈퍼바이저와 만나는 것과 마찬가지로, 객관적 거리와 같은 유사한 이점을 얻을 수 있으며 미술 기반 작업에 대한 추가적인 기대를 제공한다. Yasmine의 슈퍼바이지 중 한 명인 Anna는 다음과 같이 말하였다. "나는 약간의 거리, 관점, 그리고 정신적 능력으로 나의 관점과 임상적 선택을 확인하는 일관된 방법으로서, 상담실의 공간 영역 밖에서 만나는 것이 필수적이라고 느꼈다." 미술치료 슈퍼바이저를 선택한 Anna의 생각과 경험에 대한 자세한 내용은 사례 8.1을 참조하라.

## 사례 8.1 미술치료 슈퍼바이저 찾기

### Anna 이야기

Anna는 상담 자격증을 취득하려고 했다. 그녀는 이메일을 통해 Yasmine에게 접근했고, 두 개의 석사학위(하나는 국제관계학, 나머지는 학교 및 정신건강상담학), 임상경험, 그리고 드라마 치료법 훈련뿐만 아니라 유명 예술학교에서 미디어 및 공연예술학 학사학위를 받은 것을 포함한 예술 관련 경험과 훈련에 대해 간략하게 설명하였다. 그녀의 소개 이메일에는 이력서도 포함되어 있었다. Anna는 특히 그녀의 미래 상담 면허 신청을 지원해 줄 외부 슈퍼비전을 찾고 있었다.

### 임상가가 되는 것

상담자로서 나(Anna)는 '무채색 색표(grayscales)'을 탐구하고, 육성하고, 보정하는 과정을 계속하고 있었다. 즉, 나는 흑백의 이분법적 사고를 줄이기 위해 끊임없이 노력하고 있다. 내담자들과 함께 작업하는 동안, 나 역시 같은 상호 과정을 시도하고 있다. 나는 메타돈(methadone) 클리닉에서 일했는데, 이 공간에는 이분법이 만연하다. 더럽다/깨끗하다, 긍정적/부정적, 중독/정상적이다: 이러한 어휘 자체가 양극성을 영속화시킨다. 하지만 매일 새로운 예외 사항, 이야기 및 상호작용을 통해 새로운 수준의 이해가 일어나고 무채색 색표의 음영이 변하고 다시 조정이 된다.

나는 실시간으로 이러한 무채색 색표의 변화를 개념화할 필요성을 느꼈기 때문에 색채, 표현, 창의성의 관점에서 세상을 바라보는 전문적인 미술치료사 슈퍼바이저를 찾았다. 나는 자기 회의, 환멸, 그리고 높은 사례 부담에 대한 힘든 소진으로 마치 (임상가가) 되고자 하는 부담이 너무 압도적으로 느껴질 때조차도 그들이 임상가가 되는 과정의 힘을 증진시키는 데 도움을 줄 수 있다고 생각하여 미술치료사 슈퍼바이저를 찾았다. 미술치료사는 관점에 대해 전문가였고, 이러한 전문성은 압도적인 시기에 더 건강한 작업 관점을 계발하는 데 중요했을 것이다.

Anna는 처음부터 슈퍼비전 목표를 논의하는 데 명확하였다. 예를 들어, 첫 번째 슈퍼비전 회기 중 한 회기에서, 창의적 미술치료에 대해 이해와 인정을 하고 있지만 미술치료사로서 훈련되지 않았기 때문에, '미술치료 집단'을 운영하도록 요청받은 것에 대해 우려를 표하였다. 미술치료 집단과 미술작품을 활용하는 집단의 차이를 둘러싼 토론이 진행되었다. 우려되는 점은 새로운 직업을 처음 접하고 직무 요건을 충족하기를 원하는 동시에 자신의 자격이나 그녀가 촉진하는 집단을 잘못 표현하지 않아야 하는 것이었다. 또한 그녀는 이전 집단 촉진자가 미술치료사가 아니었기 때문에 혼란을 야기할 수 있는 선례가 될 수 있다는 점도 지적하였다. 슈퍼비전에서 우리는 집단 과정을 촉진하도록 돕기 위해서 미술 작업을 집단에 통합할 수 있는 방법에 대해 논의하였다. Anna는 이러한 활동들에 의해 시작된 대화와 집단에서 만들어진 미술작품을 공유하였다.

Anna는 집단에 미술을 가장 잘 접목시키기 위해 현대, 역사, 건축, 공예 등과 관련된 예술 작품과 영화를 찾아보고 집단과 연계시켰다. 그녀는 자신의 아이디어를 슈퍼비전에 가져왔고, 그곳에서 우리는 집단에 아이디어를 제시하기 위해 방법을 개선하였다.

### 미술치료 슈퍼바이저 찾는 방법

Yasmine은 자신의 전문적 자아에 대해 명확하게 잘 표현한 Anna의 소개 이메일에 깊은 인상을 받았다고 회상한다. 또한 Anna는 소개 이메일에서 Yasmine의 작업 중 일부를 언급했다. 그것은 Anna가 선호하는 작업을 하는 사람들을 찾기 위한 준비 작업을 하였다는 것을 보여 주었기 때문에, Yasmine에게 그녀와 잘 맞을 것 같다는 좋은 감정을 가지게 되었다. 의뢰자들은 종종 그들의 이론적인 지향성, 특정한 진단에 대한 경험 또는 관심사, 장소, 그리고 비용에 대한 정보를 찾음으로써 잠재적인 치료사들을 조사한다. 슈퍼바이저를 찾을 때 슈퍼바이저들은 유사한 조사 과정에 참여하는 것이 좋다.

### 비용

새로운 전문가의 경우, 첫 번째 질문은 슈퍼비전 서비스의 비용에 관한 질문일 것이다. 우리는 슈퍼비전이 특히 학자금 대출과 초보 지위에 따른 낮은 급여를 고려할 때 또 다른 비용이라는 것을 알고 있다. 우리는 슈퍼바이지가 채용 계약기간 동안 고용주에게 외부 슈퍼비전 비용 지불을 요구하도록 권장한다. 그때 협상이 이루어지고 존중될 가능성이 높다. 그러나 슈퍼바이지는 특히 현장 슈퍼비전이 면허 요건을 충족하지 못할 경우 언제든지 슈퍼비전 비용을 지급하도록 요청할 수 있다. 또는 Anna의 경우, 진료소는 그녀에게 예술 기반 집단을 운영해 달라고 요청했지만, 그녀의 작업을 지원할 미술치료사가 현장에 없었다. 만약 직장에서 당신의 슈퍼비전 비용을 지불할 수 없는 경우 당신의 시간을 보상받을 것을 요청하라. 이는 근무 시간에 외부 주간 슈퍼비전 회기 수를 포함하도록 요청하는 것을 의미한다. 슈퍼바이지 중 일부는 외부 슈퍼비전 시간을 보상하기 위해 일주일에 한 번씩 1시간 일찍 퇴근하거나 1시간 늦게 출근하기도 한다. 직장에서 슈퍼비전 비용을 지불하지 않는 경우, 슈퍼비전은 세금 관련 및 기타 회계 목적으로 기록해야 하는 전문적인 비용으로 간주될 수 있으므로 당신의 상황에 적용되는지 여부는 세무사 또는 회계사와 상의하라.

## 관계 구축

슈퍼비전 관계를 구축하려면 시간과 노력이 필요하다. 서로 다른 분야에서 일하는 경우, 두 참여자 모두 서로의 차이점을 잘 인식하고 교육 훈련 및 이전 작업을 포함한 이전의 경험을 공유하는 데 개방적일 수 있다. 업무와 계약된 슈퍼비전 환경 모두에서, 우리는 슈퍼바이저와 슈퍼바이지의 기대와 경험 사이의 개방적인 의사소통을 장려한다. 특히 여러 분야 간의 차이가 있을 때 관계 구축은 시작 관계가 중요하다는 것을 알지만 전 슈퍼비전 과정에 걸쳐 일어난다. 슈퍼바이저가 관계 내에서 권한을 갖고 있기 때문에, 슈퍼바이저는 방해요소가 없는 일관된 전용 시간과 공간을 포함하는 준거 틀을 설정하는 데 많은 책임이 있다. 슈퍼바이저는 슈퍼바이지가 자신의 업무에 접근하는 방식과 이론적 지향성을 배우고자 하는 열의를 가지도록 노력해야 한다. 슈퍼비전 관계가 '강제적'이었는지 여부에 관계없이 슈퍼바이저가 미술치료사와 함께 협업한 것에 대해 어떻게 느끼는지 물어본다. 슈퍼바이지는 슈퍼바이저에게 무엇을 배울 수 있나? 당신은 슈퍼바이지의 분야에 대해 어떻게 더 많이 배울 수 있나? 슈퍼바이지의 분야에 대한 기본적인 정보를 얻기 위한 첫 번째 단계는 실습과 윤리영역에 대한 전문 협회와 주 자격위원회 자료를 참고한다. 다음으로, 슈퍼바이지와 함께 교육 및 훈련에 대해 논의한다. 특별하게 그들이 사용하는 이론적 방향, 슈퍼비전에서의 과거 경험, 그리고 여러 학문 분야에 걸친 슈퍼비전에 참여했는지를 구체적으로 물어보라. 그들이 자신의 업무에 중추적인 역할을 한다고 생각하는 논문들을 요청하라. 임상 작업을 직접 관찰하는 것은 다른 전문가가 어떻게 치료에 참여하는지 확인하는 데 유용하다. 관찰이 불가능한 경우 사례 또는 과정 노트를 검토하라.

경과 기록(progress notes)의 검토가 불가능할 때, 과정 노트(process notes)를 검토하는 것은 유용할 수 있다. 과정 노트는 슈퍼바이지가 자신의 업무, 경험, 성찰에 대해 더 구체적으로 쓸 수 있도록 하며, 저널이나 스케치북을 통해 비공식적 또는 공식적으로 작성할 수 있다. 과정 노트 템플릿은 〈부록 A〉를 참조하라.

### 어떻게 차이가 나타나는지 확인하기

견고한 관계는 의미 있는 슈퍼비전을 가능하게 한다. 관계가 확립되지 않은 상태에서도 슈퍼비전이 이루어질 수 있지만, 슈퍼바이지는 전이 또는 역전이 문제, 치료에서의 어려움, 한계 또는 기타 사례와 같은 취약성에 대해 이야기하는 것을 주저할 수 있다. 의사소통이 부족할 때, 특히 슈퍼바이저가 슈퍼바이지의 학문 분야나 영역, 업무 방식, 이론적 지향성, 선호하는 의사소통 방식 또는 인종/문화적 정체성 발달 단계를 이해하지 못하는 경우 차이가 나타난다.

### 슈퍼바이지에게 배우기

여러 분야에 걸쳐 지도할 때, 슈퍼바이지가 해당 분야의 전문가 역할을 수행할 수 있도록 하는 것이 중요하다. 슈퍼바이지가 전문가 역할을 하는 동안 질문과 진정한 관심을 통해 그들의 능력을 신뢰하되 검증해야 한다. 때로는 슈퍼바이지가 자신이 하고 있는 일에 대해 잘 알고 있을 수도 있고, 전혀 모를 수도 있다. 목표가 뚜렷하면서도 유도하는 질문은 슈퍼바이지와 슈퍼바이저의 '모르는 부분'을 부드럽게 유도하여 더 깊은 이해를 이끌어 내는 데 도움이 된다. 허둥대는 슈퍼바이지를 위해 슈퍼바이저가 능력을 확립하고 유지할 필요가 있다. 슈퍼바이지가 항상 자신의 분야의 전문 지식을 보유하기를 기대할 수는 없다. 우리는 슈퍼바이저에게 슈퍼바이지가 능동적인 교수 모드에 있을 때만이 아니라 슈퍼바이지의 영역을 고려하여 일관되게 학습자 모드에 있게 함으로써 그들의 힘의 균형을 유지하도록 제안한다.

## 미술치료 기술 활용

슈퍼바이저로서 미술치료에 특화된 기술을 활용할 때, 교육적·지원적·행정적 슈퍼비전 측면을 고려하라. 슈퍼바이저와 슈퍼바이지는 교육적 요소, 특히 '미술치료사가 되는 방법'에 끌릴 수 있다. 전문가가 되어 특정 내담자 또는 특정 참여집단에 대해 어떻게 해야 하는지 지침을 제공하는 것은 위안이 된다. 미술치료사가 아닌 치료사를 지도할 때 지침을 제공하는 것은 맥락을 벗어나 부적절하게 행사될 수 있다. 미술치료 기술과 예술 기반 방법을 사용하는 것은 교육, 지원, 행정의 세 가지 슈퍼비전 영역 모두 적용할 경우 더 큰 효과를 얻을 수 있다.

### 교육적 관리

미술치료사가 아닌 치료사를 지도할 때 중요하고 흥미로운 측면은 그들이 임상에서 미술 재료를 적극적으로 사용할 때이다. 이는 제대로 훈련된 미술치료사의 경계를 뛰어넘지 않고 미술치료사가 아닌 치료사들이 미술 재료를 제대로 이용할 수 있는 방법에 대한 명확한 경계를 설정할 수 있는 기회다. 치료사는 적절하게 훈련된 미술치료사의 경계를 넘지 않고 미술 재료의 사용에 대해 통합할 수 있다. 적절한 경계는 슈퍼바이지가 미술 재료를 사용하는 것을 막거나 잠재적으로 수치심을 주기보다는 권한을 부여할 자유를 만들어 준다. 이러한 면에서 이 접근법은 미술치료사 슈퍼바이저가 다른 누군가를 위한 경계를 명확히 하기 위해, 자신의 미술치료사 정체성을 명확하게 하고 안전하게 하는데 달려 있다.

타 분야의 다른 슈퍼바이지들은 임상 회기에 미술을 통합하는 것에 전혀 관심이 없을 수 있지만, 임상 통찰력과 이해를 풍부하게 하기 위해 기꺼이 미술 기반 슈퍼비전에 참여할 것이다. "이미지를 만들고 성찰하는 것은 미술치료 이외의 분야에서 일하는 사람들에게 성찰과 소통을 위한 소중한 기회를 제공한다. 이러한 실습은 치료적 통찰력을 얻고자 하는 모든 분야의 사람들에게 유용하다"(Fish, 2017, p. 181). 이러한 상황에서 미술의 초점은 상당히 달라지며, 슈퍼비전의 교육적 측면을 지원하는 데 사용된다. 미술작품은 임상 기술, 이론적 이해 및 내담자 통찰력을 강화하고 심화시킨다. 이는 치료사의 자기 돌봄이나 지원 목적이 아니라 내담자 돌봄과 직접적인 관련이 있다. 미술을 통해 다룰 수 있는 주제에는 내담자와의 경계 설정, 특정 내담자와 고전하는 상황에서의 공감 심화, 이론적 개념 탐구 등이 포함될 수 있다.

### 지원적 관리

미술치료사가 아닌 치료사의 경우, 임상 훈련의 일상적인 부분으로 미술 작업을 활용하는 경험이나 훈련받았을 가능성이 낮기 때문에 미술 작업 과정은 의외로 강력한 도구가 될 수 있다. 슈퍼바이지를 위한 예술 기반 접수는 회기에서 미술을 처음으로 수용하는 간단하고 위협적이지 않고 매우 유익한 실습이 될 수 있다. 이 접근법은 교육적 지원과 다르다. 지원적인 관리는 슈퍼바이지의 전문적 업무에 대한 개인적 경험에 초점이 많이 맞춰져 있다. 그 의도는 개인 치료에 더 적합한 문제를 다루지 않고, 역전이, 소진을 감소시키기 위한 자기 돌봄 전략과 자기 성찰 능력 등의 영역에서 이해력을 높이는 것이 목적이다. Emily Reim Ifrach는 일부 치료사들이 공감피로를 언어적으로 노출하면서 경험한 "두려움 또는 수치심"을 인식한다. 그녀는 표현 치료를 "비언어적 의사소통 수단"으로 제공하면 이러한 종류의 전문적인 나눔에 대한 스트레스와 낙인을 줄일 수 있다고 언급한다(Ifrach & Miller, 2016, p. 35).

### 행정적 관리

슈퍼비전에서 예술 기반 방법을 사용하는 것은 단순히 지침을 제공하거나 슈퍼바이지에게 내담자와 함께하는 그들을 묘사하도록 요청하는 것 이상의 의미가 있을 수 있다. 생산성, 사례 부담, 서류작업 및 기타 관련 관리 요구를 해결하려면 모든 참가자가 어떻게 참여하고 있는지 확인하는 것이 유용하다. 슈퍼바이지가 환경에 대해 다른 경험을 할 수 있기 때문에, 현장 슈퍼바이저로서도 이점을 살펴보는 것이 중요하다. 슈퍼바이지의 직장을 그래픽으로 표현하면 지원과 강점 영역뿐만 아니라 행정적인 문제 영역을 파악하는 데 도움이 될 수 있다. 예를 들어, 슈퍼바이지의 병원이나 기관에서 의사결정을 내리는 관리자가 멀리 떨어져 있는가? 혹은 물리적으로 가까운 곳에 있는가? 기관의 경우 자금 제공자(정부 또는 민간인일 수 있음)가 건물 내에 있는가? 외부 슈퍼바이저 또는 계약된 슈퍼바이저인 경우 슈퍼바이지의 현장 슈퍼바이저는 물리적으로 어디에 있는가? 당신의 슈퍼바이지는 사무실을 가지고 있는가, 아니면 사무실을 공유하는가? 당신의 슈퍼바이지는 컴퓨터나 책상을 가지고 있는가? 서류작업은 어떻게 완료하는가?(문서작업을 전자식으로 하는가, 수기로 하는가?)

슈퍼바이지가 행정적으로 시스템 내에서 적응하는지 더 잘 이해하기 위해 조직 설계 및 물리적 환경이 행정 업무에 어떤 영향을 미치는지 살펴볼 수 있다. 예를 들어, Yasmine은 어떤 한 슈퍼바이지와 함께 일하면서 행정 업무, 즉 보고서에 작성해야 하는 광범위한 문서화 요구사항이 있는 사례 건수가 아주 많다는 것뿐 아니라 유일하게 사용 가능한 프린터가 슈퍼바이지의 사무실과 다른 층에 있다는 것을 알게 되었다. 이 슈퍼바이지는 내담자의 서명이 필요한 경과 기록을 인쇄할 때마다 다른 층으로 가서 종이를 가져온 다음 내담자가 서명할 수 있도록 사무실로 돌아와야 했다.

## 핵심 요약

- 미술치료사는 현장(의무사항) 또는 외부(선택사항, 계약된 슈퍼비전을 통해)에서 다른 분야의 실무자를 지도할 수 있다. 어느 경우든 우리는 여러 분야에 걸쳐 지도하는 미술치료사들이 이를 자신의 미술치료 기술을 계속해서 활용할 수 있는 기회로 볼 것을 권장한다.
- 미술치료사가 아닌 임상가를 지도하는 경우에도 예술 기반 슈퍼비전을 활용할 수 있다. 슈퍼비전에서의 미술 작업은 슈퍼비전 관계에서 창의성, 겸손, 그리고 자기 공개를 허용할 수 있다. 이러한 접근법은 어려운 임상적 상황에 대한 대응책으로 또는 슈퍼비전 자체에 대해 성찰하는 방법으로 슈퍼비전 초기에 할 수 있다.
- 각 정신건강 분야는 그들만의 고유한 훈련 방법, 이론, 철학이 있다. 여러 분야에서 일하는 슈퍼바이저들이 모든 것을 다 알 수는 없지만, 슈퍼바이지의

전문 분야에 대해 배우는 것은 그들이 어떻게 치료에 접근하는지 이해하는 데 필수적이다. 슈퍼바이저들은 중요한 문헌을 읽고, 교육에 참석하고, 추가 자료를 찾음으로써 전문 분야에 대해 스스로 교육할 수 있다.

- 누구를 지도할 수 있는지에 대한 요건은 보유하고 있거나 찾고 있는 자격증명 및/또는 자격 면허에 따라 달라진다. 슈퍼바이저인 경우, 당신이 지도할 수 있는 전문가를 확인하라. 슈퍼바이지들은 어떤 전문가가 당신을 지도할 수 있는지 확인하라. 당신의 슈퍼바이저가 미술치료사여야 한다는 요건이 있는가?

## 실습 프롬프트

### 연구물 교환

- 미술치료사로서 당신에게 중요한 연구물 하나를 슈퍼바이지와 공유하라. 슈퍼바이지에게 자신의 업무 방식에 필수적인 해당 분야의 연구물을 당신과 공유해 달라고 요청하라.
- 슈퍼비전 시에 이 연구물을 논의하라. 슈퍼바이지가 제공한 연구물을 읽음으로써, 또 당신이 공유한 연구물에 대한 그들의 의견으로부터 당신은 슈퍼바이지에 대해 어떤 정보를 얻었는가?

### 우아한 시체(Exquisite Corpse)[10]

이러한 초현실주의 활동은 자유로운 연상과 상상력을 발휘할 수 있게 한다. 시를 만들거나 슈퍼바이지와 함께 그림을 그리는 것은 각 실무자의 분야에서 서로

10 우아한 시체(Exquisite Corpse): 초현실주의 화가들이 재미 삼아 활용했던 집단 활동에서 시작된 놀이 겸 미술의 형태이다. 협업과 즉흥성을 강조하는 창작 방식으로, 여러 사람이 각기 다른 부분을 창작하여 하나의 작품을 완성하는 기법을 말한다.

다른 관점을 논의하는 새로운 방법이다. 이러한 프롬프트는 시카고 미술관에서 발췌한 것이다.

- 개인 슈퍼비전의 경우, 먼저 문장형식의 구조(예: 관사 + 형용사 + 명사 + 동사 + 형용사 + 명사)를 결정한다. 주제를 협의한다. 학제 간 슈퍼비전의 목적을 위해, 우리는 '미술치료사에게 배우는 것의 이점'을 제안한다. 첫 번째 사람은 처음 두 단어(즉, 관사 + 형용사)를 쓴 다음, 종이를 접어 내용을 숨긴다. 두 번째 사람이 다음 단어(즉, 명사)를 쓰고 이 단어를 보이지 않도록 종이를 접는다. 마지막 품사에 도달할 때까지 이 과정을 계속한 다음 해당 시를 큰 소리로 읽어라. 또는, 한 사람이 두 단어를 쓰고, 한 단어를 숨기고 마지막 단어를 드러낼 수 있다. 이 경우 이전에 작성된 단어 하나를 제시하여 다음 사람이 작업할 수 있게 촉진한다.

**[그림 8-1]** 슈퍼비전 워크숍 참가자(2017), 무제: "이상적인 슈퍼바이저"라는 주제에 대한 응답, 우아한 시체 1 [오일 파스텔과 마커]

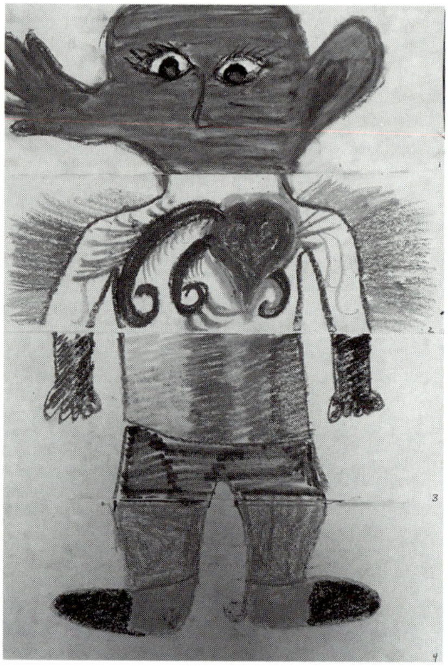

[그림 8-2] 슈퍼비전 워크숍 참가자(2017), 무제: "이상적인 슈퍼바이저"라는 주제에 대한 응답, 아름다운 시체 3 [오일 파스텔과 마커]

- 집단 슈퍼비전을 위해, 집단 구성원 개인당 한 장씩 도화지를 접는다. 사람이나 동물과 같은 일반적인 이미지를 고른다. 첫 번째 사람이 그림의 윗부분이나 머리를 그리고, 마지막 사람이 발이나 밑부분을 그리고, 다른 참가자들은 그 사이에 있는 것을 그린다. 시 활동과 마찬가지로, 각각의 사람들이 그린 것을 접어서 '숨긴다.' 그러나 그림 활동에서 그리는 사람은 용지의 가장자리 위에 표시를 하여 다음 사람이 계속 표시할 수 있게 한다. 마지막 참가자가 완성하면 그림을 펼친다. 어떤 이미지가 완성되었는가? 학제 간 슈퍼비전을 고려할 때, 이 창조물은 다양한 관점을 어떻게 구체적으로 표현하는가? 예는 [그림 8-1과 8-2], '부록 G: 컬러 작품 5와 6'을 참조하라.

### 외부 슈퍼바이지의 작업 공간 이해

- 슈퍼바이지에게 작업 환경에 대해 자신이 어떻게 해석하고 있는지 잘 이해하기 위하여 작업 공간, 즉 업무공간, 치료 서비스가 이루어지는 장소, 휴게실, 관리자의 위치, 내담자의 위치 등을 그려달라고 요청한다.
- 이 지도를 사용하여 강점, 스트레스, 회복, 학습 및 슈퍼바이지의 작업 경험에 대해 배우는 데 유용한 다른 주제에 대해 토론하라.

## 참고문헌


- The Art Institute of Chicago. (n.d.). Interpretive resource. Family activity: Surrealist Games. Retrieved from www.artic.edu/aic/resources/resource/1049
- Code, P. (2010). Chapter 49. State board of social workers, marriage and family therapists and professional counselors-licensure of professional counselors code of ethical practice and standards of professional conduct. Retrieved from www.pacode.com/secure/data/049/chapter49/chap49toc.html
- Farber, B. A. (2003). Self-disclosure in psychotherapy practice and supervision: An introduction. *Journal of Clinical Psychology, 59*(5), 525-528. doi:10.1002/jclp.10156
- Fish, B. J. (2017). *Art-based supervision: Cultivating therapeutic insight through imagery*. New York, NY: Routledge.
- Ifrach, E. R., & Miller, A. (2016). Social action art therapy as an intervention for compassion fatigue. *The Arts in Psychotherapy, 50*, 34-39.

# 4부

# 지역, 장소 및 공간 : 슈퍼비전의 구성 양식

4부에서는 인종, 성별 및 그 외 정체성의 차이에 대해 다루며, 다른 슈퍼비전 형식이 슈퍼바이저와 슈퍼바이지의 관점에서 슈퍼비전 관계에 어떤 영향을 미치는지 설명한다. 이는 다음의 세 장으로 구성된다.

- 개인 슈퍼비전과 1:2 슈퍼비전
- 집단 슈퍼비전
- 원격 슈퍼비전

이 장에서 우리는 슈퍼비전 형식의 실무적 정의를 제공하고, 각 유형의 장점 및 단점을 고려하며, 예술 기반 슈퍼비전 개입을 통합하는 방법을 검토하고, 슈퍼바이저나 슈퍼바이지가 한 가지 형식이나 다른 형식에 참여하기 위해 선택하거나 강요받는 이유를 설명한다. 슈퍼바이저나 슈퍼바이지로서 우리는 세 가지 슈퍼비전 형식을 경험했고, 각각의 고유한 기능을 인식하고 있다.

# 9장 개인 슈퍼비전과 1:2 슈퍼비전

## 소개

Shirley Riley(1992)는 학생들의 미술치료 슈퍼비전을 위한 전통적인 틀을 "이론과 실제, 은유와 과정, 매체와 표현, 투사와 해석, 그리고 미술치료 인턴이 회기 중에 설정한 내담자의 목표를 더 잘 달성할 수 있도록 돕기 위한 그 외 문제들에 대한 논의"라고 설명하였다(p. 119). 예술 기반 개입과 인종, 성별, 그리고 추가요인의 차이에 대한 관심이 더해진다면, 우리는 이 설명이 꽤 정확하고 미술치료 경력 전반에 걸쳐 타당하고 통찰력을 유지할 것이라고 믿는다.

개별이나 1:2 슈퍼비전은 미술치료 서비스가 제공되는 현장(기관 또는 병원) 혹은 임상 작업이 수행되는 장소와는 별도로 사설 수련기관이나 교내 수련 환경과 같은 외부 장소에서 진행될 수 있다. 우리 두 사람은 개별 슈퍼바이저로 시작하여 수년간 다양한 방식으로 이 역할을 수행해 왔다. 개별 슈퍼바이저로서 우리 업무에는 미술치료사와 상담사를 위한 현장 전문 슈퍼비전뿐만 아니라 대학원 현장의 미술치료 슈퍼비전도 포함되어 있다. 우리는 자격증을 취득하고자 하는 슈퍼바이지들과 자격증을 취득한 후에도 지속적으로 슈퍼비전을 필요로 하는 사람들과 함께 일해왔다. 수련 과정 중인 모든 미술치료사처럼 우리는 미술치료학과 대학원생으로서 개별 슈퍼비전에 참여하였다. 우리는 전문적인 외부 슈퍼비전과 미술치료사가 아닌 치료사와 현장 슈퍼비전을 제공하는 데 참여하였다.

이 장에서는 대면 개별 슈퍼비전에 대해 상세하게 설명한다. 1:2 체제는 집단 슈퍼비전보다는 개별 슈퍼비전과 더 유사하기 때문에 1:2 슈퍼비전도 이 장에 포함되어 있다. 우리는 다양한 관계의 미묘한 차이를 상세히 설명한다. 특히, 필수 슈퍼비전과 선택 슈퍼비전의 차이를 살펴보고자 한다. 또한 슈퍼비전 관계를 더 잘 설명하기 위해서 입증된 모범 사례에서 쓰인 전략을 공유하였다. 또한 우리의 슈퍼바이저로서의 경험과 슈퍼바이지들로부터 얻은 지식을 중요하게 다룬다.

## 개별 및 1:2 슈퍼비전의 정의

개별 슈퍼비전은 매우 간단하게 정의할 수 있다. 즉, 한 명의 슈퍼바이저가 한 명의 임상가를 슈퍼비전하는 것이다. 개별 슈퍼비전에서 슈퍼바이저, 슈퍼바이지, 내담자로 구성된 삼자 모델은 명확하다. 1:2 슈퍼비전은 한 명의 슈퍼바이저가 슈퍼비전 회기에서 두 명의 임상가를 슈퍼비전하는 것이다. 이 용어는 개별 슈퍼비전에서 볼 수 있는 슈퍼바이저-슈퍼바이지 2인 체제와 혼동해서는 안 된다. 개별 슈퍼비전에서의 삼자 모델은 더 명확할 수 있지만, 1:2 슈퍼비전에서는 슈퍼바이저와 두 명의 슈퍼바이지 및 내담자로 구성되기 때문에 더 복잡하다. 〈1부 슈퍼비전을 최대한 활용하는 방법〉에서 설명한 바와 같이, 슈퍼바이지로서 슈퍼비전에 입문하거나 슈퍼바이저가 되는 이유는 다양하다. 게다가, 개별 또는 1:2 슈퍼비전에 참여하는 결정 또한 다양하다. 2인 슈퍼비전 체제는 일반적으로 슈퍼바이지가 추구하는 외부 슈퍼비전에서 일어난다. 그러나 2인 체제는 업무환경에서 존재한다(예: 두 명의 인턴이 한 슈퍼바이저에게 슈퍼비전 받는 경우).

1:2 슈퍼비전은 일반적으로 집단 슈퍼비전보다 더 친밀감이 있다. 1:2 슈퍼비전의 슈퍼바이저는 각 참여자의 부가적인 관심과 직접적인 기여를 허용하며, 동료 슈퍼바이지의 관점을 통해 개별 슈퍼비전보다 더 다양한 맥락을 파악할 수 있다는 이점이 있다. Daniel이 처음으로 2인 체제의 역동에 접근한 방법을 설명하는 사례 9.1을 참조하라. Ögren, Boëthius와 Sundin(2014)은 모든 슈퍼비전 참

가자의 기대는 "자신의 훈련 욕구를 위한 공간을 만들어 내는 동시에 다른 사람의 필요를 위한 공간을 허용하고, 참여를 보여 주는 것"에 대해 기대한다고 설명한다(p. 658). 적극적 경청과 신체 언어 또는 미묘한 역할을 통해 1:2 슈퍼비전에 참여하는 것은 슈퍼비전 회기에서 작업하고 서로의 차이점과 이점을 탐색하고 협력할 때 특히 더 효과적일 수 있다.

### 사례 9.1 1:2 슈퍼비전의 정의

**Daniel 이야기**

나는 이 분야에서 약 7년째 일하고 있을 때, 처음으로 1:2 슈퍼비전을 접했다. 나는 처음엔 이 계획에 매료되었지만 신중하였다. 또한 이 아이디어에 열광했지만 1:2 슈퍼비전에 참여하거나 주도해 본 적이 없었기 때문에 조심스러웠다. 이건 소집단 슈퍼비전인가? 관찰자가 있는 개인적인 슈퍼비전인가? 소규모 수업이 되는 건가? 모든 질문은 내가 진정으로 개별 슈퍼바이저로서 입지를 갖추기 위해 노력한 산물이다. 사실 처음 몇 회기는 아마 다른 슈퍼바이지가 사례나 이슈를 발표하는 동안 거의 참여하지 않는 개별 슈퍼비전 관찰자처럼 보였을 수도 있다. 어떤 면에서 나는 무의식적으로 개별 미술치료 회기를 관찰하는 인턴의 역동성을 재현하고 있었는지도 모른다. 본질적으로 눈에 띄지 않으려는 존재이면서 동시에 물리적으로 존재하려고 노력한다는 것이다. 결국 우리 셋은 서로의 기반을 찾았고, 서로의 대화와 관찰의 흐름을 지지하는 분위기를 만들었다. 관찰자의 역할은 점차 중요해졌고 적극적인 청취자, 위임받은 참여자, 헌신적인 평가자의 위치를 확보하기 위해 전환되었다. 이것으로 방해되는 제3자(third wheel)[11]의 참석에 대한 기우가 사라지고, 슈퍼바이지들은 수련에 적극적으로 임하며 슈퍼비전의 역동에 중요한 역할을 하였다.

## 개별/ 1:2 슈퍼비전 회기

슈퍼비전을 수행하는 데 하나의 '올바른 방법'은 없기 때문에 50분의 개별 슈

---

11 불필요한 사람이라는 뜻. '다정한 커플 사이에 끼어 있는 한 명처럼 굳이 필요하지 않은 상황에 끼어 있는 사람'이라는 의미로 보통 사용됨.

퍼비전 시간을 분할할 수 있는 정해진 방법은 없다. 우리가 〈3장 슈퍼비전에 대해 슈퍼바이지가 알아야 할 사항〉에서 제안한 바와 같이, 슈퍼비전을 1/3로 나눌 수 있으나(즉, 논의된 항목에서 슈퍼바이저의 안건 1/3, 슈퍼바이지의 안건 1/3, 그리고 나머지 1/3은 주어진 공간), 모든 상황에서 이 형식이 적용되는 것은 아니다. 시간 적용 방법을 결정할 때 고려해야 할 요인은 보기 9.1을 참조하라.

**보기 9.1**

### 갈등 해결을 위한 직접적인 전략

1. 슈퍼바이저의 이론적 준거틀 또는 모델은 무엇인가?
2. 슈퍼바이지의 학습 스타일은 어떠한가?
3. 슈퍼바이지가 슈퍼비전을 요청하는 이유는 무엇인가?
4. 슈퍼바이지의 치료 기술과 방식은 발달적으로 어느 정도의 수준인가?

개별 또는 1:2 슈퍼비전 여부에 관계없이 행정, 교육 및 지원(1장 미술치료 슈퍼비전이란 무엇인가? 필요성 및 기대)과 같은 슈퍼비전의 구성 요소와 관련된 현재 요구사항이 회기 구조를 결정한다. 어떤 경우에는 특정 영역 하나에 초점을 맞추고, 어떤 경우에는 세 가지 영역의 조합에 초점을 맞춘다. 시간 분할에 대한 예외를 설정하는 것도 유용하다. 예를 들어, 위기나 긴급한 임상적 사안들이 항상 구조화된 주제보다 더 우선시된다는 것을 슈퍼바이지들과 미리 합의한다. Mills와 Chasler(2012)는 슈퍼비전 우선 순위 9단계 체계에서, 내담자의 자살 또는 살해 위협이 가장 시급한 사안이라고 하였다. 우선순위에 넣을 추가 내용으로는 잠재적인 내담자 피해와 관련된 치료사의 개입, 슈퍼비전에서의 불성실함, 슈퍼비전에 대한 저항, 슈퍼바이저의 돌발행동, 그리고 이론적이고 기술적인 주제에 대한 논의를 활용한 기술 개발이 있다. 우선순위의 틀을 확고히 설정하는 것은 슈퍼바이지들이 기존의 안건에서 벗어날 수 있도록 허용하고, 슈퍼비전 동맹을 구축하는 데 도움이 된다.

1:2 슈퍼비전의 경우, 우리는 한 명의 슈퍼바이지가 시간을 독점하지 않고 각 슈퍼바이지가 발언할 기회를 갖도록 회기 내에서 명확하게 결정된 구조화를 권장한다. 우리가 사용한 방법 중 하나는 회기의 절반을 각 슈퍼바이지에게 할당하여 시간을 균등하게 공유하는 것이다. 이 방식으로 시간을 공유한다고 해서 슈퍼바이지가 그들의 모든 시간을 말하는 데 쓸 필요는 없다. 예를 들어, 회기 절반의 첫 5분 동안, 슈퍼바이지는 행정상의 어려움, 집단 역동 또는 개별 내담자와의 어려움에 대한 질문이나 염려를 표현할 수 있고, 특권이나 교차성과 같은 특정 주제에 대해 이야기할 수 있다. 남은 시간은 다양한 개입 방법을 브레인스토밍하거나 미술 작업을 통해 문제를 다루는 데 사용될 수 있다. 또 다른 방법은 슈퍼바이저를 포함한 모든 사람이 간단하게 말하거나 미술 작업으로 시작하며, 회기의 나머지 시간은 한 명의 슈퍼바이지가 하나의 심층 사례나 주제를 발표하고 모든 사람이 동등하게 논의하는 데 할당하는 것이다. 이 형식을 사용하면 슈퍼바이지가 회기 중에 번갈아 가며 사례나 주제를 발표할 수 있다. 1:2 슈퍼비전에서 공유 시간을 어떻게 사용했는지에 대한 설명은 사례 9.2를 참조하라.

### 사례 9.2 동료들과 함께하는 1:2 슈퍼비전

**Yasmine 이야기**

나는 원래 공립 고등학교에서 근무하는 한 슈퍼바이지를 개인 슈퍼비전하고 있었다. 약 1년 후, 그녀는 동료도 슈퍼비전이 필요하다는 것을 알게 되었고, 우리와 함께 3인 1조를 구성할 수 있는지 문의하였다. 우리는 여러 회기 동안 슈퍼바이지의 이점(예: 비용 절감)과 잠재적인 단점(예: 시간 공유)에 대해 논의하였다. 이런 논의가 끝난 후 새로 참여한 슈퍼바이지와 개별적으로 만나 과연 잘 어울릴지, 슈퍼비전에 대한 기대감과 비용, 슈퍼비전 협약 체결 등을 논의하였다. 게다가, 새로 합류한 슈퍼바이지는 연령대가 달랐고, 다른 환경에서 일하고 있었다. 나는 두 사람과 각각 이야기하였고, 우리의 첫 번째 1:2 슈퍼비전 회의에서 시간과 위기를 어떻게 협상할 것인지에 대해 논의하였다. 우리는 시간을 절반으로 나누는 것이 최선이며, 슈퍼비전 시간의 절반은 슈퍼바이지 중 한 명의 관심사, 내담자에 대해서나 그들이 제기하고 싶은 주제에 할애하고 나머지 절반은 다른 슈퍼바이지의 관심사에 할애하기로 합의하였다. 또한 우리는 만약 누군가가 위기 상황이 발생하면, 그 사람을 우선시하고 그가 먼저 시작하기로 합의하였다. 처음에 50/50을 관리하는 것은 어려웠다. 더 오랜 기간 관계를 맺어온 슈퍼바이지에게 더 많은 시간을 할애하는 경향이 있었기 때문이다. 그러나 우리는 이 문제를 함께 이야기하고 이러한 진행을 받아들이고 더 공평하게 앞으로 나아가기 위해 서로가 책임감을 가지도록 확인하였다.

〈2장 슈퍼비전에 대해 슈퍼바이저가 알아야 할 사항〉에서 다룬 바와 같이 견고한 슈퍼비전 동맹을 유지하는 것은 또 다른 유형의 우선순위이다. Enlow, McWhorter, Genuario와 Davis(2019)는 슈퍼비전 업무동맹의 강도를 위협하는 세 가지 우려 사항, 즉 슈퍼비전 방식과 발달 수준 간의 불일치, 슈퍼바이지 업무 수행에 영향을 미치는 상황적 요인, 비건설적이거나 무응답적인 피드백을 확인하였다. 그들은 "슈퍼바이저와 슈퍼바이지 모두에게 건설적이고 보람 있는 슈퍼비전 경험을 촉진하기 위해" 슈퍼바이저와 슈퍼바이지별 모범 사례에 대한 권장 사항과 실천적 제안을 제공한다(p. 208). 1 : 2 슈퍼비전 내에서 작업할 때 발달 수준, 상황적 요인 및 건설적인 피드백을 주고받는 능력에 따라 세 가지 우려 사항이 증폭될 수 있으며, 이를 다루기 위해 특별한 주의가 필요하다.

## 개별 및 1:2 현장 및 외부 슈퍼비전

관련된 슈퍼비전 우선순위가 변경될 뿐만 아니라 슈퍼비전과 직접 관련된 책임도 현장과 외부 환경 간에 차이가 있다. Falender(2014)는 두 개념의 차이점을 상당히 명확하게 정의하고 있다.

> 슈퍼비전은 슈퍼바이지가 수행한 사례에 대해 슈퍼바이저가 가지는 권한, 책

임 및 법적 책임에 따라 자문과 구별되며, 종종 동료 사이의 자문 관계와 대조된다. 여기서 자문가는 사례에 대한 완벽한 정보를 얻을 필요가 없고, 의뢰인은 자문의 제안 사항을 모두 받아들일 의무가 없다.

(p. 9)

성장하는 분야인 미술치료는 서로 중첩되거나 지속적인 연결을 위한 훌륭한 기회를 제공한다. 미술치료사들은 종종 슈퍼비전 요소들을 포함하여 다양한 맥락에서 서로 알고 지내는 경우가 많다. 사례 9.3은 슈퍼비전 경력의 각기 다른 시점에서 그녀의 슈퍼비전에 대한 욕구가 변화함에 따라 Yasmine과 Daniel과의 슈퍼비전을 여러 번 교차해 온 슈퍼바이지 Cindy의 슈퍼비전 경험의 일부를 발췌하였다.

## 사례 9.3 슈퍼비전 근원

### Cindy 이야기

치료사로서 우리 업무는 수많은 개인적이고 환경적인 요소들에 의해 영향을 받는다. 그중 가장 중요한 것은 우리가 받는 슈퍼비전이다. 오늘날 나는 Daniel, 그 이전의 Yasmine, 그리고 다른 사람들이 심은 씨앗을 직접 가꾸며 미술치료 학생, 인턴, 전문가들을 슈퍼비전하는 일에 기쁨을 느낀다. 어떤 슈퍼바이저들은 훌륭했고, 어떤 슈퍼바이저들은 나에게 슈퍼비전을 거절할 권리를 가르쳐 주었다. 현재 내가 가르치고 있는 슈퍼비전 실습 수업에서, 나는 학생 한 명 한 명에게 관심을 보이려고 노력하고 그들 자신의 직관과 능력을 믿도록 격려한다. 학생들이 이러한 안전한 학습 환경 상황에서 서로를 지지하고 발전적인 반응을 아끼지 않을 때 나는 지속적으로 감동을 받는다.

졸업 후 얼마 지나지 않아 외래 약물치료 프로그램에서 컨설턴트로 일하는 동안, 기관에서 피드백이나 지원받을 수 있는 동료가 없었기 때문에 Yasmine과 슈퍼비전 계약을 맺었다. 새로운 전문가로서, 나는 Yasmine에 대해 궁금한 점을 질문하고, 임상 경험과 내담자 미술작품을 공유하며, 반응을 얻을 수 있는 사람으로 보았다. 나는 '올바르게 일하는 것'에 매우 관심이 있었고, 나를 향한 그녀의 신뢰와 친절한 지도가 내 성장의 밑거름이 되었다. Yasmine은 내게 답을 제시하는 것이 아니라, 내가 생각하는 다음 단계가 무엇인지, 미술작품 또는 내담자와의 상호작용에 대해 무슨 생각을 하는지에 대해 궁금해하면서 지도하였다. 그녀는 나만의 방식과 스타일을 찾고 그녀의 것을 통합하면서 나 자신의 미술치료사 정체성을 다듬을 수 있게 해 주었다.

2012년에 나는 뉴욕에서 콜로라도로 이사하였다. Daniel을 잘 알지는 못했지만, 내가 인턴으로 일할 때 그는 나의 슈퍼바이저를 슈퍼비전했고, Yasmine도 Daniel의 슈퍼비전을 받으면서 그를 높이 평가하였다. 나는 더 경험이 많은 치료사로서 Daniel과 함께 사설 기관에서 일을 시작하였다. 나는 새로운 지역으로 이사를 하여 다소 고립되어 있었고, 최선을 다해 내담자에게 서비스를 제공하고 전문적으로 성장하기 위해서는 슈퍼비전이 중요하다는 것을 알았다. 또한, 나는 공허한 상태에서 일하지 않기 위해서 경험이 많은 미술치료사와 나의 일에 대해 의논해야 할 윤리적 의무가 있었다. 나는 Daniel과 약 3년 동안 함께 일하면서, 경계, 이중관계, 내담자의 갑작스러운 종결, 자기 개방, 내담자 회기에서 침묵을 지키는 능력 등의 문제들을 다루게 되었다. Daniel은 항상 온전한 존재감을 보여 주었고, 그가 나의 능력을 믿는다고 느꼈다. 그는 유머와 호기심을 보여 주었고, 알지 못함의 자세가 얼마나 지혜로운지 나에게 보여 주었다. Daniel은 나에게 따뜻하고 든든한 존재감을 제공하였다. 모든 복잡성과 모호함 속에서 일에 대해 호기심을 가질 수 있는 그의 능력은 나에게 영감을 주었다. 그는 불확실함을 가지고 있는 모습을 모델링했고, 나는 이것을 내담자와 함께 하는 작업(그리고 일반적으로 내 삶에)에 통합하기 위해 노력하고 있다.

Daniel과 함께 일할 때, 나는 '올바름(rightness)'이 스펙트럼상에 있다는 것을 이해했고, 다양한 상황에서 나 자신의 역전이를 더 직접적으로 다루고, 나에게 특히 어려운 임상 상황을 해결했다. 이 주제들은 경계 확장, 나와 가깝게 지냈던 내담자와 연락할 수 없는 것, 트라우마와 자살 충동을 다루는 것, 그리고 내가 암에 걸렸다는 것을 내담자에게 공개해야 하는 불안감을 가지고 일하는 것을 포함하였다. 내가 Daniel에게 암이 재발하였다고 말하고 그것이 내담자들에게 미치는 영향에 대한 불안감을 표현했을 때의 한 회의가 항상 특별하게 기억에 남아있다. 감정적인 순간에도 그의 존재감과 본능이 나를 잘 조율해 주는 것을 느꼈다. 그는 나의 내담자들이 나를 유능한 사람으로 보지 않을 것이라는 확인되지 않은 나의 두려움을 완화하는 데 도움을 주면서, 나에게 현실 검증뿐만 아니라 지원을 제공하였다. 특히 이 시기에, 나는 Daniel과의 슈퍼비전에 의지하여 내담자들과 내 상황에 대해 어떻게 이야기해야 할지 고민하고, Daniel은 내가 내담자들의 반응을 처리하는 데 도움을 주었다([그림 9-1] 참조). 예를 들어, 어머니가 암으로 위중한 상황인 아이를 만나고 있었는데, 어떻게 대처해야 할지 생각해 보는 것에 도움이 되었다. 만약 내가 Daniel과 이 문제를 상의하지 않았다면, 가족과 함께 진행하는 방법에 대해 잘못된 결정을 내렸을 것이다.

지성과 우아함, 그리고 개방성을 가진 Yasmine과 Daniel은 초보 치료사로서 나의 자신감을 키우는 데 도움을 주었다. 두 사람 모두 내 경력의 다른 지점에서 민첩하고, 온정적이고, 윤리적인 치료사가 되는데 필요한 안전한 기반을 제공하였다. 그리고 두 사

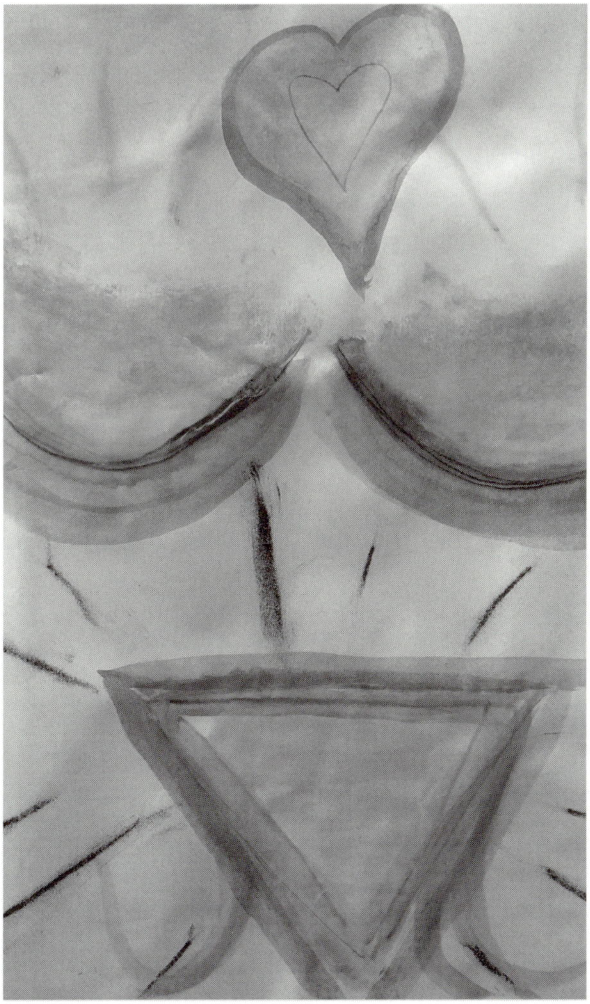

**[그림 9-1]** Cindy Gordon(2015), 무제: 슈퍼비전 반응 미술 [혼합 미디어]

람 모두 그들의 경력의 어느 단계에서든 여건을 유지하고 치료사들을 육성하기 위해서는 무엇보다도 확고한 존재감이 중요한 자질이라는 것을 보여 주었다.

**Daniel의 반응**

나는 Cindy가 뉴욕에서 이사 온 직후와 콜로라도에서 거주한 5년 중 두 번째 해에 Cindy를 슈퍼비전하기 시작하였다. Yasmine이 우리 각자에게 승인 도장을 찍어 준 덕분에 슈퍼비전 동맹은 빠르게 구축되었다. 그녀의 이전 슈퍼바이저 중 두 명을 알고 슈퍼비전 교육에 참가한 경험이 있기 때문에 신뢰를 얻고 생산적인 슈퍼비전 관계를 구축하는 것이 더 쉬웠다. 우리는 비교적 작은 도시에 살면서 여러 직업적, 사회적, 개인적 이중관계를 탐색하기 위해 의무적으로 시간을 투자하였다. Cindy가 암이 재발했음을 전했을 때, 우리의 이중관계는 잘 확립되어 있었고 경계가 설정되어 있었다. 그녀는 슈퍼비전이라는 전문적인 맥락에서 개인정보를 공개하기로 선택했기 때문에, 슈퍼바이저의 역할이 나의 첫 대응이었다. 친구로서 두려움과 놀라움에 대한 나의 개인적인 반응은 기다려야 했다. 이 시기에 우리의 슈퍼비전 업무의 초점은 그녀의 내담자들을 위해 가능한 최선의 돌봄과 결과를 위한 전략을 설계하고 탐색하는 것이었다. 이는 미술 외에도 슈퍼비전의 지원적(예: 관련 불안을 인정하고 부분적으로 수용하기), 교육적 측면(예: 내담자에게 공개하기 위한 구체적인 전략)을 통해 가장 잘 해결되었다. Cindy와 그녀의 내담자들에게는 지속적으로 미술에 복귀하는 것이 이 병과 치유의 시기에 훨씬 더 중요하였다. 돌이켜보면, 내가 그 상황에 대한 보다 직접적인 반응으로 미술작품을 만들었다면 도움이 되었을 것이다. 경계를 극대화하고, 취약성을 표현하고, 전문 지식을 갖추는 데 도움을 주는 슈퍼비전에 의지하고, 항상 알지 못하는 권리를 수용하는 Cindy의 능력은 이 시기에 그녀의 직업적 성공에 결정적 역할을 하였다.

## 현장(필수) 슈퍼비전

어떤 사람들은 학생이든 전문가이든 미술치료 훈련의 대부분이 이루어지는 곳에서 슈퍼비전이 필요하다고 주장할 수 있다. 대학원 교육을 받는 동안 학생들은 슈퍼비전에 참여해야 한다. 이러한 개별적인 슈퍼비전은 종종 캠퍼스 내 집단 슈퍼비전의 지원을 받는 지정된 현장 미술치료사와 함께 이루어진다(〈10장 집단 슈퍼비전〉에서 이것과 다른 형태의 집단 슈퍼비전에 대해 논의한다). 요구되는 개별 슈퍼비전은 임상가로서 전문적으로 일할 때 이루어지며, 종종 현장에서 이루어진다. 슈퍼바이저는 미술치료사 또는 다른 분야의 임상가일 수 있거나 임상가가 아닐 수도 있다. 그럼에도 불구하고, 현장 슈퍼비전은 본질적으로 행정적인 책임, 결과 및 영향을 자세히 탐구한다. 특별한 슈퍼바이저를 적극적으로 찾아 당신의 슈퍼바이저로 선택하더라도 이것은 예상한 것과 달리 변할 수 있다. 서문에서 언급했듯이, Yasmine은 Daniel이 그녀의 장기간 슈퍼바이저가 될 것으로 기대하는 현장에 고용되었다. 그러나 그가 승진이 되어 다른 팀을 이끌게 되자 그녀는 새로운 슈퍼바이저와 짝을 이루었다. 좋든 나쁘든, 이 결합은 예상치 못한 방식으로 직무 만족도와 수행에 영향을 미칠 수 있다. 파트너십이 좋을 때는 매우 좋고 영감을 줄 수 있다. 그러나 나쁠 때는 매우 도전적일 수 있다. Yasmine이 Daniel과는 스타일이 완전히 다른 새로운 슈퍼바이저를 배정받았을 때, 그녀는 자신의 기대를 수정하고 슈퍼비전에 대한 접근방식을 바꾸어야 했다.

현장에 있는 것은 슈퍼비전의 구성요소에 영향을 미친다. 구체적으로, 행정적 요소에 더 큰 초점을 두는 경향이 있으며, 임상 발달을 위한 교육적 요소와 슈퍼바이지의 업무 관련 스트레스 및 정서적 반응에 참여하는 지원 역할을 과도하게 가릴 수 있다. 현장 슈퍼비전의 행정적인 부분은 종종 중요하며, 그 예로 장소 특정 요구사항(안전 방침, 규율 및 문화)과 잠재적인 경력 향상을 위한 요구사항(필수 교육 과정 이수, 승진, 까다로운 내담자 응대, 새로운 기술 적응) 외에도 기록이나 일정 관리 규정 등과 관련이 있다(Knapp & Vande Creek, 2012). 문제가 있든 지지적이든 간에 슈퍼비전에서 대인 간의 상호작용은 팀 역동, 현장 슈퍼비전 구성요소 또는 아주 다른 슈퍼비전과 의사소통 방식으로 한 부서에서 일하는 여러 명의 슈퍼바이저와 같은 부가적인 강제적 관계가 더해졌을 때 증폭될 수 있다. 이것은 "성과 기준을 충족하지 못하고 있는지, 확인된 역량 영역을 개선하여 다른 지위로 이동하고 있는지" 여부를 슈퍼바이지에게 알릴 때 현장 슈퍼바이저가 "모니터링 및 평가 제공"과 "명확성이 달성되도록 보장"하는 것을 중요 역할로 생각하기 때문에 엄청난 책임감을 부여한다(Falender, 2014, p. 44). 그러나 현장 슈퍼바이저의 장점 중 하나는 보다 포괄적인 평가를 위해 임상 작업을 직접 관찰할 수 있다는 것이다. 회기가 진행되는 것을 직접적으로 보지 않더라도 회기에 근접하는 것이 빠른 보고와 회기 전후의 슈퍼바이지를 관찰하는 데 도움이 되는 경우가 많다.

### 학생

미술치료 슈퍼바이저와 인턴이 초기에 짝을 짓는 것은 슈퍼비전으로 장기간 지속되는 관계에 상당한 인상을 남길 수 있다. 〈2장 슈퍼비전에 대해 슈퍼바이저가 알아야 할 사항〉에서 슈퍼바이저가 모범 사례와 생각을 공유하고, 〈3장 슈퍼비전에 대해 슈퍼바이지가 알아야 할 사항〉에서 슈퍼바이지가 모범 사례와 이념을 적용할 의사를 설정할 때 모두 도움이 된다. 숙련된 미술치료사의 슈퍼비전은 우리가 열정적으로 지원하는 미술치료 프로그램의 학생들을 위한 필요 사항이다. 미국 미술치료 교육인증위원회(ACATE)는 학생들이 현장에서 ATR-BC를 보유한 미술치료사들의 슈퍼비전을 받도록 하고 있다(ACATE, 2019). 이러한 개별 슈퍼비전은 일반적으로 임상 미술치료 실습이 이루어지는 현장에서 이루어진다. 현장에서 자격증을 취득한 미술치료 슈퍼바이저가 없는 학생은 대학원 미술치료 프로그램에서 개별 미술치료 슈퍼비전을 제공받을 수 있다.

### 전문가

대표적으로 지정된 슈퍼바이저와 함께 하는 현장 개별 슈퍼비전은 종종 미술치료사를 위한 슈퍼비전의 주요 방법이다. 이러한 필수 협력은 정기적으로 행정, 교육 및 지원적 슈퍼비전 개입을 필요로 한다. 행정 관리에는 종종 치료사의 생산성(예: 주당 회기 수), 보조금 또는 자금 지원 준수, 서류 작성, 기관의 기대, 휴식시간 요청 및 임상 슈퍼비전 요구에 도전할 수 있는 직책의 기타 비임상 기능이 포함된다. 또한 현장 슈퍼바이저는 직원 평가와 슈퍼바이지가 그들의 업무 목표를 확인하고 설정하는 것을 지원할 책임이 있다. 따라서, 슈퍼바이저에 대한 책임은 병렬적이지만 상충되는 경로가 있을 가능성이 존재한다.

### 외부 슈퍼비전(일반적으로 선택됨)

왜 사람들은 개별 슈퍼비전을 선택할까? 그들은 면허나 자격 요건과 관련된 슈퍼비전 요구를 충족시키기 위해 슈퍼바이저를 찾아야 할 수도 있다. 그들은 전문가의 조언을 구하거나, 특정 기술을 추구하거나, 차이의 장벽을 줄이기 위해 특정 유형의 슈퍼비전 관계 또는 문화적 적합성을 찾고 있을 수 있다.

### 외부, 학생 개별 슈퍼비전

일반적으로 학생들은 상담 실습 현장에서 근무하는 미술치료사로부터 현장 슈퍼비전을 받지만, 학생 미술치료사가 개별 현장 미술치료 슈퍼비전을 받을 수 없는 경우도 있다. 예를 들어, 학생들은 미술치료가 전혀 실시되지 않았던 곳에 미술치료를 소개할 수 있다. 이 경우 현장에 슈퍼비전을 해 줄 미술치료사가 없다. 업무 또는 행정 슈퍼바이저가 지정되어 있지만, 미술치료 슈퍼비전을 제공하지는 않는다. 이 경우 교육 프로그램은 외부에서 개별 슈퍼바이저를 확보한다.

이런 유형의 일에는 학생들만의 장점과 도전이 있다. 학생이 자신의 역량이나 기술을 증명하기 위해 임상 경험의 모든 측면을 공유하는 것은 어려울 수 있다. 반대로, 학생들은 어려움에만 집중하고 현장 학습의 성공을 강조하는 것에 소홀할 수 있다. 단순히 경험 많은 미술치료사가 아니라 미술치료가 학생, 배치 자체, 그리고 그들이 함께 일하는 사람들에게 어떻게 의존하는지 이해하는 학생들을 위해 캠퍼스 밖의 개별 슈퍼비전을 제공하기 위해 경험 많은 슈퍼바이저가 필요하다.

> 나는 현장 슈퍼비전과 외부 슈퍼비전을 병행한 경험이 있으며 이는 차이점보다는 유사점이 더 많다. 환경 내에서 학생을 돕고 관찰할 수 없다는 단점은 심층적인 정보 수집, 가능한 경우 현장 방문 한두 번 그리고 필요할 때 현장 직원과의 인터뷰로 상쇄될 수 있다. 성공적인 외부 슈퍼비전은 발전하는 치료 기술로 힘을 얻고 스스로 동기 부여되는 인턴과 [현장] 치료 및 내담자 집단에

대해 어느 정도 알고 직접 서비스를 제공하는데 강력한 기반을 가지고 있으며, 교육 기관과 적극적인 관계를 유지하는 종신 치료사와 짝을 이루는 것을 포함한다.

(T. Dow, 개인적인 소통, 2019. 10. 4.)

대학원생이 외부 개별 슈퍼비전을 받는 관점에서도 다음과 같은 어려움과 이점이 있다.

[외부 슈퍼비전]은 나의 슈퍼바이저가 나와 내담자가 작업 환경에 익숙해지는 방식으로 사례를 개념화하도록 했다. 외부 슈퍼비전을 받으면서 내가 알아차린 어려움은 슈퍼바이저와 만나는 시간을 일관되게 설정하고 이를 정규 학생이자 인턴으로서 나의 일정에 추가하는 것이었다.

(K. Webbleing, 개인적인 소통, 2019. 10. 10.)

### 전문가

초보 미술치료사들은 종종 면허증이나 자격증을 취득하기 위해 슈퍼비전을 청하는 반면, 중급 또는 고급 미술치료사들은 특정 기술을 연구하거나 특정 사례를 개념화하기 위해 슈퍼비전을 청할 수 있다. 경험이 풍부한 미술치료사는 새로운 전문가로서의 슈퍼비전과 더 노련한 전문가로서의 슈퍼비전의 차이를 다음과 같이 표현하였다.

슈퍼비전은 경력 초기에 어렵게 느꼈던 임상적이고 윤리적인 결정을 헤쳐 나갈 수 있게 해 주었기 때문에 새로운 치료사로서 나의 성장에 매우 중요한 역할을 하였다. 나는 BC와 LPC를 취득한 후에도 제한된 시간과 돈이 슈퍼비전을 지속하는 것을 방해한다고 느꼈다.

(B. Asch, 개인적인 소통, 2019. 9. 27.)

개인 슈퍼바이저가 아닌 한, 슈퍼바이지는 현장 슈퍼비전뿐만 아니라 외부 슈퍼비전을 동시에 받을 가능성이 높으며, 각 슈퍼바이저와 협력하여 각 슈퍼비전 관계의 의도를 정의해야 한다. Blair의 이야기(사례 9.4 참조)는 현장과 외부에서 그가 받은 다양한 유형의 개인 슈퍼비전을 설명한다.

## 사례 9.4 현장 및 현장 외 개인 슈퍼비전 간의 차이점

### Blair 이야기

나는 임상뿐만 아니라 인종적, 정신적, 경제적으로 다른 배경을 가진 다양한 유형의 슈퍼바이저들과 함께 일하는 기쁨을 누렸다. 알다시피, 정신건강 분야는 백인 여성들이 주도하고 있고, 내 경험에도 이러한 경향이 반영되어 있다. 나는 지금까지 두 명의 백인 남성 슈퍼바이저가 있었지만, 이 기간 동안 직장에서 유일한 남성이었기 때문에, 나는 그들로부터 위안을 받을 수 있다는 느낌을 받지 못하였다. 그들의 통찰력은 유익했지만, 나는 여러 면에서 그들과 단절된 느낌을 받았다. 개인적으로, 그들은 내가 흑인이라는 점, 남성이라는 점, 그리고 나의 문화가 치료 서비스를 제공하는 나의 능력에 어떻게 영향을 주었는지 인정하지 않았다. 나 자신이나 슈퍼바이저 모두 이 문제를 제기한 적이 없었는데, 어쩌면 그것은 실수였을지도 모른다. 젊고 촉망받는 치료사로서, 나의 유일한 목표는 경험을 쌓고 유용하고 유능한 사람으로 인정받는 것이었다. 나는 다른 치료사들에 비해 경험이 부족해서 거절당할까 두려워 분쟁을 일으키고 싶지 않았다. 돌이켜보면 불편한 감정을 솔직하게 털어놓지 못하는 데는 권력에 대한 인식이 영향을 미쳤다고 생각한다. 만약 우리가 인종적 차이에 대해 대화를 나누었다면 도움이 되었을지 모르지만, 내가 내 감정에 대해 솔직했을 것이라고 확신할 수 없다. 문화, 신념, 그리고 삶에 대한 전반적인 관점에 대한 의문들이 생겨났고, 나는 백인 슈퍼바이저 중 어느 누구도 답을 제공할 수 없다고 느꼈다.

이러한 경험의 결과로, 나는 그 이후 우리 분야의 소수자로서 겪는 어려움에 대해 더 많이 이해하기를 바라며 흑인 슈퍼바이저를 찾기 위해 의식적인 노력을 해왔다. 그 이유는 흑인 슈퍼바이저가 나에게 흑인 치료사로서의 진정한 자기를 찾는 방법을 가르쳐 줄 뿐만 아니라, 그들의 높은 지위는 흑인들(특히 남성들)이 더 높은 지위에서 거의 볼 수 없는 직업을 통해 성공적으로 헤쳐 나가는 방법을 배웠다는 증거였다. 만약 그들이 그 자리에 오를 수 있다면, 그들은 나도 그렇게 할 수 있다는 도구를 제공할 수 있을 것이라고 생각하였다.

현재 나는 흑인과 유색인종인 두 명의 여성 치료사로부터 슈퍼비전을 받고 있다. 흑인 슈퍼바이저는 나의 직책 때문에 배정되었는데, 그녀는 사회복지학 석사학위를 가지고 있었고, 기능적 가족 치료(FFT)를 전문으로 하고 있었다. 하지만 나의 목표는 ATR, ATR-BC 및 LPC 자격증을 취득할 수 있도록 자격증을 갖춘 전문 상담가인 흑인 미술치료사를 찾는 것이었는데 이는 건초더미에서 바늘 찾기였다.

내가 처음으로 흑인 미술치료사를 찾기 시작했을 때는, 직원들 대부분이 흑인이어서 정규직으로 근무하는 회사에서 내부적으로 검색을 시작하였다. 나는 또한 비용에 대한 부담도 있었기 때문에 슈퍼비전 비용을 지불하는 것을 피하고 싶었다. 그러던 중 조직 내 개인들이 사회복지사 자격증을 취득했거나 결혼 및 가족치료사 자격증을 소지하고 있다는 사실을 알았을 때, 조직 밖에서 더 많이 검색해야 한다는 것을 깨달았다. 마침내, 그리고 운 좋게도, 유색인종 창의적 미술 치료사 Creative Art Therapists of Color(CATs of Color) 네트워킹 이벤트를 통해, 내가 찾던 두 가지 자격증을 모두 소지한 유색인종[Yasmine]을 만날 수 있었다. 그녀는 흑인은 아니었지만, 내가 찾던 다른 필요요건들을 갖추고 있었으니 세 가지 중 두 가지는 나쁘지 않은 조건이었다.

두 슈퍼바이저는 슈퍼비전 역할뿐만 아니라 임상적 관찰에서도 매우 달랐다. 이러한 차이는 슈퍼비전이 밤낮으로 달라지는 이유 중의 하나이지만, 각 슈퍼바이저의 성격과 슈퍼비전에 대한 접근방식이 각 경험을 확실히 구분하는 요소이다. FFT 슈퍼바이저는 나를 한 사람으로서, 그리고 이 작업이 기능적 가족치료사로서 나와 어떻게 연결되는지에 대해 FFT 기술과 개인적인 관찰을 혼합하여 사용한다. 그녀의 슈퍼비전은 매우 체계적으로 시작된다. 그녀는 나에게 한 가지 사례를 선택하고 개인의 배경 정보를 제공하도록 요청한다. 그런 다음, 우리가 FFT의 어느 단계에 있는지에 따라, 그녀가 명확한 FFT 그림을 그리는 데 도움이 되는 질문 목록을 기록할 것이다. 아동과 가족의 위험 요소와 보호 요소는 무엇인가, 가족을 하나로 모으는 주제 힌트, 가족의 관계적 기능(서로에게 자율적인가, 접촉하는가, 또는 중간에 있는가), 가족 갈등에 대한 의미를 바꾸고 희망을 쌓기 위해 어떤 FFT 기술을 사용했는가, 가족의 행동 패턴(부정적인 상호작용을 초래하는 일상적으로 계속 발생하는 행동과 일련의 사건)은 무엇이며, 다음 회기에 대한 계획은 무엇인가? 그 모든 질문들 속에서, 그녀는 내 인생사와 가족들과의 임상적 어려움 사이의 균형을 위해 내 개인적인 삶에 대해 질문한다.

나의 미술치료 슈퍼바이저와 함께, 나의 모든 내담자에 대해 한 번에 더 많은 대화를 나누고, 나의 미술치료사로서의 정체성을 유지하는 것에 중점을 둔다. 우리의 대화는 더 자유롭게 흘러가고, 나의 내담자의 임상평가와 미술치료가 그들의 특별한 어려움에 어떻게 도움을 줄 수 있는지, 그리고 내가 미술치료에 참여하는 것이 내 내담자의 능력을 성장시키고 치료가 성공적이어야 한다는 면에서 좌절과 의심을 제거하는 데 어떻게 도움을 줄 수 있는지에 대해 더 많은 아이디어를 공동으로 브레인스토밍할 수 있다. 내담자에 대한 이러한 집중은 나에게 임상가이자 미술치료사로서 성장할 수 있는 능력을 주었고, 내담자에 대한 중요한 것들을 중심으로 하는 기술, 내가 관찰한 것, 그리고 그 평가가 때가 되면 어떻게 미술치료 기술로 바뀔 수 있는지를 연구할 수 있게 해 주었다.

이 모든 것의 아이러니한 점은 내가 기대했던 것과는 완전히 다른 경험을 했다는 것이다. 이는 내가 한 명의 슈퍼바이저를 선택할 수 있다는 점과 내 전임 직장에서 나의 슈퍼바이저가 누가 될지에 대해 나의 통제권이 전혀 없다는 사실에 근거하였다. FFT 슈퍼바이저와 함께 일하면서, 나는 단순히 고용주와 연결된 슈퍼바이저와의 과거 관계를 기반으로 매우 공식적이고 전문적인 관계를 기대하였다. 내가 특별히 찾았던 슈퍼바이저와 함께 일할 때는, 그 슈퍼바이저를 선택하기 위해 시간과 노력이 투입되었기 때문에 비공식적인 관계가 더 많을 것이라고 기대했지만 그것은 나에게 완전히 상반되는 경험이었다. 나는 직장 내 슈퍼바이저와 함께 일하면서 외적으로뿐만 아니라 내부적으로도 서로의 유사점과 차이점을 인식할 수 있는 매우 개인적인 관계로 발전하였다. 덕분에 나 자신과 내 개인적인 존재가 가족들과 상호작용하는 방식에 어떤 영향을 미치는 데에 더 집중할 수 있는 여유가 생겼다. 또한, FFT는 매우 구체적인 모델이기 때문에 임상적으로 창의적인 공간을 확보할 수 있는 여지가 거의 없었다. 반면에, 내가 찾았던 슈퍼바이저와 일하는 것은 매우 공식적이고 사업 지향적이었다. 이를 통해 임상적으로 틀에 박힌 사고에서 벗어날 수 있었을 뿐만 아니라 미술치료사로서 나 자신의 예술가적 여정이 가족들과 함께 일할 때 내 기분에 어떤 영향을 미치는지 배울 수 있었다. 이것은 또한 내가 그녀의 서비스에 대한 비용을 지불하기 때문에 그녀는 최대한 "적절한 서비스"를 받고 있는지 확인해야 할 의무감을 느꼈을 수도 있다. 게다가, LPC와 ATR-BC를 가진 흑인 치료사를 찾는 것이 목표였지만, 나는 대신 유색인종을 찾았고 결과는 기대에 미치지 못했다. 흑인 미술치료사를 찾으려고 한 것은 내 개인적인 만족감과 표현의 욕구로 인한 것이었다. 내가 자란 것처럼(저소득과 빈민지역) 흑인들도 성장할 수 있고, 정체성을 유지하며 "백인화가 아닌", 성공적인 미술치료사가 될 수 있다는 것을 증명하고 싶었다. 내가 이상적으로 선택하고 싶은 슈퍼바이저는 속어(slang)를 사용하고, 욕도 하며, 현재의 흑인 뉴스/사건에 대해 잘 알고, 나와 개인적인 관계를 발전시켰다(그리고 나도 마찬가지로). 사례에 대해 임상적으로 나를 도전하게 하고, 내 개인적인 삶의 관점과 선택에 대해 도전할 수 있는 사람이고 또한 뛰어난 예술가일 수도 있다. 나는 흑인으로서 갖는 그들의 임상적 배경에 대해 전혀 신경 쓰지 않았다. 왜냐하면, 흑인으로 여기까지 왔다는 것은 기본적으로 훌륭하게 성장하였다는 것이기 때문이다. 그러나 나는 유색인종인 사람을 대신 찾았는데(여전히 그녀의 인종적 배경에 대해 확신하지 못했지만) 그녀는 슈퍼비전 중에 욕설이나 비속어를 사용하지 않았으며, 현재 흑인 뉴스에 출연하지도 않는 사람이었다. 이러한 행동을 보여 주지 않았음에도 불구하고, 그녀는 내가 요청할 수 있었던 그 어떤 것보다 훨씬 더 중요한 것을 나에게 주었다. 바로 나의 예술적 정체성을 되찾아 주었다.

전반적으로, 나와 나의 슈퍼바이저의 가장 큰 차이점은 그들의 슈퍼비전 방식이 슈퍼비전을 원하는 나의 특정한 요구사항과 어떻게 연결되었는가 하는 점이었다. 개인적으로 인간으로서 이해받고 있다고 느끼는 것도 중요하지만, 임상가로서 타당하다고 느끼는 것도 그에 못지 않게 중요하다. 임상가로서의 내 가치는 정확한 평가를 내리고 그 평가를 바탕으로 내가 함께 일하는 가족과 내담자에게 가장 도움이 될 계획을 세우는 능력에 관한 평가일 것이라고 생각한다. 또한 나는 개인적으로 내 일이 관점에 기반을 두고 있다고 믿는다. 관점을 취하는 내 능력은 가능한 한 최고의 치료를 하는 능력에 영향을 미친다. 치료사마다 각자의 관점이 있기 때문에, 치료에는 결코 '정답'이 없다. 오직 당신의 관점과 내담자의 성장에 가장 도움이 되는 방법만이 있을 뿐이다. 이를 염두에 두고, 슈퍼바이저는 슈퍼바이지의 관점을 검증할 뿐만 아니라 이의를 제기하고 다른 관점을 제시하는 것이 매우 중요하다. 슈퍼바이저는 슈퍼바이지가 자신의 평가/관점에 자신감을 가질 수 있도록 돕고 격려하는 동시에 다른 관점을 흡수하는 방법을 가르치지 않는다면, 슈퍼바이지는 자신감이 없거나, 너무 거만하거나, 성장이 정체될 수 있다.

마지막으로, 유색인종으로서 직급이 올라갈수록 직업세계에서 인정받는 것이 얼마나 어려운지 알기 때문에 우리 사이에는 책임감을 느끼는 것이 중요해 보인다. 우리는 위에서 언급한 모든 것을 할 수 있지만, 슈퍼비전 밖에서 행해지는 것에 대해서도 서로에게 책임을 묻는다. 우리는 서로 비속어를 사용할 수 있지만, CEO와 외부 사람들에게 어떻게 말해야 하는지 알고 있다. 서로에게 진실하면서도 서로가 성공하는 것을 보고 싶은 열망은 치료사로서 우리의 정체성에 중요한 역할을 하며 우리가 내담자와 함께 일하는 방법뿐만 아니라 앞으로 슈퍼비전하는 방식에도 영향을 미친다.

### Yasmine의 반응

나는 특히 유색인종의 치료사였던 슈퍼바이지와 나의 정체성을 공유하려고 노력하지만, Blair와 함께 이 사례를 함께 하기 전까지는 내가 남아시아와 동남아시아 정체성을 명시적으로 외부에 드러낸 적이 없다는 것을 깨닫지 못하였다. 아마도 나는 내가 회의(CATs of Color)에서 공유하였다고 생각했지만, 설령 내가 공유했다고 해도, 그것은 슈퍼비전에서 인종, 민족, 정체성에 대해 솔직하게 토론하는 것을 대체할 수 없다. 나는 임상 환경에서 유색인종 동료들이 있었지만, 유색인종의 치료사/수련 중에 있는 치료사를 슈퍼비전하거나 유색인종 치료사로부터 슈퍼비전 받은 경험은 제한적이었다. 나는 나의 정체성을 분명하게 명명하지 않고, 내가 어떻게 인종차별로부터 개인적으로 이익을 얻었는지(아시아계 미국인을 추켜세우는 동시에 부정적인 흑인 고정관념을 강화하는 소수민족 신화를 포함한다), 그리고 미술치료와 정신건강 상담 분야에서 인종차별에 대한 공개적인 논의를 하지 않음으로써 반흑인 행동을 취했을지 모른다. 다행히도, 우리는 이것에 대해 논의할 수 있었다 — 나는 Blair에게 그가 이 책에 소개된 그의 사례를 읽은 후에 그가 나의 인종 정체성에 대해 왜 묻지 않았는지에 대해 질문하였다. 그리고 나는 인종과 정체성의 교차에 대해 명확하게 논의하는 것이 얼마나 중요한지 다시 한 번 깨달았다.

## 슈퍼비전의 슈퍼비전

슈퍼바이지들은 슈퍼바이저가 되는 법을 배우기 위해 슈퍼비전을 필요로 할 수도 있다. 이러한 유형의 슈퍼비전을 슈퍼비전의 슈퍼비전이라고도 한다. 〈1장 미술치료 슈퍼비전이란 무엇인가? 필요성과 기대〉에서 설명한 바와 같이 슈퍼비전에 대한 폭넓은 경험과 전문성을 갖춘 개인은 미술치료 자격관리 위원회의 미술치료 공인 슈퍼바이저(ATCS)와 같은 특정 자격증을 취득할 수 있다. 슈퍼비전의 슈퍼비전은 그들의 첫 인턴을 슈퍼비전하기로 결정한 미술치료사를 슈퍼비전하는 것처럼 자연스럽게 이루어질 수 있다. 또는 좀 더 체계적으로 이루어질 수도 있다. 예를 들면, 한때 정신건강 및 약물 사용 책임자로서 나(Daniel)는 인턴을 건설적이고 지지적으로 슈퍼비전하는 방법에 대해 그들의 직접 보고자(코디네이터 및 동료 임상가)와 협력하는 최선의 방법에 대해 직접 보고자(부책임자)와 슈퍼비전에서 협력하였다.

슈퍼비전의 슈퍼비전에서, 내담자의 성과가 여전히 중요하지만, 초점이 이동하고 확장되어 슈퍼바이지가 슈퍼바이저로서 수행하는 역할과 그들이 내담자와 직접 작업하는 내용을 포함하게 된다. 이는 슈퍼바이저의 슈퍼바이저, 슈퍼바이저, 미술치료사와의 2차적인 3자 관계를 형성한다.

슈퍼바이저 훈련에 대해 의식적으로 끈기를 가지지 않는 한, 슈퍼비전의 슈퍼비전은 미술치료사가 훈련받지 않은 슈퍼바이저가 되는 일반적인 주기를 쉽게 영속화시킬 수 있다. Kadushin과 Harkness(2014)에 의해 제시된 슈퍼비전의 세 가지 구성요소(행정, 교육, 지원)는 여기에도 적용되며, 잘 훈련된 슈퍼바이저를 육성시키는 슈퍼바이저를 도울 수 있다. 행정적 측면은 슈퍼바이저가 되는 스트레스 요인을 조력하는 지원 기능과 함께 다수의 규정 준수 및 목표 달성을 유지하는 데 매우 중요하다. 하지만, 우리는 교육적인 요소가 누군가에게 더 나은 슈퍼바이저가 되는 방법을 적극적으로 가르치기 위해 가장 중요하다는 것을 안다.

## 종결 고려 사항

치료 관계와 유사하게, 우리는 슈퍼바이저와 슈퍼바이지가 슈퍼비전 관계의 종결 또는 종료를 고려할 것을 권장한다. 종결은 종종 내담자, 슈퍼바이지 및 슈퍼바이저에게 모두 도움이 된다. 무턱대고 종결에 들어가는 것은 관련된 모든 사람에게 해로울 수 있으며, 성장을 유지하고 육성하기 위한 전략을 시의적절하게 구현하기 위해 성과와 도전을 투명하게 검토할 수 있는 기회를 놓치는 것이다. 슈퍼바이지가 슈퍼비전 관계 내에서 종결을 적절하게 처리하고 준비한 경우, 그들은 (a) 내담자-치료사 관계, (b) 슈퍼바이지와 슈퍼바이저 간의 관계, (c) 슈퍼바이지와 현장 간의 관계, (d) 전이 및 역전이 관계 내에서 적절하게 종결 관계와 기회에 초점을 맞출 수 있게 된다.

인턴십의 수료와 같은 강제 종결 시, 인턴들은 이러한 종결은 힘들며 "그들 자신과 내담자를 위해 이 복잡한 과정을 협상하는 데 많은 지식과 기술, 상당한 지원이 필요하다"고 생각한다(Gelman, Fernandez, Hausman, Miller, & Weiner, 2007, p. 89). 따라서, 우리는 슈퍼비전을 시작할 때 슈퍼비전의 종결에 대해 이야기하는 것이 유용하다는 것을 안다.

계약 또는 개인적인 슈퍼비전의 경우, 슈퍼바이저와 슈퍼바이지가 슈퍼비전 계약서에 슈퍼비전 종결 시점을 어떻게 결정할지에 대한 방법을 첫 번째로 언급할 수 있다. 또한, 첫 회기에 슈퍼비전 종료시점에 대해 논의할 수 있다. 예를 들어 임상시간이 충족되었거나, 자격서류나 자격증명서를 제출하거나, 또는 면허나 자격증을 취득하였을 때인지, 아니면 어려운 사례가 종결된 후 슈퍼비전을 종료할 수 있다. 교내 기반 슈퍼비전의 경우, 슈퍼비전 종결은 일반적으로 학사일정에 따라 학기 말이나 학년말에 종결된다. 모든 당사자가 종결 날짜를 알고 있더라도 사전에 논의하는 것이 유용하다.

슈퍼비전 종결은 종종 다른 주요 삶의 변화와 맞물리기 때문에 종결에서의 목표는 복잡한 시간 동안 준거틀을 제공하는 과정의 중요한 부분이다. Hopwood (2016)는 슈퍼비전 종결을 위한 목표를 (a) 학생/임상가의 성장 통합, (b) 슈퍼바이저와 학생/수련생 간 불화의 적극적인 회복 (c) 슈퍼비전 관계의 의미 인정 (d) 종결과 관련된 진정한 감정 표현으로 설정하였다. 학생 중심적이지만 전문적인 슈퍼비전 종결에도 쉽게 적용할 수 있다. 이와 같은 목표는 신속하게 달성될 수 없으며, 슈퍼비전 관계의 마지막 한 달 정도에 걸쳐 논의와 종결 과정이 진행되도록 유도한다.

## 종결 시 미술 작업을 우선시하기

종결, 종료, 상실, 이동 및 전환에 대해 논의하는 것은 중요하지만, 미술치료사로서 미술 작업을 통해 진행하는 것은 매우 중요하다. 만약 이전에 미술이 관계의 일부였다면, 종결 과정에서 미술 작업에 참여하는 것은 훨씬 더 쉽다. 슈퍼비전 관계가 끝날 무렵 미술 작업을 하면 다른 이미지가 나타나거나 익숙한 주제가 다시 등장할 수 있다. 일부 미술치료 슈퍼바이저들은 슈퍼바이지에게 변화, 성장, 그리고 앞으로의 여정에 대한 은유적인 길을 그려달라고 요청하는 것과 같은 프롬프트를 제공하는 것이 더 편안하다. 그 과정이 좀 더 익숙한 미술치료사들은 슈퍼바이지가 슈퍼비전 과정을 통해 자신과 자신의 임상 작업에 대해 배운 내용을 생각해 보고, 거기에서 이미지를 만들도록 권장할 수 있다. 앞서 언급했듯이 슈퍼비전은 관계이고, 슈퍼바이저 역시 슈퍼비전 관계를 통해 성장하고 변화할 수 있다. 슈퍼바이지와 함께 창작하는 것이 익숙한 미술치료사의 경우, 슈퍼비전 회기 동안 미술을 창작하는 것은 그 관계가 어떻게 양 당사자를 변화시켰는지에 대해 풍부하게 토론할 수 있다. 슈퍼바이지(Blair)와 슈퍼바이저(Yasmine)가 개별 슈퍼비전에서 제작한 미술작품의 예는 '부록 G: 컬러 작품 7과 8'을 참조하라.

슈퍼바이저가 미술 작업을 통합할 수 있는 임상 및 슈퍼비전 기술을 가지고 있다고 가정할 때, 미술치료사와 함께하는 현장 외부 슈퍼비전은 종결 시 미술 작업에 이상적인 장소가 될 수 있다. 외부 미술 작업의 한 가지 이점은 다른 임상가와의 내담자 관리 조정, 위기 관리, 사례 수 등과 같이 현장 슈퍼비전 중에 존재하는 행정 업무가 눈에 띄게 줄어든다는 것이다. 물론 행정적 책임이 존재하지만 현장 슈퍼비전에 비해 미미하다. 외부 슈퍼비전에서 종결 회기 동안 미술 작업을 하는 것이 이점이 있음에도 불구하고 자주 활용되지는 않는다. 개별 슈퍼비전에 미술 작업을 포함한 자료(Daver & McAulife, 2009)와 지원(Daver & Shiplett, 2011; Fish, 2017, 2012; Miller, 2012)이 있지만, 창작 과정은 종종 종결 시 제외된다. 이런 일이 발생하는 이유 중 하나는 시간 때문이다. 우리는 이것을 수년간 반복해서 들었다. 50분이라는 한계 안에서 시간 부족은 항상 존재한다. 상담해야 할 내담자가 너무 많고 종결 시 질문이 너무 많다! 그것을 다 하기에는 시간이 결코 충분하지 않다.

## 핵심 요약

- 개별 슈퍼비전은 종종 현장에서 요구되지만, 선택적일 수도 있다. 선택적인 개별 또는 1:2 슈퍼비전은 초기 경력자를 위해 미술치료 관련 자격 증명 또는 면허 요건을 충족하고, 고급 치료사를 위한 심층적인 기술 구축 및 사례 개념화를 위해 종종 실시한다.
- 종결 과정을 포함하여 개별 또는 1:2 슈퍼비전 관계 전반에 걸쳐 미술 작업을 고려하라. 전문가의 경우 퇴사 시점이 다르므로 종결에 대한 고려 사항이 더 복잡할 수 있다. 학생들의 경우, 시작과 끝은 학사 일정을 따르는 경향이 있다.
- 개별 또는 1:2 슈퍼비전의 장점 중의 하나는 개별적으로 집중할 수 있다는 점이다. 두 사람 또는 세 사람은 방해요소를 최소화하면서 작업에 깊이 몰입할 수 있다.
- 개별과 1:2 슈퍼비전의 단점 중 하나는 다양한 의견이 없다는 것이다. 슈퍼비전 관계 내에서 일치하는 경우 다양한 관점을 인식하기 어려울 수 있으며, 마찬가지로 다른 사람 없이 슈퍼바이저 또는 슈퍼바이지의 관점에 이의를 제기하는 것이 적대적이거나 불편함을 느낄 수 있다.

## 실습 프롬프트

### 역할 명료화

점토는 슈퍼비전 동맹에서 역할 명료화와 이해를 향상시키는 데 유용한 매체가 될 수 있다.

- 각 참가자(슈퍼바이저 및 슈퍼바이지)에게 점토(또는 Model Magic[12] 또는 기타 모델링 재료와 같은 점토 대체물)를 한 개씩 제공한다. 10분간 침묵하는 동안, 참가자들은 슈퍼비전 동맹에서 자신들의 역할을 반영하는 점토 이미지를 만든다.
- 이미지가 완성된 후, 점토 조각들을 종이 한 장에 10인치×14인치 크기로 배열한다. 5분 동안 조용히 작업한다.
- 그런 다음, 5분 동안 미술 작업 과정과 결과물에 대한 반응 글쓰기를 한다.
- 마지막으로, 최종 점토 이미지의 은유를 사용하여 슈퍼비전 역할에 대해 물리적 연결, 거리 및 중복성에 대해 설명한다.

## 슈퍼비전의 슈퍼비전 전환의 은유로서의 가교

- '미술치료사 영역의 슈퍼비전'과 '슈퍼바이저 영역의 슈퍼비전'을 연결하는 다리를 포함하는 예술 작품을 만든다.
- 슈퍼바이저로서의 역할, 책임 및 우선순위의 변화를 나타내는 상징으로 다리에 초점을 맞춘다.
- 두 영역과 다리 자체에 대한 반응으로 5분 동안 자유롭게 글쓰기를 한다. 슈퍼비전에서 미술과 자기 성찰을 공유한다.

## 종결 선물

슈퍼바이지와 슈퍼바이저는 슈퍼비전의 마지막 몇 주 동안 자연을 이용한 오브제(자연물) 작별 상자를 만들기 위해 함께 작업을 한다. 상자는 나무로 된 담배 상자, 휴대폰 상자 또는 기타 작고 튼튼한 상자일 수 있으며, 슈퍼바이지가 완성한다.

---

12 크레욜라에서 나오는 클레이 명칭

- 상자의 외부는 슈퍼바이지의 치료사 자신을 나타내는 반면, 내부는 슈퍼비전의 역할과 지지를 나타낸다.
- 슈퍼바이저와 슈퍼바이지는 슈퍼비전에서 강점, 메시지, 교훈 등을 나타내기 위해 작은 미술작품이나 자연을 이용한 오브제로 만든다. 만약 슈퍼바이지가 2명이라면, 서로를 위한 선물을 만든다.

# 참고문헌


- ACATE. (2019). Handbook for completing a self-study for Initial Accreditation. Retrieved from www.caahep.org/CAAHEP/media/CoADocuments/Self-StudyHandbook-2019_1.pdf
- Deaver, S. P., & McAuliffe, G. (2009). Reflective visual journaling during art therapy and counselling internships: A qualitative study. *Reflective Practice, 10*(5), 615-632. doi:10.1080/14623940903290687
- Deaver, S. P., & Shiflett, C. (2011). Art-based supervision techniques. *The Clinical Supervisor, 30*(2), 257-276. doi:10.1080/07325223.2011.619456
- Enlow, P. T., McWhorter, L. G., Genuario, K., & Davis, A. (2019). Supervisor-Supervisee Interactions: The Importance of the Supervisory Working Alliance. *Training and Education in Professional Psychology, 13*(3), 206-211.
- Falender, C. A. (2014). Clinical supervision in a competency-based era. *South African Journal of Psychology, 44*(1), 6-17.
- Fish, B. J. (2012). Response art: The art of the art therapist. *Art Therapy: Journal of the American Art Therapy Association, 29*(3), 138-143. doi:10.1080/07421656.2012.701594
- Fish, B. J. (2017). *Art-based supervision: Cultivating therapeutic insight through imagery*. New York, NY: Routledge.
- Gelman, C. R., Fernandez, P., Hausman, N., Miller, S., & Weiner, M. (2007). Challenging endings: First year MSW interns' experiences with forced termination and discussion points for supervisory guidance. *Clinical Social Work Journal, 35*(2), 79-90.
- Kadushin, A., & Harkness, D. (2014). *Supervision in social work*. New York, NY:

Columbia University Press.

- Knapp, S. J., & VandeCreek, L. D. (2012). *Practical ethics for psychologists: A positive approach* (2nd ed.). Washington, DC: American Psychological Association.
- Levendosky, A. A., & Hopwood, C. J. (2016). Terminating supervision. *Psychotherapy, 54*(1), 37.
- Miller, A. (2012). Inspired by El Duende: One-canvas process painting in art therapy supervision. *Art Therapy: Journal of the American Art Therapy Association, 29*(4), 166–173. doi: 10.1080/07421656.2013.730024
- Mills, J. A., & Chasler, J. K. (2012). Establishing priorities in the supervision hour. *Training and Education in Professional Psychology, 6*(3), 160.
- Ögren, M. L., Boëthius, S. B., & Sundin, E. (2014). Challenges and possibilities ingroup supervision. In C. E. Watkins, Jr. & D. L. Milne (Eds.), *The Wiley International Handbook of Clinical Supervision* (pp. 648–669). Chichester, UK: Wiley.
- Riley, S. (1992). Supervision and the issue of case management. *Art Therapy, 9*(3), 119–120.

# 10장 집단 슈퍼비전

## 소개

이 장에서는 교내 기반 미술치료 집단, 전문가를 위한 외부 집단 미술치료, 동료 슈퍼비전 집단, 그리고 다양한 배경의 임상가를 위한 현장 집단 슈퍼비전을 포함한 집단 슈퍼비전에서 구성원 및 리더로서 우리의 많은 경험과 문헌을 활용한다. 집단 슈퍼비전은 '작업'을 논의하기 위해 여러 임상가가 모이는 것 이상이다. 집단 피드백은 개별 슈퍼비전과 차이가 있다(Smith, Riva, & Cornish, 2012). 우리의 경험으로, 집단 슈퍼비전이 슈퍼비전의 주요한 방식이 될 수 있다 하더라도, 집단 슈퍼비전은 개인 슈퍼비전과 함께 더 자주 사용된다. 예를 들어, 미술치료 학생들은 교내 집단 슈퍼비전과 현장 개별 슈퍼비전에 참여해야 한다(연합 보건 교육 프로그램 인증위원회, CAAHEP, 2016). 학생들을 위한 집단 슈퍼비전은 삼자 관계가 변화하면서 특히 두드러진다. 학생 치료사, 슈퍼바이저 및 내담자의 역동 관계가 존재하면서, 교내 집단 슈퍼바이저, 미술치료 학생 및 현장 슈퍼바이저가 포함된 추가적인 삼자 관계가 존재한다(Sweitzer & King, 2018).

집단 슈퍼비전은 분야별로 특화될 수 있고, 미술치료사로만 구성될 수도 있고, 혹은 다학제적일 수도 있다. 많은 학생의 경우, 교내 내 집단 슈퍼비전은 미술치료 프로그램 요건으로 자격증을 갖춘 미술치료 집단 슈퍼바이저와 함께 모든 미술치료 학생들로 구성된다(CAAHEP, 2016). 그러나 전문가를 위한 집단 슈퍼비전에는 개인 자격 요건 또는 상담 현장 구성에 따라 다른 정신건강 전문가가 포함될 수 있다.

이 장에서는 대학원 미술치료학과 학생들을 위한 교내 집단 슈퍼비전, 미술치료사들로만 구성된 집단 슈퍼비전, 그리고 혼합 양식이나 수련을 위한 현장 집단 슈퍼비전 등 다양한 형태의 집단 슈퍼비전에 초점을 맞춘다. 집단 슈퍼비전의 힘을 설명하기 위해 슈퍼바이지들의 사례도 포함될 것이다.

이 장에서 설명된 또 다른 유형의 집단 슈퍼비전은 동료 슈퍼비전이다. Rubin(2011)에 따르면, "당신이 아무리 경험이 많더라도, 더 객관적인 사람이 항상 당신의 치료나 슈퍼비전 업무를 더 잘 할 수 있도록 도울 수 있다"(p. 202). 이것은 "미술치료에 대해 알아야 할 모든 것을 알고 있는 미술치료사가 없고, 어떤 개인 치료사도 모든 유형의 내담자를 치료할 수 있는 다양한 기술과 경험을 가질 수 없다"(p. 120)는 Moon의 주장을 뒷받침한다. 자문집단이라고도 하는 동료 슈퍼비전은 경험이 풍부한 미술치료사뿐만 아니라 혼자 일하면서 임상적 연결과 다른 미술치료사의 지원을 원하는 새로운 전문가에게도 유용하다. 특정 유형의 동료 슈퍼비전 모델도 학생들을 위해 장려되었다. 일반적으로 동료 슈퍼비전 모델은 한 사람이 임상 전문가의 역할을 수행할 것이라는 기대나 중요한 리더 없이 전문지식을 공유할 수 있다.

우리는 이 장에서 삼자 관계와 집단 슈퍼비전 모델을 중점적으로 다룰 것이다. 양자관계에서 개인 또는 1:2 슈퍼비전에 대한 자세한 내용은 〈9장 개인 슈퍼비전과 1:2 슈퍼비전〉을 참조하라. 면허취득을 목적으로 하는, 양자관계 또는 집단 슈퍼비전은 필수 슈퍼비전 경험의 일부로만 구성될 수 있으므로 자세한 내용은 해당 주 면허 위원회에 문의하라.

## 집단 슈퍼비전에서 슈퍼바이지의 발달 단계에 대한 고찰

임상가로서, 우리는 개인 치료가 상담실에 있는 사람과 그들의 관계에 따라 역동이 바뀌기 때문에 커플, 가족, 집단치료 형식과 다르다는 것을 이해한다. 마찬가지로 집단 슈퍼비전은 여러 관점에서 피드백이 제공된다는 점에서 개인 슈퍼비전과는 다르다. 집단 슈퍼비전에서는 모든 참가자가 학습내용을 공유하며, 집단의 모든 구성원이 학습효과를 향상시키거나 감소시킬 수 있다.

슈퍼비전 집단의 요구사항을 이해하면 집단의 구조를 알 수 있다. 교내의 학교기반 슈퍼비전은 전문가들을 위한 집단 슈퍼비전보다 발달적 요구와 관련하여 더 동질적이다. 공인된 미술치료 프로그램(CAAHEP, 2016)의 경우 집단 슈퍼비전이 필요하지만, 슈퍼비전의 구조화 방법은 개별 프로그램 또는 슈퍼바이저에게 맡겨진다. 일부 집단은 특히 임상 경험을 시작하는 학생들과 함께 작업할 때 과제 지향적이다. 집단은 교육 수준과 경험 수준이 더 다양하기 때문에 계약이든 현장이든 교육 환경 밖에서 더 다양한 경향이 있다. 이러한 차이로 인해 개발 고려 사항을 간략하게 검토한다.

Lambie과 Blount(2016)에 따르면, 초급 치료사들은 슈퍼비전을 필요로 할 때 이해에 대한 인식이 전반적으로 부족하고, 자기효능감이 부족하거나 지식이 부족해 보이고 싶지 않을 수 있으며, 슈퍼바이저에게 접근하는 방법에 대한 자신감이 부족할 수 있기 때문에 구체적인 교육이나 방향을 원한다. 그러나 슈퍼바이저 의존형에서 보다 독립적인 임상가로 전환하는 중급 치료사 또는 학생 인턴과 같이 경험이 더 많은 슈퍼바이지와 함께 일할 때, 고도로 구조화된 슈퍼비전은 그다지 유용하지 않을 수 있다(Lambie & Blount, 2016). 숙련된 치료사와 고급 치료사는 두 발달 수준 모두 광범위한 임상경험을 필요로 하기 때문에 일반적인 석사 수준의 학교 기반 집단 슈퍼비전 환경에 존재하지 않는다. 단, 현장 또는 외부 집단 슈퍼비전에 참여하는 석사 이상의 고급 수준 임상가는 집단 슈퍼비전에 참여할 수 있다. 교육적 맥락을 벗어나 집단 슈퍼비전 참여자들은 다양한 경험과 전문성을 갖게 될 것으로 보인다.

## 공간 공유

집단 슈퍼비전의 한 가지 과제는 시간을 어떻게 구성하느냐 하는 것이다. 개별 슈퍼비전은 슈퍼바이저와 슈퍼바이지 두 사람만 참여하기 때문에 관리하기가 더 쉬울 수 있다. 하지만 참여자가 늘어나면, 3분의 1 법칙은 쉽게 실현되지 않는다(Delano, 2001 참조). 게다가, 미술 작업이 이루어지기를 원할 때, 집단 환경에서 일어나는 모든 것을 위해 공간을 마련하는 것은 어려울 수 있다. 집단 슈퍼비전이 어떻게 구성될 것인지를 논의할 때, 집단은 또한 언제 일정이 바뀔 수 있는지에 대해서도 논의해야 한다.

### 교대로 하기: 초기 발달 단계

특히 임상을 처음 경험하는 학생들에게는 사례 발표나 기타 구조화된 형식을 통해 번갈아 발표하는 것이 유용할 수 있다. 치료 초급 단계의 학생들은 무엇을 발표해야 할지 정확히 아는 것은 어렵다. 또한, 일부 학생들은 회기를 엄격하게 참관만 하기 때문에 어떤 임상 사례를 접할 수 있는지 선택할 수 없다. 다시 말해, 학생 치료사가 지도교수나 다른 임상가들을 모방하고 있다면, 슈퍼비전에서 그들이 관찰할 기회가 있었던 것에 대해서만 논의할 수 있다. 초급 치료사는 활용할 수 있는 임상 경험이 적고, 사례 발표에 직접 또는 간접적으로 참여한 경험이 부족하다. 슈퍼바이저가 정확히 무엇을 해야 하는지 정확히 알려 주고 '올바르게' 또는 '잘못'하고 있는지 정보를 제공한다는 점에서 구체적인 교육에 대한 욕구가 있을 수 있다. 집단이 처음 형성될 때, 슈퍼바이저와 동료를 위해 수행해야 할 필요가 있다. 초기 단계에서는 자기효능감이 부족하거나 유능한 미술치료사처럼 보이고 싶어하는 욕구 때문에 학생들이 어려움이나 실수를 공유하지 못할 수 있다. 교대로 진행하는 것 외에도 슈퍼바이지에게 할당된 시간 동안 무엇을 공유할 것인지에 대한 틀을 제공하는 것이 유용하다. 사례 발표를 구성하는 방법에 대한 제안 사항은 부록 B를 참조하라.

마찬가지로, 집단의 다른 구성원들도 사례에 대한 피드백을 제공하는 방법을 이해하기 어려울 수 있다. 초급 치료사는 사례에서 무엇을 물어보거나 찾아야 할지 모를 수 있다. 그들은 오직 개입이나 결과에만 초점을 맞추고 있으며, 치료 경험의 관계적 측면이나 다른 측면을 놓치고 있을 수 있다. 사례 발표 중에 초급 치료사가 동료에게 비판적이고 관찰적인 질문을 하는 데 도움이 되는 방법에 대한 지침은 〈부록 F〉를 참조하라.

슈퍼바이저의 경우, 초급 치료사들을 위한 목표는 구성원들의 관찰 기술을 향상시키고, 발표와 피드백하는 것에 대한 자신감을 얻고, 슈퍼바이지들이 어려운 자료들을(성공한 자료만 공유하는 것이 아니라) 편안하게 공유할 수 있도록 돕는 것이다. 슈퍼바이저는 발표자와 피드백을 제공할 것으로 예상되는 구성원에게 지침과 기대치를 공유함으로써 집단을 도울 수 있다. 또한, 시간을 모니터링하는 것은 집단 슈퍼비전의 중요한 부분이며, 발표자들이 발표할 시간을 충분히 확보하고 동료들이 피드백을 줄 수 있는 시간이 충분하도록 보장한다. 우리는 피드백 시간을 최소 두 배 이상 허용할 것을 제안한다. 즉, '발표' 시간이 20분인 경우 집단의 응답에 40분을 할당하여 전체 사례 발표에 총 60분을 허용하는 것이 좋다. 응답 시간에는 구두, 서면, 미술 등 모든 형태의 피드백이 포함된다.

## 우선 순위 지정 방법 배우기

인턴이나 새로운 전문가와 같은 중급 치료사들은 임상실습에서 점점 더 독립적으로 된다. 그들은 기본적인 치료 기술을 습득했지만, 여전히 사례개념화와 의미 반영과 같은 고급 개념을 연구한다(Lambie & Blount, 2016). 중급 단계에 있는 임상가의 경우, 교대로 사례를 발표하는 것이 집단의 규범을 설정하는 데 도움이 될 수 있다. 그러나 일단 집단이 구성되면, 더 많은 독립성을 장려하고 임상 경험에서 일어나고 있는 것을 반영하기 위해 더 유동적이 될 수 있다. 집단 슈퍼비전을 구조화하는 것은 슈퍼바이지와 슈퍼바이저 모두에게 어려울 수 있다. 한편으로, 슈퍼바이지들은 자신들의 사례가 충분히 중요하지 않다고 생각하여 집단에 참여하고 싶지 않아 사례에 대해 논의하는 것을 주저할 수도 있다. 마찬가지로, 일부 슈퍼바이지들은 공간을 독점하고 매주 문제를 제기할 수도 있다. 적절한 체제와 촉진이 없다면, 그 집단은 참여에 있어서 쉽게 편향될 수 있다.

다른 임상 치료나 슈퍼비전 집단과 마찬가지로 우선순위를 정하는 방법을 배우는 것은 집단 규범을 확립하는 것에서 시작된다. 인턴들과 함께하는 나(Yasmine)의 집단 슈퍼비전에서는 집단 합의가 이루어진다. 집단의 규범은 구성원이 스스로 만들기 때문에 각 집단의 계약은 다르지만, 나는 각 집단에 다음 몇 가지 규칙을 소개한다.

1. 우리는 각 개인이 이 공간에 무엇을 가져오는지 결정하고 공통된 주제나 우려 사항을 파악하기 위해 '확인'하는 것으로 각 집단 슈퍼비전을 시작한다. 이 점검은 언어적, 예술적 또는 두 가지의 통합적인 측면이 될 수 있다.
2. 임상적으로 긴급한 문제가 있는 구성원이 있으면 그 사람이 우선순위가 된다.
3. 구성원들은 '한걸음 물러서기'를 고려해야 한다. 즉, 임상 사례에 대해 침묵하는 경향이 있는 사람이라면 한 걸음 더 나아가 공유하도록 한다. 당신이 일반적으로 먼저 그리고 자주 발언하거나 당신의 사례에 대해 이미 피드백을 받은 구성원이라면, 한발 물러 서서 다른 구성원이 자신의 사례에 대해 발언할 수 있도록 배려하는 것을 고려해 보라.

이 세 가지 규칙은 매우 기본적인 것이지만 집단 전체의 역할 중 하나는 규칙을 어떻게 시행할지 결정하는 것이다. 우리는 어떻게 하면 서로를 잘 확인할 수 있는가? 임상적으로 긴급한 문제는 무엇인가? 각자가 나서서 충분히 공유하지 않았거나 과도하게 공유하여 물러나야 하는 경우를 어떻게 측정하는가?

### 차이의 영향 고려하기

집단치료에서와 마찬가지로 집단 슈퍼비전에서도 집단 역동이 존재한다. 다음 사례(사례 10.1 참조)는 인종이 집단 구성원 및 참여에 영향을 미치는 회기를 보여 준다.

## 사례 10.1 집단 슈퍼비전에서의 인종적 차이

### Blair 이야기

내가 유일한 유색인종 임상가 중 한 명으로 집단 슈퍼비전에 참여하는 것(유색인종 임상가가 여러 명 있는 집단 슈퍼비전과 대비하여)은 그 자체로 흥미로운 역동을 만든다. 한편으로는, 나와 같은 인종이 아닌 임상가들로 가득 찬 공간에 앉아 있는 것은 불편할 수 있다. 그 불편한 감정은 그들이 나를 유능한 사람으로 받아들이는지 아니면 '충분히 좋은 사람'으로 받아들이는지 알 수 없다는 데서 비롯된다. 이 불편함의 또 다른 측면은 방안에서 진정한 자기의 모습이 될 수 없다는 것이다. 내 성격을 '백인의 관점으로 해야' 한다는 느낌이 항상 들며, 만약 그들이 '흑인'으로서의 나를 본다면, 그들은 내 이력서나 자격증에도 불구하고 나를 전문가답지 못한 사람으로 판단할 것이라는 느낌이 든다. 이미 임상 자격증과 직업의 경력을 통해 내가 자격이 있다는 것을 증명했음에도 불구하고 나의 가치를 증명하기 위해 끊임없이 싸우는 것과 같다. 내 문화가 '전문성이 없는' 것으로 비추어지고, 내 진실과 내 문화를 수용하지 않는 전문적 지침서가 있다고 가정하는 것이다.

반대로, 임상가 대다수가 유색인종인 집단 슈퍼비전에 참여하면, 서로를 받아들이는 수용의 분위기가 조성된다. 나는 그 공간에서 실제로 이해될 수 있는 진술이나 언급을 할 수 있다. 예를 들어, 사례를 설명하면서 불편한 에피소드를 언급할 수 있지만, 방에 있는 대다수 사람들이 "그게 뭐야?"라고 나에게 묻지 않을 수 있다. 또한, 내가 비속어를 사용하거나 서투른 영어를 구사하는 것도 덜 지적이거나 무지한 것처럼 여겨지는 느낌 없이 받아들여질 수 있다.

## 형식

개별 슈퍼비전과 마찬가지로 집단 슈퍼비전도 필수나 선택사항일 수 있다. 학교 기반 슈퍼비전은 일반적으로 필수 과정이다. 학생들을 위한 현장실습을 포함하는 직장에서는 집단 슈퍼비전이 필요할 수 있다. 동료 슈퍼비전은 집단 슈퍼비전의 또 다른 유형으로, 자발적으로 신청하거나 요청하는 경향이 있다. 현장 외부 집단 슈퍼비전은 자발적인 것으로 간주될 수 있다.

### 학교 기반 집단 슈퍼비전

앞서 언급한 바와 같이, 미술치료학 석사 프로그램은 학생들을 위한 집단 슈퍼비전을 실시해야 하며, 초급 수준의 임상 역량의 기능을 극대화하기 위한 집단 규모(미국 미술치료 교육인증위원회, ACATE, 2019)와 미술치료 자격관리 위원회 인증 자격증(ATCB)을 보유한 슈퍼바이저가 필요하다. 학교 기반 집단은 집단의 모든 사람이 다른 임상 장소에서 훈련을 받기 때문에 기본적으로 외부 집단 슈퍼비전 경험이다.

다음 사례는 미술치료 석사 과정에 있는 동안 교내 집단 슈퍼비전 과정에 등록한 학생인 Julie(사례 10.2 참조)의 것이다. 그 집단은 첫 실습에 배치된 학생들을 위한 것이었다.

#### 사례 10.2 구조의 유연성, 교내 집단 슈퍼비전

**Julie 이야기**

현장실습이 거의 끝나가던 나는 평소 일주일 동안의 스트레스보다 더 격앙된 감정으로 교내에서 미술치료 집단 슈퍼비전을 받고 있었다. 그날 아침, 나는 집단에서 사례 발표를 할 계획이었지만, 며칠 전에 현장실습에서 일어난 일 때문에 매우 혼란스러웠다. 슈퍼비전을 시작하며 주제나 우려사항을 확인하는 동안에 나는 현장 슈퍼바이저가 집단 슈퍼비전에 2주 전에 통지했으며 그녀가 나머지 현장실습을 위해 나를 다른 미술치료사에게 인계한다는 사실을 알게 되었다고 말하였다. 이것이 나의 학습 경험에 어떤 영향을 미칠 수 있는지는 전혀 고려하지 않은 결정이었다. 또한 나는 현장에 배치된 기간 내내 현장 슈퍼바이저가 다른 직원들의 소진 상태를 지적하며 관리 체계에 대한 그녀의 불만을 이야기했고, 내담자들과 함께 있을 때 짜증 섞인 말을 하는 것처럼 보였다고 설명하였다. 그녀는 이 모든 불만 사항으로 인해 현장에서 계속 슈퍼바이저로서 근무해야 할지 의문이 든다는 점을 언급하지는 않았지만, 나는 이것이 소진 현상이 아닐까 혼자 종종 궁금해했다. 내 가정과 추측이 옳았지만, 나는 그녀의 결정 과정에 대한 추가 설명이 필요하다고 느껴졌다. 더 자세히 말하면 특정 집단에 대한 학습과 나의 슈퍼비전에 책임을 지고 있던 그녀는 나의 현장 슈퍼바이저라는 역할을 완전히 무시했다. 그 과정에서 나의 역할에 대한 답변이 전혀 없었고, 내가 모르는 부분을 해소하기 위해 더 많은 명확한 설명과 정보가 필요했다.

좌절감과 포기의 감정에 압도되어 나는 이것을 집단 슈퍼비전에서 공유하고 나서 울기 시작하였다. 나는 현장 슈퍼바이저가 떠나는 것이 나의 교육을 무시하는 것으로 여겼다. 나는 현장실습에 투입된 비용과 시간을 고려할 때 더욱 그랬다. 나는 이 현장에 짧은 기간만 근무하였고, 그녀는 내가 떠나기 일주일 전에 그녀의 마지막 주 업무 일정을 잡았다. 그녀는 떠나기 2주 전에 퇴사 통지를 했지만, 나에게는 떠나기 1주일 전에야 통지를 알렸다. 나는 그녀가 나의 존재를 무시하였다고 느꼈고 현장실습 내내 내게 관심을 가지기는 했는지 의문이 들었다. 나는 그녀가 그만둔 이유와 그녀의 슈퍼비전 동안 내가 무엇을 배운 것인지 잘 모르겠다.

나의 집단 슈퍼바이저와 반 친구들은 나의 경험을 듣고 지켜보는 동안 나를 지지해 주었다. 그들은 내가 느끼는 감정을 설명하는 데 도움이 되는 몇 가지 질문을 했고 눈물을 닦을 티슈를 주기도 하였다.

나는 마음을 추스른 후 원래 예정대로 내 사례를 발표해도 괜찮다고 주장하였다. 현장실습을 통한 학습 경험이 단축되었다고 느꼈고, 그로 인해 집단 슈퍼비전에서 더 많은 배움을 놓치고 싶지 않았기 때문이다. 침착함을 유지하는 내 능력이 흔들리자 집단 슈퍼바이저가 나서서 미술 작업을 통해 방금 일어난 일을 처리할 수 있는지 물었다. 나는 그 제안에 약간의 안도감을 느꼈다. 왜냐하면 집단 슈퍼바이저가 그 순간 내가 절실히 처리해야 할 것을 다루고 있었고, 그 상황에서 어느 정도 마무리될 수 있다는 확신을 주었기 때문이다. 미술 작업의 기회는 내가 더 이상 그 상황에 대해 말할 수는 없다고 느꼈을 때, 나에게 이해심을 느끼게 해 주었지만 감정은 남아 있었다. 우리가 작품을 만드는 동안, 나는 내가 하고 있는 일에 너무 집중하고 있어서 반 친구들이 무엇을 진행하는지 보지 않았다. 나는 평소에는 집단 슈퍼비전 동안 동료들이 무엇을 만들고 있는지 주목하고 관찰하면서 집단 전체를 경험하는 것을 좋아하는데, 그날은 나 자신에게만 집중할 수 있어 좋았다.

작업이 끝나자, 우리는 방을 돌아다니며 작품과 생각을 공유하였다. 반 친구들과 슈퍼바이저의 작품과 과정을 보면서, 나는 인정받음을 느꼈다. 반 친구들과 슈퍼바이저는 내 상황에 대한 좌절감, 울고 있는 나를 위로해 주고 싶은 마음, 그리고 현장 슈퍼바이저의 결정에 대한 불만 등에 대해 이야기하였다. 나는 내 미술작품이 내가 집단과 공유한 사건 이후에 안정적으로 변할 뿐 아니라 감정을 처리하는 데 도움이 되었음을 확인하였다. 나는 종이를 가로질러 뻗어 나가는 생생한 구 모양의 물체를 이미지로 그렸고, 그것은 어둠에서 벗어나 비슷한 형태와 색을 가진 장소에 도달하였다(Color Plate 9 참조). 나는 현장실습 경험에 대해 새로운 관점에서 생각할 수 있도록 평소에 사용하지 않는 다른 색을 의도적으로 사용하였다고 명시하였다. 관점이 바뀌면서 나는 내가 현장실습 슈퍼비전으로부터 받을 수 없는 지원을 그들에게 요청할 수 있다는 것을 깨달았을 때, 슈퍼비전 집단이 매우 편안하게 느껴졌다는 것을 알게 되었다. [교내] 집단 슈퍼비전은 유연하게 진행되었기 때문에 이 사건을 공유할 수 있는 충분한 공간을 제공했고, 그날 필요한 것을 채웠으며, 반 친구들과 슈퍼바이저가 내가 겪고 있는 것을 이해한다는 것을 알 수 있었다.

### Yasmine 반응

Julie와 집단 전체가 이런 경험을 할 수 있었던 데에는 많은 요인이 있었다. 우선 공간은 Julie가 주저하는 마음을 슈퍼바이저와 나눌 수 있을 만큼 충분히 안전했으며, 고민을 털어놓은 것은 이번이 처음이 아니었다. 안전의 일부는 집단 슈퍼비전의 학교 구조 내에서 비밀유지의 경계가 될 수 있다. 물론 집단 슈퍼비전의 비밀성은 내담자와 관련이 있는 것으로, 이름, 입원 또는 퇴원 날짜, 거주지와 같이 회기 내에서 함께 하는 사람들의 신원정보 또는 집단 슈퍼비전 구성원들이 내담자가 누구인지 쉽게 알 수 있는 세부정보를 공유하지 않는다. 우리 학교는 도시 지역에 위치해 있지만, 치료를 받는 공동체는 매우 작다. 너무 작아서 때때로 학생들은 같은 사람을 치료하는 경우도 있다. 내담자의 비밀유지에 주의를 기울이는 것 외에도, 우리는 슈퍼바이저와 슈퍼바이지의 사생활에도 관심을 기울이는 경향이 있다. 치료공동체도 작지만 미술치료 공동체는 더 작다. 많은 슈퍼바이저가 나의 집단 슈퍼바이지들이 참석한 프로그램을 졸업했으며, 대부분의 슈퍼바이저와 슈퍼바이지는 서로 한두 학위 차이밖에 나지 않는다. 이 점을 민감하게 생각하기 때문에 우리가 회기에서 슈퍼바이저의 이름을 사용하지는 않지만, 나는 그들의 슈퍼바이저에 대한 불만이나 칭찬에 대한 세부 사항을 동료들에게 공유하지 않을 것을 집단과 약속한다. 만약 한 학생이 우리 학교 현장 코디네이터의 개입이 필요하다고 생각되는 문제를 제기한다면, 먼저 그 학생과 논의하며, 학생 모르게 논의하지는 않는다. 나는 학생 및 전문가로서의 슈퍼비전을 경험했기 때문에, 슈퍼바이지가 상처를 입거나 부정적인 슈퍼비전 경험을 공유해야 할 필요성에 민감하다. 나는 슈퍼비전을 활용하고, 경험으로부터 성장하며, 격려를 제공하는 방법을 모델링 하기 위해 나 자신의 부정적인 슈퍼비전 경험 중 일부를 학생들과 공유하였다.

공간을 수용하는 환경 외에도 Julie는 자신이 이 문제를 집단에 제기해야 한다는 것을 충분히 인지하고 있었고 아는 것도 많았다. 앞서 언급했듯이, 초급 치료사들은 발달적으로 인식과 자신감이 부족하다. Julie는 처음에 슈퍼바이저와의 관계에 대해 이야기하는 데에 시간을 할애하고 싶지 않았고 자신의 사례를 발표함으로써 작업을 계속하고 싶었지만, 그녀가 발표한 내용은 더 자세히 살펴볼 가치가 있는 것임이 분명했다. 그녀는 이 경험으로 인해 상처를 받았고 더 깊은 토론을 피하려는 모습을 보여 주었다. 나는 그녀가 원래 자신의 사례를 발표하고 싶어 하는 이유가 긴급한 임상적 질문이 있어서가 아니라 그렇게 하기로 예정되어 있었기 때문이라고 느꼈다. 게다가, 사례 발표를 강행하는 것은 그녀와 그녀의 슈퍼바이저와의 사이에서 일어나는 상호작용의 밑바닥에 깔려 있는 감정을 피하기 위한 방법이었을지도 모른다. 나는 Julie뿐만 아니라 Julie의 상황에 공감하는 다른 집단 구성원들에게도 성장 가능성이 있다고 느꼈다.

슈퍼바이저에 대한 부정적인 이야기를 하거나 지적하고 Julie에게 언어적으로 지원하는 대신, 나는 Julie가 공유한 내용에 대해 집단이 조용하게 반응 미술 작업을 하도록 요청하였다. 작업을 마친 후, 우리는 모두 서로의 작품을 보고 거기서부터 대화를 나누었다. 주제, 색깔, Julie 이야기에 대한 우리의 감정적인 반응에 대한 주제를 파악하였다.

## 전문가를 위한 외부 집단 슈퍼비전

외부 집단 슈퍼비전의 구성원들은 종종 다른 근무지에서 왔고, 다른 임상 집단과 다른 유형의 환경을 가지고 있으며, 다른 팀에서 근무한다. 전문가 집단의 또 다른 우려는 그 집단 구성원들의 경험 수준이 다를 수 있다는 것이다. 일부는 자격증이 없는 신입 졸업생일 수도 있고, 다른 일부는 숙련된 전문가일 수도 있다. 구성원들은 완전히 다른 이론적 틀을 가지고 있거나 다른 분야에서 일하고 있을 수도 있다. 때로는 전문가를 위한 외부 집단 슈퍼비전이 한 분야(예: 미술치료사만) 또는 발달 수준(예: 자격증을 취득하려는 사람만 참여하거나 또는 임상 경험이 풍부한 사람만 참여)으로 제한되는 경우도 있지만, 이는 필수조건은 아니다.

집단은 시간의 우선순위를 정하고 시간을 구조화하는 방법을 결정해야 한다. 사례들을 공식적으로 제시할 것이며, 주기적으로 발표할 것인가? 집단 안에서 미술 작업을 할 것인가? 집단원들은 각자의 매체를 가지고 올 것인가, 아니면 슈퍼바이저가 매체와 보관 공간을 제공할 것인가? 구성원이 언제든지 가입하고 탈퇴할 수 있는 개방집단이라면, 신규 회원이 가입할 때마다 소개를 하는 것이 좋다. 각 구성원은 예술적으로 자기 자신, 상담 현장, 그리고 이론적인 방향이나 치료를 수행하는 방법을 소개할 수 있다. 기존 구성원들은 현재 활동 중인 것을 집단 슈퍼비전에서 공유할 수 있고, 신규 구성원들은 집단에서 기대하거나 얻고 싶은 것을 공유할 수 있다.

고려해야 할 또 다른 요소는 종결이다(아래에서 자세히 설명). 집단이 다양한 기관, 병원 또는 다른 직장의 전문가들로 구성되어 있기 때문에, 집단은 유동적일 수 있고 개인이 집단을 떠나는 시기가 다를 수 있다. 집단은 변화하는 특성을 어떻게 다룰 것인지 협의해야 한다. 이것은 전문가들을 위한 외부 집단이기 때문에, 구성원들은 자발적으로 참석을 선택하는 경향이 있고 학교나 직장에서 강요하지도 않는다. 누군가 탈퇴를 알릴 때 그 집단은 어떤 유형의 관례를 사용하기를 원할까? 누군가 예고 없이 탈퇴한다면 집단은 서로에게 어떻게 대처할 것인가?

## 현장 집단 슈퍼비전

이러한 유형의 집단 슈퍼비전은 대개 상담 현장에서 이루어지며, 때로는 학생 인턴을 포함하여 다양한 분야와 다양한 임상경험 수준을 가진 치료사들이 참여할 수 있다. 그러나 이러한 유형의 집단 슈퍼비전이 필요할 수 있다. 그들은 다른 부서에서 왔거나 모두 같은 부서에서 근무할 수도 있다. 이상적으로는 집단 전체가 회기를 구성하는 방법을 함께 논의해야 하지만, 장소의 특성상 그렇게 하지 못할 수도 있다. 예를 들어 일부 임상 환경에는 기존의 리더가 순환되는 구조가 있거나 임시 촉진자가 있거나, 슈퍼바이저가 집단을 진행할 수 있다. 또한, 현장 집단 슈퍼비전은 일종의 행정적 요소를 갖는 경향이 있다.

슈퍼바이저가 집단 슈퍼비전을 구성하는 데 책임이 있는 경우, '3분의 1 법칙'이 유용할 수 있다. 슈퍼바이저는 행정 정책이나 기타 비즈니스 측면과 같이 그들이 필요로 하는 것을 충족하기 위해 안건의 3분의 1을 설정할 수 있다. 안건의 또 다른 3분의 1은 집단이 다루길 원하는 임상적 측면을 결정하는 것일 수 있다. 마지막 3분의 1은 회기 자료를 처리하는 데 사용된다.

### 동료 자문집단

동료 자문집단은 전문가들 사이에서나 교육 중에 구성될 수 있으며, 현장 또는 외부에서 이루어질 수 있다. 이러한 집단은 일반적으로 어려운 임상 사례, 자기 돌봄, 특권과 차이의 영향, 윤리적 문제와 같은 다양한 주제를 논의하기 위해 정기적으로 모인다. 이들은 일반적으로 리더가 없거나 "더 전문적인 관리자의 위계적 존재 없이" 공동으로 리더십을 공유하며 전문지식과 지원을 주고받는다(Nelson, 2014, p. 322). 동료 자문집단은 대면 회의에 국한되지 않으며, 원격 회의 또는 "전자 메일 목록 및 웹 포럼을 통한 대규모 집단"을 통해 진행될 수 있다(Rousmaniere, 2014, p. 245). 동료나 자문단을 구성할 때는 목표, 구조, 리더십 모델, 참여 인원 등을 고려하는 것이 좋다(Borders, 2012).

동료 자문과 집단 슈퍼비전은 분명히 다르다는 것을 인식한다. 동료 자문 환경에서, 도움을 받는 동료는 권고사항을 이행할 의무가 없으며, 지침을 제공하는 동료는 일반적으로 법적 또는 윤리적 책임이 없다.

동료 자문에서는 법적 책임을 줄이기 위해 "어떤 집단 구성원도 다른 구성원들과 관련하여 권한이나 책임을 갖지 않는다"(Watkins & Milne, 2014, p. 685–686)는 점을 이해해야 한다. 자세한 내용은 사례 10.3을 참고하라. Yasmine은 위탁 양육의 영향을 받은 아동과 청소년을 위해 무료(Pro bono[13]) 서비스를 제공하던 심리치료사들을 위한 동료 자문집단에 참여한 경험이 있다. 동료 자문집단에 가입하거나 설립하는 경우 법률자문을 구하여 책임과 의무를 명확히 한다. 예를 들

---

13 프로보노(Pro bono)는 라틴어 pro bono publico의 줄임말로 '공공의 이익을 위해'라는 뜻이다. 이 용어는 일반적으로 전문가가 무료로 또는 저렴한 비용으로 제공하는 서비스를 의미한다. 다양한 분야의 전문가들이 비영리단체에 무료 서비스를 제공하며, 특히 도움이 필요한 사람들에게 무료법률 서비스를 제공하는 변호사들이 이에 속한다.

어 치료사가 동료 자문집단의 조언을 이행한 후 내담자가 소송을 제기하는 경우 누가 책임을 져야 하는가 하는 문제이다.

### 사례 10.3 외부 동료 슈퍼비전

**Yasmine 이야기**

나는 위탁 관리 시스템에 참여하는 청소년들에게 무료 심리치료를 제공하는 임상가들을 위해 개방된 동료 자문집단에 참여한 적이 있다. 이 집단은 업무와 내담자 서비스 면에서 동질적이었으며, 대부분의 구성원들은 경험이 풍부한 전문가로, 임상/실습 박사 학위(심리학 박사)를 가지고 있었고 주로 사설 상담센터에서 일하였다. 어떤 때는 모든 구성원이 적극적으로 무료 사례를 맡았고, 어떤 때는 일부 구성원만 맡기도 하였다.

구성원 중에 주도적 주최자가 있긴 했지만 리더십 모델은 집단적이었다. 각 회기가 시작될 때마다 구성원들은 자신의 무료상담 사례에 대해, 특히 내담자가 회기에 참석했는지, 불참율이 높은지 확인하였다. 내가 동료 자문집단의 일원으로 활동한 3년 동안, 우리는 모임의 날짜와 빈도(한 달에 두 번에서 한 번으로)를 바꾸고, 필요할 때 집단 간에 서로 의사소통하는 방법을 변경하였다. 이러한 변화는 주도적인 주최자가 아닌 집단이 함께 결정했고, 이는 우리가 고유한 동료 집단의 규범과 구조를 만들 수 있게 해 주었다.

나는 집단에서 유일한 미술치료사였고 어린아이들과 함께 일한 경험이 많지 않았기 때문에 동료 자문집단은 매우 도움이 되었다. 나는 경험이 부족하다고 느꼈고, 원래는 청소년이나 위탁양육제도에서 벗어난 10대나 청년들과 함께 일하고 싶다는 생각이 들어 어린아이 사례를 맡는 것을 망설였다. 그러던 중 동료 집단의 지원을 받아 3년 넘게 아동과 위탁 가정과 함께 일하였다. 그 집단은 나의 개입에 비판적으로 피드백하고 도전을 제공하였다. 예를 들어, 미술을 사용하여 내담자와 소통하는 데에 어려움이 있다는 고충을 표현한 후, 나에게 내담자가 직접 놀이를 주도할 수 있도록 도와 주기 위해 모래상자(sandtray)를 탐색하도록 권장하였다. 모래상자는 내담자가 피규어를 사용하여 상자(또는 젖은 모래로 채워진 상자와 건조한 상자)에서 자신만의 세계를 만들 수 있도록 하는 비언어적인 놀이 기법이다. 나는 우리 집단의 지지체계로 인해 이 제안을 권유받았다. 나는 동료 자문에서 많은 미술작품을 공유했고, 왜 이 작품들이 피상적이고 치료적인 작업에 도움이 되지 않는다고 느끼는지에 대해 논의하였다. 우리는 함께 고군분투하며, 낯선 성인이나 시스템을 신뢰하지 않을 권리가 있는 내담자와 신뢰 관계를 구축하기 위한 다양한 매체와 개입 방법에 대해 논의하였다. 동료들 몇 명은 모래상자를 실습에 활용했고, 우리 프로그램의 주최자가 고급과정 훈련을 받았기 때문에 그 제안을 환영했고 우리 모두 고려할 만하다고 생각하였다. 모래를 다루는 과정을 활용하여 내담자와의 작업을 변화시켰다. 그것은 그와 그의 새로운 가족과의 관계, 그가 환상과 현실의 세계 사이에서 상호 작용하는 방식이다.

내가 더 이상 내담자와 함께 일할 수 없게 되었을 때, 나는 그들이 계속 치료가 필요할 것임을 알았다. 위탁 양육에 있는 청소년의 전반적인 요구사항뿐만 아니라 사례에 대해 잘 알고 있는 동료에게 사례가 위임된다는 사실을 알고 위안을 얻었다. 동료 자문집단은 중요한 지지체계였다. 우리는 또한 내담자와의 종결 및 변경 처리 방법에 대해 논의하였다. 물론, 내가 이 사례를 마무리 지었다는 것은 동료 집단에서의 시간도 끝나간다는 것을 의미했기 때문에 동료 자문집단으로서의 협력도 종료하였다. 그 집단은 나 없이도 계속 운영될 것이지만, 우리의 종결을 인정하면서 집단 구성원의 변화가 생겼다.

## 과정 기록, 스케치북 및 기타 도구

슈퍼비전 집단, 특히 외부 슈퍼비전 집단의 이점 중 하나는 치료가 제공되는 방법, 서비스를 받는 사람들에게 시스템이 작동하는(또는 작동하지 않는) 방법 등 다양한 임상 환경에 대해 학습할 수 있다는 것이다. 집단 슈퍼바이저가 구성원이 임상적으로 일하는 모든 현장을 자세하게 아는 것은 현실적이지 않기 때문에 현장에 대해 배우는 방법은 다양하다. 현장의 미묘한 차이를 더 잘 이해하는 가장 좋은 방법은 직접 방문하는 것이다. 이것이 가능하다면(윤리적으로나 논리적으로), 슈퍼바이저는 슈퍼바이지가 제기해 온 것을 직접 보고 현장에서 확인할 수 있다. 특히 교내 집단 슈퍼바이저의 경우 배치를 더 잘 이해하기 위한 또 다른 방법은 현장 지도자 또는 슈퍼바이저와 대화하는 것이다. 임상 현장을 방문할 수 없는 경우는 슈퍼바이지의 현장에서 윤리적으로 허용되는 경우 오디오 또는 비디오 녹화가 유용하다. 이러한 기록은 사례 발표 목적을 위해 집단 슈퍼비전에 사용될 수 있다. 모든 방법에서, 슈퍼바이저는 슈퍼바이지의 고유한 관점에서 현장을 경험해야 한다.

스케치북 및/또는 일지는 슈퍼바이지의 경험을 '입력'하는 또 다른 방법이다. 이것은 현장을 방문하거나 회기의 녹음을 듣고 보는 것만큼 직접적이지는 않지만, 슈퍼바이지의 관점에서 귀중한 경험을 제공한다. 현장에 대해 더 잘 알 수 있도록 슈퍼바이지에게 지침을 제공할 수 있다.

1. 미술치료실을 그려 보라. 미술치료가 이루어지는 공간을 이해하는 것은 필수적이다. 테이블이나 이젤을 사용하는가? 사용 가능한 치료실이 얼마나 되는가? 휠체어, 보행기 또는 기타 보조 기기가 공간에 접근할 수 있는가? 재료가 어떻게 보관되고 참가자들에게 제공되는지 보라. 완성된 미술작품은 어떻게 보관되거나 전시되는가?
2. 층/구역/사무실의 배치도를 그려 보라. 구역/층/사무실의 지도를 요청하는 것은 시스템이 어떻게 작동하는지 이해하는 데 도움이 된다. 학생과 전문가의 경우, 그들은 다른 사람들과 사무실을 공유하는가, 아니면 그들만의 공간이 있는가? 행정실과 얼마나 가까운가? 미술치료가 진행되는 공간과 얼마나 떨어져 있는가?

과정 노트(〈2장 슈퍼비전에 대해 슈퍼바이저가 알아야 할 사항〉, 〈8장 학문 분야별 차이: 슈퍼바이지가 미술치료사가 아닌 경우〉 및 〈부록 A〉)는 슈퍼바이지의 눈을 통해 치료환경에 '진입'할 수 있도록 한다. 과정 노트는 다른 집단 구성원과 공유되지 않으며 슈퍼바이저와만 공유된다.

## 종결 고려 사항

〈9장 개인 슈퍼비전과 1:2 슈퍼비전〉에서 논의한 바와 같이 집단 슈퍼비전에 참여하는 슈퍼바이저와 슈퍼바이지도 작업 종결을 함께 고려해야 한다. 집단이 중간에 새로운 집단원을 받아들이는 것을 허용하는 경우, 슈퍼비전 시작 시와 새로운 구성원이 가입할 때마다 종결에 대해 말하는 것이 특히 유용하다. 다시 말하지만, 계약된 슈퍼비전 또는 개별 슈퍼비전의 경우, 첫 번째 언급이 슈퍼비전 계약에 언급될 수 있는데, 여기에 슈퍼바이저와 슈퍼바이지가 집단 참여 종료 시점을 결정하는 방법을 설명한다. 새로운 구성원이 합류할 때마다 새로운 구성원을 환영하고 누군가가 떠날 때의 의식을 포함해 집단의 규범과 문화를 다루는 논의가 이뤄져야 한다. 교내 기반의 집단 슈퍼비전은 학사 일정에 따라 진행되는 것이 당연하지만, 사전에 미리 조율하는 것이 유용하다. 종결, 마무리, 상실, 이동 및 변화에 대해 논의하는 것도 중요하지만, 미술치료사로서 이 미술 작업을 통해 다루는 것이 더 중요하다. 자세한 내용은 9장의 〈종결 시 미술 작업을 우선시하기〉를 참조하라.

그러나 집단에서의 종결 과정은 특별한 주의가 필요하다. 이는 집단 구성원 각자가 종결과 변화에 대해 서로 다른 경험과 연상을 가지고 있기 때문이다. 예를 들어, 교실이나 교내 집단 슈퍼비전 설정에서 일부 학생들은 그들이 취업이나 다른 기회가 있다면 쉽게 떠날 준비가 되어 있다고 느낄 수 있다. 그렇지 않은 다른 학생들은 준비되지 않았다고 느끼거나 심지어 자신이 부족하다고 생각할 수도 있다. 취업 등 성과에만 집중하기보다는 집단 전체의 종결에 초점을 맞추는 것이 좋다. 미술 작업을 활용하는 것은 이 종결을 인식하는 한 가지 방법이다. 교내 집단 슈퍼비전의 마지막 과정에서 만들어진 해체된 책(deconstructed book)의 예는 '부록 G: 컬러 작품 10'을 참조하라. 각 참가자들은 공예용 칼을 사용하여 비닐 지우개를 조각하여 두 개의 도장을 만들었다. 도장을 만든 후, 집단 슈퍼비전의 각 구성원은 작은 천 조각에 도장을 찍었다. 마지막에, 각 개인은 각자의 도장을 찍은 페이지와 각 집단 구성원의 페이지 2장을 가지게 되었다.

## 핵심 요약

- 집단 슈퍼비전은 필수일 수도 선택일 수 있다. 필수 집단에는 대학원 미술치료 프로그램 또는 직장의 의무적인 집단 슈퍼비전이 포함된다. 선택 집단은 전문가를 위한 외부 슈퍼비전 집단과 동료 자문집단인 경향이 있다.
- 학생들을 위한 집단 슈퍼비전은 학습의 초기 발달 단계에 있는 구성원일 경향이 있다. 외부, 현장 또는 동료 슈퍼비전에서 집단 슈퍼비전에 참여하는 전문가는 업무의 중급 또는 숙련/고급 단계에 있을 수 있다.
- 종결 고려 사항은 회원 가입과 탈퇴를 망설일 수 있기 때문에 학생 집단보다 전문가들에게 더 복잡할 수 있지만 탈퇴의 강도는 심하지 않다. 학생들의 경우, 시작과 끝은 학사 일정을 따르는 경향이 있다.
- 집단 슈퍼비전의 장점은 여러 가지 다양한 관점을 얻을 수 있다는 것이다.
- 집단 슈퍼비전의 단점은 시간과 구조를 조율해야 한다는 것이다.

## 실습 프롬프트

### 미술치료실의 이해

미술치료가 이루어지는 위치와 장소, 공간을 다양한 관점에서 이해하는 것이 중요하다. 테이블이나 이젤을 사용하는가? 사용 가능한 치료실이 얼마나 되는가? 휠체어, 보행기 또는 기타 보조 기기가 공간에 접근할 수 있는가?

1. 미술치료실 또는 미술치료 회기가 이루어지는 곳을 재현하기 위해 그리거나

3D 자료를 사용하라. 매체가 어떻게 보관되고 참가자들에게 제공되는지 보라. 완성된 미술작품을 보관하거나 전시하는 방법을 명시하라. 이 작업은 슈퍼비전 집단 내에서 완료할 수 있고 과제로 다음 회기에 가져올 수 있다.

2. 슈퍼바이저와 슈퍼바이지 관점의 유사점과 차이점, 그리고 내담자가 여건을 어떻게 다르게 인식할 수 있는지에 대해 논의하라.

## 체계 및 위치의 이해

1. 층/구역/사무실의 배치도를 그려 보라. 층/구역/사무실의 배치도는 시스템이 어떻게 작동하는지 이해하는 데 도움이 된다. 사무실과 상담 공간을 공유하고 있는가? 행정실과 얼마나 가까운가? 미술치료가 진행되는 상담실 공간은 얼마나 떨어져 있는가?
2. 슈퍼바이저와 슈퍼바이지 및 다양한 내담자 집단에 대한 지리적 영향에 대해 논의하라.

## 공동작업

각각의 개인이 가지고 갈 수 있는 무언가를 만드는 것은 중요한 상징적 의미를 가질 수 있다. 나(Yasmine)는 20여 년 전 Barbara Fish와 함께 했던 집단 슈퍼비전에서 받은 작은 보라색 구슬을 아직도 가지고 있다. 집단 슈퍼비전 과정이 각 구성원 간의 관계, 지식의 집합체이기 때문에, 나는 이것을 은유로 재현하는 것을 좋아한다.

- 라운드 로빈: 마지막 슈퍼비전 집단을 위해, 각각의 슈퍼바이지에게 종이 한 장과 다양한 미술 매체를 제시한다. 우선, 그들 각각은 집단 슈퍼비전에서 자신이 소중히 여기는 것에 대한 이미지를 만든다. 5분 후에 옆 사람에게 종이를 건네준다. 이 종이 위에 2분 동안 작업한다. 2분이 지난 후에, 다시 넘긴다. 시작한 용지를 받을 때까지 용지를 계속 전달한다. 마지막 전달

에서 5분 또는 10분을 보낸다. 타이머는 이 연습에 유용하다. 각 집단 슈퍼바이지에게 창작할 시간이 주어지도록 시간을 조정하고, 첫 번째와 마지막 전달은 다른 전달보다 시간을 더 많이 할애하여 기본(시작)과 최종 작품을 탄탄하게 만들 수 있도록 한다.

- 아코디언 책: 마지막 슈퍼비전에서 간단한 아코디언 책 만들기. 책에 각 참가자가 한 페이지를 볼 수 있도록 한다. 슈퍼바이저가 각 참가자의 이름을 작성하여 한 페이지씩 제공한다. 슈퍼비전 각 구성원이 책의 소유자를 위해 항목을 작성할 수 있도록 한다. 표지는 책의 소유자가 다른 집단 구성원에게 전달하기 전이나 구성원이 완료한 후에 만들 수 있다.

# 참고문헌


- ACATE. (2019). Handbook for completing a self-study for Initial Accreditation. Retrieved from www.caahep.org/CAAHEP/media/CoADocuments/Self-StudyHandbook-2019_1.pdf
- Borders, L. D. (2012). Dyadic, triadic, and group models of peer supervision/consultation: What are their components, and is there evidence of their effectiveness? *Clinical Psychologist, 16*(2), 59-71.
- CAAHEP. (2016) Standards and guidelines for the accreditation of educationalprograms in art therapy. Retrieved from www.caahep.org/CAAHEP/media/CAAHEP-Documents/ArtTherapyStandards.pdf
- Delano, F. (2001). If I could supervise my supervisor: A model for child and youth care workers to own their own supervision. *Journal of Child and Youth Care, 15*(2), 51-64.
- Lambie, G. W., & Blount, A. J. (2016). Tailoring supervision to supervisees' developmental level. In K. Jordan (Ed.), *Couple, marriage and family therapy supervision* (pp. 71-86). New York, NY: Springer Publishing Company.
- Moon, B. L. (2019). Ethical issues in art therapy (4th ed.). Springfield, IL: Charles C Thomas.
- Nelson, M. L. (2014). Using the major formats of clinical supervision. InC. E. Watkins & D. L. Milne (Eds.), *Wiley international handbook of clinicalsupervision* (pp. 308-328). Chichester, UK: John Wiley & Sons.
- Rousmaniere, T. (2014). Using technology to enhance clinical supervision and training. In C. E. Watkins & D. L. Milne (Eds.), *Wiley international handbook of clinical supervision* (pp. 204-237). Chichester: UK: John Wiley & Sons.

- Rubin, J. A. (2011). *The art of art therapy: What every art therapist needs to know*. New York: Routledge.
- Smith, R. D., Riva, M. T., & Cornish, J. A. E. (2012). The ethical practice of group supervision: A national survey. *Training and Education in Professional Psychology, 6*(4), 238-248. doi:10.1037/a0030806
- Sweitzer, H. F., & King, M. A. (2018). *The successful internship: Personal, professional, and civic development in experiential learning* (5th ed.). Boston, MA: Cengage.
- Watkins, C. E., & Milne, D. L. (2014). Clinical supervision at the international crossroads: current status and future directions. In C. E. Watkins & D. L. Milne(Eds.), *Wiley international handbook of clinical supervision* (pp. 673-696). Chichester, UK: John Wiley & Sons.

# 11장 원격 슈퍼비전

## 소개

이 장에서는 주로 화상회의를 통해 수행되는 슈퍼비전으로 정의되는 원격 슈퍼비전에 대해 설명한다. 이 슈퍼비전은 "한 현장의 수련생이 다른 현장의 슈퍼바이저와 안전하게 화상회의(VC)를 하는 것"(Luxton, Nelson, & Maheu, 2016, p. 97)을 포함한다. 원격 슈퍼비전은 복잡하고 그 자체가 하나의 예술이다. 단순히 다른 형태의 슈퍼비전이 아니다. 원격 슈퍼비전의 활용은 미술치료 서비스, 상담 및 슈퍼비전을 목적으로 기술을 수용하는 미술치료사들이 이용할 수 있는 옵션을 증가시킨다(Orr, 2010). 원격정신의학 분야가 새롭게 부각되어 급성장하면서 원격상담, 원격상담을 수행하기 위한 훈련 그리고 원격 슈퍼비전이 함께 발전하고 있다. 미술치료의 원격 슈퍼비전에는 전화 슈퍼비전 또는 영상통화 슈퍼비전도 포함될 수 있지만, 미술치료사로서 우리는 대면 접촉과 미술작품을 쉽게 검토할 수 있기 때문에 화상회의를 선호하고 집중한다.

환경은 끊임없이 변화하고 있으며, 업무도 함께 변화하고 있다. 대면 임상 슈퍼비전 및 모범 사례는 수년에 걸쳐 조율되고 수정되어 왔다. 이 장에서는 기술, 치료적 모범 사례, 윤리적 문제 및 사법적 감독과 관련하여 계속해서 빠르게 변화할 내용을 다루고 있다. 사실, 이 글을 쓰고 있는 이 순간에도 기술이 변화하고 있기 때문에, 여러분이 이 글을 읽을 때쯤이면, 이 장은 이미 구식이 되어 있을 가능성이 높다. 변화가 만만치 않을 수 있지만, 동시에 효과적인 원격 정신건강 서비스 제공에 있어 통신 기술의 상당한 발전을 적용할 수 있는 기회가 있기 때문에 활력을 불어넣을 수 있다(Baker & Bufka, 2011; Brandoff & Lombardi, 2012; Gluecauf et al., 2018; Kanz, 2001; Luxton et al., 2016; Orr, 2010; Rousmaniere, 2014). 이 시기는 흥미로운 시기이지만, "수많은 연방 및 주 법률과 규정, 납부자 정책, 기술적 과제, 원격 의료 관행에 의해 촉발된 개인 정보 보호 문제를 고려할 때" 주의를 기울이고 계획해야 할 시기이기도 하다(Baker & Bufka, 2011, p. 410). 심지어 명명법도 유동적이고 일관성이 없다. 예를 들면, 원격정신건강은 원격심리학, 원격정신건강의료, 원격건강(e-health), 온라인 상담(e-counseling(Barnett & Kolmes, 2016), 기술지원상담(TADC)(Dawson, Harpster, Hoffman, & Phelan, 2011) 등의 용어로도 쓰이고 있다.

급변하는 기술이 치료 분야애 적용되면서, 전자수단을 통한 원격슈퍼비전의 선택권도 점점 확대되고 있다. 그러나 그 과정에서 다양한 도전 과제들이 존재할 수 있어 부담스럽게 느껴질 수도 있다(Rios, Kazemi, & Peterson, 2018). 특히, 비밀보장, 윤리 및 법적 책임에 대한 의문과 우려가 주요 쟁점으로 떠오르고 있다(Brandoff & Lombardi, 2012; Fish, 2017; Glueckauf et al., 2018; Orr, 2010; Rousmaniere, 2014). 이 장에서는 "미국의료 정보보호법(HIPAA)을 포함한 주 및 연방법을 준수하여" 원격 슈퍼비전 관계를 수립하고 유지해야 할 필요성을 다루며(Fish, 2017, p. 176), 기술 활용 슈퍼비전을 위한 모범 사례를 살펴본다. 또한 원격 슈퍼비전을 수행하는 슈퍼바이저는 원격 슈퍼비전의 복잡성을 충분히 이해하고 잠재적 슈퍼바이지에게 그 과정과 위험요소를 효과적이고 윤리적으로 설명할 필요가 있다. 우리는 또한 원격 슈퍼비전에 참여하는 이유, 특히 원격 슈퍼비전과 관련된 문제 및 기술 고려 사항에 대해서도 다룬다.

## 원격 슈퍼비전에 참여하는 이유

원격 슈퍼비전에 참여할지 여부를 결정할 때 고려해야 할 몇 가지 요소가 있다. 유능한 슈퍼비전에 대한 접근성이 주요 동기가 될 수 있다. 예를 들어, 지리적 고립으로 인해 전통적인 대면 미술치료 슈퍼비전을 받기가 어려워 자격 취득과 전문성 개발에 장애가 될 수도 있다. 추가적으로 거주지, 임상적 초점 또는 슈퍼비전 호환성 등의 요인을 복합적으로 고려해야 할 수 있다. 또한 편리함과 자기 돌봄의 관리 및 소진 예방이 원격 슈퍼비전에 참여하는 이유가 될 수 있다.

### 접근성

미술치료는 다른 정신건강 전문직에 비해 규모가 작은 분야이며, 임상실습의 입문 단계로 석사학위를 취득해야 하는 상담이나 사회사업보다 미술치료 대학원 프로그램이 훨씬 적다. 그 결과로 실무자가 적어 모든 지역에서 슈퍼비전이 가능한 미술치료사를 구하기가 쉽지 않다. 미국의 경우, 미술치료 대학원이 해안가 대도시 지역에 위치하는 경향이 있으며, 중부지역에 위치한 대학원은 적다. 국제적으로도 미술치료 전공의 대학 수가 매우 적으며, 대부분은 영국에 집중되어 있다. 프로그램이 부족하기 때문에, 학생들은 종종 미술치료 교육을 위해 이사를 간다. Orr(2010)이 강조한 바와 같이, 미국의 미술치료 프로그램은 많은 유학생을 교육하고 졸업시키는데, 많은 유학생이 미술치료 공동체가 거의 구축되지 않은 상태에서 본국으로 돌아가므로 지속적인 지원과 슈퍼비전이 필요하다. 이것은 또한 졸업 후 고립된 미술치료 영역으로 돌아가는 미국 내 학생들도 마찬가지일 수 있다. 이는 원격 슈퍼비전이 일부 미술치료사들에게는 유일한 옵션이 될 수 있다는 현실을 강조한다. 미술치료 영역을 넓혀 가고 있는 사람들의 경우, 그들이 실습하고 있는 지역에 슈퍼바이저가 없을 수 있다.

출장 비용의 재정적 부담과 이동 시간의 불편함도 누군가가 원격 슈퍼비전을 요청하게 하는 기여 요인으로 확인되었다(Abbass et al., 2011; Fish, 2017; Shank,

1998). 그러나 원격 슈퍼비전은 "내담자와 슈퍼바이지의 이익을 위해 사용되어야 하며, 슈퍼바이저의 편의만을 위해 사용되어서는 안 된다"는 주장이 제기되고 있다(Rousmaniere, 2014, p. 216).

## 슈퍼비전 적합성

근처에서 수련 중인 미술치료사를 슈퍼비전할 때라도, 일정, 비용 협상, 이중 관계, 그리고/또는 서로 다른 이론적 접근방식과 전문 분야와 같은 복잡한 문제가 있을 수 있다. 긴밀하게 연결된 지역사회에서 원격 슈퍼비전은 전문적, 개인적, 공동체 상호작용을 통해 교차점을 감소시키고, 결과적으로 미묘한 이중 관계를 감소시킬 수 있다. 원격 슈퍼비전을 통해 이중 관계를 줄이면 슈퍼비전 관계에서 더 명확하고 덜 혼란스러운 역할을 할 수 있다.

임상적 초점과 이론적 접근과는 별개로 슈퍼바이저의 기질과 참여 유형도 고려해야 한다. 적합성 인터뷰는 원격 슈퍼비전 형식과 잠재적 기술을 실험해 볼 수 있는 좋은 기회이다. 이 테스트 실행은 적합성을 결정하는 데 도움이 되며 잠재적 슈퍼바이저, 형식 및 슈퍼바이지 간의 화상회의 접근법과 편안함 수준에 관한 중요한 세부 정보를 제공한다. 화상회의를 통해 개인의 참여 능력, 대인관계 역동, 교수 방식, 이론과 실제를 명료하게 표현하는 능력을 직접 보고 경험하는 것은 참가자들에게 원격 슈퍼비전이 적합한 선택인지 결정하는 데 도움이 될 수 있다. 원격 슈퍼비전을 실행 가능한 옵션으로 검토하는 상황은 보기 11.1을 참조하라.

**보기 11.1**

### 원격 슈퍼비전 고려 사항

**Alejandra는 무엇을 해야 하는가?**

Alejandra는 대도시에서 대학원 미술치료 프로그램을 마친 직후 인턴십 기관에 채용되어 초등학생 또래의 아동들과 계속 일하게 되었다. 현장에서 그녀는 자격을 가진 임상 사회복지사로부터 매주 포괄적이고 효과적인 개별 슈퍼비전을 받았고, 지역 ATR-BC(보드 인증, 등록 미술치료사), ATCS(미술치료사 인증 슈퍼바이저) 자격증을 가진 미술치료사에게 격주로 집단 슈퍼비전을 추가로 받았다. 슈퍼비전 집단은 6명의 미술치료사와 슈퍼바이저로 구성되었다. 슈퍼바이저는 20년 이상 미술치료 프로그램을 시행하고 다시 시작한 경력을 가지고 있으며, 회원들은 신규 전문가부터 경력 8년 이상의 전문가까지 다양하였다.

2년 동안 근무하고 ATR-BC 취득 후, Alejandra는 21세에서 35세 사이의 청년을 대상으로 하는 입원형 약물치료 시설에서 일하기 위해 시골의 외딴 지역으로 이사하였다. 그 기관은 환자들을 위한 미술치료의 재개에 기대감도 있었지만, Alejandra는 그 기관에서 3년 만에 처음으로 채용된 미술치료사였다. Alejandra의 임상 슈퍼바이저는 대상자들에 대한 폭넓은 경험을 가지고 있었지만, 미술치료사를 슈퍼비전해 본 적은 없었다. 현장에서 Alejandra는 임상 및 행정 문제를 다루는 1시간의 개별 슈퍼비전과 매월 여러 분야의 임상 팀 집단 슈퍼비전을 받을 것이다.

이전에 Alejandra는 미술치료 개입에 대한 폭넓은 이해와 통합을 바탕으로 잘 정립된 상담 팀에서 성공적으로 일하였다. 그녀는 새로운 직장에서 본질적으로 새로운 미술치료 프로그램을 개발할 것이다. 그녀의 새 직장에는 최소한의 미술 재료뿐이며, 효과적인 개입 방법을 설명하는 매뉴얼도 없고 집단 제목 외에는 미술치료의 역사적 정보도 없다.

**Alejandra를 위한 슈퍼비전 고려 사항**

Alejandra가 원격 슈퍼비전을 선택한다면, 법적 및 윤리적 문제, 기술, 비용, 전문성 및 호환성을 고려해야 한다.

Alejandra는 전 ATR 슈퍼바이저에게 원격 슈퍼비전을 요청할 수 있다. 그러나 Alejandra는 자신이 일하는 주의 윤리 및 관할 법률과 규정을 확인할 필요가 있다. 게다가, 만약 허용된다면, Alejandra는 그녀의 전 슈퍼바이저가 현재 이 원격 서비스를 제공하는지 또는 제공할 의향이 있는지 문의하고 확인해야 한다. 그들은 시간과 수수료를 협상하고, 비밀성을 극대화하기 위해 사용할 기술을 결정하고, 현장 슈퍼비전과 경쟁하는 것이 아니라 보완할 수 있는 슈퍼비전의 범위를 결정해야 한다.

## 임상 초점

미술치료사들은 특정 전문 분야에 소수의 지역전문가만 존재하는 경우에(Luxton et al., 2016) 특정 임상 전문성을 얻기 위해 원격 슈퍼비전을 추구하는 경우가 많다(Fish, 2017).

Orr(2010)은 "미술치료 배치, 관련 대상자 또는 절차에 대한 가능성의 폭이 넓어지는 것에 따라 미술치료의 하위 전문 분야도 생겨났다"고 하였으며 "특정 대상자, 매체 또는 배치에 대한 전문 지식이 필요할 수 있으며 보다 적절한 슈퍼비전을 제공할 수 있는 사람에게 슈퍼비전을 받을 수 있다"고 확인하였다"(p. 106). 예를 들어, 내담자가 익숙하지 않은 임상적 또는 문화적 상황에 직면할 수 있으므로, 다른 곳에서 습득한 전문적인 임상 전문 지식과 이해가 필요할 수 있다. 이는 필요한 기술과 지식에 따라 지속적이거나 제한된 원격 슈퍼비전을 통해 이루어질 수 있다. 특정 집단별 미술치료 전문성을 위한 원격 슈퍼비전을 추구하는 사례 11.1을 공유한다.

## 사례 11.1 원격 슈퍼비전을 통한 전문성 확보

### Daniel의 Lamar 슈퍼비전

미술치료사인 Lamar는 자격을 가진 정신건강 전문가가 제공하는 현장 슈퍼비전을 받으며 비영리 기관에서 일을 시작하였다. 현장 슈퍼바이저는 기관 임무와 그에 따른 내담자 요구에 대한 경험과 지식이 풍부하며, 임상적으로 기민하게 파악하고 있었다. 하지만, 내(Daniel)가 광범위한 미술치료 경험을 가지고 있기 때문에 새로운 전문가인 Lamar는 나와 원격 슈퍼비전을 하기를 원하였다. 우리는 다른 주에 살고 있었기 때문에 대면 슈퍼비전은 선택할 수 없었다. 또한, 우리의 슈퍼비전은 그의 미술치료 자격증 취득에 필요한 시간 중 절반만 인정받을 수 있었다. Lamar가 현장 슈퍼바이저와 신뢰할 수 있고 생산적인 슈퍼비전 관계를 구축하기 시작하면서, 우리는 화상회의를 통해 그의 임상 작업의 미술적 측면에 대해 자세히 알아보았다. 미술은 우리 슈퍼비전의 주요 초점이자 의도였고, 개입과 이론, 미술 작업 과정의 탐구, 완성된 작품, 그리고 그의 반응 미술 작업을 통합하였다. 인종, 성별, 특권과 관련된 문제들을 탐구하는 것 외에도 기관, 인사, 계획안에 대한 그의 적응도와 현장 슈퍼바이저로서는 어려웠을지도 모르는 그의 직업적인 한계를 검토하는 사치를 누렸다.

## 자기 돌봄 및 소진

유능한 슈퍼비전의 장벽이 존재하는 경우, 지속적이거나 일시적인 슈퍼비전 참여는 소진과 이직률을 줄이는 데 도움이 된다. 하지만 유능한 슈퍼비전이 부족하면 직무 만족도가 떨어질 수도 있다(Fish, 2017; Kanz, 2001). 미술치료사의 집중적 치료와 공감적인 참여는 힘들고 정서적으로 지칠 수 있다. "내담자 문제에 대한 이러한 집중적이고 공감적인 반응은 효과적인 내담자 돌봄에 매우 중요하며 자신의 자기 돌봄에 적절하게 주의를 기울이지 않는 상담사에게는 감정적인 소진으로 작용할 수 있다"(Warren, Morgan, Morris, & Morris, 2010, p. 110). 실제로는 소진 또는 고갈을 나타내는 여러 가지 단서가 있다. 원격 치료 중에 소진을 인식하는 능력은 더 어려울 수 있다. 일상적인 관찰, '복도'에서 이뤄지는 내담자와의 대화 또는 팀 구성원의 일상적인 상호작용과 같이 직접적으로 소진을 나타내는 더 미묘한 갈등은 장거리 원격 슈퍼바이저에게는 제한적이거나 존재하지 않는다. 심지어 슈퍼비전을 받으러 가는 길에 자연스럽게 나누던 가벼운 대화도 가상 공간에서는 사라진다. 다만 온라인 환경에서도 슈퍼바이저와 슈퍼바이지가 비공식적으로 안부를 주고받는 순간은 있을 수 있다.

슈퍼비전 회기에서 자기 돌봄을 실천하고 "1차적 스트레스 반응, 2차적 외상, 공감 피로, 대리 외상 및 소진의 징후를 파악하는 훈련"을 받는 것(물질남용치료센터, 2009, p. 19)은 원격 슈퍼비전 내에서 자기 돌봄의 실천을 구조적으로 통합함으로써 자기 돌봄의 가치를 확고히 하고 모델링한다. 화상회의는 본질적으로 기술 문제를 추가하며, 이 형식에 맞는 카메라 앞에서의 퍼포먼스 요소를 촉진시켜 우리가 최선의 모습을 보이도록 독려한다. 슈퍼바이저는 일상적으로 소진, 공감 피로 등과 관련된 증상을 인식하여 자기 돌봄을 직접적으로 해결할 수 있도록 정기적으로 여건을 조사하고 마련해야 한다. 스트레스 순간이나 내담자와 상호작용 후 남는 무거움에 대해 묻거나 지난 슈퍼비전 회기 이후 우선시했던 자기 돌봄 활동은 무엇이었는지 질문하는 간단한 행동은 관계의 거리를 줄이는 데 도움이 될 수 있다.

## 원격 슈퍼비전 특정 사항

원격 슈퍼비전에 참여하는 미술치료사 및 기타 정신건강 전문가는 대면 슈퍼비전 회기와 동일하게 적용 가능한 모든 윤리강령을 준수하고 정책을 수행하며 지침을 준수해야 한다(Abbass et al., 2011; Gluckauf et al., 2018; Luxton et al., 2016; Rousmaniere, 2014). 원격 슈퍼비전은 본질적으로 슈퍼바이저의 가용성, 참여도, 역할 정의, 그리고 여러 가지 윤리적·법적 문제와 같은 인식 제고가 필요한 특정 불확실성을 내포하고 있으므로, 원격 슈퍼바이저는 의도하지 않은 결과와 "내담자/환자와 슈퍼바이지, 다른 전문가들의 원격 기술의 잠재적 영향 등"을 잘 인지하고 있어야 한다(미국 심리학회[APA], 2013, p. 793). 단순하게 들리겠지만, 이러한 우려 사항을 예방하거나 완화하기 위해 슈퍼바이저는 "슈퍼비전 구조에 적극적으로 참여하고 편안하게 함으로써 가장 잘 기여할 수 있다"(Abbass et al., 2011, p. 116).

### 슈퍼바이저 가용성

원격 슈퍼바이저는 쉽게 접근할 수 없을 가능성이 더 크다. 슈퍼바이지와 같은 시간대에 있지 않거나(Orr, 2010), 필요한 시간에 깊이 잠들어 있을 수도 있다. 이것은 적절한 대안이 없는 슈퍼바이지에게 중요한 문제가 될 수 있다. 명확한 의사소통 계획에는 응급 상황을 포함한 필요 수준을 정의하고, 수용 가능하고 예상되는 응답 시간과 선호하는 연락 방법을 지정하는 것이 포함될 수 있다(Rousmaniere, 2014). 슈퍼바이저와 슈퍼바이지는 예약된 슈퍼비전 회기(예: 문자, 전자 메일) 사이에 일어나게 될 의사소통 방법과 응답을 예상하는 시기를 결정하는 것이 유용할 수 있다. 일단 방법과 시기가 결정되면, Thomas(2007)는 "슈퍼바이저가 슈퍼바이지에게 사건의 유형, 개인적인 경험과 알리고 싶어 하는 문제와 관련된 지침을 제공하는 것이 도움이 될 수 있다"고 언급한다(p. 227). 이러한 모든 고려 사항은 슈퍼비전 계약에 포함될 수 있으며 첫 번째 슈퍼비전 회기에서도 논의되어야 한다.

현장 슈퍼바이저도 항상 쉽게 만날 수 있는 것은 아니지만, 그들이 근처에 있고 지리적 위치에 대한 물리적 감각을 가지고 있을 가능성이 있으므로 현지 자원과 협업 및 문화적 영향에 대해 친밀하게 인지할 수 있다는 점에서 편안함과 자신감을 가질 수 있다. 지역의 지식이 부족한 것에 대응하기 위해 원격 슈퍼바이저의 중요한 역할은 슈퍼바이지와 선제적으로 협력하여 지역 자원에 대해 확실히 이해를 하고, 슈퍼바이저를 일상적으로 만날 수 없을 때를 대비하여 지속적인 대비 계획을 수립하는 것이다. 이상적으로는 지역 슈퍼바이저를 활용하는 것이 좋다(Abbass et al., 2011; Glueckauf et al., 2018; Rousmaniere, 2014).

## 기술적 어려움

기술은 완벽하지 않으며, 통신에 장애가 있을 수 있다(Orr, 2010; Rios et al., 2018; Rousmaniere, 2014). 예상치 못한 장애가 발생하기 전에 계획하고 비상 계획을 수립하며 "회기 중에 소리, 비디오 또는 인터넷 연결이 끊어질 가능성에 대비하고, 인터넷 연결이 끊어지거나 기타 서비스 중단을 포함하여 발생할 수 있는 문제를 해결할 수 있는 능력"을 갖추는 것이 좋다(Banett & Colmes, 2016, p. 56). Brandoff와 Lombardi(2012)는 이러한 예측할 수 없는 통신 중단을 경험하여 일정을 변경하거나 회기를 크게 조정하는 불편함을 겪었지만, 전반적으로 이러한 불편함이 "슈퍼비전의 궤도에 부정적인 영향을 미치지는 않는다"는 것을 알았다(p. 94).

## 윤리적 및 법적 고려 사항

Brandoff와 Lombardi는 "전문가는 원격 슈퍼비전을 제공하거나 참여하기 전에 모범 사례와 윤리적 책임을 고려해야 한다"고 설명한다(2012, p. 95). 이는 부분적으로 원격 슈퍼바이저가 서로 다른 물리적 위치에 있는 슈퍼바이지에게 제공한 슈퍼비전의 법적, 윤리적 결과에 책임이 있으며, 각 지역 및 자격 인증기관에서 윤리 기준과 관련 법을 준수해야 함을 의미한다(APA, 2013; Brandoff & Lombardi, 2012; Glueckauf et al., 2018; Orr, 2010; Rios et al., 2018; Rousmaniere, 2014). 기준은 주, 관할 구역 및 인증기관에 따라 매우 다양하다. 허위 진술, 오해, 불만을 피하기 위해 슈퍼바이저와 슈퍼바이지는 슈퍼비전을 시작하기 전에 면허, 인증 및 기타 자격 증명을 위한 슈퍼비전 시간의 적격성을 확고히 설정해야 한다(Fish, 2017; Orr, 2010).

## 슈퍼비전 계약 및 사전 동의

〈5장 비밀유지 및 사전 동의〉에서 논의한 바와 같이 비밀유지, 슈퍼비전 계약 및 정보에 입각한 사전 동의는 슈퍼비전의 중요한 요소이지만, 원격 슈퍼비전에 특화된 추가 사항이 필요하다(APA, 2013; 미술치료 자격관리위원회[ATCB], 2018; Brandoff & Lombardi, 2012; Glucauf et al., 2018; Kanz, 2001; Orr, 2010; 2010); Rios et al., 2018). 비밀유지와 사전 동의 자료는 슈퍼비전에 참여하는 사람들이 "슈퍼바이지에 대한 약속을 명확히 하고 강화하는 데 도움이 된다"(Thomas, 2007, p. 230). 또한, 슈퍼바이지는 "무엇을 기대해야 하는지, 무엇을 기대할 수 있는지, 성공하기 위해 무엇을 해야 하는지"를 배운다(Thomas, 2007, p. 230). Brandoff와 Lombardi(2012)는 다음과 같은 추가 사항을 제기하였다.

> 원격 슈퍼비전 조항은 모든 관련 계약에 포함되어야 하며 슈퍼비전 신뢰감, 기술적 요건 및 제한 사항, 윤리적 및 전문적 문제를 처리하기 위한 프로토콜, 개인 정보 보호 및 비밀유지 방법, 그리고 미국 의료정보보호법(HIPAA) 및/또는 내담자 보호를 위한 기타 법적 규칙의 요건을 충족하기 위한 방법을 명확하게 설명해야 한다. (p. 95)

전자 통신도 슈퍼비전 시 고려해야 한다. ATCB의 윤리, 행동 및 징계 절차 강령(2018)은 내담자와의 전자적 의사소통과 관련하여 "미술치료사는 미술치료 서비스를 제공할 목적으로 기술 응용 프로그램을 사용할 때, 특히 그러한 응용 프로그램의 사용이 지방, 주 경계 또는 국제 경계를 넘나드는 경우 비즈니스, 법률 및 기술적 지원을 받아야 한다"(p. 10)고 명시하고 있다. 원래는 미술치료사와 내담자의 관점에서 작성되었지만, 슈퍼바이저와 슈퍼바이지가 다음을 고려할 수 있도록 수정하였다.

- 전자 기반 기밀성과 통신의 복잡성, 나중에 허가가 철회될 경우 전자적으로 게시된 이미지와 정보 삭제의 장애 및 실행 불가능성에 대해 슈퍼바이지에게 명확히 알린다.
- 정보 기술 담당자를 포함하여 전자 전송에 대한 승인된 접근 권한을 가진 모든 사람을 슈퍼바이지에게 알린다.
- 기술 지원 원격 슈퍼비전에서는 치료 회기에서 공유된 슈퍼바이지 또는 내담자의 미술작품 외에도 슈퍼바이지의 개인 정보에 무단으로 접근할 수 있음을 슈퍼바이지에게 알린다.
- 관할 구역 또는 국가 간 미술치료(또는 관련) 직업의 실무에 적용되는 적절한 법적 권리와 제한에 대해 슈퍼바이지에게 말한다.
- 암호화된 인터넷 사이트와 전자 메일 통신이 사용되지만, 비밀성을 보장하기 위한 암호화 소프트웨어의 한계가 있음을 슈퍼바이지에게 전달한다.
- 암호화가 불가능한 경우 슈퍼바이지에게 통보하고, 내담자별 자료가 포함된 전자 전송을 공유하지 않고 일반 통신만 수행한다.
- 슈퍼바이지에게 슈퍼비전 시간과 날짜를 문서화한 기록을 어떻게 보관할 것인지 알려 준다.
- 기술 오작동 및 대체 서비스 제공 시스템의 가능성을 검토한다.
- 슈퍼바이저가 부재중일 때 현지 슈퍼바이저에게 연락하는 등 내담자에게

비상 절차를 알려 준다.

- 서로 다른 시간대와 문화적 또는 언어적 차이가 서비스 제공에 미치는 영향에 대해 논의한다.
- 일부 관할 구역에서는 원격 슈퍼비전을 허용하지 않거나 일부 원격 슈퍼비전만 허가 또는 자격 취득 시간으로 인정하는 경우가 있음을 슈퍼바이지에게 알린다.

또한, 원격 슈퍼비전에 참여할 때, 슈퍼바이지는 내담자와 이를 직접 논의하고, 내담자의 사전동의를 받아 이 슈퍼비전 형식을 반영하고 처리하는 것이 가장 좋다. 특히, 슈퍼바이지는 내담자의 비밀 정보와 작품 이미지를 전송하기 위한 인터넷의 사용 가능성에 대해 내담자에게 안내해야 한다(Kanz, 2001; Rousmaniere, 2014). Rousmaniere(2014)는 투명성을 위해 내담자의 "사전 동의서에 활용되는 기술과 보안 조치를 가능한 명확한 언어로 명시해야 한다"(p. 214)고 지적하고, 이해를 확인하기 위해 "슈퍼바이지 또는 내담자가 그러한 도구와 절차를 명확하게 설명할 수 있는지"(p. 216)에 대한 테스트를 제안한다.

## 슈퍼바이저 자격

원격 슈퍼비전의 복잡성을 고려할 때, 아마도 이것은 처음 슈퍼비전하는 사람에게 최선의 진입점이 아닐 수도 있다. 그러나 숙련된 슈퍼바이저라도 기술이 제한된다면 그 가치가 떨어진다. 임상 경험과 사용 중인 기술에 대한 편안함 및 용이성 사이에 균형이 이루어져야 한다. Brandoff와 Lombardi(2012)는 "원격 슈퍼비전에 참여하려는 개인은 선택한 기술에 대한 교육을 받을 것을 권장한다. 기술의 방법과 기능에 익숙하지 않으면 학습 과정을 방해하고 실무자를 위험에 빠트릴 수 있다"(p. 95). 슈퍼바이저 경력을 위한 최상의 실습으로, 원격 슈퍼바이저는 ATCB의 ATCS 자격을 충족할 것을 권장한다. 이는 슈퍼바이저가 추가적인 임상 및 슈퍼비전 경험을 쌓고, 전문가로서 자신감을 얻기 시작했다는 것을 어느 정도 보장한다. Rioset 등(2018)은 원격 슈퍼바이저에게 효과적으로 원격 슈퍼비전에 참여하고 도움이 될 만한 기술 지원 수단을 갖기 위해 "실습 범위 내에서만 일하고 적절한 기술력을 갖추도록" 강조한다(p. 285).

### 슈퍼바이지 성과 및 평가

모든 형식의 슈퍼비전은 슈퍼바이저와 슈퍼바이지에게 불안감을 줄 수 있다. '촬영중(on camera)'이라는 요소가 추가되어 일부 슈퍼바이지에게 훨씬 더 높은 불안감을 조성할 수 있다. 슈퍼바이저의 수행 능력을 평가하고 평가자 역할을 할 때 이 문제를 초기 단계에서 고려하고 다루어야 한다. 원격 슈퍼비전에 적합한 지원자가 되는 것과 유능한 미술치료사가 되는 것을 구별하는 것은 중요하다. "기준을 적용하고 통과를 허용하거나 허용하지 않을 권한은 평가자에게 있다. 평가자는 그 결정에 대한 책임을 져야 한다"(Behnke, 2005, p. 90). 슈퍼바이저의 맥락에서, 평가는 학문적 또는 전문적 지지를 위해 요구되는 전문적 기술과 성과에 대한 슈퍼바이지의 역량을 객관적으로 평가하는 책임을 의미한다. 평가에 대한 모호한 개념 정의와 난해한 특성으로 원격 슈퍼비전에 대한 오해가 더 증폭될 수 있다. "이러한 명확성의 결여와 법적 책임의 부담감이 결합되어 평가는 훈련 중인 많은 슈퍼바이저 상담자에게 달갑지 않은 과제가 되고 있다. 법적 판례에 따르면 효과적인 평가는 윤리적인 문제일 뿐만 아니라 법적 문제이기도 하다"(Bhat, 2005, p. 402). 이러한 기술과 원격의 결합은 많은 기회를 제공하지만 슈퍼바이지의 능력 저하를 알아내는데 의도치 않게  방해 요소가 될 수 있다. 만약 이러한 문제를 놓치게 되면, 치료 서비스의 질적 저하로 내담자를 보호하기 위해 고안된 윤리적, 법적 지침을 위반할 가능성이 있다. 따라서 성과와 지식을 측정하는 데 활용될 평가 방법과 도구에 대해 슈퍼바이저와 슈퍼바이지가 합의하고 명확하게 이해하는 것이 중요하다.

## 내담자 고려 사항

슈퍼바이저는 평가자로서 슈퍼바이지의 성과를 잘 모니터링하기 위해 내담자와의 회기 동안 어떤 일이 일어나고 있는지를 파악함으로써 많은 정보를 얻을 수 있다. 안타깝게도, 원격 슈퍼바이저는 회기 직후에 신속하게 슈퍼바이지의 임무 수행에 관한 보고를 진행할 기회를 가지지 못하는 경우가 많다. 이는 슈퍼바이지의 경험이 보다 생생하고 덜 걸러진 상태로 공유할 수 있는 기회를 놓치는 것이며, 회기 후 슈퍼바이지의 신체 언어와 감정 상태를 목격할 수 없다는 한계를 의미한다. 원격 슈퍼바이저는 슈퍼바이지의 자기 보고에 더 많이 의존하는 경향이 있다. 앞서 언급한 바와 같이 원격 슈퍼비전 중에 개인건강정보(Protected Health Information: PHI)가 전송되는 경우 내담자의 사전 동의를 수정하는 것이 중요하다.

또한 앞서 언급한 바와 같이 즉각적인 회기 필수 사항이 슈퍼바이지의 현재 전문성 수준을 넘어서는 경우를 대비한 전략을 포함하는 대안적 계획이 필요하다. 이러한 '위험 신호(red flag)' 상황에는 일반적으로 현장 슈퍼바이저를 회기에 즉시 참여시키거나 추가적인 지원 또는 위기 개입을 위한 일시적 슈퍼비전 보고 요청이 포함될 수 있다. 예를 들어, 대면으로 현장 슈퍼비전을 활용할 때, 슈퍼바이지는 내담자의 자살 정보나 학대 폭로에 대해 논의하기 위해 잠시 회기를 중단할 수 있다. 원격 슈퍼비전에서 이것은 불가능하며, 다음 단계를 위해 적절한 계획을 미리 결정해야 한다.

## 기술 옵션 통신 모드

원격 슈퍼비전에 내재된 물리적 근접성의 부족을 해소하기 위해 실제 장비인 하드웨어(예: 데스크톱 또는 노트북 컴퓨터, 스마트폰, 태블릿), 오디오 및 시각 통신 도구(예: 화상회의 프로그램)인 소프트웨어가 사용된다. 하드웨어와 소프트웨어를 사용할 수 있어야 할 뿐만 아니라 기밀 설정이 필요하다. 시간은 소프트웨어에 영향을 미치는 또 다른 고려 사항이다. 이 장에서는 "관련 당사자들이 각 개인을 정확하게 동시에 보고/또는 들을 수 있게 해 주는" 동기식 통신[14](synchronous communication)에 대해 설명하지만, 비동기식 통신[15](asynchronous communication)이 발생할 경우가 있을 수 있다(Lustgarden & Colbow, 2017, p. 159). 스케치북, 오디오 또는 비디오 녹화 등은 모두 원격 슈퍼비전을 강화할 수 있는 비동기식 통신의 예이다. 때로는 슈퍼바이저가 회기 전 및/또는 도중에 내담자의 미술작품, 비디오 및 슈퍼비전 반응 작품을 검토할 수 있는 보안 드라이브에 슈퍼바이지가 이미지 또는 비디오를 업로드하고 공유할 수 있다. 다행히도 의료 및 정신건강서비스 제공자를 위해 특별히 설계된 HIPAA 준수 동기식 통신 화상회의 프로그램이 크게 증가하였다. 프로그램 목록은 자주 변경되며 프로그램이 현재 HIPAA를 준수하는지 확인하는 것은 슈퍼바이저의 책임이다. 이 글을 쓰는 시점에서 HIPAA 호환 화상회의 프로그램에는 Doxy.me(https://doxy.me), Theranest (https://theranest.com) 및 Vsee(vsee.com)가 포함된다. 그러나 우리는 기술의 본질적인 특성으로 인해 이러한 프로그램은 현재 규정을 준수하지 않을 수도 있고 더 이상 호환되지 않을 수도 있다. 모든 독자는 해당 프로그램의 실행 가능성에 대해 독립적인 조사를 수행해야 한다. 또한 규정을 준수할 수 있는 다른 제품이 있을 수 있다.

### 준비 및 설정

화상회의 프로그램을 선택한 후에는 슈퍼바이저가 연습을 통해 문제를 해결하고 프로그램을 충분히 이해하여 슈퍼바이지에게 그 과정을 안내할 수 있도록 하는 것이 중요하다. 앞서 언급했듯이 인터넷, 프로그램 및 사용자에 따라 문제가 발생할 수 있다. 화상회의는 견고한 인터넷 연결망이 있는 곳이라면 어디서나 잠재적으로 구현될 수 있기 때문에 엄청난 자유를 허용한다. 이것은 슈퍼비전이 더

---

**14** 정보·통신 기계가 데이터를 주고받는 통신을 할 때, 고정된 속도를 갖는 것이 아니고 약정된 신호를 기준으로 속도나 시기를 맞추는 통신 방법

**15** 정보·통신 컴퓨터와 주변 장치들이 동기를 유지하면서 데이터를 송수신하는 방법

이상 사무실이나 스튜디오에서만 가능한 것이 아니라는 것을 의미하며, 그중에서도 호텔 방이나 집처럼 다양한 장소에서도 이루어질 수 있다. 장소에 관계없이 비밀 자료가 논의될 수 있기 때문에 개별 환경이 필요하다. 편의상 카페에서 슈퍼비전을 하는 것은 솔깃할 수 있지만, 공공장소는 HIPAA나 윤리적 기준을 충족하지 못한다. 비밀을 보호하기 위해 공간은 어린이, 반려동물, 심지어 호텔 직원의 의도하지 않은 방해와 문제가 되는 소음이나 부적절한 방음시설로 인해 들릴 수 있는 가능성을 주의 깊게 고려해야 한다. 또 다른 예상 가능한 방해 요소로는 집이나 호텔 방 같은 좀 더 개인적인 환경이다. 예를 들면 정리 안 된 침대나 거울 등이 의도하지 않게 시각적 방해 요소가 될 수 있다.

## 보안 조치

Rios 외(2018)는 "서비스 제공업체는 데이터 전송에 수반되는 암호화, 바이러스 안전 및 보안 규정 준수와 같은 많은 보안 문제를 고려해야 한다"고 강조한다(p. 278). 가장 강조해야 할 것은 원격 서비스의 고유한 위험을 세심하게 고려하여 "내담자의 기밀한 정보를 무단이나 의도치 않게 노출하는 것"을 방지하는 것이다(Baker & Bufka, 2011, p. 408). 이는 APA의 지침 5에 따라 원격 서비스 제공자가 "내담자/환자와 관련된 데이터와 정보를 의도하지 않은 접근이나 노출로부터 보호하기 위한 보안 조치가 마련되어 있는지 보장하기 위하여 합리적인 조치를 취해야 한다"고 요구한다(2013, p. 797). 이는 보안 기술 법률이 "빠르게 발전하고 있으며, 서비스 제공업체는 자신의 결정이 새로운 법률을 준수하는지 확인해야 한다"(Rios et al., 2018, p. 278)는 사실로 인해 더욱 복잡해졌다.

### 암호화

APA의 지침은 원격 제공자가 "내담자/환자와 관련된 데이터 및 정보의 비밀성을 보호하고 유지하기 위해 합리적인 노력을 기울여야 하며"(2013, p. 796), 원격 제공자는 통신 기술을 적용할 때 기밀성 유지와 관련된 내재된 위험을 내담자에게 알려야 한다고 기대한다. 암호화는 보호의 한 방식이다. Rioset 외(2018)는 암호화를 "특정 개인만 고유한 암호를 통해 접근할 수 있도록 자료를 인코딩하는 과정"(p. 282)으로 정의한다. 저장된 정보에 대해 권한을 제한한다는 것은 "부분적으로든 클라우드로 저장하든 모든 저장 장치는 암호화가 중요하다"는 뜻이다(Rios et al., 2018, p. 282).

### 보관

안전한 데이터 보관은 또 다른 기본 필수 사항이다(APA, 2013; Baker & Bufka, 2011; Brandoff & Lombardi, 2012; Cooper & Neal, 2014; gluck auf et al., 2018; Luxton et al., 2016; Orr, 2010; Rios et al., 2018; Rousm nie, 2014). 미국에서 클라우드 보관을 활용하는 원격 제공자는 호스팅 회사가 비즈니스 연합 계약(일반적으로 BAA라고 함)을 제공하는 HIPAA 보안 환경임을 보장한 후 이를 실무에 적용해야 한다(Luxton et al., 2016; Rios et al., 2018). 또한, APA 지침은 "무단 접근으로부터 보호하고 안전하고 적절하게 폐기 처분하는 방식으로 사용된 데이터와 정보 및 기술을 폐기하기 위해 합리적인 노력을 기울여야 한다"고 명시하고 있다(APA, 2013, p. 798).

## 기록 보관 및 미술작품

다른 비밀 자료와 마찬가지로 미술작품을 원격 슈퍼비전에 포함하는 것은 문서를 연속적으로 공유해야 한다는 점 때문에 "혼란스럽고 번거로울 수 있다"(Orr, 2010, p. 109). 슈퍼바이저와 슈퍼바이지는 "내담자 비밀을 누설하지 않고 내담자 작품을 공유할 수 있는 안전한 관행에 전념해야 하며"(Brandoff & Lombardi, 2012, p. 94), "원격 슈퍼비전을 시작하기 전에 비밀 정보의 윤리적 취급 및 전송에 동의"(Orr, 2010, p. 109)해야 한다. 미술작품의 이미지는 안전하게 전송되고 확인할 수 있지만, 미술을 친밀하게 경험하고 상호 작용하는 방식은 제한적이다. 예를 들어, 미묘한 문제가 생길 수 있는 상황, 미술 재료의 미세한 냄새,

작품의 촉감과 무게, 그리고 예술가와 비슷한 관점에서 미술을 보는 능력은 더 쉽게 상실된다. 따라서 슈퍼바이지는 비디오와 스틸 사진으로 전달할 수 있는 감각을 설명하고 표현하는 능력을 높여야 한다. 이러한 세부 사항들을 전달하는 하나의 방법은 단순히 화상회의 동안 미술작품을 들고 있는 것이 아니라, 미리 촬영하거나 비디오로 녹화하여 슈퍼바이저와 공유하는 것이다. 우리는 슈퍼바이지들이 작품의 뉘앙스를 포착하기 위해 세부적인 사진과 함께 작품 전체의 사진을 찍을 것을 권장한다. 마지막으로, 디지털 이미지는 작품을 평면화하여 작품의 규모를 파악하기 어렵게 만들 수 있기 때문에 내담자의 작품을 공유하거나 반응 작품을 슈퍼비전할 때 재료와 치수를 기록해 두어야 한다. 미술작품의 사진이나 비디오 촬영을 통해 슈퍼바이저가 개별 이미지를 확대/축소하거나 일시 중지 버튼을 누를 수 있다.

## 핵심 요약

- 원격 슈퍼비전은 흥미롭고 획기적인 기회인 동시에 혼란스러울 수 있다.
- 원격 슈퍼비전은 단순히 다른 형태의 슈퍼비전이 아니라 복잡하면서 그 자체로 하나의 미술이다.
- 원격 슈퍼비전의 단점으로는 기술 특히 HPPAA 호환 플랫폼에 기술적으로 의존해야 한다는 점, 만일의 사태에 대비해야 한다는 내재된 방해 요소들이 있다.
- 원격 슈퍼비전의 장점으로는 더 적합한 맞춤형 슈퍼비전, 특정한 임상 전문성을 위한 선택의 폭이 넓어지고 직업적 고립은 감소한다는 점이 있다.

## 실습 프롬프트

### 왜 원격 슈퍼비전을 추구하는가?

무턱대고 원격 슈퍼비전에 뛰어들기 전에, 이 접근법을 추구하는 개인적이고 전문적인 동기를 탐색하라. 종이를 반으로 접고 다음과 같은 내용의 콜라주를 만든다.

- 한쪽 면에는 당신이 느끼는 원격 슈퍼비전의 매력에 대해 표현한다.
- 다른 쪽 면에는 슈퍼바이저나 슈퍼바이지로서의 기술이 어떻게 화상회의에 적용될 수 있는지를 표현한다.

### 화상회의 시연

이 장에서 제안한 내용을 바탕으로 또는 자체적으로 HIPAA를 준수하는 화상회의 프로그램을 확인하라.

- 동료 미술치료사와 모의 슈퍼비전 회기를 진행한다. 미술 작업, 작품 공유 및 사례 토론을 연습한다.
- 사내 슈퍼비전, 동료와의 화상회의, 웹 세미나 참석 사이에 어떤 차이점이 있는가? 어떤 유사점을 찾아냈는가?

### 카메라 앞에서 부끄러움을 많이 타는가?

카메라 앞에 서는 것에 대한 망설임이나 우려, 기타 관련 기술적 불안을 표현하는 미술작품을 만들어 보라.

- 확인된 문제가 회기에서 '드러남'에 어떤 영향을 미칠 수 있는지 결정한다.

### 조사하기

당신의 관할권, 면허 및 원격 슈퍼비전 인증과 관련된 법적 및 윤리적 책임에 대해 조사를 수행한다.

- 이미 잠재적인 원격 슈퍼바이지 또는 슈퍼바이저를 염두에 두고 있는 경우 해당 지역에 대해 동일한 조사를 실시한다.

# 참고문헌


- Abbass, A., Arthey, S., Elliott, J., Fedak, T., Nowoweiski, D., Markovski, J., & Nowoweiski, S. (2011). Web-conference supervision for advanced psychotherapy training: A practical guide. *Psychotherapy, 48*(2), 109.
- APA. (2013). *Guidelines for the practice of telepsychology*. Washington, DC: Author.
- ATCB. (2018). Code of ethics, conduct and disciplinary procedures. Retrieved from www.atcb.org/resource/pdf/ATCB-Code-of-Ethics-Conduct-Disciplinary Procedures.pdf
- Baker, D. C., & Bufka, L. F. (2011). Preparing for the telehealth world: Navigating legal, regulatory, reimbursement, and ethical issue in an electronic age. *Professional Psychology: Research and Practice, 42*, 405-411. doi:10.1037/a0025037
- Barnett, J. E., & Kolmes, K. (2016). The practice of tele-mental health: Ethical, legal, and clinical issues for practitioners. *Practice Innovations, 1*(1), 53.
- Behnke, S. (2005). The supervisor as gatekeeper: Reflections on ethical standards 7.02., 7.04, 7.05, 7.06 and 10.01. *Monitor on Psychology, 36*(5), 90-91.
- Bhat, C. S. (2005). Enhancing Counseling Gatekeeping with Performance Appraisal Protocols. *International Journal for the Advancement of Counselling, 27*, 399-411. doi:10.1007/s10447-005-8202-z
- Brandoff, R., & Lombardi, R. (2012). Miles apart: Two art therapists' experience of distance supervision. *Art Therapy, 29*(2), 93-96.
- Center for Substance Abuse Treatment. (2009). Clinical Supervision and Professional Development of the Substance Abuse Counselor. Treatment

Improvement Protocol (TIP) Series 52. DHHS Publication No. (SMA) 09-4435. Rockville, MD: Substance Abuse and Mental Health Services Administration.

- Cooper, S. E., & Neal, C. (2014). Consultants' use of telepractice: Practitioner survey, issues, and resources. *Consulting Psychology Journal: Practice and Research, 67*(2), 85-99.
- Dawson, L., Harpster, A., Hoffman, G., & Phelan, K. (2011). A new approach to distance counseling skill development: Applying a discrimination model of supervision Retrieved from http://counselingoutfitters.com/vistas/vistas11/Article_46.pdf
- Fish, B. J. (2017). *Art-based supervision: Cultivating therapeutic insight through imagery*. New York, NY: Routledge.
- Glueckauf, R. L., Maheu, M. M., Drude, K. P., Wells, B. A., Wang, Y., Gustafson, D. J., & Nelson, E. L. (2018). Survey of psychologists' telebehavioral health practices: Technology use, ethical issues, and training needs. *Professional Psychology: Research and Practice, 49*(3), 205-219.
- Kanz, J. E. (2001). Clinical-Supervision.com: Issues in the provision of online supervision. *Professional Psychology, Research and Practice, 32*(4), 415-420.
- Lustgarten, S. D., & Colbow, A. J. (2017). Ethical concerns for telemental health therapy amidst governmental surveillance. *American Psychologist, 72*(2), 159-170.
- Luxton, D. D., Nelson, E.-L., & Maheu, M. M. (2016). Telesupervision and training in telepractice. In D. D. Luxton, E.-L. Nelson, & M. M. Maheu (Eds.), *A practitioner's guide to telemental health: How to conduct legal, ethical, and evidence-based telepractice* (pp. 97-107). Washington, DC: APA. doi:http://dx.doi.org/10.1037/14938-009.
- Orr, P. P. (2010). Distance supervision: Research, findings, and considerations for art therapy. *The Arts in Psychotherapy, 37*(2), 106-111.
- Rios, D., Kazemi, E., & Peterson, S. M. (2018). Best practices and considerations for effective service provision via remote technology. *Behavior Analysis: Research and Practice, 18*(3), 277-287. doi:10.1037/bar0000072
- Rousmaniere, T. (2014). Using technology to enhance clinical supervision and

training. In C. E. Watkins & D. L. Milne (Eds.), *Wiley international handbook of clinical supervision* (pp. 204-237). Chichester, UK: John Wiley & Sons.

- Schank, J. A. (1998). Ethical issues in rural counseling practice. Canadian Journal mizing risks, enhancing benefits. *Professional Psychology: Research and Practice, 38*(3), 221-231.
- Warren, J., Morgan, M. M., Morris, L. N. B., & Morris, T. M. (2010). Breathing words slowly: Creative writing and counselor self-care – the writing workout. *Journal of Creativity in Mental Health,* 5(2), 109-124.

# 부록

# 부록 A 과정 노트

## 목적

과정 기록이라고도 하는 미술치료 과정 노트의 목적은 미술치료사에게 특정 회기가 어떻게 진행되었는지 기억할 수 있는 심층적인 방법을 제공하는 것이다. 과정 노트는 치료사가 정확히 어떤 일이 일어났는지 깊이 있게 이해하도록 하는 방식으로 상호작용과 개입을 설명한다. 과정 노트는 자가 학습의 한 형태로 작성하거나, 슈퍼바이저를 위해 명확하게 작성하거나, 교육 프로그램의 일부로 작성할 수 있다. 과정 노트는 결코 내담자 기록의 일부가 아니다.

## 형식

형식은 주로 미술치료사와 임상 또는 교내 슈퍼바이저인 독자에 따라 달라진다. 다음 형식은 외부 슈퍼바이저와 같은 독자를 위해 고안되었으며 독자와 환경에 맞게 조정할 수 있다.

## 구성

### 내담자 정보 및 회기 필수 사항

- 내담자 성명: (가명 및/또는 식별 코드)
- 내담자 연령: (생년월일이 아님)

- 회기 날짜:
- 회기 형식: (개인, 2인 또는 집단 등)
- 회기 유형: (예약, 위기, 조기종결 등)
- 참석자: (내담자, 인턴, 슈퍼바이저 등 참석자의 유형과 인원 수 표시)

## 역사 및 맥락

- 배경 정보: (생물심리사회학적 정보, 의료 및 심리 병력 등)
- 회기 계획: (목표 및 목적 등)
- 회기 번호: (예: 6회기, 만약 내담자가 지속적인 미술치료를 받고 있는 경우)

## 내담자 보고

회기에서 내담자의 보고에 대한 간결하면서도 사실적인 설명

- 외모
  - 전체적인 모습:
  - 위생 등:
- 내담자 상호작용
  - 행동: (일반적인 행동, 말투, 어조 등)
  - 수용성: (내담자의 반응, 미술치료사와의 교류)
  - 비언어적 의사소통: (몸짓, 신체적 접촉 가까이서 또는 멀리서 등)
  - 언어적 의사소통: (말투, 어조, 중요한 담화, 말의 속도, 억지스러운 말투 등)
- 미술 작업: (미술 작업/매체, 발달, 창작 및 최종 작품과의 관련성 등)

## 미술치료사 보고

미술치료사의 회기 보고에 대한 간결하지만 진정성 있는 자기 이야기

- 외모
  - 전반적인 외모:
  - 설명:
- 미술치료사의 상호작용
  - 행동: (일반적인 행동 및 전문성 수준)
  - 수용성: (미술치료사의 반응, 내담자와의 교류 등)
  - 비언어적 의사소통: (신체 언어, 물리적으로 가깝거나 먼 거리, 작품 제작/재료에 대한 관여 등)
  - 언어적 의사소통: (중요한 담화, 피상적인 말투, 압박적인 말투 등)
  - 미술 작업: (미술 작업 과정 소개 및 관리, 미술 작업/매체에 대한 관여, 내담자 및/또는 치료사의 발달 및 최종 작품에 대한 반응 등)

### 사건의 순서와 회기의 내러티브

이 자료는 대화 내용과 미술치료사의 전문적인 반응으로 구성된 회기의 단계별 기록이다. 미술치료사의 반응은 과정 노트 혹은 과정 노트 외 기타 다른 유형의 임상 문서에 부적절할 수 있는 주관적인 개인적 반응을 포함한다. 미술치료사의 수행과 반응에 대한 역전이와 기타 감정을 표현하고 해결하는 것이 목표이다. 과정 노트를 작성하는 치료사는 내담자의 매체 선택, 이미지, 미술치료사의 개입, 미술 과정 및 작품에 대한 반응뿐만 아니라 내담자의 선택에 대한 미술치료사의 반응까지 미술 작업 과정의 관찰을 확장한다.

### 성찰과 이해

이 부분에서는 미술치료 개입, 미술작품, 미술치료사의 자기(self) 사용, 미술치료사의 내적 담론 및 역전이를 객관적으로 반영하여 과정 노트의 이전 회기를 통합하는 데 전념한다.

### 미술치료 개입

활용된 미술치료 개입에 대한 심층 분석을 제공하라. 어떤 면에서 흥미롭고, 생산적이고, 도전적이었는가, 아니면 기대에 미치지 못하여 지지받지 못했는가? 시간적, 연령적, 발달적으로 적절한 자료가 제공되었는가?

### 미술작품

미술 작업의 역할과 회기에서 완성된 미술작품을 탐색하라. 회기 내에서 그리고 치료 기록 전반에 걸쳐 미술이 활용된 방법에서의 반복과 차이를 파악한다. 원본 미술작품이나 사진을 통해 미술을 문서화한다.

### 미술치료사의 자기 활용

회기에 긍정적인 영향을 미치기 위해 자신의 전문적인 역할에 어떻게 참여하고 인정했는가?

### 미술치료사의 내적 담론과 역전이

이 부분은 미술치료사의 개입, 자아, 전문적인 상호작용의 활용을 검토할 수 있는 기회이다.

## 요약

### 회기의 이해

이 장은 회기의 전체성과 복잡성을 따르고 강조하는 미술치료사의 능력을 포함하고 있으므로 중요하다. 치료사가 작성하는 과정 노트를 통해 수행과 이해력 향상에 대한 핵심 주제, 교훈과 통찰력을 확인한다.

### 목표

내담자 외에 미술치료사의 기대와 목표도 포함하라.

# 부록 B 집단 슈퍼비전을 위한 사례 발표 지침

## 배경 정보

- 미술치료가 이루어지고 있는 곳이 비영리단체, 병원, 지역사회 기반 조직, 커뮤니티 센터, 교육기관, 교도소 등인지 장소를 파악하고 설명하라. 성인, 아동, 가족, 공동체 중 누구에게 초점을 맞추고 있는가? 개인 상담보다 집단 상담 작업이 더 많은가? 참여자가 치료에 참여하는 기간이나 시간은 평균 어느 정도인가?
- 참여자에게 제공되는 치료의 형식(예: 집단, 가족, 개인, 집단 중심 등)을 설명한다.
- 치료팀 및 기타 주요 전문가와 그들의 구체적인 역할(예: 간호사, 교육자, 물리치료사, 정신과 의사, 심리학자, 사회복지사, 기타 창의적 미술치료사, 변호사, 동료, 목회자)[16]에 대해 설명한다.
- 치료 팀이나 전문가 집단, 치료 장소 또는 프로그램 내에서 미술치료 역할에 대해 설명하라. 미술치료는 내담자에게 어떻게 활용되고 촉진되는가?

## 사례 발표

내담자/환자, 참여자/소비자/회원/예술가 또는 집단을 소개할 때는 비밀보장

16 병원이나 기관에 근무하는 사제

에 유의하라. 가명을 사용하고 정확한 입퇴원 날짜, 생년월일, 또는 기타 명시적인 개인정보를 제시하지 마라. 해당 정보가 이전에 기록된 내담자 문서를 통해 얻은 것인지, 아니면 현재 내담자가 공개한 정보를 통해 얻은 것인지 기록하라. 미술작품은 전이/ 역전이 또는 신체감각(몸 기반)과 관계역동을 포함한 기타 상호작용 등의 관찰을 포함하지만 그에 국한하지 말고 보고 경험하는 것처럼 기술하라.

## 개별 사례

- 나이, 성별, 인종, 민족, 성적 지향성, 발달 수준, 기타 심리사회적 요인, 정체성의 교차성을 포함한 개인의 정체성
- 입원 또는 배치에 개입해야 하는 사유
- 내담자의 이야기 / 제시 문제
  - 내담자가 자신의 세계를 어떻게 인식하는지에 대한 정보를 받는다.
  - 치료사가 아닌 내담자의 관점에서 문제를 제시하는 데 집중하라.
- 이력: 내담자와 관련된 모든 정보
  - 가족관계 및 발달사
  - 이전 정신과 진단, 입원, 이전 정신과 처방약 복용 여부, 치료 이력과 관련된 정신과 병력에 대한 논의
  - 미술치료를 포함한 이전의 정신건강 치료 이력 및 관련 성공 결과
  - 의료, 약물 남용 및 외상 병력
  - 관련 기록을 정확히 파악하고 보고된 내용과 차이가 있거나 불일치하는 부분 찾기
  - 가족 간의 관계를 포함한 가족 역동성 참조
  - 학력, 직업, 병력
  - 수감 또는 법률 시스템 관련.
- 개인의 치료 목표는 무엇인가?
- 치료사가 알고 있는 관련 이력과 또는 내담자의 이력 차이

- 정신 상태 및 현재 복용 중인 약물
  - 내담자의 현재 상태 묘사—외모, 기분/정서, 말투 및 표현, 신체 언어, 환각 또는 망상 발생 여부, 자살 및 살인 생각, 약물 또는 알코올 사용 여부 등
  - 현재 복용 중인 모든 정신과 및 기타 처방약을 표기한다.
- 지역 사회/세계에서의 역할에 영향을 미치는 상황에 따른 다수의 경험적 차이를 강조하는 사회적, 역사적, 문화적 맥락에서 내담자를 찾는다.
- 미술치료 평가
  - 미술의 형식적 요소, 연상에 대한 언어 표현, 행동 관찰 및 미술의 평가 개요를 설명한다.
  - 목표 달성에 부정적 영향을 미칠 수 있는 잠재적 위험과 장벽을 나타내면서 치료 목표를 달성하는 데 긍정적인 역할을 할 수 있는 내담자의 강점, 자산, 지원, 대처 기술을 평가하고, 인식한다.
  - 사회적 기능, 대처 전략, 방어 기제 사용
- 진단
  - 진단에 대한 설명 및 추론
- 미술치료를 포함한 치료 이력, 해당되는 경우 간단한 정신과 병력
- 치료 계획 및 치료 과정
  - 이론적 방향을 적용하고 확인된 문제의 본질에 대해 가설을 세운다. 치료에서 미술치료의 역할을 설명한다.
  - 확인된 문제에 대한 단기목표와 미술 기반 중재를 지원하면서 장기목표를 개발한다. 장기목표는 일반적으로 치료가 끝날 때에 혹은 치료 종료시 달성 가능하며 단기목표는 3개월 안에 달성할 수 있는 경우가 많다.
- 예측
  - 이것은 본질적으로 성공을 위한 장벽을 지원하거나 생성하는 사례개념화의 요약이다.

## 집단 사례

- 이 집단에 참석하게 된 이유는? 왜 이들이 함께 모였는가?
- 진행자를 포함한 참여자의 좌석 배치가 표시된 집단 상담실 지도 또는 그림을 제공한다.
- 집단의 연령대, 발달 수준 범위 및 정체성 범위는 어떻게 되는가?
- 당신이 목격하고 관찰하고 있는 교류, 의사소통, 갈등 가능성 및 평화 유지에는 어떤 것이 있나? 집단 구성원들의 개인 언어와 행동 내용이 '집단'으로 관찰된 미술작품 혹은 미술 작업 과정과 같은가, 혹은 다른가?

## 기억하기!

- 슈퍼비전에 가져오는 모든 작품에 기록된 서명 또는 이름을 가린다.
- 슈퍼비전에 제출하는 모든 작품에 대해 서면 동의를 받았는지 확인한다.
- 윤리적 문제, 법적 문제 및 의뢰: 법적 및 윤리적 요구사항을 염두에 두라. 필요한 모든 동의서와 공개 동의서에 서명하였는지, 이중 관계를 해결하였는지, 안전한 계획이 수립되었는지, 예를 들어 친밀한 파트너 폭력(IPV: Intimate Partner Violence), 가정 폭력(DV: Domestic Violence), 자살/살인 생각 등, 그리고 필수 의무 보고서를 제출하였는지 확인하라. 모든 필요한 추천사항을 인식하고 관리하고 완수하라.

# 부록 C 정보공개서

**공식적인 훈련과 교육에 대한 설명**

임상 분야에서 받은 최종 학력과 학교, 졸업일자, 특별한 교육 과정이나 기타 공식적인 교육을 고려하라. 관련 다른 학위(예: 비임상 분야의 박사 학위)가 있어서 슈퍼비전 실습에 도움이 된다면 해당 학위가 업무에 어떤 영향을 미치는지 설명하라.

________________________________________

________________________________________

________________________________________

**주요 전문 영역 및 제공된 서비스(예: 중독 상담, 진로 상담, EMDR):**

________________________________________

________________________________________

________________________________________

**슈퍼바이저 역할, 슈퍼비전의 목적 및 목표, 양식(예: 녹취, 실시간 관찰)을 포함한 슈퍼비전 모델 또는 접근 방식에 대한 설명:**

________________________________________

________________________________________

________________________________________

**슈퍼비전에 대한 철학 및 이론적 접근법 설명:**

**슈퍼비전 관계에서 어떤 평가 절차를 사용합니까?**

**당신이 좀 더 특별한 점은 무엇인가요?**

**이외 고려해야 할 사항이 있나요?**

# 부록 D 슈퍼비전 정보공개 양식

**전문적 정보 진술 및 임상 슈퍼비전 동의**

여기에 여러분의 경력을 설명하세요. 다음을 포함하세요: 면허증(면허증 번호), 자격증(해당 자격증 번호 포함) 및 전문조직 회원 자격.

**전문 분야**

전문 분야는 무엇인가요? 무엇을 잘합니까?

**제공되는 슈퍼비전 서비스**

개인 또는 집단 슈퍼비전을 제공하나요? 기관을 위한 상담과 같은 다른 서비스를 제공하나요? 목표는 어떻게 설정하나요? 슈퍼바이지는 어떻게 평가하나요?

**슈퍼비전 철학 및 이론적 지향**

이론과 실제를 바탕으로 서술하세요. 슈퍼바이지가 여러분이 사용하는 용어에 익숙하지 않은 경우 참고문헌을 제공하는 것을 고려하세요.

**비용**

여기에 다양한 슈퍼비전 유형(예: 개인, 부모, 집단)을 포함하여 설명하세요. 비용이 없더라도 기재해야 합니다.

**전문직 행동 강령 준수 여부 확인**

어떤 규정을 준수하고 있나요? 면허증 또는 자격증이 있는 전문 기관을 포함하세요.

**불만사항**

슈퍼바이지는 어떻게 불만을 제기해야 합니까? 그들이 전문 기관에 연락하기 전에 먼저 문제를 해결하기 위해 시도해 보겠습니까? 기관명, 주소, 전화번호, 이메일 주소를 포함합니다.

**참고문헌**

이론적 지향점이나 전문 분야에 맞는 보고서를 인용할 수 있습니다.
슈퍼바이지가 슈퍼비전 실습을 더 잘 이해하는 데 유용하다고 생각하는 보고서, 책 또는 기타 출처를 제시하세요.

**본인은 이 슈퍼비전 정보를 완전히 읽었고 모든 질문에 [귀하의 이름, 학위, 자격증, 면허증] 답변했습니다.**

여기서 추가적으로 고려해야 할 사항을 적을 수도 있습니다. 예를 들면, 소셜미디어, 선물 주고받기, 기록 보관(슈퍼바이지에게 참석한 날짜 목록을 제공하시겠습니까?) 등입니다.

슈퍼바이지 성명 ____________ 슈퍼바이지 서명 ____________ 날짜 ____________

우편주소: ____________________________________________

이메일: ____________________________________________

전화: ______________________ 문자 전송 동의 여부(○, ×)

근무지:

____________________________________________

이름, 학위, 자격증, 면허증 ______________________ 날짜 ____________

직장주소

____________________________________________

전화번호

____________________________________________

이메일

____________________________________________

웹사이트

____________________________________________

# 부록 E 작품 활용 동의서

본인은 다음과 같은 목적으로 나의 작품을 사용, 전시, 상영 및/또는 사진 촬영에 [미술치료사 이름을 삽입]하는 것을 허용/허용하지 않습니다.

(예/아니오) 출판

(예/아니오) 사례 발표

(예/아니요) 교육 목적

동의하는 경우, 본인은 본인의 비밀이 항상 보호되며 아래 추가 참고 사항 회기에 달리 명시되지 않는 한 가명으로만 확인됨을 이해합니다. 모든 설명에서 신원을 확인할 수 있는 세부 정보는 삭제됩니다.

**본인은 이 양식에 서명하는 것이 미술치료의 필수 요건이 아니며, 치료 서비스 참여에 어떠한 영향도 미치지 않음을 이해합니다.**

**성명:** ______________________ **날짜:** ______________________

**서명:** ______________________

**부모 또는 보호자 성명(해당되는 경우):** ______________________

**부모 또는 보호자 서명(해당되는 경우):** ______________________

**보증:** ______________________

연락처 정보

전화번호(휴대폰/직장/자택): ____________________

이메일 주소: ____________________

우편 주소: ____________________ 우편 번호: ____________________

추가 메모: ____________________

# 부록 F 집단 슈퍼비전에서 사례 발표 피드백 제공을 위한 지침

사례 발표 자료를 듣고 파악한다. 이 사례를 들었을 때 어떤 감정이 떠오르는가?

## 질문

사례에 대해 알고 싶은 추가 자료가 있는지 확인한다. 의견을 제시하기 전에 사례 또는 제시된 작품에 대해 추가적인 질문이 있을 수 있다. 질문은 명시적으로 제기되지 않은 심리사회적 표시, 자료가 제시되는 방법 등과 같은 개인에 대한 것일 수 있다.

미술작품에 집중할 때는 다음 사항에 대해 관찰하거나 질문하라.

- 발달 수준
- 명백하거나 잠재적인 이미지 또는 형태
- 가능한 갈등이나 내담자 목표가 나타남
- 집단 역동 지표(해당되는 경우)
- 가능한 모든 진단 질문이나 이미지 및 형태 이상
- 상호관계 관찰
- 매체 – 무엇이 사용되었나? 재료는 어떻게 사용되었나(예: 힘으로)? 내담자에게 어떤 재료가 제공되었나? 발표자가 명확하게 설명하지 않은 경우, 내담자

가 미술매체를 선택했거나 선택하지 않았다고 가정하지 마라.

- 시간 - 작품을 만드는 데 시간은 얼마나 소요되었는가? 작품의 일부 요소는 다른 시간 동안 작업했는가?
- 공간 - 종이에 작품을 표현한 경우 전체 공간이 사용되었나? 아니면 일부만 사용되었나? 아니면 특정 영역(예: 상단, 중앙, 모서리)에 집중되어 있는가?
- 내용
- 제목

# 부록 G 컬러 작품 1~10

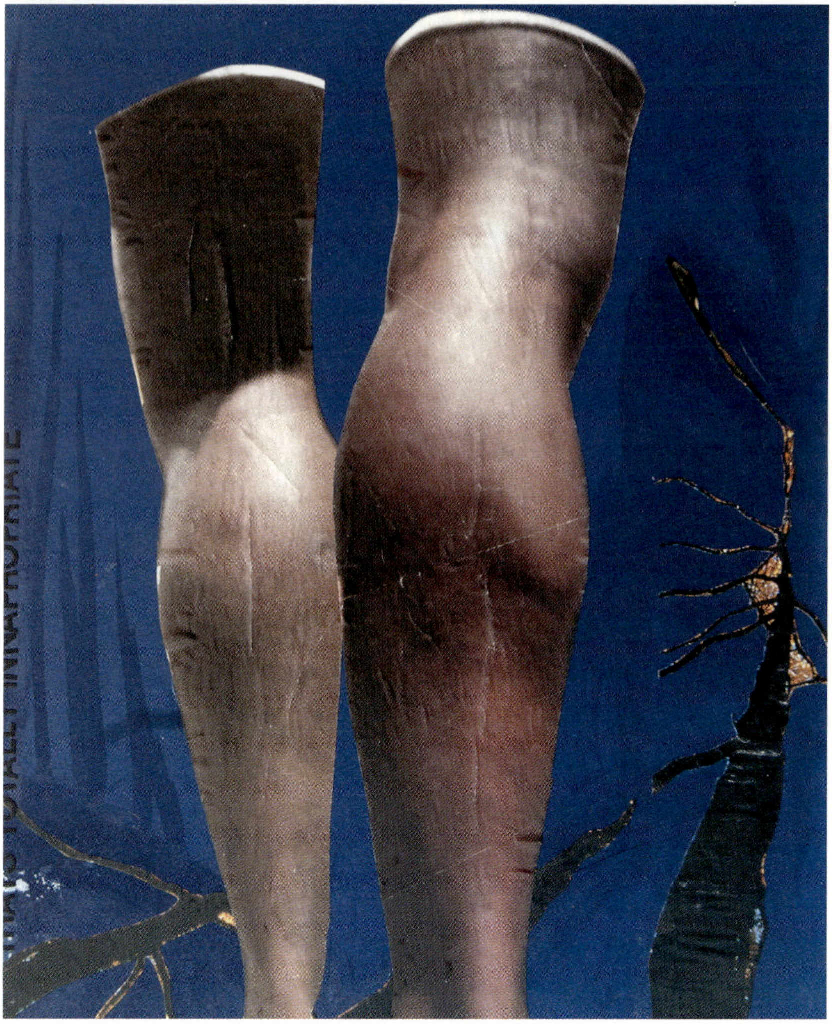

**컬러 작품 1** Yasmine J. Awais (1999), 무제: 인턴십에 대한 반응 미술(완전히 부적절하다)[Untitled response art to internship(THAT'S TOTALLY INAPPROPRIATE)] [비닐 레터링이 있는 잡지 콜라주].

컬러 작품 2 Daniel Blausey (2011), 반기를 들고(Up in Arms) [아크릴, 오일 파스텔, 초크 파스텔, 목탄, 연필]

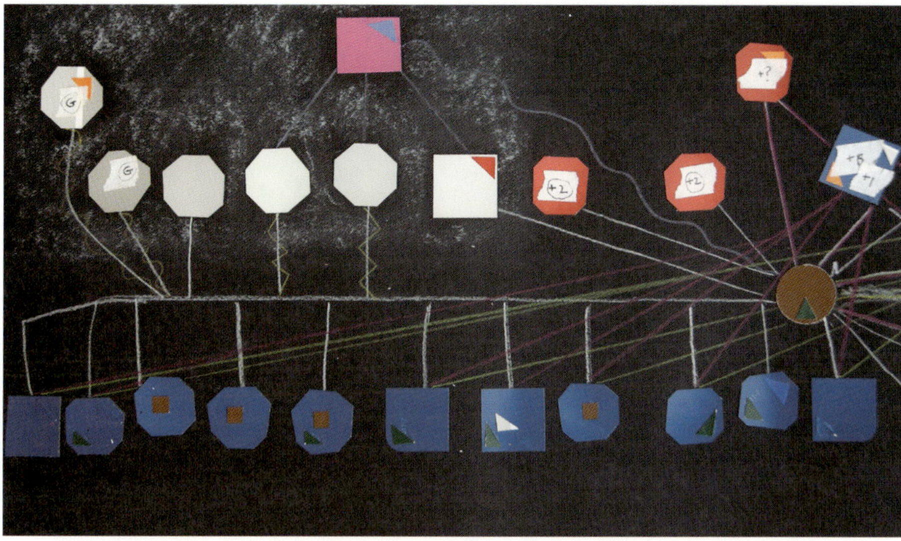


**컬러 작품 3** Yasmine J. Awais (2017), 무제: 슈퍼비전 심리학 가계도[Untitled supervision genogram(detail)] [페인트 조각, 분필 파스텔, 색연필, 테이프]

**컬러 작품 4** Daniel Blausey (2019), 심리학 가계도(Genogram 2019) [스크래치보드 호일, 풀, 판지]

**컬러 작품 5** 슈퍼비전 워크숍 참가자(2017), 무제: "이상적인 슈퍼바이저"라는 주제에 대한 응답, 아름다운 시체 2 [오일 파스텔과 마커]

**컬러 작품 6** 슈퍼비전 워크숍 참가자(2017), 무제: "이상적인 슈퍼바이저"라는 주제에 대한 응답, 아름다운 시체 4 [오일 파스텔과 마커]

**컬러 작품 7** Blair Chase(2018), 무제: 길 [테이프, 색연필, 스팽글]

**컬러 작품 8** Yasmine J. Awais(2018), 무제 [펠트, 휴지, 스팽글]

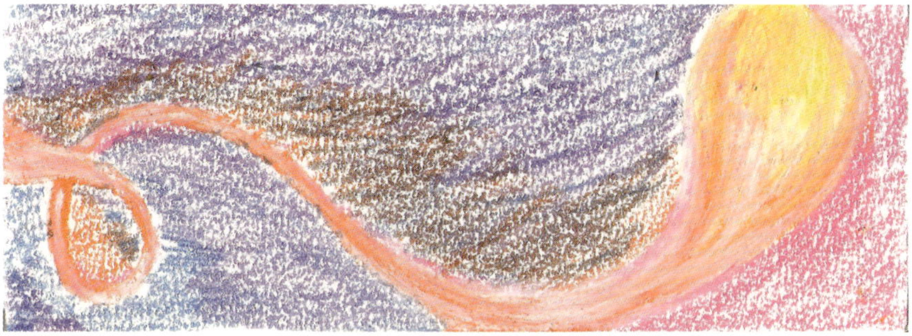

**컬러 작품 9** Julie Gotthold(2018), 무제: 슈퍼비전 오브제 [분필 파스텔]

**컬러 작품 10** 집단 슈퍼비전 참가자(2019), 무제: 해체된 책 [천에 지우개 스탬프 프린트]

# 주요 용어

- **가족 교육 권리 및 개인정보 보호법** The Family Education Rights an-d Privacy Act(FERPA) 부모 또는 보호자가 자녀의 교육 기록에 접근할 수 있도록 허용하는 연방법. 또한 이 법은 부모가 잠재적으로 기록을 수정하거나 개인 식별이 가능한 데이터 공개에 대해 어느 정도 권한을 갖도록 허용함.
- **개인 슈퍼비전** Individual supervision 슈퍼바이저 한 명이 치료사 한 명을 슈퍼비전하는 경우.
- **고급 치료사** Advanced therapist 견고한 임상 의사결정 능력을 보유한 임상가의 발달 단계. 고급 치료사는 융통성이 있으며 다양한 관점과 자신을 수용하는 경험이 풍부한 임상가.
- **고지의 의무** Duty to warn 정신건강 관리 전문가로서 미술치료사의 법적 책임은 내담자에 의해 발생할 잠재적 피해를 사람들에게 알리는 것.
- **공인미술치료 슈퍼바이저** ATCS ATCB에서 부여한 미술치료 슈퍼바이저 자격증의 약자. 공인 슈퍼바이저 자격은 임상가 또는 미술치료 대학원생을 슈퍼비전하는 전문적인 경험과 스스로 전문가 슈퍼비전을 받은 것과 슈퍼비전 훈련을 받는 등 여러 구성 요소가 필요함. ATCS는 ATR-BC를 먼저 획득한 후에 취득 가능.
- **과정 노트** Process note 기록 남기기라고도 하는 이 기록은 슈퍼바이지가 회기 도중이나 회기 후에 객관적 및 주관적으로 경험한 내용을 슈퍼바이저와 공유할 수 있는 구조를 제공함. 정보와 이력 제시, 미술치료 과정에 대한 관찰 및 설명, 내부 과정에 대한 미술치료사의 성찰, 회기 해석 및 평가, 요약/목표를 포함.

- **관리** Managing up 이 접근 방식은 전통적인 상하 관계 중심의 관리 구조를 변화시켜, 슈퍼바이지가 슈퍼비전 관계에서 부족한 부분을 스스로 인식하고, 자신의 필요를 충족시키기 위한 전략을 능동적으로 개발하고 실행할 수 있도록 도움.
- **교내 슈퍼바이저** Campus supervisor 교육 기관에서 고용하고 선택한 교내에 슈퍼바이저는 학업 환경 내에서 강의실 기반 슈퍼비전을 제공하는 강사(예: 교수, 겸임 교수). 주요 역할은 내담자 돌봄, 미술치료 중재 및 임상 이론을 적용하여 인턴십 배치하기 등.
- **교육** Educational 내담자와 상호 작용하는 능력을 포함하며 지식, 숙련도, 접근 방식, 이론, 윤리 및 가치를 가르치고 공유함으로써 학습되는 슈퍼비전의 구성 요소. 미술치료사에게 교육은 미술 작업 과정과 표현이 어떻게 활용되고 임상 작업에 영향을 미치는가 알려 줌.
- **교차성** Intersectionality 정체성의 교차점, 특히 인종과 성별이 종종 무시되고 독립적인 요소로 간주된다는 점에 주목한 법학자 Kimberle Crenshaw가 만든 용어(예: 여성은 백인이고, 남성은 흑인).
- **기술 지원 상담** Technology-assisted counseling(TADC) ⇨ 원격 상담 참조.
- **기술 활용 슈퍼비전** Technology-facilitated supervision ⇨ 원격 슈퍼비전 참조.
- **대상 지위** Target status 상대적으로 힘이 부족하거나 정복된 의미를 지님.
- **대체 슈퍼바이저** Back-up supervisor 미리 검증된 슈퍼바이저로 임상 현장의 특정 지침 및 의사결정을 해야 하는 현장 기록 슈퍼바이저가 부재시 대체됨.
- **대표 지위** Agent status 권위를 가진 지위.
- **동료 자문집단** Peer consultation group 동료 자문집단은 전문가들을 대상으로 하거나 교육 중 이루어질 수 있으며, 현장이나 외부에서 발생할 수 있음. 리더가 없는 이러한 집단은 일반적으로 도전적인 임상 작업, 자기 돌봄, 특권과 차이의 영향 그리고 윤리적 문제와 같은 다양한 주제를 논의하기 위해 정기적으로 만남.

- **등록 슈퍼바이저** Supervisor-of-record 궁극적으로 슈퍼비전, 슈퍼바이지의 발달과 내담자의 보호에 책임이 있는 주요한 현장 슈퍼바이저.
- **면책특권정보** Privileged communication 법적으로 기밀로 간주하고 일반적으로 강제 공개할 수 없는 두 당사자 간의 의사소통.
- **면허증** License 일반적으로 특정 직업의 실무를 규제하기 위해 주 관리 기관이나 기관에서 부여.
- **문화적 겸손** Cultural humility Melanie Tervalon과 Jann Murray-Garcia가 만든 용어로, 문화적 역량에 대한 대안이나 보완책이 될 수 있다고 하며 현재 논의 중인 개념.
- **미국미술치료협회** American Art Therapy Association(AATA) 1969년에 설립된 AATA는 501(c)(3) 미술치료 전문교육기관.
- **미국의료정보보호법** The Health Insurance Portability Accountability Act(HIPAA) 개인에게 필요한 건강 정보의 교환을 허용하고 장려하는 한편, 개인의 건강 정보를 보호하기 위한 연방 개인 정보 보호법.
- **미술치료 자격관리위원회** Art Therapy Credentials Board(ATCB) ATCB는 자격(예: ATR-P, ATR, ATR-BC, ATCS)을 통해 국가 미술치료 표준을 유지함으로써 일반 대중을 보호.
- **미술치료 자격시험** Art Therapy Credentials Board Examination ATCB에서 관리하는 전국 위원회 시험. 이 시험은 일부 주에서 공인 미술치료사(ATR)의 이사회 인증 및 면허증 부여.
- **미술치료사** ATR-BC ATCB에서 부여한 자격증은 개인이 이사회의 인증을 받은 공인 미술치료사임을 나타냄. 이사회 인증은 ATCBCE를 통과한 후에 달성됨. ATR-BC는 ATR을 먼저 획득한 후에만 취득 가능.
- **미술치료사 자격취득 수련과정생** ATR 개인이 등록된 미술치료사임을 나타내는 ATCB가 부여한 자격증. 등록 자격은 석사과정을 졸업한 후 자격이 있는 전문가로부터 슈퍼비전을 받은 전문적인 작업 경험을 포함하여 여러 요소를

요구함.

- **브로칭** Broaching 문화와 관련된 문제를 의도적으로 임상 장면에 가져오는 행위.
- **비밀유지** Confidentiality "비밀유지는 윤리적 개념이며, 미국 대부분의 주에서 내담자 정보를 공개하지 않는 것은 치료사의 법적 의무이다."(Corey, 2013, p. 41)
- **비판적 인종 페미니즘** Critical race feminism 비판적 인종 이론과 권력, 억압, 갈등 문제에 중점을 두는 다양한 페미니즘에 뿌리를 두고 있음.
- **사례개념화** Case conceptualization 사례개념화는 단독 업무가 아니며 접수와 동시에 시작되어 내담자 정보를 더 잘 이해하고 구성하기 위해 치료 전반에 걸쳐 유지됨. 슈퍼바이저는 이를 기반으로 슈퍼바이지를 지도하며 치료 진행 상황을 공유하기 위해 생리학적 개념과 미술치료 이론으로 내담자를 관찰함. 미술치료사는 참고할 만한 추가적인 시각적 요소와 미술 제작 과정을 제공하기도 함.
- **사례 발표** Case presentation 내담자의 중요 정보와 개념적 추론을 전달하고 사례 관련 질문과 임상적 타당성을 청중에게 제공함으로써 내담자 정보를 더 잘 이해하고 구성하기 위한 구두 또는 서면 발표.
- **사전 동의** Informed consent 내담자가 "자신의 치료에 대해 정보를 받고 이에 관한 자율적 결정을 내릴 수 있는" 권리(Corey, 2013, p. 40)이며 "내담자가 특정 의료 또는 정신건강 중재를 받도록 승인 또는 동의하는 결과를 가져온다."(Hodgson et al., 2013, p. 30)
- **소셜미디어** Social media 텍스트, 비디오, 정보, 오디오, 사진 등의 콘텐츠를 생성하고 온라인 커뮤니티와 공유하도록 설계된 소셜 네트워킹 웹사이트, 애플리케이션, 블로그 및 기타 플랫폼을 포함한 모든 형식의 전자 커뮤니케이션. 페이스북, 인스타그램, 스냅챗 및 트위터, 개인, 소기업, 대기업 및 기타 여러 유형의 기업이 소셜미디어를 활용.
- **숙련된 치료사** Proficient therapist 유능한 임상 의사결정 기술과 자신의 한계에 대한 자기 인식을 보유한 치료사의 발달 단계.
- **슈퍼비전 정보공개서** Supervision disclosure statement 슈퍼비전 계약 또는 합의라

고도 하는 이 양식은 슈퍼비전의 관계를 설정함. 요금표, 취소 사항, 슈퍼비전 장소, 자격증, 충돌 발생 시 해결 방법을 포함하여 윤리적 관점을 유지하는 기관 또는 당사자와 같은 슈퍼바이저에 대한 관리 정보가 포함됨. 또한 계약서에는 슈퍼비전 철학이 포함되어 있으며 슈퍼바이지가 슈퍼바이저의 작업 방식에 대해 배울 수 있는 출발점 역할을 함. 이는 내담자를 위한 사전 동의 내용과 유사함. 이 계약에는 목표가 포함될 수도 있고 포함되지 않을 수도 있음.

- **슈퍼비전 통합 모델** Integrated Model of Supervision 이 접근 방식은 종종 지향하는 특정 이론(예: 인지 행동, 정신역동)을 발달적 기초 및 추가 요소와 결합하여 좀 더 절충적이면서 의도적인 방법을 제공.
- **슈퍼비전 합의** Supervision agreement ⇨ 슈퍼비전 정보공개서 참조.
- **슈퍼비전의 발달 모델** Developmental Model of Supervision 슈퍼비전 접근 방식으로 초급, 중급, 숙련된 치료사 및 고급 치료사라는 4단계로 구분하였음. 슈퍼바이지의 발달 단계와 변화하는 요구사항을 파악하기 위해 슈퍼비전이 조정되기도 함.
- **슈퍼비전의 슈퍼비전** Supervision of supervision 슈퍼바이지가 더 나은 슈퍼바이저가 되기 위해 슈퍼비전을 추구하는 슈퍼비전 관계.
- **여러 학문 분야가 관련된 슈퍼비전** Interdisciplinary supervision ⇨ 학제 간 슈퍼비전 참조
- **예술 기반 슈퍼비전** Arts-based supervision 임상 작업과 역전이를 보다 깊이 이해하는 방법으로 슈퍼바이지와 슈퍼바이저의 미술 작업 과정, 반응 작업 및 릴레이 토론을 통합하여 이론과 실제를 다루는 슈퍼비전 모델.
- **온라인 상담** E-counseling ⇨ 원격 상담 참조
- **온라인 상담** Online counseling ⇨ 원격 상담 참조
- **외부 슈퍼비전** Off-site supervision 임상 현장의 외부에서 발생하는 슈퍼비전으로 종종 외부 슈퍼바이저는 계약을 하고 슈퍼바이지와 슈퍼바이저가 만나기로 동의함. 슈퍼바이저와 슈퍼바이지는 동일한 현장에서 계약되지 않았기 때문에 임

상 현장에 대한 기관 지식을 가지고 있지 않음.

- **원격 건강관리** E-health 정보 및 통신 기술은 건강 관리를 개선하고 건강 관리 정보에 대한 접근성을 높이며 개인 건강을 더 잘 관리할 수 있는 대안을 제공하기 위해 건강 서비스 및 정보를 제공하거나 향상하는 데 활용.
- **원격 상담** Distance counseling 동시 혹은 비동시에 진행되는 화상회의 및 기타 기술을 사용하는 상담으로 상호 작용(회기, 소통 방식)이 비대면으로 촉진되며 치료사와 내담자가 전문적 관계로 구성.
- **원격 슈퍼비전** Distance supervision 동시 혹은 비동시에 진행되는 화상회의 또는 기타 기술을 사용하는 슈퍼비전으로 상호 작용(회기, 소통 방식)이 비대면으로 촉진되며, 슈퍼바이저와 슈퍼바이지가 함께 슈퍼바이지의 전문성과 업무 능력을 배양하는 데 초점을 맞춤.
- **원격 의료** Telehealth 건강 관리 서비스, 건강 교육 및 공중 보건을 강화하고 가상 의료 건강 서비스를 제공하는 기술의 적용.
- **원격 정신건강** Telemental health ⇨ 장거리 상담 참조.
- **원격심리학** Telepsychology 장거리 상담의 대체 용어. ⇨ 장거리 상담 참조.
- **윤리강령** Code of ethics 주 면허 및 자격 인증기관에서 실무자를 안내하고 일반 대중을 보호하기 위해 마련된 규정이다. 이를 준수하지 않으면 징계조치를 받을 수 있다.
- **이중 관계** Dual relationships 치료나 슈퍼비전 관계를 넘어서 개인적이면서 업무적인 관계가 중복되는 경우 발생.
- **인종/문화적 정체성 발달 모델** Racial/Cultural Identity Development Model(R/CID) 5단계 발달 모델은 소수집단이 그들 자신, 자신과 유사한 다른 사람들, 다른 소수집단과 다수의 인구를 어떻게 보는지 식별하는 데 목적이 있음.
- **자격보호** Title protection 특정 유형의 전문가라고 부를 수 있는 자격(예: 면허)을 충족한 사람만 직함을 사용하도록 제안하며 고객을 보호하기 위해 만들어진 법률.

- **자격증** Credentials 일반적으로 특정 분야, 현장, 전문 양식의 실행을 규제하기 위해 전문 규제 기관에서 부여하는 자격증 또는 기타 인증서. 미술치료사의 경우 자격증에 보유 학위(예: MA) 그리고 국가 또는 주에서 관리하는 자격이 포함될 수 있음. 용어는 광범위하지만, 미술치료사 자격증의 목적은 특정 분야, 현장, 양식 또는 전문 분야의 실행을 규제하기 위해 전문 규제 기관이 부여한 지정을 논의할 때 종종 언급됨. 미국의 미술치료사에게 자격을 부여하는 기관은 ATCB.
- **자기 성찰** Self-reflection 윤리적 실천과 미술치료 숙련도를 향상시키기 위해 개인의 입장, 감정, 취약성, 전문적 역량 및 임상적 추측 등을 탐색하는 능력.
- **전문가 정보공개** Professional disclosure statement ⇨ 슈퍼비전 정보공개 참조.
- **전화 슈퍼비전** Telephonic supervision 전화 통화 시스템을 통해 전달되는 원격 슈퍼비전.
- **정보공개** Disclosure statement ⇨ 정보공개 슈퍼비전 참조
- **중급 치료사** Intermediate therapist 업무적으로 내담자와의 치료 경험이 있지만 여전히 슈퍼바이저의 적극적인 지도가 필요한 치료사의 발달 단계.
- **지원** Supportive 업무 관련 스트레스를 중요시하며 슈퍼바이지의 정서적 반응을 지원하는 슈퍼비전의 주요 요소.
- **지향 특정 슈퍼비전 모델** Orientation-Specific Model of Supervision 슈퍼비전 과정을 위한 준거틀을 제공하는 특별한 심리치료 이론에 의해 명확하게 정의되거나 이를 기반으로 하는 슈퍼비전 접근법.
- **집단 슈퍼비전** Group Supervision 3명 이상의 치료사가 슈퍼바이저와 함께 만나거나 임상 작업 및 관련 문제를 논의. 개별 슈퍼비전과는 달리, 집단 슈퍼비전은 슈퍼비전 장면에서 여러 치료사의 피드백과 역동성으로부터 이점을 얻음.
- **초급 미술치료사** ATR-P ATCB에서 부여한 자격증으로 개인이 공인 미술치료사가 되기 위해 노력하고 있음을 나타내며 'P'는 '임시'를 뜻함. ATR-P는 석사 졸업 후 자격을 갖춘 슈퍼바이저 감독하에 활동.
- **초급 치료사** Introductory therapist 대부분의 경우 고도로 구조화된 슈퍼비전을

필요로 하는 초보 수준의 치료사.

- **통신 기술** Telecommunications technologies 이미지, 사운드 또는 컴퓨터 데이터와 같은 인코딩된 정보를 전송하기 위해 휴대폰, 라디오, 텔레비전 등을 통해 통신하는 과학 및 기술에 대한 일반적인 명칭.
- **페미니스트 다문화 슈퍼비전** Feminist Multicultural Supervision 치료에 관련된 다양한 관계 (슈퍼바이지/치료사-내담자, 슈퍼바이저-슈퍼바이지, 슈퍼바이저-슈퍼바이지-내담자-사회) 사이의 권력과 힘의 역동에 주목함.
- **학제 간 슈퍼비전** Cross-disciplinary supervision 여러 학문 분야가 관련되어 있는 슈퍼비전으로 슈퍼바이저와 슈퍼바이지가 동일한 분야가 아니거나 같은 학문으로 교육받지 않은 경우. 예를 들어 미술치료사가 학교 상담사를 슈퍼비전하거나 심리학자가 미술치료사를 슈퍼비전하는 경우.
- **행정** Administrative 사업적 측면을 포함하는 평가, 훈련 절차 및 슈퍼비전 일정과 같은 관리의 구성요소.
- **현장 슈퍼바이저** Site supervisor 인턴십 현장에서 임상 슈퍼비전 및 현장 특유의 리더십을 제공하는 기본 슈퍼비전 담당자. 인턴십 현장과 교육 기관 간의 주요 연락 담당자 역할을 한다.
- **현장 슈퍼비전** On-site supervision 임상 작업 현장에서 이루어지는 슈퍼비전. 슈퍼바이저와 슈퍼바이지가 같은 현장에서 일하고 있으므로 근무지에 대한 기관 정보가 유사할 수 있음.
- **화상회의** Videoconferencing 오디오 및 비디오 데이터는 컴퓨터 네트워크를 통해 전송되어 회의 참가자들이 원격 위치에서 소통.
- **ADDRESSING 모델** ADDRESSING framework Pamela Hays가 만든 ADDRESSING 모델은 임상가에게 연령, 발달 및 기타 장애, 종교 및 영적 측면, 인종 정체성, 사회경제적 특성, 성적 지향, 풍토, 출신 국가 및 성 정체성에 주의를 기울일 것을 상기시킨다.
- **WRID** White Racial Identity Development model Pamela Hays가 만든 백인 정체

성 발달 모델.

- **1 : 2 슈퍼비전** Dyad Supervision 슈퍼바이저 한 명이 한 슈퍼비전에서 두 명의 치료사를 슈퍼비전하는 경우.

## 참고문헌

- Brown, K. W., & Ryan, R. M. (2003). The benefits of being present: mindfulness and its role in psychological well-being. *Journal of personality and social psychology, 84*(4), 822.
- Corey, G. (2013). *Theory and practice of counseling and psychotherapy.* Belmont, CA: Brooks/Cole.
- Hodgson, J., Mendenhall, T., & Lamson, A. (2013). Patient and provider relationships: Consent, confidentiality, and managing mistakes in integrated primary caresettings. *Families, Systems, & Health, 31*(1), 28.

# 찾아보기

ㅂ



ㅅ

ㅇ



ㅈ

## 저자 소개

**Yasmine J. Awais**(MAAT, ATR-BC, ATCS, LCAT, LPC)는 City University of New York 대학원에서 사회복지학 박사 과정에 있다. Awais는 슈퍼비전, 문화적 겸손, 역량에 관한 논문을 국내외에 발표했다. 그녀의 관심 연구 분야는 창의적 예술 치료와 고등 교육의 다양성이다.

**Daniel Blausey**(MA, ATR-BC, ATCS, LCAT)는 New York에서 미술치료, 심리치료 및 슈퍼비전을 제공하는 미술치료사로 개인 상담실을 운영하고 있다. 그는 슈퍼비전, 성적 트라우마의 성인 생존자, 성 긍정성 임상 사례에 대해 국내외에 발표했다.

## 역자 소개

### 김갑숙

영남대학교 가정학 박사
전) 영남대학교 환경보건대학원 미술치료학과 교수
현) (사)한국미술치료학회 이사장
한국미술치료학회 임상미술심리상담사(수련감독-SATR)

### 서명옥

교육학 박사(상담심리전공)
다온심리상담연구소(부설: 다온미술치료연구소) 소장
제주대학교 강사
한국미술치료학회 임상미술심리상담사(전문가-PATR)
한국상담학회 전문상담사 1급

### 고영실

교육학 박사(교육심리전공)
제주대학교 초등교육연구소 특별연구원
제주대학교 강사
한국미술치료학회 임상미술심리상담사(전문가-PATR)
한국상담학회 전문상담사 1급

### 김민정

상담심리치료학 박사(상담심리치료전공)
청아미술치료연구소 소장
인제대학교 겸임교수
수성대학교 강사
한국미술치료학회 임상미술심리상담사(전문가-PATR)

# 미술치료 슈퍼비전의 기초

## 슈퍼바이지와 슈퍼바이저를 위한 공동작업 기반 다지기

Foundations of Art Therapy Supervision:
Creating Common Ground for Supervisees and Supervisors

2025년 4월 25일 1판 1쇄 인쇄
2025년 4월 30일 1판 1쇄 발행

지은이 • Yasmine J. Awais · Daniel Blausey
옮긴이 • 김갑숙 · 서명옥 · 고영실 · 김민정
펴낸이 • 김진환
펴낸곳 • (주) 학지사
04031 서울특별시 마포구 양화로 15길 20 마인드월드빌딩
대표전화 • 02)330-5114　　팩스 • 02)324-2345
등록번호 • 제313-2006-000265호

홈페이지 • http://www.hakjisa.co.kr
인스타그램 • https://www.instagram.com/hakjisabook

ISBN 978-89-997-3406-9 93180

정가 25,000원

역자와의 협약으로 인지는 생략합니다.
파본은 구입처에서 교환해 드립니다.